北京市高等教育精品教材立项项目

高速铁路客运服务
（第二版）

主编◎贾俊芳
主审◎房生修

中国铁道出版社有限公司

2024年·北　京

内 容 简 介

本书是北京市高等教育精品教材立项项目。本书借鉴服务管理理论，结合高速铁路客运服务系统编写而成，旨在构建高速铁路客运服务管理的理论和方法体系。全书包括高速铁路客运服务需求及服务战略、高速铁路客运服务容量、高速铁路客运服务设计、高速铁路客运服务质量标准、高速铁路客运服务质量测评、高速铁路客运服务质量控制、高速铁路客运服务礼仪、高速铁路客运服务相关系统等内容。

本书可作为高等学校交通运输及相关专业本科生、研究生教材，也可供从事铁路运输管理及基层工作人员的培训教材和科技工作者的学习参考书。

图书在版编目(CIP)数据

高速铁路客运服务 / 贾俊芳主编. -- 2 版.
北京 ：中国铁道出版社有限公司，2024. 8. -- ISBN
978-7-113-31465-1

Ⅰ. U293.3

中国国家版本馆 CIP 数据核字第 2024PF6243 号

书　　名：高速铁路客运服务
作　　者：贾俊芳

责任编辑：悦　彩　　**编辑部电话**：(010) 51873206　　**电子邮箱**：sxyuecai@163.com
封面设计：崔丽芳
责任校对：刘　畅
责任印制：樊启鹏

出版发行：中国铁道出版社有限公司（100054，北京市西城区右安门西街 8 号）
网　　址：http://www.tdpress.com
印　　刷：河北宝昌佳彩印刷有限公司
版　　次：2009 年 10 月第 1 版　2024 年 8 月第 2 版　2024 年 8 月第 1 次印刷
开　　本：787 mm×1 092 mm　1/16　**印张**：20.5　**字数**：482 千
书　　号：ISBN 978-7-113-31465-1
定　　价：59.00 元

前　言

截至2023年底，我国高速铁路运营里程达4.5万km。四通八达的高速铁路网，在高速铁路技术体系和现代化程度、商业运营速度和高速列车数量、服务运营场景和管理理念及模式等方面，都处于世界领先地位。依托高速铁路网快速发展的可达性、技术条件的丰富性、服务理念的先进性、服务模式的多元性，我国高速铁路在满足人民群众多层次、多样化、个性化出行需求，改善人民出行服务体验，增强人民高速铁路客运服务获得感等方面，得到了全社会广泛的认可与称赞。自《高速铁路客运服务》2009年10月出版以后，历经15年的科学研究和实践，我国高速铁路客运服务理论体系得到进一步的发展和完善。

本书的写作思路和原则，秉承第一版《高速铁路客运服务》撰写的先进性、系统性、理论性、实践性、针对性等特点。首先，结合近15年大量科研成果，重构集高速铁路客运服务需求、服务容量、服务设计、服务质量标准、服务质量测评、服务质量控制等理论框架及相关方法、模型；其次，系统总结和提炼高速铁路客运服务需求、客运服务产品设计与经营、客运服务质量测评与控制、客运服务礼仪及服务平台和技术等实践经验和成果，深化了高速铁路客运服务理论对运营实践支持。总体来讲，本书实现了第一版《高速铁路客运服务》在科学性、实践性上的全面提升。归纳起来，本次主要修订工作如下：

1. 优化高速铁路客运服务理论体系

以服务管理学基础理论为指导，结合大量科研成果，提炼我国高速铁路客运技术及模式等方面的经验，优化高速铁路客运服务理论框架。

(1)新增1章内容，即高速铁路客运服务容量（第3章）。删除第一版教材中高速铁路客运服务设备相关内容。

(2)新增8节内容，包括高速铁路客运服务需求调查及预测（第2章第5节）、高速铁路客运服务方案及评价（第4章第5节）、服务质量标准化经济评价（第5章第4节）、高速铁路客运服务质量企业内部控制（第7章第3节）、高速铁路客运服务质量企业外部监管（第7章第4节）、铁路客户服务中心（第9章第2节）、铁路旅客服务信息系统集成管理平台（第9章第3节）和铁路旅客服务与生产管控平台（第9章第4节）。

2. 构建高速铁路客运服务技术方法和模型

在对我国高速铁路客运服务的概念、特性和类型等多维度归纳、提炼、描述的基础上,对高速铁路客运服务理论的关键问题进行了科学定义和描述、方法剖析和模型构建,以提升本书的科学性和技术性。

(1)高速铁路客运服务需求调查及预测方法与模型。

(2)高速铁路客运站、客运通道(列车)服务容量的计算思路、方法及模型。

(3)客运服务容量协调与优化方法及模型。

(4)客运服务基调、服务包、服务流程的设计方法和模型。

(5)客运服务设计方案评价方法和模型。

(6)客运服务质量标准化经济评价思路及模型。

(7)高速铁路客运服务体验式测评方法及模型。

3. 编写高速铁路客运服务教学案例

以我国高速铁路运营的理论和实践为基础,强化理论来自实践、理论指导实践的工程学科专业人才教育特点,从科研成果、运营实践中提炼和编写相关教学案例,为学生提供更多训练平台,以提升本书的实践性和可操作性。

(1)高速铁路客运服务需求调查。

(2)高速铁路车站进站服务容量计算。

(3)基于质量功能配置法的高速铁路车站客运服务基调设计。

(4)基于计算机仿真的某高速铁路车站设备配置及客运组织模式评价。

(5)铁路旅客运输服务质量国家标准修订。

(6)高速铁路运输企业客运服务标准制定。

(7)客运服务质量属性 SERVQUAL 测评。

(8)旅客满意度测评。

本书由北京交通大学贾俊芳主编,中国国家铁路集团有限公司房生修主审。具体编写分工如下:贾俊芳编写第 1 章,第 2 章第 1 节,第 3 章第 1 节,第 4 章第 2 节,第 6 章;北京交通大学韩学雷编写第 2 章第 2、3、4、5 节;北京交通大学乔柯编写第 2 章第 6 节;北京交通大学薛源编写第 3 章第 2、3 节,第 5 章第 1、5 节;中铁工程设计咨询集团有限公司杨飞编写第 3 章第 4、5 节;国家铁路局规划与标准研究院张建平编写第 4 章第 1、3、4 节,第 7 章第 3、4 节;中国铁路投资集团有限公司裴一志编写第 4 章第 5 节、第 5 章第 4 节;北京交通大学李得伟编写第 4 章第 6 节;国家铁路局市场监测评价中心陈滋顶编写第 5 章第 2、3 节;中国铁路投资集团有限公司郭帅编写第 7 章第 1、2 节;北京交通大学王伶俐编写第 7 章第 5 节;广州铁路职业技术学院杨珂编写第 8 章第 1、3 节;中国铁路北京局集团有限公司宋妍编写第 8 章第 2 节、第 9 章第 2 节;中国铁路郑州局集团有限公司王欢编写第 9 章第 1 节;中国铁道科学研究院集团有限公司游艳雯编写第 9 章第 3、4 节。另外,北京交通大学佟璐、中国铁路北京局集团有限公司鲁磊、中国铁路北京局集团有限公司万千、中铁第四勘察设计院集团有限公司李先锋、中铁第一勘察设计院集团有限公司屈晓勇、招商银行股份有限公司大连分行刘阳，分别在资料收集、方法研讨、模型构建等方面承担大量工作。

本书是在参阅大量相关资料和总结运营经验的基础上完成的，在此谨向所有作者和关心本书出版的学者、专家表示衷心感谢。

由于我国高速铁路客运服务建设、技术和运营仍处于快速发展阶段，再加之作者理解和编写能力有限、时间仓促，难免存在不足之处，恳请广大读者予以批评指正，同时也希望使用该书的读者在实际教学和运用中适当补充和更正。

编者

2024 年 4 月

目　录

1 高速铁路客运服务概述

人类社会已发展到后工业时代,高度发达的服务业成为这个时代的重要经济特征,服务业的产值在国民经济中占据越来越重要的地位。服务行业向社会提供门类众多的服务产品,极大丰富了现代社会生活,提高了人们的生活质量和工作质量。在科技进步和经济全球化驱动下,新一代信息、人工智能等技术不断突破和广泛应用,加速服务内容、业态和商业模式的创新,推动服务网络化、智慧化、平台化的发展。

铁路运输是我国综合交通体系之骨干,"人民铁路为人民"是新中国铁路运输发展和经营的基本宗旨。自21世纪初开始,我国铁路人即以"为经济发展腾飞、为人民出行舒畅"为凌云之志,发扬自力更生、奋发图强、无畏艰难、勇于创新的精神,历经二十多年的持续努力与攻坚,克服重重困难,创造了高速铁路发展的奇迹。到2023年底,我国高速铁路运营里程达4.5万km,在技术、规模、运营管理水平等方面达到世界领先地位。本章系统介绍铁路客运服务的内涵、高速铁路客运服务的特征、高速铁路客运服务质量管理等基础理论问题。

1.1 高速铁路客运服务内涵及特性

随着服务业的繁荣,越来越多的服务产品渗透到人们生活之中。许多专家、学者对服务产品的内涵和特征进行了探索和挖掘,提出了多方观点和理论。高速铁路客运服务概念是在充分吸收这些观点和理论精华的基础上提出的。

1.1.1 高速铁路客运服务内涵

1. 高速铁路客运服务的概念

有关服务概念的研究最早是从经济学领域开始的,后来延展到了营销管理领域。经济学意义上的服务是一种可供销售的活动,是以等价交换形式为满足企业、公共团体或者其他社会公众的需要而提供的劳动活动或者无形产品。市场营销学界对服务概念研究大致是从20世纪五六十年代开始的。先后有大量学者投身于服务管理的研究工作。如菲利普·科特勒(Philip Kotler,1994)对服务定义如下:一项服务是一方能够向另一方提供的任何一项活动和利益,它本质上是无形的,并且不产生对任何东西的所有权问题,它的产生可能与实际产品有关,也可能无关。格罗鲁斯(Gronroos,1990)对服务定义如下:服务一般是以无形的方式,在顾客与服务职员、有形资源产品或服务系统之间发生的,可以解决顾客问题的一种或一系列行为,在其过程中解决消费者的有关问题。

借用以上理论,高速铁路客运服务的定义可以分为广义与狭义两种。从广义的角度讲,高速铁路客运服务是指铁路运输企业以无形的方式实现旅客位移活动的需要,其核心价值体现在旅客获得了所需的位移服务。从狭义的角度讲,高速铁路客运服务是指为实现旅客位移的最终目的,服务人员、运输设备与旅客的交互过程。总的来讲,高速铁路客运服务是指为了实现旅客位移,由一系列无形性的活动构成的服务过程,该过程在旅客与服务人员、硬件、软件的互动中完成。

2. 高速铁路客运服务和客运产品的关系

运输业的基础属性是服务业,因此,高速铁路客运服务和客运产品的概念在实践中经常混用。高速铁路客运服务和客运产品的内涵有相互重叠的部分,但严格地讲,二者存在差异。

(1)高速铁路客运服务

借助菲利普·科特勒服务层次划分理论,从客户服务体验和感知角度可以确定高速铁路客运服务的五个层次,即核心利益、基础产品、期望价值、附加价值和潜在价值,如图 1.1 所示。

图 1.1 铁路客运服务层次

核心利益是无差别的客户真正购买的服务和利益,实际上就是企业对客户需求的满足。衡量一项服务的价值,是由客户决定的。在高速铁路客运服务中,旅客的核心利益是“位移”,其他利益与价值都以此为中心。

基础产品是抽象的核心利益转化为服务所需的有形化产品,即无形客运服务的有形化展示,如产品的基本形式与设备等。对高速铁路客运服务来说,其基础产品包括高速铁路列车、座位、铺位以及卧具和卫生设备等。

期望价值是客户在购买高速铁路客运服务时,期望得到的与服务密切相关的一整套属性和条件。对高速铁路客运服务来说,其期望价值包括高速铁路列车安全运行、准时到达,列车上卧具、洁具等干净,环境安静等。

附加价值是指客户在消费运输服务时额外获得的服务和利益。例如,旅客在车站候车时享受与朋友畅聊的快乐时光。

潜在价值是指服务的用途转变,由所有可能吸引和留住客户的因素组成。例如,夕发朝至的高速铁路动卧列车既满足了旅客位移需求,又解决了旅客“住宿”需要。

(2)高速铁路客运产品

高速铁路客运产品是铁路运输企业提供的满足客户位移需求的某种价值或利益的组合,包括核心产品、形式产品和附加产品三个层次,企业通常按一个整体提供给客户,如图 1.2 所示。

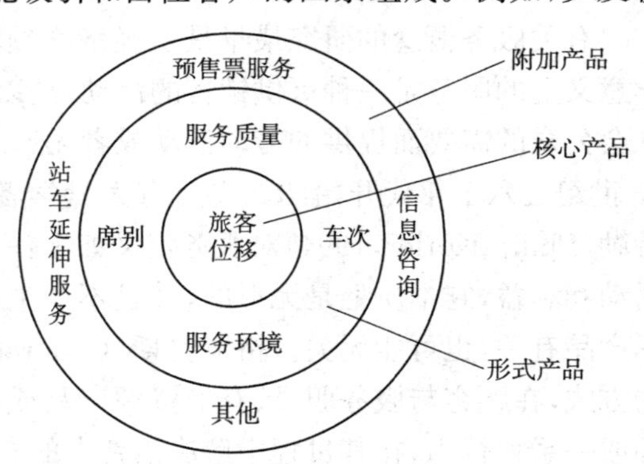

图 1.2 高速铁路客运产品

从核心产品层次上说,高速铁路客运产品就是旅客位移。

从形式产品层次上说，高速铁路客运产品表现为可供客户选择的服务形式，即可供旅客选择乘坐的不同档次的列车或列车上的不同席别。形式产品是核心层产品在形式上的表现，高速铁路客运产品的基本效用只有通过形式产品才能得以实现。在形式产品层次上，高速铁路客运产品具有可感知到的一些要素或特征，如列车的到开时刻、服务产品的安全、准确、迅速、经济、便捷等质量要素，还有服务产品差异化的列车等级及席别(二等座、一等座、商务座、动卧等)等。

从附加产品层次上说，高速铁路客运产品和高速铁路客运服务联系紧密、密切相关，高速铁路客运企业为客户提供实现核心产品所需要的延伸或保障性附加服务。如给旅客提供的购票、候车等即为保障服务，这是客运产品价格中包含的内容；其他提升旅客感知体验的服务即为延伸服务，如提供网约车等服务。

(3)高速铁路客运服务与高速铁路客运产品之间的关系

从核心产品和形式产品这两个层次上说，高速铁路客运服务与高速铁路客运产品的内涵是一致的，而在其他层次上，"高速铁路客运服务"与"高速铁路客运产品"之间存在差异。主要体现在两个方面，一是认识角度不同，"高速铁路客运服务"是站在客户消费的角度强调客户消费的过程体验，"高速铁路客运产品"是站在运输企业生产经营的角度突出企业经营载体和产品生产过程及市场营销、运作过程等。例如，运输企业向社会提供的客运产品，其服务内容及价格包含了相应档次的核心位移服务和辅助性服务(即服务包)。二是认识特性不同，"高速铁路客运服务"主要表现在客户获得和消费服务时的功能性特征，突出了是如何获得的、在获得的过程中客户又付出了什么等问题，"高速铁路客运产品"主要表现在铁路运输企业给客户提供什么，突出了其技术性特征。其中，旅客可以在既有客运产品的基础上，购买"升级"体验的延伸服务等。

1.1.2 高速铁路客运服务特性

服务与制造业产品最本质的区别就是服务的过程性。由于高速铁路客运服务的过程性，伴随产生了服务的无形性、生产与消费的同步性、参与性、异质性、不可储存性以及服务的不可转移性等特性。

1. 无形性

高速铁路客运服务在本质上是无形的。它是在一定空间范围内的"位移"，不能被触摸、品尝、嗅到，亦不能被看到。从服务供给角度看，服务产品难具专利、易被模仿。从购买者角度看，无形性也给消费者带来了一定的购买风险。从社会管理的角度看，政府通过立法行政干预手段来规范企业经营，如应制定高速铁路客运服务质量标准等。

2. 同步性

高速铁路客运服务生产和消费的同步性决定了其不能像制造业那样，依靠存货来缓冲或适应需求变化。在制造业中，存货可以用来分离生产工序。而高速铁路客运服务的这种分离是通过客户的等候实现的。客户在购买车票时，高速铁路客运服务产品也仅仅是生产计划，客户得到的也只是消费该产品的凭证，生产客运产品的过程也就是客户消费此产品的过程。因此，高速铁路客运服务产品的质量管理必须关注其生产和消费的过程，加强质量控制及监管，并适时做好服务补救。

3. 参与性

参与性主要体现在旅客参与了运输过程的各环节。客运服务的参与性具体表现为：

第一，旅客作为参与者出现在高速铁路客运服务过程中，对服务设施的设计也有高要求。因为对于旅客来说，高速铁路客运服务是发生在服务环境(前台作业区)中的来自心理、行为等方面的综合体验，高速铁路客运站内部装饰、陈设、布局、色彩及噪声等都会影响旅客对高速铁路客运服务的感知。

第二，旅客在服务过程中可以发挥积极的作用。旅客的知识、经验、动机等都会影响服务系统的效果。旅客参与服务过程的直接好处是旅客扮演了临时员工的角色，一些原本由服务人员完成的工作可由旅客完成，例如旅客通过自动售票机进行购票、退票等操作，通过自动终端打印报销凭证等，既可减少服务人员，又可扩展高速铁路客运服务能力。

4. 异质性

高速铁路客运服务作为一种无形的“行为”或者“体验”，其服务质量会由于服务提供者和消费者双方的个人因素发生变化波动，失去其稳定性。高速铁路客运服务的波动有三种来源：

(1)服务人员。服务异质性的第一个来源是服务传递系统中的服务人员。如铁路部门可以要求高速铁路工作人员步调一致，强调标准化服务，但不同员工的认知和提供的服务在质量上可能存在差异，甚至天壤之别。

(2)服务对象。旅客感知的服务质量因自身思想认知、个人素质、心理预期、偏好情况等不同而有较大差异。此外，旅客还会受其他旅客行为和表现的影响。

(3)服务环境。一些外部因素也会影响旅客对服务的评价。如旅客购票时是否已有很多人在排队、列车运行中是否出现颠簸等。这些外部因素不仅会对客户造成影响，而且有时难以被服务提供者及时发现并控制。

高速铁路客运服务异质性增加了服务质量中人为因素控制的难度。为了减小服务异质性造成的影响，一方面，应提高服务标准化、规范化程度，设立合理、量化程度高的服务标准，建立严格的服务监督机制和奖惩制度，强化员工培训等；另一方面可以授权一线员工，建立激励机制，提高其工作满意度。

5. 不可储存性

与工业制成品不同，高速铁路客运服务一旦未被出售或消费，其价值就永远地失去了，无法储藏。因此，高速铁路客运服务具有很强的时效性和易逝性，如高速铁路旅客列车上的空座位。这给运输企业经营带来了很大的风险，也对服务设备和能力的配置方案与决策提出更高的要求。在充分考虑客运服务需求波动性的条件下，运输企业应该兼顾提高客运服务质量、提高企业经营效益、降低运输服务成本等多重需要。

6. 不可转移性

高速铁路客运服务不可转移性指高速铁路客运服务产品的所有权不可转移。生产与消费的同步性，使所有权转移消失，客户付出的服务费用直接转化为自身的效用。如旅客到达目的地后，手里只有作废的车票。

1.2 高速铁路客运服务分类及内容

1.2.1 高速铁路客运服务分类

服务是在一定空间、时间维度中进行的,按照不同的划分方式,可将服务归为不同类别。高速铁路客运服务具有跨度大、持续时间长、涉及环节多等特点,其划分依据更具多样性,主要可按服务的形态、时间、方式、主体、对象等进行划分。

1. 按照服务形态划分

按照服务形态可将服务分为有形服务和无形服务两类。有形服务指作用于人身体或商品(有形物品)的服务,如保健、美容、餐饮、设备维修等。无形服务指作用于人头脑或无形资产的服务,如教育、广播、咨询、保险等。

高速铁路客运服务既有有形服务,又有无形服务。如高速铁路站车提供的餐饮服务为有形服务,高速铁路客站列车信息广播为无形服务。

2. 按照销售时间和服务时间划分

按照销售时间和服务时间可将服务分为售前服务、售中服务和售后服务三类。售前服务指服务时间早于销售时间,售中服务指服务时间与销售时间同步,售后服务指服务时间晚于销售时间。

高速铁路客运服务既有售前服务,又有售中服务和售后服务。高速铁路客运服务以旅客与运输企业实施交易为界,售前服务如旅客在出行前可享受出行信息的查询;售中服务是从运输服务环节上看的,如"售票"既是交易环节,也是服务过程中主要内容;售后服务如旅客可通过中国铁路 12306 网站等服务平台,对客运服务的满意程度进行投诉或表扬。

3. 按照与客户接触程度划分

按照服务提供过程中与客户接触程度可将服务划分为"高接触度"服务、"中接触度"服务、"低接触度"服务。"高接触度"服务需要客户亲自到服务场所,并且在服务传递过程中积极配合服务组织,协助工作人员工作。"中接触度"服务指在服务中客户与服务提供者的接触程度较低,客户需到服务提供者的场所,但无须在服务全过程一直在场。客户同服务者接触的目的或是建立关系确定问题,或是取送需要服务的实物,或仅仅是为了付款等。"低接触度"服务指在服务中不涉及客户和服务提供者之间任何"面对面"接触过程,服务完全是通过电子媒体或分销渠道等实现的。

对高速铁路客运服务来说,接触度与服务内容密切相关,应该是三种类型均有。例如,旅客在高速铁路车站和列车上都会与服务人员直接接触,这是典型的高度接触服务;旅客通过 12306 网站订购车票并到车站窗口或自动取票机取票,即为中度接触服务;旅客选用电子客票完成旅行过程,则售票服务环节为低接触度服务。

此外,针对同一种服务,接触度也可能有较大差异。如不同渠道的"售票"服务,其接触度存在差异。

4. 按照服务生产过程的特点划分

按照服务生产过程的特点可将服务分为专业服务、批量服务、服务店铺和批量定制服务四种。专业服务指批量小而产品类型较多的服务。专业服务个性化程度高,服务系统的组织以人员为主,如心理咨询、律师等。批量服务指产品类型少而生产批量大的服务。批量服务个性化程度低,服务的标准化和程序化程度都很高,设施设备在服务系统中占有主要地位,如大型超市、机场服务等。服务店铺指生产批量和产品类型介于专业服务和批量服务之间,服务的提供需要人员与设施设备的组合,如银行、餐馆、宾馆等。批量定制服务属于批量和产品类型都处于较高水平的服务。

高速铁路客运服务基本属于批量服务,高速铁路运输企业属于路网性企业,客运服务产品的生产属于"流程"化服务过程,即一次高速铁路客运服务需要若干个铁路运输企业(含各铁路局集团公司或地方铁路等其他运输企业)分段提供相应服务,从市场和客户消费角度看,铁路运输企业应向社会提供统一性的标准化服务。为了提高服务质量,各铁路局集团公司制定共同的基本服务标准,进行全过程统一服务。当然随着高速铁路服务能力提升,铁路运输企业可以运用新技术新设备,不断增加服务类型差异化,提供批量定制化服务。

5. 按照提供服务的主体划分

按照提供服务的主体可将服务分为以设备为主和以人工为主两种。以设备为主的服务指主要靠设施设备向客户提供服务,如高速铁路自动售票机提供的售票服务。以人工为主的服务指主要靠员工向客户提供服务,属于劳动密集型服务,这类服务对服务人员的素质要求更高,如车上补票、窗口办理高铁快运业务等属于以人工为主的服务,要求服务人员热情、周到。

6. 按照与企业的关系划分

按照客户与服务组织的关系可将服务划分为会员关系服务、无正式关系服务两类。会员关系服务指服务企业对常客户提供相对固定的服务,如铁路对旅行社等团体,给予更多选购空间,优先供给,以及一些优惠政策。无正式关系服务指服务企业对偶然性客户提供的服务,这类客户一般只能享受到标准化正常的服务,享受不到为会员提供的优惠服务。当前铁路提供的"常旅客"服务是典型的客户关系管理,有一定的"会员"形式服务的特点,有利于提高客户的归属感和尊重感。

1.2.2 高速铁路客运服务内容

高速铁路客运服务是铁路运输企业为完成旅客位移过程,提供的一系列生产性的核心服务和改善旅客服务体验的辅助服务的总称。主要的生产性服务环节包括票务服务、进站(乘车站)服务、列车(途中)服务、出站(到达站)服务等。

高速铁路客运服务流程是完成旅客位移服务不可或缺的生产性服务环节,贯穿于旅客进入和离开运输系统的全过程。按照时间序列和地点环境,高速铁路客运服务流程及环节如图 1.3 所示。

按照运输服务环节划分,高速铁路客运服务内容主要有:

(1)受理服务环节。受理服务环节也叫客运产品的销售服务环节,主要内容是票务服务,可进一步细分为购票、取票、退票、改签、补票等部分。

(2)进站服务环节。进站服务环节也是旅客真正进入高速铁路运输服务系统的环节。可进一步细分为进站验票环节、安检服务环节、乘降服务环节、站内候车环节等。其中进站验票环节包含等候时间和接受验票时间;安检服环节包括人检和行李检两项服务,所以

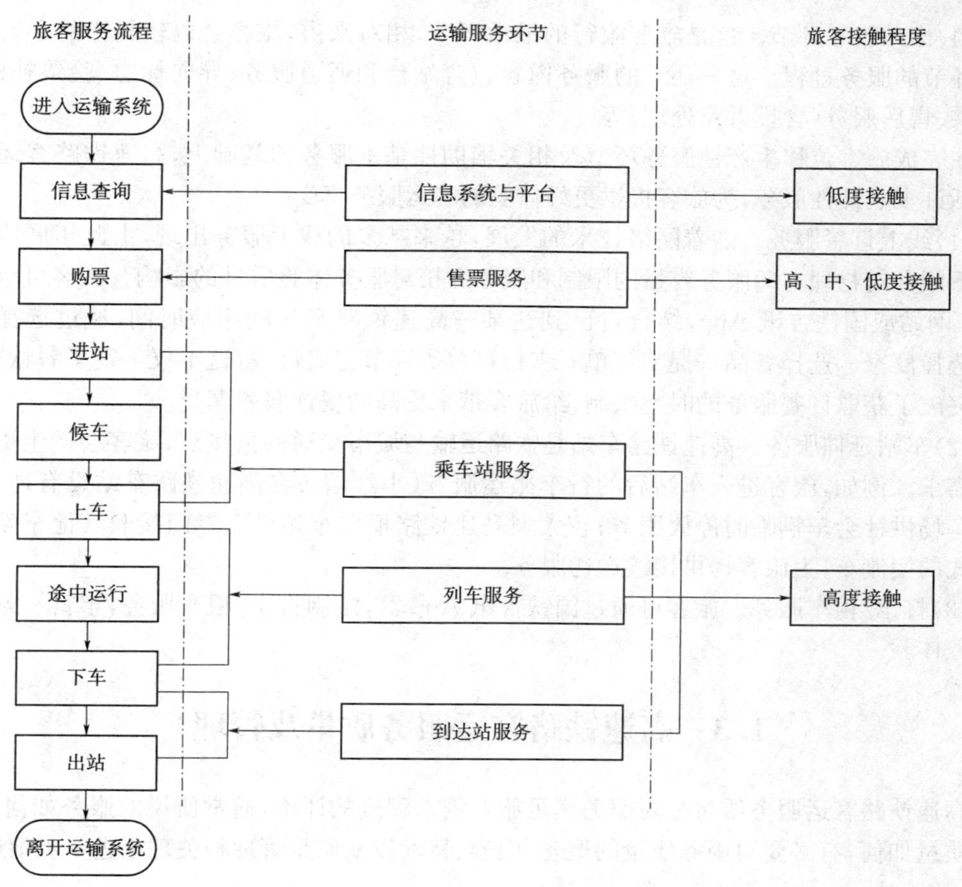

图 1.3　高速铁路客运服务流程及环节

安检服环节包含安检排队等待时间、人检和行李检的接续流程及总体花费时间等，若有违禁随身携带物品，还需要进一步沟通及协助处理等服务；乘降服务环节包括旅客在进站、站内通行、检票上车等活动过程中提供的各项服务；站内候车环节所需要的服务内容较多，具体包括满足旅客候车的基本服务和提升旅客服务体验质量的相关服务，如指引旅客乘车及餐饮购物或娱乐消费的各类信息服务，按照服务质量标准配置的安全保障设施、座椅等休息设施、卫生间与盥洗设施、饮水供应设施、行包(含寄存)、网络等基本服务，还要有适当数量的充电设施、餐饮及购物设施、商品贩售和文化娱乐设施，供旅客自主选用，从而提升旅客候车环节的服务体验质量。

(3)车上服务环节。车上服务环节是旅客花费时间最多的一个环节，也是实现位移服务的实际过程，可细分为上车环节、途中运行环节和到站下车三个环节。旅客长时间在封闭的、运行中的动车组环境中，除了应该具有良好的安全保障设施设备和安全巡视服务以外，还要有为旅客提供各种与旅行相关的信息服务，Wi-Fi 服务、与旅行环境相关的卫生保洁服务、与旅客生活有关的冷热饮水、卫生间与盥洗设施及服务，还需要为旅客提供与业务有关的票务服务、行李存放服务和重点旅客的特殊服务等，以上这些都是列车上的基本服务。为了提升旅客服务体验，列车上还应该提供餐饮、商业、文化娱乐服务(如影音、网络连接和期刊)等。

(4)出站服务环节。这是旅客旅行的最后环节,相对来讲,旅客会以较轻松的心态完成这一环节的服务过程。这一环节的服务内容包含站台和通道服务、导向标志、验票补票、中转换乘、售后服务(含投诉及处理)等。

在完成旅客位移生产性服务环节及相关辅助性基本服务的基础上,高速铁路客运服务还包括许多延伸性服务,为旅客提供更好体验的客运服务享受。

(1)线上订餐服务。随着网络技术的发展,越来越多的线上服务出现,由此拓展或突破了线下服务对物理空间服务容量的限制和服务拥挤对服务体验质量的影响。旅客可以通过12306网站或国铁吉讯App,结合自己到达某一高速铁路车站的相应时间,经过选择配送站—选择商家—选择餐品—提交订单—支付订单等环节完成订餐,这不仅丰富了餐饮类型,更是突破了获取订餐服务的时空限制,给旅客带来更高的餐饮服务享受。

(2)车站延伸服务。高速铁路车站是铁路运输与城市交通的衔接点,旅客会产生更多的服务需求。例如,旅客进入车站后的行李搬运服务(小红帽);在高速铁路车站设有地下、地面停车场供社会车辆临时停放服务;较大型高速铁路枢纽车站设有专门接驳其他车站或交通方式的摆渡车,为旅客提供接续送达服务。

(3)打车/租车服务。旅客可通过国铁吉讯App等,定制打车/租车服务,丰富一站式出行服务体验。

1.3 高速铁路客运服务质量及管理

高速铁路客运服务质量是对服务满足旅客需求程度的评价,通常所说的服务如何,也即服务质量如何,有必要对服务质量的概念、内容、特性以及质量管理相关理论进一步阐述。

1.3.1 高速铁路客运服务质量概念及内容

1. 概念

无论是生产有形产品还是无形服务的行业,产品或服务质量都是企业建立持久性竞争优势的第一要务。质量不仅是企业经营管理、生产组织、服务控制的核心内容,同时也是客户(或消费者)对产品使用和服务体验感知、评价的关键因素。因此,关于服务质量的概念多种多样,总体可归纳为针对“服务提供者”和“服务接受者”两个角度的阐述。

铁路运输企业是高速铁路客运服务的供应商,企业在充分掌握运输市场需求的基础上,遵循相关技术条件、服务能力和经营战略,科学设计运输服务产品,向社会提供不同类型、内容、标准的客运服务。相对来讲,客运服务需求更有旅客主观的个性化表现,由于铁路客运服务的基本特点是大众化的批量服务,尽管可以通过细分市场,生产越来越多的差异化产品,但也是难以满足每一个需求者的所有愿望。所以,运输企业研究服务需求市场,严格来讲就是细分每一个子市场所具有的共性需求,将其作为提供服务的主要方向,并以此为指导设计出适销对路的服务产品。那么,对于旅客群体来讲,只有带有共性的部分需求得到了满足,客运服务的质量也就表现出对旅客服务需求的满足程度达标。因此,服务质量意味着企业的服务活动与所承诺服务的内容、档次、品格等必须相符。

借鉴《质量管理和质量保证　术语》(GB/T 6583—1994)对服务和质量的定义思路,高

速铁路客运服务质量可定义为“高速铁路运输服务部门提供的服务满足客户规定和潜在需要的程度”。规定需要指已经在技术规范或服务规范中作出规定的客户要求，如在高速铁路客运列车到站前，应及时通告（广播或电子显示屏）站名、到开时刻、停站时间，并提前组织旅客到车门口等候下车等；潜在需要指虽然没有在技术规范或服务规范中作出规定，但客户在接受客运服务时实际存在的需要，即客户可以意会但难以明确表达或不言自明的需要等。客运站应该是无障碍的服务系统，那么设立盲道和语言导向设备等，应该是运输企业认定的规定需要。而车站为盲人旅客提供行李护送等服务，便是满足了旅客的潜在需要。在条件允许的情况下，给予旅客更多的人文关怀，对改善旅客感知体验十分重要。

高速铁路客运服务的接受者（客户）为旅客。客户作为服务产品的最终享用者，他们的服务需求不仅决定了运输企业怎么做，而且他们对服务过程和结果的感知体验更是运输服务质量的试金石。因此，更多的学者认为服务质量应该来自客户对服务的感知体验。

从客户的角度，高速铁路客运服务质量可定义为“客户对铁路运输企业（含服务人员）所提供服务过程和结果的主观感受和价值判断，其形成的质量评价主要来自客户的期望水平和感知水平的差值”。客户在消费运输服务时，通过对服务设备、服务人员、服务环境和氛围带来的过程感知体验，以及对服务结果（如可口的餐食、准确的位移等）的价值认可程度，形成对客运服务质量的综合评价。服务结果是客户选择服务和购买服务的核心需求，服务过程是服务结果传递给客户的方式，如服务是否易于获得、服务人员的言行、外貌、服务态度、服务方式等，这对客户对服务质量的评价及重复购买与否影响很大，因此，提升客户的感知质量是服务质量管理的重要方向。

服务管理理论指出，客户通过五个方面的因素感知服务质量，包括可靠性、响应性、保证性、移情性和有形性。当客户的感知服务水平超出期望时就会感到惊喜，当感知服务水平与期望相等时客户就会满意，但当感知服务水平低于期望时客户就会不满意，即服务失败，如图 1.4 所示。

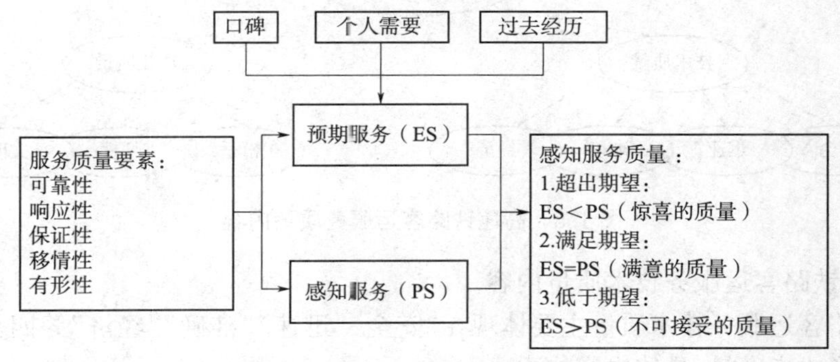

图 1.4　高速铁路运输服务质量要素及感知服务质量

（1）可靠性。指企业执行所承诺服务的能力。客运服务的可靠性主要表现在不断提高列车正点率，降低售票差错、行李差错、运输服务差错（旅客上错列车）等方面。

（2）响应性。指帮助客户或为客户提供便捷服务的自发性，包括满足客户要求、迅速解决服务失败的能力等。例如，列车晚点向旅客提供适当的补偿性服务，可以将旅客潜在的不良感受转化为美好回忆。

(3)保证性。指服务人员的业务知识和谦恭态度给客户表现出信任的能力。包括良好的运输服务安全记录、胜任的一线服务人员和与客户有效的沟通等。

(4)移情性。服务人员给予客户的关心和个性化的服务。包括理解旅客特殊需求,及时提供适需服务,如发现“误车”旅客主动为其提供改签服务。

(5)有形性。指有形的设施设备、服务系统与客户互动界面、服务人员仪态仪表等。如客运站的引导标志、自助售票机、候车室、站台环境及完好状态,售票员、客运员的着装等,会影响旅客对服务质量的感知评价。

总之,服务质量是运输企业经营的永恒主题,提高客运服务质量是企业参与市场竞争的主动行为。运输企业在经营中不断挖掘客户的潜在需求、优化客户的感知体验,向社会提供“人无我有,人有我优”的运输服务产品,也将会为运输企业带来经营商机。

2. 高速铁路客运服务质量内容

客户对高速铁路客运服务质量从可靠性、响应性、保证性、移情性、有形性五个方面进行感知。客户购买客运服务并进行消费,对高速铁路客运服务质量的认识可以归纳为两方面:一方面是客户通过消费服务究竟得到了什么,即服务的结果,通常称之为服务的技术质量,如旅客购买高速铁路动车组一等座车票,最终得到了更短时间消耗的位移服务以及该产品服务包中所包含的小食品和瓶装饮用水;另一方面是客户是如何消费服务的(即服务的过程),强调服务过程中的主观感知,通常称之为服务的功能质量,如购买和消费高速铁路动车组一等座车票,旅客可以享受到更宽敞的列车环境和更舒适的座椅等。高速铁路客运服务质量既是服务技术与功能的统一,也是服务过程和结果的统一,如图 1.5 所示。

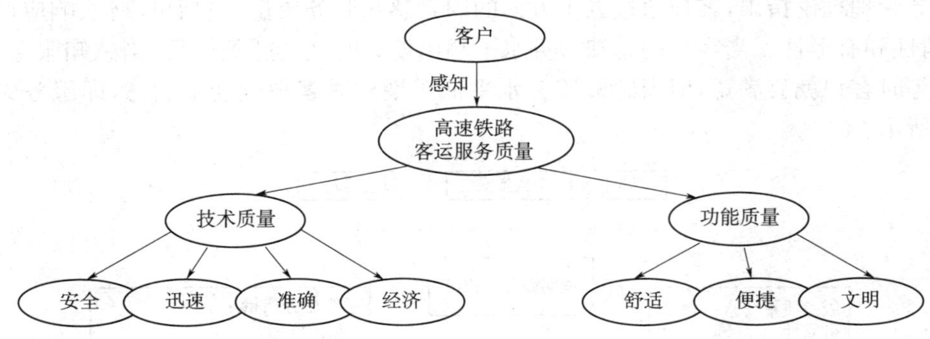

图 1.5　高速铁路客运服务质量内容

(1)高速铁路客运服务技术质量内容。

高速铁路客运服务技术质量主要体现在“安全”“迅速”“准确”“经济”等四个方面,一般可以用某种形式来度量,具体内容如下:

①安全,是指高速铁路运输企业对旅客生命、健康、隐私及财产安全的保证,是运输服务全过程在可靠上的评价,如事故人员死亡率、客伤率、旅客财物损失情况统计等。这是客户最重视的,也是运输企业完成客运全过程及提供各项服务的基本要求。对高速铁路客运服务来说,主要是为保证在服务全过程中旅客及携带财物的安全,要求配备相应数量的安全设施设备,在突发情况下铁路应该为旅客提供安全应急服务等;根据客流量设置相应数量的危险品检查仪,并保证安全设备状态良好;配餐食品储藏、解冻、加热和配送等各环节符合质量

标准,确保食品卫生安全。

②迅速,包括高速铁路列车运行速度快、服务响应快和服务提供速度快。它是运输服务全过程在时间上的快速性评价,如列车运行速度、换乘接续速度及对各类服务的快速响应等。迅速是高速铁路客运服务质量最重要的特性之一,也是高速铁路最主要的技术优势。对高速铁路客运服务来说,主要是为旅客节省旅途时间,便捷、高效的服务过程,如中国高速动车组列车的运营速度可达 350 km/h,京广高速铁路开通后北京到广州运行时间从 20 多个小时缩短至 7 h 左右,京沪高速铁路开通运营后北京到上海运行时间从 11 多个小时缩短到 4 h 左右。再如对旅客咨询的尽快答复,饮用水的及时补充,站车垃圾的及时清理等。

③准确,包括时间上的准确,准时、正/准点率高,也可理解为服务的可靠性,要求在合同约定的时间内把旅客运送至目的地,完成运输服务;还包括空间上的准确,主要指高速铁路列车的停靠站点以及提供相关服务的场所必须要准确无误,不能出现偏差,保证旅客到达期望的站点。对高速铁路客运服务来说,要求旅客可以在票面规定的时间内到达合同约定的目的地,可用列车出发、到达及运行的正点率指标来度量。

④经济,要求以经济合理的价格,让客户感受到优质的服务,如票价等。经济性是供需双方都十分重视的内容,高速铁路客运服务价格是企业经营、参与市场竞争的法宝,也是提高服务质量和竞争力的重要途径。高速铁路客运服务可以在基本票价确定的情况下,实施一些弹性或增值性服务,例如实行会员积分、团体优惠、折扣票价等营销策略,也可推出免费服务,还可通过提供如高速铁路外卖等旅客增值服务的经济性来提高竞争力。

(2)高速铁路客运服务功能质量内容。

高速铁路客运服务功能质量主要体现在“舒适”“便捷”“文明”等三个方面,更多是客户的主观感受,因人而异,难以用统一标准衡量。如不同旅客对服务舒适的期望不同,对接受的同一标准服务的舒适度感受不同。

①舒适,指服务全程要有较好的环境与秩序,是针对高速铁路客运服务过程中的整体硬件、软件环境和服务人员的感知与体验评价,是一个非常全面且复杂的感知指标。人民日益增长的美好出行愿望要求高速铁路应最大限度满足旅客对舒适性的要求,使旅客获得热情周到、文明礼貌的服务,达到全面提高旅行质量的目的。如动车上配备的充电插座、免费 Wi-Fi、不间断供水等,服务环境良好、温度适宜、座席舒适宽敞等,都大大提升了旅客出行体验。

②便捷,指为客户提供方便、快捷的服务,包括高速铁路列车较高的开行频率,行程中换乘接续时间和地点的“无缝”衔接,办理相关手续的方便性,实现旅客整个行程的连贯性及时间的可选择性等,它主要是对客运服务是否可获取及获取快捷程度的感知与体验评价。对高速铁路客运服务来说,在旅客旅行过程中的购票、进站、上车、下车、出站等环节力求方便,如丰富的购票渠道和充足的购票设备、自助验证验票进站、联程票、高速铁路列车选座、完善的导向标志和无障碍设施等,达到了方便和节省时间的体验,提高旅客的感知质量。

③文明,是客户在接受高速铁路客运服务过程中精神和心理需求得到满足的程度,主要是运输服务过程中对满足客户精神需求程度的感知与体验评价。文明性对于服务人员来讲主要反映其服务态度和技巧,对于网络界面和设备主要指流程设计的人性化感受程度。要求服务人员在为客户提供服务过程中要文明礼貌、热情友好,要保持微笑服务、使用文明礼貌用语等,如现场工作人员的微笑周到服务满足了客户友善真诚被尊重的心理,进而提高旅客的感知质

量;要求相关服务设施设备和服务系统交互界面要友好,让客户感受到被重视等。

1.3.2 高速铁路客运服务质量影响因素

服务营销学理论指出影响客户服务感知质量的三大要素是硬件、软件和人员。这三者相辅相成,缺一不可,共同构成了"服务金三角"。对这三大要素的要求和描述就构成了优质服务标准的基本内容。相对来讲,硬件和软件因素是比较确定和稳定的,人员因素比较易变和复杂,也是关键因素。

1. 硬件

硬件指服务发生的物理环境的各个方面,服务提供者与客户的相互活动都在其内部进行。硬件很像有形商品的包装,可以方便或者是阻碍服务的进行,也履行着对外传递信息的重要职能,硬件为客户的整个服务体验设定了基调。硬件包括服务地点、服务设施、视觉空间和服务环境特征四个关键领域。

服务地点是服务组织提供服务产品和客户进行服务体验的地点,如车站、动车组、售票点等。

服务设施包括设施的质量和数量两个方面,设施的质量直接决定向客户提供服务的好坏,设施的数量则决定提供服务能力或服务容量的大小。

视觉空间是指服务场所的视觉效果带给客户的"第一印象"。视觉空间包括颜色、服务场所的通道设计、服务场所的座位安排、服务场所的设备定位、服务场所的光线等。

服务环境特征是指服务场所的环境,包括环境的色彩与照明、音响的音量与音高、空气清新度、温度与湿度、环境的清洁度等。

在高速铁路客运服务中,硬件包括旅客列车车体及相关设备条件、站场条件等,旅客在开始旅行前,对高速铁路客运服务的第一印象就来自车站、列车的硬件和站场条件等,可以说它们为旅客的整个服务体验设定了基调。

2. 软件

软件指服务发生的程序性和系统性。它涉及服务的递送系统,涵盖了工作如何做的所有程序,提供了满足客户需要的各种机制和途径。服务软件包括以下七个关键要素。

(1)时间。向客户提供服务时,其服务的及时性和迅速性应该适度,即在规定为客户提供服务时,应按实际情况从客户的角度出发规定具体时间标准更好。

(2)流畅性。即为客户提供服务时应保证各环节、各部门的相互配合与合作,形成紧密的服务链。保证为客户提供服务流程的顺利实施,避免服务流程中的阻塞和停滞现象的发生。

(3)弹性。服务系统的适应程度和灵活程度。服务规范和服务规章在实际执行时应有一定的"弹性",应根据不同客户的需求及时调整。

(4)预见性。从规范化服务向人性化服务发展,客户提出的要做到,客户想到的,在客户尚未提醒之前,抢先一步,向他们提供所需的服务。

(5)沟通渠道。要使服务系统内部客户与高速铁路运输企业之间,企业内部相关人员之间能进行有效的信息沟通,应想方设法提供各种沟通渠道。

(6)客户反映。服务人员要对客户的要求和反映及时了解,并建立良好的客户信息反馈系统。这取决于具有良好服务素质的服务人员的观察、分析,并采取积极有效的解决办法。

(7)组织和监督。有效的服务程序需要组织、监管,要保证服务质量监督监管机制的有效性,并且成为进一步提高服务质量的积极因素,需要进一步完善服务质量的监督制度。

在高速铁路客运服务中,软件包括站车的一切服务内容、服务方法和服务规程。运输产品的特殊性还包括旅客可以感受到的,与运输组织有关的服务性指标要求,如旅客列车的到开时间、平均停站距离等。

3. 人员

人员指完成服务项目的工作者,涉及人与人的接触,涵盖了在服务过程中每一位服务人员接触所表现出的态度、行为和语言技巧。关于服务人员有以下七个关键因素。

(1)仪表。客户对所接受的服务活动做出积极或消极的反应,很大程度上受他(或她)所看到的情景影响,仪表整洁、大方的服务人员会营造赏心悦目的旅行氛围,改善客户的心情和服务感受。

(2)态度、身体语言和语调。身体语言和语调传递了沟通中的"真实"信息,直接影响客户的服务感受。

(3)关注。关注是满足客户独特的需要和需求,它认同客户个性,从而以一种特殊、独特的方式对待每一个客户。备受关注的客户,其心目中的服务会大升值。

(4)得体。得体不仅包括如何发出信息,还包括语言的选择运用,如怎样称呼客户,称呼客户名字的频率等。

(5)指导。服务人员如何帮助客户了解服务环境、条件,向客户提出适当的劝告和建议。

(6)销售技巧。销售是服务不可分割的一部分,服务人员的销售技巧直接影响客户的接受程度。

(7)礼貌地解决问题。如何处理客户不满,使客户转怒为喜,如何对待粗鲁、难以应对的客户等,既要维护服务人员的尊严,又要能够礼貌地解决问题。

在高速铁路客运服务质量管理过程中,对服务人员的着装、姿态、语言方面制定标准化要求,以及在运输企业内部建立良好的招聘培训、考核、激励机制等,对提高高速铁路客运服务质量起着至关重要的作用。

1.3.3 高速铁路客运服务质量管理

高速铁路客运服务质量管理(TQM)是指通过建立高速铁路客运服务质量管理体系,实现对运输服务的各环节和相关资源的管理,也就是对高速铁路客运服务进行全面质量管理。全面质量管理是基于全员参与的一种质量管理形式,即以质量为中心,全体员工及有关部门积极参与,把专业技术、经营管理、数理统计和思想教育结合起来,建立起服务的开发、设计、生产、提供等全过程的质量管理,从而有效地利用人力、物力、财力、信息等资源,以最经济的手段生产出客户满意的服务产品,使企业、全体成员以及社会受益,从而实现企业获得长期成果和发展。高速铁路客运服务呈现出全员性、全过程性、全面性以及综合运用统计分析技术的质量管理特点。

(1)全员性的质量管理特点。

服务质量是企业各方面、各部门、各环节全部工作的综合反映。企业中任何一个环节、任何一个人的工作质量都会不同程度直接或间接地影响服务质量,因此,服务质量人人有责,必须把企业所有人员的积极性和创造性充分调动起来,不断提高员工的素质。同时,加强企业内部各职能和业务部门之间的横向合作,发挥质量管理的最大效用。

全员管理讲究人人参加质量管理,但处于不同管理层级人员的质量责任和作用是不同的。企业最高管理层的质量职能是制定质量方针、目标,完善管理体制,组织协调各部门、各环节、各类人员的质量管理活动,保证质量目标的顺利实现;中间管理层是为企业领导层的质量决策付诸实施而提供管理方法、标准,保证质量职能的有效性,对基层进行教育、指导、监督、考核,为生产第一线服务,并及时向上级汇报工作,起着承上启下的作用;基层则侧重严格按照规定的计划和标准进行生产运作。

要达到全员参与的效果,首先必须抓好全员的质量教育工作,加强员工的质量意识,牢固树立质量第一的思想,促进员工自觉地参加质量管理的各项活动,同时还要不断提高员工的业务素质,以适应深入开展全面质量管理的需要。其次,要通过制定各部门各岗位人员的质量责任制,明确自己在质量责任制中的责任和权限。各司其职,密切配合,形成一个高效、协调、严密的质量管理工作系统。

(2)全过程性的质量管理特点。

全过程性的质量管理是指决定服务质量的不仅是服务终端的检验把关,更重要的是服务形成的全过程。具体到高速铁路客运服务,广义上讲,高速铁路客运服务全过程的质量管理就是对从客户市场调查、服务项目设计开发、服务营销、服务提供过程,以及服务信息反馈等服务形成环节的全过程质量管理。狭义上讲,高速铁路客运服务全过程的质量管理就是对运输服务提供过程的各个环节的质量管理。高速铁路客运服务质量全过程的质量管理是广义的质量管理。通过对服务质量形成各个环节的质量管理,来保证服务质量,提高客户满意度。

全过程性的质量管理必须贯彻预防第一的客观要求,它把管理的重点从单纯的事后测评转到事先预防控制上来,消除产生不合格服务的种种隐患,做到防患于未然,形成一个能稳定提供优质服务的运输服务系统,使质量管理从管理结果发展到管理原因、管理生产经营全过程上来。强调预防为主、不断改进的思想,不仅不排斥质量测评,而且要求更加完善、更加科学。

(3)全面性的质量管理特点。

全面的质量管理是指企业不能仅仅追求服务符合标准的程度,而应该追求广义质量的提高,这种广义质量除了服务质量以外还应该包含过程质量、工作质量。

过程质量是指过程满足客户要求的能力。服务质量的形成必须经历一个过程,而过程的每一个阶段又可以看作是全过程的子过程。所以,过程质量问题存在于质量形成的全过程中。过程质量把握不好,最终的服务质量也不可能提高。

工作质量是与质量有关的各项工作对服务质量和过程质量的保证程度。任何服务过程都是由一些相互关联的、具有不同职能和方式的具体工作组成的。由于这些工作之间的整体性,一件工作的失误可能会波及其他工作,从而导致过程质量的失控,最后影响到服务的最终质量。所以,对于企业的每一项工作,无论其整体性地位和岗位分工如何,都必须认真对待,保证工作质量。要保证每一件工作的质量,其前提是正确制定企业经营方针和质量目标,合理组织服务过程,科学设置每个工作岗位。在此基础上,为每件工作规定操作程序和

质量规范，并通过有效的控制，确保工作质量的提高和改进。

(4)综合运用统计分析技术的质量管理特点。

全面质量管理是现代市场经济的产物，它所体现的经营哲理可概括为质量第一和客户第一。在当今竞争日益激烈的运输市场环境中，全面质量管理所体现的经营思想是企业求生存、求发展的制胜武器。高速铁路客运服务质量管理要求用数据和事实说话，通过采用大数据、统计技术和现代管理技术，采集数据和事实对服务质量现象进行分析和反映，并依据分析的结果解决质量问题，掌握质量运动规律，实现质量管理科学化。

1.4 高速铁路客运服务理论体系

高速铁路客运服务"过程性"决定了其市场需求分析、产品设计(相关流程、规范和标准等)等前期理论性工作。高速铁路客运服务"同步性"要求对服务提供质量控制、应急处置和服务补救，尤其是服务人员与旅客间的互动质量评价及奖惩等。本书提出并构建了高速铁路客运服务理论体系，用以指导我国高速铁路客运服务实践和后续发展。

高速铁路客运服务理论体系框架如图 1.6 所示。

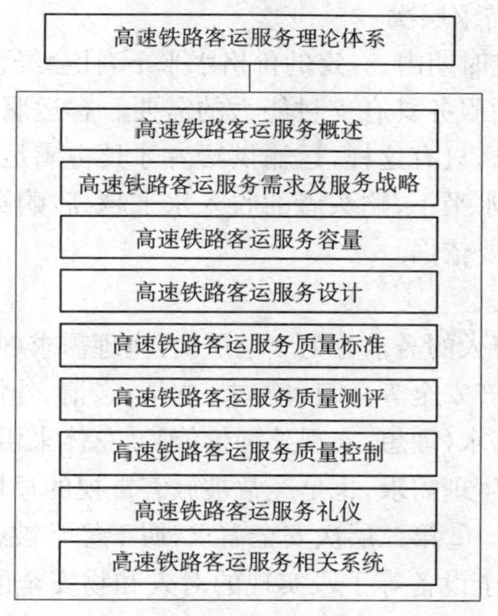

图 1.6 高速铁路客运服务理论体系框架

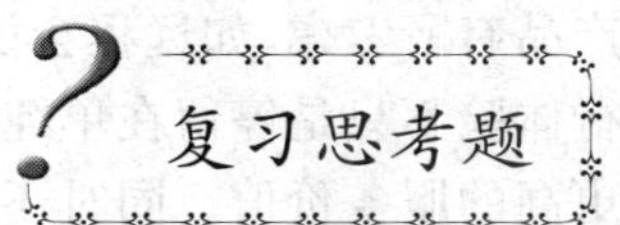

1. 如何理解高速铁路客运服务概念及其服务"过程性"的特点？
2. 结合高速铁路特点，分析高速铁路客运服务的特征。
3. 简述客运服务与客运产品的关系。
4. 简述高速铁路客运服务质量管理的特点。

2 高速铁路客运服务需求及服务战略

高速铁路的发展为客运服务带来巨大变化，客运服务质量大幅提升、客运产品类别更加丰富、旅客运输市场竞争力显著增强。对高速铁路客运服务需求及服务战略系统研究，是客运服务产品设计、服务标准制定、服务资源配置、服务质量测评和控制的重要前提。

2.1 高速铁路客运服务需求及服务战略概述

2.1.1 高速铁路客运服务需求及要素

1. 高速铁路客运服务需求层次

客运服务需求指在一定时期内、一定的价格水平下，社会经济活动对旅客位移服务及在其过程中所衍生出的一系列服务具有支付能力的需要。客运服务需求应具备两个条件：一是有购买服务的欲望或要求，只有这样，运输供给者才具备满足这种需求的可能性；二是具有购买能力，在一定的价格水平下，购买者的收入水平越高，购买能力越强。对服务需求的分析，是制定服务战略的重要依据。

(1)需求层次基本理论。

马斯洛需求层次理论将人的需求分为5个层次：生理需求（呼吸、睡眠、饮食等）、安全需求（人身安全、健康保障、财产安全等）、归属需求（友情、亲情、爱情）、被尊重需求（自尊、受他人尊重和重视）、自我实现需求（理想、实现某种价值）。总体来讲，旅客对高速铁路出行服务需求的表现是：①第一层次生理需求，也是经常被旅客重视的显性需求，如座席种类、餐饮质量、卫生状况与空气质量等。②第二层次安全需求，属于经常被忽视但实际上很重要的显性需求，如通过安检、乘警、安全设备等手段实现的对人和物安全的保障。③第三层次归属需求和第四层次被尊重需求，属于情感层次的隐性需求，如信息提供方式、站车面对面服务、售票等服务设备及流程设计友好程度等，可以让旅客感受到愉悦、舒心、便利。④第五层次自我实现需求，属于最高层次的隐性需求，不排除对特定高端服务产品有所考虑，如远程会议、信息交互、一对一服务等。这些需求得到满足，可以使旅客的出行体验不只是停留在单纯的出行阶段，而且能够延伸到旅客在工作、生活、交际等方面，实现更高的服务价值。同时还可以形成旅客对客运服务的“偏好性”认知和选择。高速铁路经营者应围绕着各个层次的需求，完成不同档次和类型产品的服务全过程的设计。

(2)需求与消费能力。

根据满足人们生理、心理的需求层次及其支付能力的不同，服务需求可分为三种类型，分别是需要型需求、选择型需求和欲望型需求。需要型需求指旅客完全具备基本消费能力

的需求，如对大多数旅客而言普遍可接受的D字头列车的二等座服务；选择型需求指略超出旅客消费能力但可能选择的需求，如对大多数旅客而言较少选择的G字头列车的一等座服务；欲望型需求指超出旅客消费能力但旅客有选择欲望的需求，如对大多数旅客而言有欲望但极少选择的G字头列车的商务座服务。某一项服务所属类型对于不同类型旅客而言是有区别的，在收入水平很高和较低的旅客眼中，某一项服务完全可以被划入不同的类型（或层次），因此运输企业必须根据不同类型旅客的需求提供针对性服务，从而实现保障需要型需求、引导选择型需求、培养欲望型需求的目的，既能够提升旅客服务感受的体验，也可以提高企业服务经营的效益。

（3）需求与选择决策。

需求从情感角度可以分为理性需求与感性需求。消费者在作出购买决策时，是理性决策，还是受感性因素影响更多，按照这种差别，可以将需求分为理性需求和感性需求。例如，旅客经由高速铁路出行，主要看速度快、服务好、环境舒适，纯粹就是看中高速铁路产品功能，这时的需求就是理性需求；旅客也可能会因为一个乘务员微笑、一个意外的旅行礼物等最终选择某种高速铁路服务产品，这就是感性需求。大多数情况下，顾客往往既有理性需求也有感性需求，但对于知名服务品牌往往会容易重视其感性需求，如品牌形象、服务态度等。高速铁路服务也不例外，客运服务战略制定、客运服务定位设计等工作，既要重视看得见摸得着的理性需求，也要重视可能对旅客选择产生影响的感性因素。

2. 高速铁路客运服务需求要素

为了更好地理解客运服务需求，还需要对客运服务需求具备的要素进行进一步分析，以提高服务设计的针对性。客运服务需求包括以下要素：

（1）需求量，即服务需求的规模，包括位移服务需求量和旅行服务全过程各环节、各项服务需求的数量。其中，决定“位移服务”的生产性环节的服务是刚性的服务需求，如票务服务、车站的安检服务、列车上的餐饮服务等。由于旅客自身或出行特点表现出在服务需求上的差异性，这类服务需求量的规模，一定程度上会决定服务供应商是否将其列入服务内容的战略性选择。

（2）流向，即位移服务需求的方向。位移服务本身是有时间和方向性的，伴随旅客列车的运行，旅客所处的空间环境不断变化，由此会激发出一系列服务需求的产生或剧增。例如，跨越南北间的长途列车上，需要关注到旅客对“保暖”方面的服务需求。

（3）运程，即旅客位移的起始地至到达地之间的距离。列车的在途运行时间与运行距离正相关，也会影响到旅客的服务需求。例如，京津城际列车的短途旅程基本无须提供餐饮服务，但对京广高速铁路上的长途旅程，其餐饮服务可认为是必然。

（4）速度，即服务需求在提供速度上的表现。对于位移服务需求往往表现在列车的运行速度，这是铁路客运服务质量的核心要素之一；对于其他方面或环节的服务速度，是指用户得到服务的等待时间或服务持续时间，对用户的感知体验非常重要，也叫服务感知的“响应性”。

（5）时间，即服务需求在时间上的表现。位移服务在时间上的需求，反映在起始地至到达地之间所用的时间及时刻的要求，对其他旅行服务可以表现一天中不同时段的服务需求，如夜间列车上乘车环境的“安静”服务，常规用餐时段列车上的餐饮服务等，在列车运行停站时分安排及列车服务提示等方面给予适当考虑。

(6)方便,即服务需求在实现方式上的表现,虽然与位移不直接相关,但其是构成服务产品的重要因素,也与旅客的服务体验质量直接相关。如购票方式和过程是否方便,信息提供是否及时、充分,换乘通道是否清晰、便利等。

(7)舒适,即服务需求在实现质量上的表现,舒适性也是构成服务产品的重要因素。舒适性一方面指在环境、设备等硬条件上的舒适,另一方面也包括在服务态度、服务内容和方式设计等软条件上的舒适,对旅客的服务感知影响直接,旅客的感知差异性明显。

(8)经济,即服务需求在价格上的表现。不同购买力及消费理念的旅客对服务价格的敏感度具有差异性,需要高速铁路运输企业提供不同等级的核心服务及附加服务,来满足旅客对于价格的差异化需求。例如,二等座需提供基本型服务,以核心位移服务为主;商务座需提供享受型服务,除核心位移服务外,需提供小电视观看、免费餐饮等,并使旅客可享受更"安静"服务的列车环境。

除以上要素以外,还有影响用户服务感知体验的各种需求。例如,表现服务"移情性"的问候、爱心服务;表现服务"差异化"的商务座、一等座、二等座席位等。在制定或调整服务战略、服务设计及提供实践中,需要重视和尊重这些需求要素的形式与标准。

2.1.2 高速铁路客运服务战略内容及分析方法

服务战略是指企业在一定发展阶段,以服务为核心,以顾客满意为宗旨,使服务资源与变化的环境相匹配,实现企业长远发展的动态体系。服务战略是企业在组织目标、资源和它的各种环境机会之间建立与保持一种可行的适应性的管理过程。铁路运输是基础性服务行业,社会的经济发展、技术的飞速进步、客户需求结构的改变都会对行业企业内部的政策、规范等产生影响,形成新的服务战略,进而优化服务方案和产品定位,激发客户潜在需求,拓展服务产品经营,加强客户服务设计能力,提升市场竞争力和效益。

1. 服务战略的内容

服务战略是一个系统工程,它需要管理者和员工不仅从思想观念上做出转变,还要求企业要有条不紊地安排各项工作。完整的服务战略至少包括6个方面的内容:

(1)树立服务理念,明确服务在运输生产过程中占有的地位及服务工作中要达到的目标和定位,以及希望获得的服务收益。

(2)确定合理的目标市场和该目标市场顾客的服务需求,便于围绕着需求设计并开展服务工作。

(3)形成服务产品设计与保障体系的基本思想,以确定具体服务内容及实施策略。

(4)明确服务人员管理及其服务意识培养方式,将服务理念贯穿到每一位服务人员,以充分展示企业优良服务形象。

(5)设定服务质量管理手段,确保服务理念和服务目标的顺利实现。

(6)实现顾客满意与忠诚的制度性设计,既要"争取客户",更要"留住客户",最大限度地拓展市场。

这六个方面构成了完整的服务战略体系,是一个分析、计划、组织和控制的管理过程,所有服务工作都必须在服务战略的指导下实施。

2. 高速铁路客运服务战略的特点

基于服务战略的定义，高速铁路客运服务战略的特点主要表现在全局性、稳定性、接续性和竞争性四个方面。

(1)全局性。

服务战略以服务企业全局的发展规律为研究对象，它是指导整个企业一切活动的总谋划。高速铁路运输企业的服务战略的全局性不仅表现在企业自身的利益上，还要保证其与国家宏观经济、技术水平、文化理念、发展战略相吻合，与国家发展的总目标相适应。例如，为响应我国绿色环保理念的号召，高速铁路推行电子客票，仅上海一站，每天就可节约数十万张的纸质车票，在为环境友好做出了贡献的同时，也减轻了企业的成本，方便了旅客的便捷出行。

(2)稳定性。

高速铁路运输企业经营实践是一个动态的过程，指导企业经营实践的战略也应该是动态的，以适应外部环境的多变性，但同时服务战略必须在一定时期内具有稳定性，才能在企业经营中具有实践性指导意义。这种稳定性是相对的，如果朝令夕改，会使企业经营发生混乱，从而给企业带来损失。

(3)接续性。

服务战略是高速铁路运输企业面向未来运输市场的行动计划，是确定运输企业发展方向的行动方案，而企业内部和社会环境是不断变化的，必须要根据不同阶段的环境情况，及时对上一阶段的战略内容进行调整，制定出适应新环境的接续性服务战略，否则，就会造成极大的效益损失，甚至被市场淘汰。

(4)竞争性。

制定服务战略的目的是为保证企业在市场的激烈竞争中不断增强自身的实力，创造更大的经营效益，因此高速铁路运输企业在制定服务战略时，应该兼顾“自我提升”和“对外竞争”，强化企业对经营及市场的控制力。“自我提升”主要指高速铁路运输企业应该建立经营管理机制，根据外部环境的变化，在优化既有产品的基础上，拓宽市场，力争“精中精，强中强”；“对外竞争”主要指与运输市场中其他企业相互竞争，借鉴经验，在明确服务定位的基础上，提高各项差异化产品之间的衔接度，保证其优势互补、迭代优化，为运输市场提供“人无我有，人有我优”的服务产品。

3. 服务战略分析的常用方法

(1)波特五力分析法。

波特五力分析方法认为行业中存在着决定竞争规模和程度的“五种力量”，即“上游供应商的议价能力、购买下游者的议价能力、潜在竞争者进入的能力、替代品的替代能力、行业内竞争者现有的竞争能力”。这五种力量综合起来，影响着产业的吸引力和现有企业的竞争战略决策。五种力量的不同组合变化最终影响行业利润潜力变化，如图 2.1 所示。

(2)SWOT 分析法。

SWOT 分析法也叫作态势分析法或道斯矩阵，是一种基于内外部竞争环境和竞争条件下的态势分析，就是将与研究对象密切相关的各种主要内部优势(strength)、劣势(weakness)和外部的机会(opportunity)和威胁(threats)等，通过调查列举出来，并依照矩阵形式排列,然后用系统分析的思想,把各种因素相互匹配起来加以分析,从中得出一系列相应的结论,而结论通常带有一定的决策性,如图 2.2 所示。

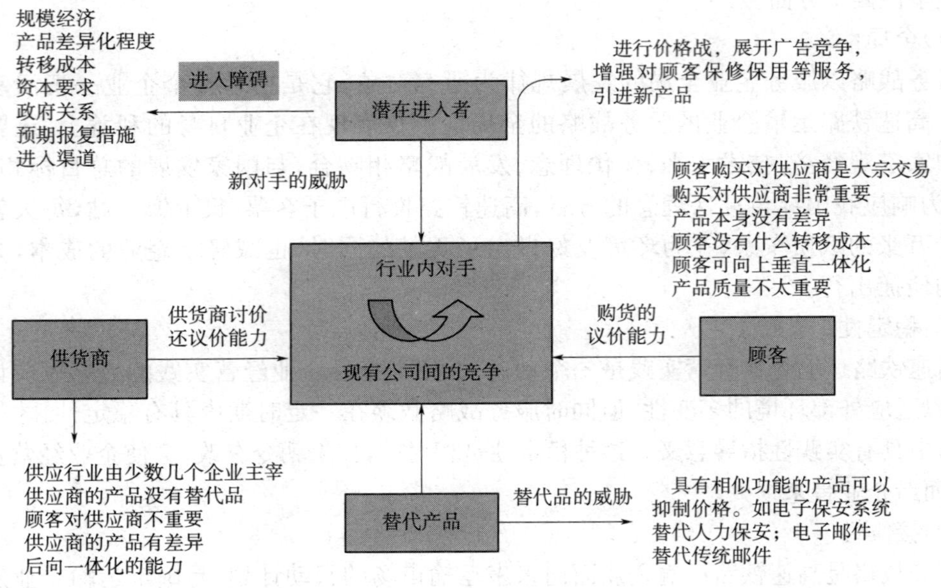

图 2.1　波特五力分析模型

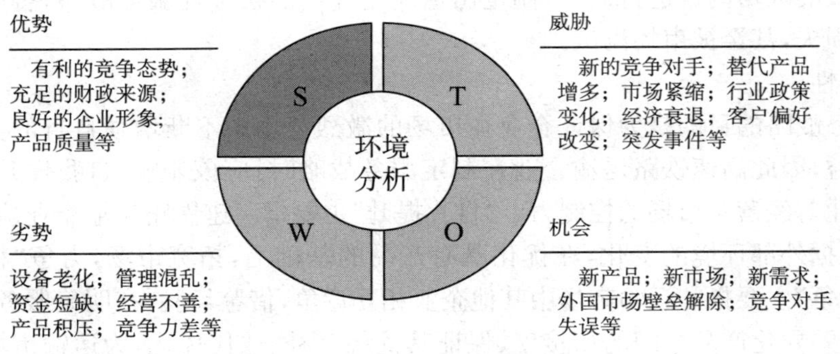

图 2.2　SWOT 分析模型

通过对波特五力分析方法中的五种力量以及 SWOT 分析中各个要素的分析,可以分别制定高速铁路及其各细分市场的服务战略。

2.2　高速铁路客运市场细分及产品定位

随着高速铁路客运服务提供模式和技术的创新发展,吸引或诱发了更多服务需求,为高速铁路运营拓展了更广阔的领域和利润空间。高速铁路运输企业要想保持竞争优势,必须立足行业特点,针对不同客运子市场对特定旅客群体的吸引力,研究细分出一个或几个运输子市场,并面向各子市场的服务对象及服务需求,确定服务产品的定位及内容等。

2.2.1 高速铁路客运市场细分

市场细分是把整体市场分割成有意义的、具有较强相似性的、可识别的小客户群的过程。每一个小客户群称为一个细分市场。运输企业通过对不同细分市场的评估,结合本企业的目标和资源确定一个或几个运输子市场作为服务对象,这样该企业所选的细分市场即为其目标市场。在此基础上,企业确定市场定位并提出相应的竞争战略。确定企业的市场定位及竞争战略是企业进行服务管理的第一步,也是很重要的一步。

1. 市场细分的作用

市场细分是企业经营发展和提高服务满意度的共同需要。其作用如下:

(1)有助于运输企业发掘市场机会、开拓新市场。通过市场细分,运输企业可以把握各客户群体的需求及其满足程度,从而发现市场机会。同时,在分析运输市场竞争状态的基础上,根据运输企业自身的资源条件及竞争能力,形成适于自身发展的较为有利的目标市场。我国高速铁路建设规模大、线路长,区域需求差异大、运输组织复杂,对客运服务市场细分、目标市场特点、产品定位的系统研究十分必要。

(2)有利于运输企业利用现有资源、获得竞争优势。高速铁路属于大型运输企业,虽然其资源约束条件较小,但由于市场需求的不断增长以及与航空、公路或在其他高速铁路公司等大型企业间存在激烈的竞争,使得高速铁路运输企业的资源优势有所减弱。因此,市场细分更应该是高速铁路运输企业谋求竞争优势而充分运用的工具。

(3)有利于运输企业了解各细分市场的特点,制定并调整服务策略。与其他交通方式相比,高速铁路具有一定的速度优势,但仅限于特定客户群。在市场竞争条件下,必须抓牢特定的客运市场,提高服务针对性,把握各细分市场的特点,建立相应的服务策略。

2. 市场细分的标准

市场细分的标准是描述市场、分析市场需求规律的关键因素。一般可以从形成旅客需求差异性的因素来考虑,这些因素形成了客运市场细分的标准。

(1)个人属性。

个人属性主要指人物的特征或特性,主要用于描述人物,使其更好地被理解。通常影响高速铁路客运服务市场细分的个人属性主要包括年龄、职业、收入水平。

①年龄。不同年龄区间的旅客,对客运服务的需求内容具有差异性。按照年龄划分,可将运输市场细分为老年人子市场、中年人子市场、青年人子市场。老年人在享受乘车服务时,通常需要服务人员给予更多的耐心;中年人在的需求种类较为复杂;青年人则对列车的娱乐服务及网络服务更加关注。

②职业。按照职业划分,可将运输市场细分为公司职员子市场、个体户子市场、务工人员子市场、学生子市场等。通常务工人员与学生不仅出行具有较强的规律性,且都更关注乘车的经济性;公司职员更注重乘车的体验感,对舒适性和速度要求较高;个体户需求情况因出行目的不同需求情况复杂。

③收入水平。收入水平的差异对因私出行的旅客影响较大,按旅客收入水平,可将客运市场细分为高收入、中高收入、中等收入、中低收入和低收入子市场。高收入旅客对的价格敏感度低,通常对速度和舒适要求较高,中等收入旅客对速度和经济性要求较高。

(2)出行特征。

出行特征主要指用于描述出行过程中一系列行为的基本特征。通常影响高速铁路客运服务市场细分的出行特征主要包括出行目的、出行距离、出行区域。

①出行目的。按照出行目的，运输市场可分为出差子市场、探亲子市场、通勤子市场、务工子市场、求学子市场和旅游子市场等，也可以分为公务流子市场、商务流子市场、旅游流子市场、探亲流子市场、通勤流子市场，特定时期还可以单独划分出务工流、学生流等子市场。而旅客的出行目的与交通费用支出、旅途服务质量等要求相关。在财务制度允许条件下，公务流、商务流等因公客流对舒适、速度和安全的要求较高，对经济性要求较弱；而因私出行的探亲流、旅游流，为相对偶然性客流，其出行次数相对较少，对舒适、速度、经济性均有要求，也更加重视服务体验感，对娱乐服务、网络服务等有需求；通勤流旅客出行频次高，规律强，通常对经济性要求较高等。

②出行距离。旅客的出行距离与出行时间正相关，对旅客旅途中的感知体验影响较大。按旅客出行距离，可将运输市场细分为长途客运子市场、中途客运子市场和短途客运子市场。旅客出行距离与旅途时间、历经运输环节等相关，出行距离越长，途中所需服务内容必然增多。例如，中长途旅客相较于短途旅客而言，由于旅行时间更长，旅途中对娱乐服务、餐饮服务的需求更为迫切，对方便性敏感度较低；同时如果列车在夜间还需运行，旅客对卧铺席位的需求会更多。短途旅客更重视方便，其次是安全和舒适，对速度和经济性要求不太敏感。

③出行区域。不同区域经济发展水平不一，旅客需求特点不同，由此各地区城市间的运输产品应该体现这种地区差别，按照不同出行区域子市场的特点开发形式多样、灵活的运输产品。按照行政区域细分，客运市场可以细分为各省、市(自治区)子市场。不同省、市(自治区)子市场的地理环境、自然气候、文化传统、风俗习惯和经济发展水平等也存在差异，因此在提供餐饮、商品消费等相关服务时也应考虑这些因素，针对不同的旅客提供不同类型的服务。

2.2.2 高速铁路客运产品竞争优势

高速铁路直接面对着航空运输和道路运输的竞争。高速铁路的优势是高速铁路客运服务目标市场的基础，在竞争中充分发挥好这些优势，才能更好地吸引更多旅客，达到扩大市场、提高经营效果的目的。

1. 运行速度高

近几年世界各国相继建成的高速铁路的最高运行速度都在300 km/h左右，其中我国部分线路已达到350 km/h甚至更高，这是高速铁路的核心竞争优势。

旅客出行花费的时间由三部分组成：一是由出发地(家)至始发站(港)的走行(或短途运输方式的运行)时间及等待时间；二是乘坐的交通运输方式由发站(港)至到站(港)的旅行时间；三是由到站(港)至目的地(家)的走行(或短途运输方式运行)时间。不同交通运输方式第一和第三部分时间(以下简称附加时间)是不同的。一般坐飞机附加时间较长，而汽车较短。所谓某种交通运输方式的优势距离，即旅客出行花费的总时间比其他交通运行方式都少的距离范围。不同交通方式速度越高，附加时间越少，其优势距离范围越大。

当代大交通系统中，高速公路、航空与铁路并存，且都在迅速发展。旅客选择运输工具主要出于对速度、安全、经济及舒适度的综合比较。随着经济的发展、人民生活水平的提高及社会活动节奏的加快，旅客的时间价值观念进一步增强，对交通运输工具速度的要求将更加迫切。如果旅客出行的附加时间以高速公路为零，高速铁路为 1.0 h，航空为 2.5 h(上飞机前 1.5 h，下飞机后 1.0 h)，汽车平均运行速度取 120 km/h，飞机巡航速度取 700 km/h，高速铁路最高运行速度分别取 210 km/h、250 km/h、300 km/h 和 350 km/h 计算，对旅客总的旅行时间进行比较，如图 2.3 所示，其有利吸引范围分别为：小汽车优势距离在 200 km 以内；航空优势距离在 1 000 km 以上；高速列车速度为 210 km/h 时优势距离仅为 300～500 km，速度为 250 km/h 时优势距离为 250～600 km，速度为 300 km/h 时优势距离为 200～800 km，速度为 350 km/h 时优势距离为 800～1 100 km。

旅客选择交通方式，除考虑速度外，还需综合考虑经济、安全、舒适性等因素。如果加上安全、舒适、方便、准确性、票价及夕发朝至等因素，高速铁路的有利吸引范围还将有所扩展。下限可低至 100 km 左右，如多地的机场线、京津城际线等；上限也可能在 2 000 km 甚至 3 000 km 以上。

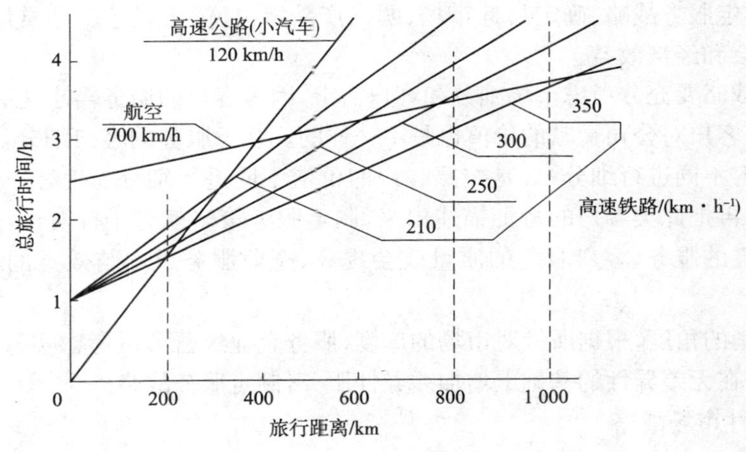

图 2.3 旅客出行总时间比较

2. 运输能力大，开行频率高

高速铁路旅客列车最小行车间隔可以达到 3 min，列车密度可达 20 列/h。每列车载客人数也比较多，如采用动力分散方式及双层客车，其列车定员可达 1 200～1 500 人/列，理论上每小时的输送能力可以达到 48 000～2×60 000 人。四车道的高速公路每小时的输送能力约为 9 600 人，两条跑道的机场每小时的吞吐能力约为 12 000 人。可见高速铁路的运输能力是高速公路和民用航空等现代交通运输方式不可比的。

3. 安全性能好

安全是人们选择交通方式的首要因素。尽管各种现代交通运输方式都竭力提高自身的安全性能，但交通事故仍时有发生。日本既有铁路每 10 亿人 · km 死亡人数为 1.97 人，汽车为 18.9 人。欧洲铁路联盟的成员组织，每年因公路交通事故死亡 54 000 人，伤 170 万人，超过铁路的 125 倍。高速铁路具有现代化的、完善的安全保障系统，可以防止人为过失、设备故障及自然灾害等突发事件引起的事故，是当今最安全的交通运输方式。

4. 全天候运行，准确率高

高速铁路安全保障系统不但能保证高速列车运行安全，也使铁路运输全天候的优势得到了充分的发挥。除可能危及行车安全的自然灾害外，几乎不受天气和气候条件的影响，24h内都可安全正常运行，且正点率非常高，这是其他任何运输方式都做不到的。

5. 舒适性好

乘坐舒适是人们选择交通方式的重要条件之一。高速铁路线路平顺、稳定，列车运行平稳、座位宽敞、设施先进、空间宽大、舒适性好，与飞机和汽车相比有明显的优势。

2.2.3 高速铁路客运服务战略制定

我国高速铁路建设规模和技术装备水平在世界范围领先，在我国整个运输市场中的竞争力表现在很多层面。高速铁路服务的可达性、服务技术和能力、服务产品和水平等持续进步，较公路运输在中短途市场形成速度和舒适上的优势，较航空运输在中长途市场上的经济性、便捷性、服务频率的优势。铁路企业可充分研究旅客运输子市场需求的差异化、需求量等基础问题，制定服务战略、确定目标市场、明确产品定位、优化服务产品质量，为企业经营创造更多的社会和经济效益。

制定服务战略要充分考虑市场细分和客户需求，因为客户的服务需求是有差异的，服务是需要成本的，客户对公司贡献的价值也是不一样的。基于服务的客户细分，一是按照客户需求的服务内容不同进行细分；二是按照客户的价值不同进行细分。把客户的服务需求差异找出来，然后再把此类客户的特征描述出来，制定服务策略就有了针对性，掌握什么样的客户需要什么样的服务，客户服务的质量就会提高，企业服务成本与效益的比例就会非常合理。

从市场营销的角度，根据所针对市场的广度，服务企业经营可以考虑实行无差异性或者差异性的战略，在无差异性的基础上增加差异性服务，制定服务战略。

1. 无差异性市场战略

无差异性市场战略又叫无差异性市场营销。铁路客运服务是基础性行业，提供大众化服务，服务的特点是批量化。运输企业把整个市场作为自己的目标市场，只考虑客运服务市场需求的共性，将其作为提供服务的主要方向，运用相同的价格策略、推销方法等，向社会提供统一性的标准化服务、塑造高速客运服务品牌、扩大市场份额，即可称为无差异性市场营销。如现阶段，各高速铁路客运企业普遍重视乘坐舒适性能的提升，如列车设有多种照明控制模式，车厢内实现了Wi-Fi网络全覆盖等。

2. 差异性市场战略

差异性市场战略又叫差异性市场营销。运输企业面对已经细分的市场，选择两个或两个以上的子市场作为市场目标，根据子市场的特点，分别制定产品策略、价格策略、渠道策略及促销策略，并予以实施，即可称为差异性市场营销。

不同运输子市场需求特点区别较大，每个旅客期望的服务因自身的思想状况、个人素质、心理预期、偏好情况等不同而有较大差异，随着高速铁路服务能力提升，高速铁路运输企业可根据子市场的特点，运用新技术，不断增加服务类型差异化。如2020年，京沪高速铁

路、成渝高速铁路的部分车次推出“静音车厢”服务，通过旅客自行选择，自觉遵守规范，乘务人员细心提醒，提供了更加安静舒适的旅行环境，受到技术工作人员、学生等多种旅客群体的欢迎。

3. 无差异性和差异性并重战略

高速铁路运输企业在为旅客提供安全、准时、快速的无差异性市场营销的同时，分别对每个子市场提供针对性的产品和服务以及相应的销售措施。如在针对运距 200 km 以下、200～1 000 km、1 000 km 以上的三个子市场，部分高速铁路运输企业推出了富有特色的服务产品。

低于 200 km 运距的子市场上，高速铁路在速度上仍有一定优势，同时舒适性上有其他交通方式不可比拟的优势，故应充分利用高速线的运输能力，结合高速运输产品的合理目标市场，对快捷性等特点形成差异化战略。如广州局集团公司湖南城际铁路公司，根据长株潭城际铁路公交化运营的特点，联合中铁银通支付公司和中国银行等单位，开发了“铁路 e 卡通”项目。2018 年 10 月，“铁路 e 卡通”投入使用后，实现了旅客乘降“验检合一”，使用“铁路 e 卡通”无须预先购票，简化了进出站流程，加强了乘客的快捷体验。

在 200～1 000 km 的运输距离上，铁路具有较强的竞争优势，可以结合市场需求，适时辅助以差异性服务战略，推出新产品，充分发挥在特定子市场中的优势。如 2018 年，广州局集团公司在全国率先推出湛江至海口双向的高铁＋汽车＋轮船三种方式的客运联运，旅客从湛江西站(海口站)仅凭“一票”，就能乘车乘船横跨琼州海峡，抵达海口站(湛江西站)，实现广东(海南)旅客过海无缝接续换乘，加强了乘客的方便体验。

在超过 1 000 km 的运输距离上，由于与航空存在激烈竞争，速度上有所不足，价格上也不能绝对占有优势，则考虑针对舒适性等开发差异性服务战略。如随着长距离高速铁路列车不断增加，很多乘客提出了乘坐高速铁路列车夕发朝至的需求，各高速铁路客运企业创新高速铁路运营方式，自 2014 年起，陆续开行北京至广州、深圳，上海至广州、深圳等高速铁路动卧，旅行时间 11～12 h，始发时刻安排在 20:00 左右，终到时刻安排在早上 7:00—8:00 之间，加强了乘客的舒适体验。在票价与航空基本相当情况下，取得了很好效果。

2.2.4 高速铁路客运服务市场定位

高速铁路客运服务市场定位可以从宏观、微观两个层次理解。宏观上指高速铁路客运服务与其他运输方式以及普速铁路相比所选择的目标市场；微观上指一个具体的高速铁路客运服务产品在市场中的定位。服务市场定位是指服务企业根据市场竞争状态和自身资源条件，建立和发展差异化竞争优势，以使自己的服务在旅客心目中形成区别并优越于竞争者服务的独特形象．运输产品的市场定位是通过为本企业的运输产品创立鲜明的个性，从而塑造出独特的市场形象来实现的。运输企业可根据旅客对客运产品属性的重视程度、需求的满足程度及自身的实力和条件对不同的客运产品和服务进行市场定位。

通过调查和分析可知，旅客主要关注旅行时间(或旅行速度)、旅行时段、舒适程度、客票价格、服务质量、方便性(包括购票、乘车等)等因素，而且不同的旅客群体对以上因素的重视程度不同。例如，商务流较重视旅行时间、时段及服务质量，票价则相对次要；务工流较重视票价，对其他因素的重视程度一般；学生流有较强的集中性，寒、暑假期间流量很大，较重视票价、旅行时间、方便性,对其他因素的重视程度一般。

许多同类运输产品在市场上品牌繁多,各具特色,广大旅客都有着自己的价值取向和认同标准,运输企业要想在目标市场上取得竞争优势和更大的效益,就必须在了解旅客运输需求、竞争企业及竞争产品的基础上,为企业树立形象,为产品赋予特色,以独到之处取胜。而且这种形象和特色可以是实物方面的,也可以是心理方面的,或二者兼而有之,如质优价廉、豪华、服务周到等,都可作为定位观念。现阶段主要的市场定位依据有如下几种:

1. 根据运输产品的属性和效用定位

运输产品本身的"属性"以及由此获得的"效用"能使旅客感受到它的定位。例如,公路运输具有"机动灵活"的特点,铁路运输则强调"舒适"及"安全"等特性。"速度快"是高速铁路的核心优势,此外,高服务水平、大开行频率、"家庭式"的服务理念都可以成为高速铁路客运服务产品"卖点"。

2. 根据运输价格和服务质量定位

"运输价格"和"服务质量"都可以为运输企业及产品创立不同的市场定位,给旅客留下不同的印象,这两项因素也是许多旅客所注重的。例如,航空公司的飞机票价格虽然贵,但旅行时间短;铁路旅客强调经济(价格便宜)、舒适和便捷。高速铁路价格上优势不大,可重点结合不同的子市场特点设立品牌,比如在中途市场上提出"又快又好",注重于快速和高品质服务;在长途市场上提出"家一般感受""全程商务舱""夕发朝至"等,注重综合性服务。

3. 根据旅客类型定位

运输企业可根据某一运输子市场的旅客的看法塑造合适的形象。如高速铁路针对不同子市场提出各自的品牌定位,对旅游子市场产品提出"风光之旅",对通勤子市场产品提出"晚点承诺"等。

4. 根据产品档次定位

运输企业可以根据为旅客提供的运输产品(包含服务)的档次确定市场位置。如高速铁路运输企业根据不同等级列车或席别为旅客提供不同舒适程度、水平的服务。

5. 根据竞争条件定位

运输企业可以针对其他运输产品突出其市场竞争优势。例如,高速铁路运输企业的某些客运产品强调为旅客提供的服务质量及水平向航空公司看齐,但价格方面又有优势,从而提高市场认知度。

实际上,为了体现产品形象的多维性,许多运输企业在进行市场定位时,往往多个依据结合使用。高速铁路服务产品的市场定位在总体上应着重于核心位移服务及其过程中所衍生出的一系列基本服务,强调快速性、方便性,强化自己的优势。随着社会经济及竞争环境的变化,旅客的服务需求水平也逐步提高,高速铁路服务产品也应针对特定旅客群,创新服务方式,引入新型提升性服务,强调高品质的服务水平和综合性服务,突出在舒适性、人文性及旅客心理和尊重需求的满足,最大限度地利用高速铁路自身的优势资源,为旅客提供更高水平的服务,也为高速铁路的经营拓展更大的利润空间。

2.3 高速铁路客运服务营销策略

现阶段,越来越多的运输企业主动投资于服务,以提升服务水平作为差别化和形成竞争优势的方式。高速铁路的发展促生运输能力的提高,运输企业的经营理念和决策重点从普速铁路下的以节约成本、提高运输能力为主转变到以增加运营效益为主上来。事实也进一步证明,重视旅客服务水平,能够带来更好的经营业绩。

高速铁路客运服务营销策略是通过运用服务战略管理思想,在全面理解旅客需求的基础上,对为旅客提供服务,进而获取收益的营销方式的计划和谋略,主要包括服务定位策略、服务营销组合策略和服务需求管理策略。

2.3.1 高速铁路客运服务定位策略

运用客运服务营销理论原理,在企业运营服务战略目标的指导下,以市场服务需求为导向,明确客运产品(创新或优化)的服务基调(包括服务定位、服务特色、服务对象等,具体见第4章)。基本原则是弱化对营销有不利影响(强化有利影响)的内容,具体可采用如下定位策略。

1. 服务有形化

服务的无形性对服务产品营销有不利影响,如旅客不容易识别服务,服务质量较难考核和控制,服务投诉或纠纷较难处理等。为了避免这些问题,高速铁路运输企业可借助服务提供的环境、服务品牌等有形线索和信息,帮助旅客准确识别和了解服务,增强市场对服务的认可度。例如,新颖而别具一格的客运站设计,整洁的环境、明亮的灯光和欢快的音乐等,可体现热情温馨的服务的感知体验;风格独特的标识、图标、工作服饰等,可体现出服务的品质及规范性等。特色鲜明的服务品牌,可有效地传递企业的服务理念和产品的服务格调,强化服务产品的特色及市场辨识度等,如南京客运段打造的“紫金号”、武汉客运段创建的“凤舞楚天”等高速铁路客运服务品牌,运用新媒体的力量,快速扩大了高速铁路客运服务品牌的社会影响力,增强对市场的吸引力。

同时,具有吸引力和富有效力的服务承诺,也是传递服务质量的重要信号,将影响旅客对服务感知期待。如高速铁路“若旅客乘坐的列车停运、调点/晚点超过30 min,网上订餐服务系统将自动退单,已支付的金额将全额退还”的承诺等。

2. 服务规范化

客运服务过程的异质性对市场营销会产生不利影响。异质性具体表现是服务过程的标准化、服务质量的稳定等。服务规范化,指在服务过程中建立规范并用规范引导、约束服务人员的心态和行为,以保持服务的稳定性。可采用以下方法促进服务的规范化。

(1)服务理念化。强化一线服务人员的服务意识和理念,提高服务人员对服务标准和规范的认知和理解,规范服务人员的服务心态和行为,减少服务异质性产生的不利影响。服务理念可以通过标语、口号、广告、公关宣传和座右铭以及品牌名称等形式传达,实际上是企业文化的建设过程。如郑州局集团公司的新乡东站制定了“新无止境,乡约天下”的服务文化理念,打造“乡约”高速铁路服务文化品牌,洛阳龙门站制定了“以服务为宗旨,待旅客如亲人”的服务理念,打造“牡丹缘”高速铁路服务文化品牌,并将服务品牌的特点和服务理念植入服务人员的内心,并将其服务标准成为提供服务的自觉行为。

(2)服务标准化。指高速铁路运输企业系统地建立服务质量标准并用以规范服务人员的行为。服务标准化可以看成是服务理念化的实现形式,它不仅是一种服务营销战略,也是服务行业管理的要求。服务实行了标准化,服务提供过程就有了衡量和控制的标准,从而大大降低服务产品的异质性,提高了服务质量和旅客的满意度。

(3)服务可控化。指高速铁路运输企业依据企业理念和服务标准对服务活动进行全面监控,使服务质量的偏差控制在尽可能小的范围内。服务可控化是服务规范化的保障。而高速铁路能体现这种可控的,最简单的办法就是将服务标准具体化、公开化、承诺化,让旅客在享受服务过程中自觉地进行监督。

另外,在执行标准化、规范化服务的同时,还要关注到旅客个性的差异、需求的特殊性等,在条件允许的情况下,服务人员应主动为旅客提供更加细腻、准确的差异化服务与帮助。

3. 服务可分化

服务的生产消费同步性导致服务质量的形成在于买卖双方接触的“真实瞬间”。如果参与服务过程的旅客不能在运行、操作上配合服务规程的要求,就难以保证服务过程的顺利进行。高速铁路运输企业可采用服务可分化方法,主动改善与旅客关系,保证服务质量的一致性和一贯性。服务可分化,是指在服务过程中让服务生产者与消费者实行部分分离,主要有服务自助化、服务渠道化和服务网络化等三种方式。

服务自助化指向旅客提供某些服务设施、工具或用品,由旅客自己完成部分服务,实现生产者与消费者一定程度的分离。如自动售票机的应用,餐车使用电子菜单等,都是服务自助化。服务渠道化指将服务或部分服务通过服务渠道商提供给旅客,实现服务生产者与消费者一定程度的分离。服务渠道商是那些从事服务交易的中间商或代理商,如合作售票点或合作伙伴。如 2017 年 7 月起,推出的“高铁订餐”服务,将餐饮服务大门向社会开放,支持站点外卖,为旅客提供更多品种、口味的餐食服务。服务网络化指将服务或部分服务通过网络提供给旅客,实现生产消费之间一定程度的分离。如现行的网络售票、网络订餐、预约接车等网络化服务,进一步丰富和扩充了服务旅客的资源和渠道,扩大了服务能力,而且服务方式充满人性化、智能化和科技化的服务特点,增加服务获取的方便性,更迎合了现代人的消费理念和习惯。

4. 服务技巧化

服务技巧化就是指培养和增强服务技巧,利用服务技巧来吸引和满足旅客,充分发挥技巧在市场营销中的作用。服务技巧主要包括服务的技能、知识和专业化等。专业化主要是指经过专业培训后,其服务技能和服务知识及职业道德等达到社会公认的水平,通常都以获得专业或从业资格证书为标志。

5. 服务关系化

从营销实践看,服务关系化战略又可概括为服务的角色化、细微化、组织化、合作化等。服务角色化指让服务人员将服务过程变成“演剧”过程,将服务中人际关系变成角色关系。服务细微化指企业或人员从细微处来关心旅客和贴近旅客,使服务关系进入更深层次。服务细微化有利于旅客对服务质量的感知,有利于吸引新旅客。服务组织化指用某种形式将

分散的旅客组织起来，便于服务企业与旅客的关系更加正式化和稳固化。如 2017 年开始，12306 网站推出"铁路畅行"常旅客会员服务，乘客可通过购买火车票、参加活动等方式累计积分，所得积分可用来兑换车票等服务。服务合作化指不同服务企业之间通过渠道合作来接近旅客并发展与旅客的关系。高速铁路可以大力开拓合作领域和合作伙伴，包括与其他运输方式合作发展联合运输，与旅行社、饭店等合作发展延伸服务等。

2.3.2 高速铁路客运服务营销组合策略

市场营销学中市场营销组合包括七个要素，即产品（product）、定价（price）、渠道（place）、促销（promotion）、人员（people）、有形展示（physical evidence）、过程（process），简称 7P。市场营销组合是企业依据其营销战略对营销过程中的七要素变量进行配置和系统化管理的活动，在制定营销组合时，高速铁路运输企业需要考虑这些组合要素间的关系。

1. 服务产品

服务产品具有和有形产品相似的市场生命周期，即从进入市场、稳步增长到逐步被市场淘汰的过程。对服务产品生命周期每一个阶段的考察，都是为了确定服务企业的生命周期定位，从而找出未来的主要目标、决策、问题以及企业组织的调整和变革等。高速铁路运营中，要求重视市场营销部门的作用，设计多样化客运服务产品并建立相应品牌。在高速铁路客运核心服务、辅助服务分离的情况下，优化既有客运产品或推出创新客运产品（也叫服务包），在核心服务层面或辅助服务层面都是有意义的，这样有助于向社会提供服务产品类型多样、产品差异化明确、目标市场针对性更强的产品系列和谱系。

2. 服务定价

在确定服务产品价格时，必须考虑目标市场及其市场定位、生命周期所处的阶段、企业的战略角色等。对服务来说，可供选择且实用的定价方法，主要有成本导向、竞争导向以及需求导向定价法。成本导向定价法指企业依据其提供服务的成本决定服务的价格。竞争导向定价法指以竞争者各方面之间的实力对比和竞争者的价格作为定价的主要依据，以在竞争环境中的生存和发展为目标的定价方法。需求导向定价法着眼于消费者的态度和行为，服务的质量和成本则作为辅助因素对价格进行相应的调整。高速铁路客运服务涉及环节和类型较多，应根据不同环节所处的竞争条件，结合实际情况，采取相应的定价方法。

3. 服务渠道

服务渠道是指服务从生产者移向消费者所涉及的一系列企业和中间商。服务中介机构形态主要有代理、代销、经纪、批发商和零售商等。在高速铁路运营中，核心服务部分基本是由运输企业（承运人）承担，例如整体运输方案设计、运输组织调度、站车运输资源配置、站车服务全过程等内容，随着技术及服务智能化发展，越来越多的与站车运输组织及服务过程相关的企业会不同程度参与其中。对于辅助服务的具体内容可以租赁、特许经营、外包等方式经营，比如餐饮、保洁。在一些需要市场开拓的领域，可以引进战略合作者，以其他服务商为组织者，运输企业参与，既可规避部分风险，又促进新产品的开发。

4. 服务促销

服务促销包括多种元素，如广告、公共关系、口头传播等。对外的服务广告应该使用明确的信息,强调服务利益。对内部员工的告知与教育,更侧重在服务生产过程中处理好客户关系(维持与旅客的合作),建立口头沟通,提供有形线索,解除购买后的疑虑或纠纷等。公关是公共事务领域中普遍使用的促销方式。以新闻方式而非以直接销售或广告方式进行公关,更容易被潜在旅客或消费者接受。近年来,国家品牌计划广告——中国高速铁路复兴号篇,微纪录片《乘着高铁游中国》等纷纷呈现,说明了各高速铁路运输企业开始关注广告、公关的力量。

5. 服务人员

高速铁路客运服务的营销策略涉及对内对外两个界面,对内部服务人员的营销包括对服务人员的内部管理和培训两方面。企业内部对服务人员的管理机制影响着员工的满意程度,进而影响员工的生产效率和旅客的满意度,最终影响企业服务价值的实现。旅客对服务的评价是由旅客与服务员工接触的每个真实瞬间员工的表现决定的。这也要求企业必须更加注重员工培训,尤其是在一线员工招聘时,不能只看重经验和技能,而更应考察态度、资质和个性等能为服务人员带来成功的因素。如何使新成员成为符合企业要求的服务提供者,是企业内部培训需要解决的关键问题。

6. 服务有形展示

服务的有形展示主要表现为环境、信息沟通和价格三个方面。物质环境展示可分为周围因素、设计因素和社会因素。周围因素通常被认为是构成服务产品内涵的必要组成部分,是消费者可能不会立即意识到的环境因素,如气温、湿度、气味和声音等。这些因素的存在不会使旅客感到格外惊喜,但如果这些因素达不到旅客期望,就会削弱旅客对服务的信心。设计因素是刺激消费者视觉的环境因素,这类要素被用于改善服务产品的包装,使产品的功能更为明显和突出,以建立有形的、赏心悦目的产品形象,比如服务场所的设计、企业形象标志等。社会因素是指在服务场所内一切参与及影响服务产品生产的人,包括服务员工和其他在服务场所出现的各类人士,他们的言行举止皆可能影响旅客对服务质量的期望与判断。

信息沟通是另一种服务展示形式。从赞扬性的评论到广告,从旅客口头传播到产品标记,这些不同形式的信息沟通都传送了有关服务的线索,影响着公司的营销策略。高速铁路运输企业为不断开拓新的市场,需要注意服务过程中的信息沟通,还要将沟通延伸到整个社会生活中,寻求新的商业机会。价格是市场营销组合中唯一能产生收入的因素。服务的无形性使得有形因素对于旅客做出购买决定起重要作用,而价格是对服务水平和质量的有形展示。这就要求高速铁路根据服务类型,选择合理的目标市场,采用完全恰当的价格策略。

除了使服务有形化之外,企业还应考虑如何使服务更容易让旅客接受。一是将服务同易于让旅客接受的有形物联系起来,且有形物必须是旅客认为很重要的服务的一部分,同时要确保这些有形物所暗示的承诺。二是把重点放在发展和维护企业同旅客的关系上。

7. 服务过程

服务过程是指一种把服务交付给旅客的程序、任务、日程、结构和日常工作。服务产生和交付给旅客的过程是服务营销组合中的一个主要因素,旅客所获得的利益或满足,不仅来自服务本身,也来自服务过程。旅客通常把服务交付系统感知成服务本身的一部分,因此,

服务过程的管理和控制对服务营销的成功起着十分重要的作用。

2.3.3 高速铁路客运服务需求管理策略

经过分析可以发现，细分市场的部分需求是可以被预测和控制的。为了更好地将企业的能力与需求相匹配，保持最佳生产经营状态，高速铁路运输企业可以采取相应的需求管理策略，在需求高峰期降低过量需求，在需求低谷期增加不同的服务以吸引旅客。其主要方法如下：

1. 与旅客沟通

一种改变需求的方法是与旅客沟通，全面了解旅客需求的内容、时间、空间及核心目标等。协调旅客获得服务的时间，避免拥挤或等待；说服旅客选择可替代的服务，如改乘下一趟列车。对旅客需求管理可以运用现代化、智能化设备替代人工服务。如在车厢端部安装列车卫生间占用提示牌，可以预先提醒旅客设施占用的时间；客服电话提供"可能等待时间"的提醒，即可给予旅客适当的心理预期，帮助旅客选择更适合、可接受的时间等，如换个时间过来、换个渠道获取所需等，都可以做到有效减少旅客的焦虑和不满。

2. 提高客户忠诚度

企业需重视忠诚客户和高需求客户的培养。如已开展的"铁路畅行"常旅客会员服务，通过购票乘车累积积分，可兑换指定车次车票。再如，中国铁路推出的国铁吉讯 App(原掌上高铁 App)，为铁路旅客提供线上线下协同的出行全过程服务，包括电子客票、车厢娱乐、订餐到座、高铁同行等车上旅行服务以及极速打车特色联程出行服务等功能，为旅客提供了一站式铁路出行服务，增强了用户黏性，提高了再消费期望值。这将进一步优化客运服务有效供给，拓宽服务需求。

3. 价格差异

价格是调节需求的有效手段之一。在需求低谷时期，一般的方法都是价格打折，这依赖于供给与需求的基本经济规律，效果较为明显。例如，在客运淡季，国铁集团推出部分高速铁路动车组列车票价优惠政策，即对不同车次，分别区段，实行不同的票价优惠幅度。但值得注意的是，过度使用价格差异战略来适应需求，可能会对企业形象和细分市场带来潜在风险。

2.4 高速铁路客运服务品牌战略

高速铁路是社会经济和科学技术高度发展的产物，也是运输市场竞争日趋激烈的必然结果。从市场营销的角度来看，对高速铁路客运服务进行品牌化运作是十分必要的，它将是继价格竞争和质量竞争之后最为先进的竞争手段。由此，高速铁路客运服务必须制定相应的品牌服务战略。

2.4.1 高速铁路客运服务品牌概念及内涵

根据最具代表性和最经典的美国市场营销协会关于品牌表述的定义，高速铁路客运服务品牌应是一种名称、名词、标记、符号的设计，或是它们的组合运用，其目的是借以辨认高速铁路客运服务,并使之同竞争对手的服务区别开来,主要包括服务机构、服务岗位、服务人员、服务生产线、服务活动、服务环境、服务设施乃至服务对象的名称或其他标识符号等,是一个涵盖很广的概念。

从品牌的象征意义和内涵看,高速铁路客运服务品牌具有复杂的象征意义和丰富的内涵。根据市场营销大师菲利普・科特勒提出的品牌六大内涵,可以这样理解高速铁路客运服务品牌内涵,如图 2.4 所示。

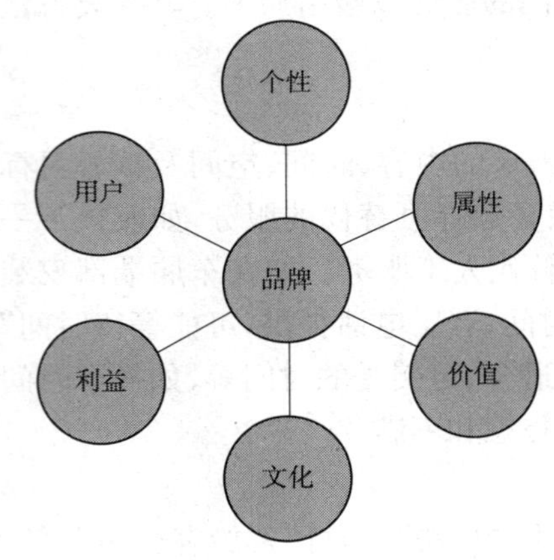

图 2.4　高速铁路客运服务品牌的内涵

1. 属性

高速铁路客运服务品牌应首先使人们想到高速铁路客运服务产品的属性,如安全、快速、准时、舒适,服务质量优良等。高速铁路运输企业可以根据服务及服务质量的特点突出其一种或几种属性作为广告宣传的卖点,如在广告中强调"优质服务""快速准时"。这是从高速铁路客运服务自身的角度来描述其品牌特点的。

2. 价值

高速铁路客运服务品牌隐含着一定的品牌价值,如高速、安全、舒适、便捷等。高速铁路客运服务品牌的营销人员必须分辨出这些价值,并针对那些对其感兴趣的消费者群体展开宣传和推荐。

3. 文化

高速铁路客运服务品牌也可以代表一种文化,即品牌文化。如高速铁路客运品牌代表着绿色、环保、可信度高等文化特色。

4. 利益

高速铁路客运服务品牌不只意味着一整套属性,因为旅客不是在买属性,他们买的是利益。品牌属性需要转化为功能性或情感性的利益。其中,高速铁路客运服务的安全、快速、准时的属性可转化为功能性利益;较高价位的属性可转化为情感性利益;优质服务的属性可转化为功能性和情感性利益等。例如,将列车运行时间和到发时刻的属性包装成与人们生活习惯吻合的"夕发朝至"品牌,基本是站在旅客的角度描述其品牌特点的。

5. 用户

高速铁路客运服务品牌暗示了享受服务的旅客类型,即高速铁路客运服务品牌的目标市场定位。

6. 个性

高速铁路客运服务品牌也可以反映一定的品牌个性,即如果把品牌当作一个人或是物体,他应该让人们想到他具有什么样的个性。如高速铁路客运服务品牌可能会让人想到流线型外观的高速动车组列车和列车乘务员亲切的笑容、周到的服务等。

由此可见,高速铁路客运服务品牌是对客运产品带有一定感情色彩的包装,反映了运输企业文化、经营理念和策略,是提高高速铁路客运服务市场认知度和市场竞争力的重要手段。

2.4.2 高速铁路客运服务品牌的功能

高速铁路客运服务品牌作为高速铁路运输企业参与市场竞争、提高旅客忠诚度的有力武器，其建立成为社会经济发展的必然现象。高速铁路客运服务品牌的创建与管理对高速铁路的运营和服务均有一定的实际意义。

1. 对旅客的益处

随着人们消费水平的不断提高和品牌意识的不断增强，越来越多的旅行者开始注重旅行过程的便捷与舒适，也就有越来越多的旅客开始注重品牌，消费品牌。

(1)高速铁路客运服务品牌代表为旅客提供的客运服务的一定质量和特色，便于旅客快速地做出购买决策，简化购买行为。

(2)高速铁路客运服务品牌可以提供相应的质量保证。便于社会和有关部门对其服务质量的监督，出现质量问题也便于追查责任、获取赔偿。

2. 对高速铁路运输企业的益处

随着客运市场竞争的不断加剧，越来越多的运输企业开始重视服务品牌建设。从长期来看，服务品牌对高速铁路运输企业的益处主要有以下几点：

(1)有利于树立高速铁路运输企业形象，赢得公众支持。高速铁路客运服务品牌是高速铁路运输企业进行营销和建立广告策略的中心，它可以使旅客对高速铁路产生良好的印象和丰富的联想，建立起消费者对高速铁路的认可度、偏好度以及忠诚度，从而提升高速铁路运输企业形象。

(2)减少价格比较，扩大盈利空间。不同的品牌形象区分了同类产品的不同，因此不同品牌的同类产品在价格上允许存在差异，同时可以减少消费者对产品价格上的比较，形成竞争壁垒。同时，客运服务品牌也为铁路运输企业提供了非价格竞争的有利条件，保持了价格的稳定性，有助于提升高速铁路的综合形象。

(3)有利于吸引人才。优秀的品牌具有良好的品牌理念和品牌文化，不仅可以增加员工的凝聚力和荣誉感，而且可以稳定和吸引优秀人才，为高速铁路运输企业的有效扩展提供条件。

高速铁路客运服务品牌的基本功能是强调和展示高速铁路客运服务。高速铁路运输企业提供的服务及其质量和价值，都将影响旅客对品牌的认识。出色的品牌策略能使优质服务更优。

2.4.3 高速铁路客运服务品牌要素及选择

高速铁路客运服务品牌要素指那些用以识别和区分品牌的标志性设计，包括品牌名称、标志、象征物、广告语、广告曲和包装等。高速铁路客运服务品牌要素必须具有内在含义，使旅客在购买和消费过程中对高速铁路客运服务品牌产生丰富的联想，可以选择富有视觉效果和具有语言想象力且充满情趣的语言作为品牌要素。它虽然独立于品牌营销活动外，但却是提高品牌知名度和品牌联想的重要途径，是创建高速铁路客运服务强势品牌的重要基础。品牌要素选择的好坏对创建品牌具有十分重要的作用。

1. 高速铁路客运服务品牌要素的选择

品牌要素作为区分不同产品的标志性设计，是形成高速铁路运输企业服务特色，取得市场竞争优势的重要手段。高速铁路客运服务品牌要素应该突出以下几点：

(1)显著性

显著性指高速铁路客运服务品牌要素的选择要具有与众不同的特征，给人耳目一新、不同凡响的感觉，以便于清晰地同竞争者区分开来，给旅客以鲜明的印象感受和强烈的品牌意识。如北京客运段、成都客运段的标志(图 2.5、图 2.6)，给旅客留下深刻的印象。

图 2.5　北京客运段标志

图 2.6　成都客运段标志

(2)适应性

高速铁路客运服务品牌要素应与高速铁路运输企业风格相适应，这样就可以通过品牌将高速铁路运输企业的精神风格和服务理念有效地传递出去，从而发挥它们的传播作用。另外，高速铁路客运服务品牌要素的选择也要与行业相适应，应能体现高速铁路的快速、安全、舒适性，增强旅客对品牌的认同感。如"欧洲之星"，旅客一看就会大概了解到这是行驶在欧洲范围内的较高等级的国际旅客列车。

(3)可记性

可记性指高速铁路客运服务品牌要素的选择要具有内在记忆功能，使旅客在选择购买和消费的过程中容易记起和辨认，从而扩大高速铁路客运服务品牌的知名度。简单而言，就是要好认、好读、好记、好看，品牌的名称读起来音韵好听，名称、标志设计简洁美观。

(4)灵活性

灵活性指高速铁路客运服务品牌要素能适应不同的策略调整，因为运输企业提供服务的特性和范围不是固定不变的，所以有效的服务品牌要素应容纳这种变化。另外，高速铁路客运服务品牌要素应随着时代发展，灵活更新，使高速铁路客运服务品牌看上去更具有时代感和新鲜感。

2. 高速铁路客运服务品牌名称的选择

品牌名称是高速铁路客运服务品牌最基本的组成部分，也是高速铁路客运服务品牌要素中最核心的内容，选择时应突出以下几点：

(1)易读易记

在业界，品牌命名流传着"一秒钟内一目了然"的原则，即顾客识别一种品牌，在一秒钟之内就能够记得住。

(2)特色鲜明

高速铁路客运服务品牌命名要有显著性特征，可以增强品牌的可记性，提高品牌意识，从而给旅客留下深刻的记忆。

(3)寓意丰富

要为高速铁路客运服务品牌赋予一定的寓意或给予一定的暗示，让消费者从中产生丰富的联想或思考的体验。

(4)亲切舒馨

高速铁路客运服务品牌命名要有人情味、亲和力，能够让旅客产生赏心悦目的感觉和亲近的体验，拉近高速铁路客运服务与旅客的距离。

3. 高速铁路客运服务品牌标志的选择

品牌标志英文为Logo，是指品牌构成中由字体、图像或字体、图像、象征物融为一体的视觉识别部分，是品牌要素的重要组成部分。高速铁路客运服务品牌标志的设计要符合国家有关法律、法规的要求，还应注意以下几点：

(1)品牌标志与品牌名称相结合

通过一定的表现形式将品牌名字反映到品牌标志中去。如广深铁路股份有限公司、济南客运段等，将标志与品牌名称相结合，相互响应，如图2.7、图2.8所示。

图2.7 广深铁路股份有限公司标志

图2.8 济南客运段标志

(2)品牌标志力求简单明了

可以尽量选择人们熟悉的事、物、景等作为品牌的设计元素，增强人们对高速铁路客运服务品牌标志的熟悉感和亲近感。如南宁客运段打造的“刘三姐”服务品牌(图2.9)，标志的设计灵感来源于飞速向前行驶的动车、代表广西形象的刘三姐以及盛开的桂花。由刘三姐的拼音字母组成飞速向前行驶的动车造型，刘三姐剪影嵌入桂花的花瓣，传达了明确的广西地域属性，体现了热情待客、热心服务的诚意。

图2.9 南宁客运段的“刘三姐”服务品牌标志

(3)品牌标志应力求突出特色

品牌标志主要是起到标志的作用，让人们看到之后，记得住，想得起。例如，牡丹江客运段，结合地处三江地区的地域特点，高标准严要求，打造“三江之星”(图2.10)动车队；广西高速铁路商旅服务有限公司(图2.11)，其品牌标志线条流畅，多种色彩相互交融，体现出其整合高速铁路媒体资源，提供整合传播、媒体代理发布、商旅出行综合一站式服务等主营内容。

图 2.10 “三江之星”列车服务品牌标志

图 2.11 广西高速铁路商旅服务有限公司标志

4. 高速铁路客运服务品牌广告要素的选择

高速铁路客运服务品牌广告要素指高速铁路客运服务品牌构成中的广告语和广告曲通过有声语言与印刷语言传递品牌信息的识别部分。

(1)广告语的设计思路

①利用高速铁路客运服务品牌、广告要素、品牌名称设计广告语,通过不断地传播,可以提高公众的品牌意识和树立品牌形象。

②将高速铁路客运服务品牌广告要素中的品牌与相应的产品门类放在同一广告语中,使二者紧密地结合起来。

③围绕消费者的心理需要进行设计,让广告语具有煽情的效果,如青岛客运段的“乘坐‘海之情’,温馨伴您行”,成渝高速铁路的“快乘高铁,慢享成渝”,杭黄高速铁路的“一路游杭黄,四季看画廊”等,为旅客营造了更具有情感的旅途体验氛围。

④围绕品牌的核心价值设计广告语。

(2)广告曲的创作

广告曲往往能巧妙而有趣地重复品牌名称,增加消费者接触品牌的频率。但广告曲的创作比较专业,需要灵感,通常由职业作曲家创作。因此,尽管广告曲具有很好的宣传效果,但用广告曲作为品牌广告识别要素的还比较少。

2.5 高速铁路客运服务需求调查及预测

市场调查和预测就是指运用科学的方法,有目的地、有系统地搜集、记录、整理有关市场营销信息和资料,分析市场的现状及其发展趋势、预测市场的发展前景,为进一步产品开发营销决策提供客观的、正确的资料支持。高速铁路客运服务需求调查和预测,可以了解和掌握旅客对客运产品及其相关服务的需求情况,了解核心服务和辅助服务需求的构成变化规律和发展趋势,预测客运服务的需求量,以便根据市场情况和本身的实际,决定开发新的客运产品及服务方向,以期增强高速铁路在旅客运输市场中的竞争优势。

2.5.1 高速铁路客运服务需求调查

1. 高速铁路客运市场需求调查的主要内容

现代市场是以消费者为导向的,从事商品生产,必须准确把握消费者的需求和偏好。根

据对高速铁路客运服务目标市场的分析，需求调查包括以下内容。

(1)旅客需求

高速铁路客运产品的开发应该针对旅客的需要和偏好，市场需求调查便是针对这些需要和偏好搜集资料。市场调查不是简单、模糊地收集旅客对既有产品的印象、看法等信息，作为市场研究人员，在正式调查之前必须依据已有资料和个人经验去分析旅客可能有哪些需要，并且这种需要的分析必须细致化。比如对高速铁路餐饮的偏好调查，可以细化到诸如是西餐还是中餐、快餐还是现炒、质量及其与价格的匹配关系等。只有这样，市场调查才能充分全面地反映消费者的具体偏好。

(2)旅客消费习惯

一般而言，旅客对于客运产品往往还有选择的惯性。不同类别旅客的出行方式选择习惯，对于高速铁路细分目标市场采取的竞争策略是有重要价值的信息。了解旅客的消费习惯，需要了解旅客喜欢在何时、何地出行，他们的出行习惯和选择的出行方式，以及对客运产品及服务的要求和反映有哪些，有无规律；旅客的出行频率以及每次出行的范围等。一般来讲，旅客消费习惯主要包括：①出行时间；②出行地点；③出行方式选择。

(3)旅客出行目的

对旅客进行全面的分析，仅关注其一般要求和购买习惯是不够的，还必须深入到其出行心理层次，了解其购买客运产品及服务动机及在不同消费领域的变化形态。即先要推测可能存在哪些动机导致了旅客的具体购买行为，这些动机是通过什么途径作用的，运输企业可以在哪些方面去适应旅客的某些动机，等等。如旅客是因公出行，则其出行考虑的必然是报销制度，因私出行考虑的则可能是票价水平和产品间的平衡关系。即使是因私出行，旅游出行和探亲出行的消费心理也有不同，对其消费行为都会产生不同的影响。

(4)文化背景

市场活动是处在一定地理环境和历史文化环境之中的消费者之间进行的，这些地理、历史、文化因素不可避免地影响了消费者的市场行为。作为一种传统，它往往使消费者行为呈现一种经济学中称为“非理性”的行为，从而使得通过一些理性规则无法解释。纵观中国高速铁路市场，由传统文化影响形成的数千年的风俗习惯、价值观念、宗教情绪、伦理道德意识等，都对消费者的购买行为产生了极大影响。例如，穷家富路的思想、更愿意选择携带方便面等方便食品的消费传统、某些地区三六九出行的习俗等。

(5)旅客地域特征

生活在不同地区、不同省份，甚至不同县市之间，旅客的偏好都可能有所差异。高速铁路如果想依据消费者的需求提供产品和服务，就必须对不同地域的特征进行分析。如北上广等区域，本身经济较为发达，对高速铁路需求旺盛、对运行要求高；欠发达地区则既有线更受欢迎，对服务品质不敏感。地域差异分析主要是分析和了解不同地区的旅客在出行习惯、消费观念上的差异，以此为基础制定差异性的产品设计及营销企划。

(6)消费者结构特征

社会是复杂多样的，市场中的人也是复杂多样的。他们在年龄、性别、职业等方面将自己与他人区分开来，同时，又通过其中的不同特征与别人结合起来，构成市场营销中有重要意义的独特人群或细分市场。这些人口统计特征是区分消费者群体的最常用基础。因为理解消费者的生活、习惯、观念、价值等问题都无法脱离这些重要的自变量。在客运市场研究中,重要的自变量主要包括年龄、性别、文化程度、职业、家庭居住地、个人收入、家庭收入等。

(7)旅客阶层差异

此分析是为了了解不同阶层旅客的生活习惯、生活方式以及需求有哪些不同,这种区别与消费行为的关系是什么。与消费者人口统计特征相配合,可以更好地理解整个高速铁路旅客群体的行为特征。

2. 高速铁路客运市场需求调查的常用方法

(1)从市场调查的范围出发,主要有全面普查、抽样调查、重点调查、典型调查等四种方法。全面普查法是对调查对象全体进行逐一的、普遍的、全面的调查。如对某一次列车或某一个车站旅客或服务设施全体进行调查,是旅客运输量及其结构调查经常采用的方法。抽样调查是指从选取的目标旅客总体中选取一定数量的样本作为调查对象进行调查,以此推断总体基本特征的一种非全面性的调查,是铁路旅客客运服务质量调查经常采用的方法。重点调查是指在调查对象(总体)中选定一部分重点个体进行调查,如对某调查单位餐车服务质量的调查。典型调查指在对所有单位有所了解的基础上,有意识地选择一些具有典型意义或有代表性的列车或车站专门进行调查。

(2)从调查的目的和深度出发,主要有探索性调查、描述性调查、因果关系调查、预测性调查等四种方法。探索性调查是指当研究的问题或范围不明确时所采用的一种方法,如计划对某列车产品的价格水平进行调整,为了解旅客对该行为的反映所做的调查,通过在小范围内找一些专家、相关业务人员、旅客等以座谈会的形式进行初步询问调查。描述性调查是指对运输市场进行第一手资料的收集、整理,把市场的客观情况如实地加以描述和反映的方法,如对旅客群体特征及结构的调查。因果关系调查是指出各个因素之间的相互关联,进一步分析何为因、何为果的调查方法,如对经济发展水平与高速铁路市场占有率关系的调查。预测性调查是指对未来市场的需求变化做出估计,比如常用德尔菲法、专家会议法来进行定性预测。

(3)从调查的收集资料出发,主要有桌面调查法、实地调查法等两种方法。桌面调查法是指对已公开发布的资料、信息加以收集、整理和分析的方法。实地调查法是指调查员直接向被访问者询问,从而收集第一手资料(原始资料),再加以整理和分析,写出调查报告的方法。实地调查法所花费的人力、时间和费用较桌面调查法要大得多。

(4)从调查的实施主体出发,主要有委托调查、自行调查等两种方法。委托调查是指委托专业调查机构来代理调查。自行调查是指企业自己成立调查部门对企业所面临的市场进行调查。

3. 高速铁路客运市场需求调查的原则与步骤

(1)高速铁路客运市场需求调查的基本原则

①客观性原则。市场调查为决策提供基础信息,真实、客观是最基本的要求。体现在市场调查过程中,不仅要求调查人员要有高超的专业技能,还要求有实事求是、科学严谨的研究态度。

②系统性原则。市场调查是系统地收集、分析和提供有关市场信息的活动。从纵向来看,准备、实施、整理分析、修正补充各步骤之间紧密相连;从横向来看,强调对影响市场运行

的各种经济、社会、政治、文化等因素的全面综合分析。另外，市场调查的长期性和多层面，也体现了系统性这一原则。

③经济性原则。市场调查作为信息(服务)产品，它的生产过程是需要耗费成本的，存在一个经济效益问题，即怎样以最节约的调查成本达到目的。

④时效性原则。高速铁路客运市场不断变化，市场调查在这种不断的变化中对市场现象进行研究。时效性是由市场调查的性质决定的。

(2)高速铁路客运市场需求调查的步骤

高速铁路客运市场调查是一项复杂的工程，要使得这项工作有条不紊地进行，既要有合理的调查方法，还要有如下明确的调查步骤：

①建立调查组织机构。在开始调查前，应以企业营运部门为主，组成运输市场调查组或联合其他运输方式相关部门组成联合市场调查组，并召开调查工作会议。

②确定调查目的和范围。明确此次调查要解决的主要问题，并对调查范围进行限定，避免调查中出现资料信息收集不全或信息杂乱、资料庞杂、范围过大，造成不必要的浪费。在这个过程中，应对调查的主要对象先作一般性的调查摸底，以便明确需要深入调查的问题亟须作进一步调整、补充的调查项目，为制订调查方案计划提供依据。例如，运用探测性调查摸底。

③制订调查计划。即拟定提纲，明确调查主体与目的，确定调查项目、调查地点、调查对象及调查方法，选定调查人员，明确分工，预算调查费用，安排调查时间和工作进度。

④资料收集。根据确定的调查项目和人员分工，先分头进行一般性的已有资料的收集，如先向当地相关部门调查本地区可能影响客运需求的因素，查阅本企业已有的各项统计资料等。

⑤设计调查内容。调查方法确定后，需设计拟定调查内容。

⑥选择调查方式。根据调查的目的和要求以及调查对象的特点，选用适当的调查方式，如电话、座谈等。

⑦实地调查。按照之前制订的调查计划，根据时间安排，完成实地调查工作，并认真填写调查表。

⑧整理分析资料。整理调查资料和数据，分类汇编，并对调查资料进行综合分析，以找出其内在的规律性和关联性，如可以运用各种统计方法(如相关分析、回归分析等)或根据需要制成各种统计表、统计图来进行分析，最终得出合乎实际的调查结论。

⑨撰写调查报告。调查报告是市场调查工作的最后阶段，是将调查分析的情况、得出的结论、提出的措施或建议写成书面报告，提供给管理部门和职能部门的管理人员作为决策时的参考。

正式提交调查报告书后，工作并未完全结束，应跟踪调查实施程度及其效果，以便纠正偏差，取得更佳效果，并可据此总结经验教训，进一步提高今后市场调查水平。

2.5.2 高速铁路客运服务需求调查及数据分析技术

通过对高速铁路客运服务需求的调查，使管理者对客运服务需求数量、结构和服务内容等方面有了清晰的认识，有利于其采取针对性营销措施。按照调查目的，服务需求调查可以分为SP和RP调查两类。RP(revealed preference)也称为行为调查,是对实际行动或已完成的选择性行为进行的调查。SP(stated preference)也称为意向调查,是在假设条件下,选择主体如何选择的以及如何考虑的选择意向调查。RP调查多用于对既有产品或行为的分析,如对既有高速铁路车站餐饮业已有服务内容的调查。SP调查多用于对新产品的分析,如对高速铁路新型车辆运用效果的预调查。无论何种调查类别,都必须对调查过程进行科学设计,对调查结果进行科学分析。

1. 调查目标及样本抽样方法

抽样调查是以足够数量的调查个体组成的样本来推论和说明总体的一种调查方法,具有节省人力、物力和时间,成本较低而准确率较高的特点,因而得到普遍的应用。抽样方法最主要的是概率抽样,即按照随机原则选择样本,完全不带有调查者主观意识而进行的抽样。样本抽样的常用方法包括:简单随机抽样、等距抽样、分层抽样、整体抽样和多级抽样等。

(1)简单随机抽样是在总体中以完全随机的方法抽取一部分观察单位组成样本(即每个观察单位有同等的概率被选入样本)。常用的办法是先对总体中全部观察单位编号,然后用抽签、随机数字表或计算机产生随机数字等方法从中抽取一部分观察单位组成样本。

(2)等距抽样亦称机械抽样或系统抽样,要求先将总体各个单位按照空间、时间或某些与调查无关的标志排列起来,然后等间隔地依次抽取样本单位。抽样间隔则等于"总体单位数"除"样本数"所得的商。这种抽样方法在用于被调查的总体数量较多时,更为方便。

(3)分层抽样亦称分类抽样或类型抽样,适用于总体量大、差异程度较大的情况。先将总体单位按其差异程度或某一特征分类、分层,然后在各类或每层中再随机抽取样本单位。分层抽样实际上是科学分组、或分类与随机原则的结合。分层抽样有等比抽样和不等比抽样之分,当总数各类差别过大时,可采用不等比抽样。

(4)整体抽样即按照某一标准将总体单位分成"群"或"组",从中抽选"群"或"组",然后把被抽出的"群"或"组"所包含的个体合在一起作为样本,被抽出的"群"或"组"的所有单位都是样本单位,最后利用所抽"群"或"组"的调查结果推断总体。抽取"群"或"组"可以采用随机方式或分类方式,也可以采用等距方式来确定,而"群"或"组"内的调查则采用普查的方式进行。

(5)多级抽样在具体实施时是将总体分成若干个有序阶段。先在第一阶段内随机抽样,组成一级样本,第二阶段的抽样只从一级样本单位内随机抽取二级样本单位,依此类推。这种抽样模式是统计学上的系统分组模式。

此外,特定情况下还可以采取非概率抽样方式。比如偶遇抽样(街访)、主观抽样、定额抽样(设定乘坐高铁、普铁人数结构)、滚雪球抽样(从第一个符合要求人开始,如从第一名学生开始,针对特定类型对象)等。

根据概率学的相关知识可以知道,样本是观测或调查的一部分个体,总体是研究对象的全部。总体中抽取的所要考查的元素总称,样本中个体的多少叫样本容量。样本总体数量不同,调查结果的可信程度是不同的。由样本统计量所构造的总体参数的估计区间为置信区间。在统计中,一个概率样本的置信区间是对这个样本的某个总体参数的区间估计。置信区间展现的是这个参数的真实值有一定概率落在测量结果的周围的程度。对于一个随机

抽样的调查工作,可以通过统计的方法来确定最小的样本数,其简单计算规则是:最小样本数是100:对于一份抽样数据而言,至少要抽取100个样本来进行评估;而当全体总数小于100的时候,只需要全部抽取出来进行调研和分析即可。

合适的最大样本数可以用以下公式简单计算:min(1 000,0.1N),其中,N表示总量;例如,当N=5 000时,最大样本数可以选择500;当N=200 000时,最大样本数只需要选择1 000即可。在调研和抽样的时候,可以在最小样本数和最大样本数之间选择一个合适的值。统计工作中经常采用的置信度为95%,当设定的抽样误差为±10%、±7.5%、±5%、±3%时,常用的样本总量和样本数量的关系见表2.1。

表2.1 不同抽样误差和样本总量情况下的样本数量

抽样误差	样本总量					
	>5 000	5 000	2 500	1 000	500	200
±10%	96	94	93	88	81	65
±7.5%	171	165	160	146	127	92
±5%	384	357	333	278	217	132
±3%	1 067	880	748	516	341	169

从表格中可以看出,如果只需要保证置信度在95%,当总量很大的时候,其实只需要抽取1 067个样本进行分析,即能保证抽样误差控制在±3%以内。

2. 调查量表设置方式

我们经常会在问卷中使用量表对调查对象进行测量。量表是一种测量工具,通常用来测量人们的主观态度、意见或价值观念,最常见的量表类型包括李克特量表以及鲍格达斯社会距离量表(二分量表)、等级顺序量表、语义差异量表、古特曼量表等。

(1)李克特量表是对某事物的态度或看法的陈述,选项一般包括“非常同意、同意、不知道、不同意、非常不同意”或者“赞成、比较赞成、无所谓、比较反对、反对”(四级、五级、七级、九级均可,但选项最好不要超过7个),比如,你对设立军人候车室的看法。

(2)鲍格达斯社会距离量表是定量地测量人们间相互关系的程度或对某一群体的态度,选项一般就是“是”或“否”,比如,您是否同意开放Wi-Fi服务并收费。

(3)等级顺序量表是将调查的对象同时展示给受访者,并要求他们对这些对象排序或分级,比如,您对乘坐航空公司服务的排序。

(4)语义差异量表以形容词的正反意义为基础,在正反意见间有约7~11个区间,通过我们所选择的两个相反形容词之间的区间反映出它要求人们记下对性质完全相反的不同词汇的反应强度,如对服务人员的评价和蔼的、热情的等方面进行1~7级打分。

(5)古特曼量表(累积量表)是最难建构的量表之一,量表自身结构中存在着某种由强变弱或由弱变强的逻辑,较少采用,如:你是否赞成禁止饮酒者乘车……一般较少采用。

3. 调查结果的信度和效度检验

需求调查的结果来源于市场调查过程,不可避免地受到样本选择、过程组织、调查人员负责程度等多方面因素影响,不能保障调查结果的可信度和有效度。故而,市场调查获得的市场数据一般还需要进行信度和效度的检验。

(1)信度检验是为了考察问卷测量的可靠性,是指测量所得结果的内部一致性程度。通俗地讲,就是比较前后、多个调查样本段区间单独分析后所得结论的一致性。因此,信度检验基本原理是采用同样的方法对同一对象重复测量时所得结果的一致性程度,也就是反映实际情况的程度。信度指标多以相关系数表示,大致可分为稳定系数(跨时间的一致性)、等值系数(跨形式的一致性)和内在一致性系数(跨内容的一致性)三类。信度分析的方法主要有重测信度法、复本信度法、折半信度法以及 α 信度系数法四种,其本质都是对重新测量、不同样本段、任一样本段数据结果的相关性评价。

(2)效度检验即检验问卷有效性,简单讲,就是要确定设计的题项是否合理,是否能有效反映研究人员的研究目标。效度可以分为内容效度、结构效度(定量为主)、效标效度(定量)三类。

内容效度的检验一般采用专家评估、预调查的方法,以定性结论为主,有一定主观性,选取专家的业务能力对结果有较大影响。

结构效度的检验是评估量表的题项与测量维度(测量方向)是否一致,比如,舒适性与车站、列车环境、温度湿度等舒适性指标的一致性,一般采用探索性因子分析和验证性因子分析,AVE 和 CR 是聚合效度常用指标,AVE(average variance extracted)是平均萃取变异量,又叫平均提取方差值,是检验结构变量内部一致性的统计量,CR(composite reliability)是组合信度,是指一个组合变量(由多于一个变量的总和做成的新变量)的信度,通常情况下 AVE 大于 0.5 且 CR 值大于 0.7,则说明聚合效度较高。

效标效度的检验是以一个公认有效的量表作为标准,考察当前量表与标准量表的测量结果的相关性,所测得的相关系数为当前量表的效度,相关系数越大表示该量表的效标效度就越好,常用的方法为 pearson 相关分析,系数越大表示相关性越好。

4. 调查结果的分类和聚类分析

通过市场调查获得调查结果后,往往还需要对其结果进行分析,以作为市场营销活动的基本依据。分析方法有很多,经常采用的是分类和聚类方法。

分类是一种基本的数据分析方式,根据其特点,可将数据对象划分为不同的部分和类型,再进一步分析,能够进一步挖掘事物的本质。首先设定分类规则,再按照单项、多项、复合项,采用等距或不等距方式,进行不同维度、组数的分类方式。一维分类采用 Excel 等简单软件完成。常用的复杂分类方法可以分为两类,分别是经典算法和深度学习,前者主要包括逻辑回归、支持向量机(SVM)、决策树等,后者主要包括前向神经网络、循环神经网络等方法。

聚类分析是指将数据对象的集合分组为由类似的对象组成的多个类的分析过程。可以理解为一种特殊的、在不知道规则情况下的分类分析方法。聚类就是一种寻找数据之间内在结构的技术。聚类把全体数据实例组织成一些相似组,而这些相似组被称作簇。聚类算法主要分为基于划分的聚类方法、基于层次的聚类方法、基于密度的聚类方法、基于网格的聚类方法和基于模型的聚类方法五大类。其中,基于划分的聚类方法包括 k-means 和 k-medoids 算法,基于层次的聚类方法包括凝聚式层次聚类算法和分裂式层次聚类算法,基于密度的聚类方法包括 DBSAN 算法、OPTICS 算法和 DENCLUE 算法等。

2.5.3 高速铁路客运服务需求预测

深入研究客运市场需求是合理设计铁路客运产品、有效制定产品销售策略的基本保障。而需求预测是在调查研究和科学实验基础上的科学分析，预先推测和判断未来或未知状况的结果。

1. 客运服务需求预测分类

市场预测的分类角度较多，不同的分类角度预测的侧重点不同，常见的分类标准包括：

(1)按预测的时间维度，可分为短期预测、中期预测和长期预测。

(2)按预测的范围，可分为宏观市场预测、中观市场预测和微观市场预测。

(3)按预测的产品内容，可分为单项产品预测、大类产品预测和总体产品预测。

(4)按预测的方法，可分为定性预测和定量预测。

结合高速铁路客运不同的需求调查内容，可以选取不同的预测模型进行有针对性地分析及预测。常见的高速铁路客运服务需求预测有，针对核心位移服务的客运量预测、票务服务的购票需求预测等；针对出行差异化需求的接送站网约车需求量预测、网络订餐需求预测、乘客站内购买行为预测、应急交通疏散需求预测以及运价敏感度预测等。

客运市场需求预测方法众多，常用的方法有运输市场调查法、乘车系数法、回归分析法和时间序列法等。随着高速铁路的发展，我国铁路运输能力紧张的局面彻底缓解，针对高速铁路产品设计和开行方案设计的各类预测方法的研究和应用也迅速发展，高速铁路客运服务根据服务产品的内容特性包括为实现旅客位移的核心服务与服务过程中所衍生出的辅助服务。因此以预测的产品内容作为分类标准，预测的方法可分为核心服务预测方法、辅助服务预测方法。本章仅对主要方法进行简要介绍，具体建模算法等请参考专业书籍。

2. 核心服务预测方法

核心服务是实现旅客的位移，它是高速铁路客运服务的核心要素。核心服务预测需关注旅客对不同服务质量要素差异化的需求，因此核心服务的预测，主要针对与客运量相关的一系列预测，通常是依据必要的统计资料，借用一定的数学模型，对预测对象的未来状态和性质进行测量等方法的总称。可从影响因素入手进行预测，通过分析最主要的影响因素，将其用量化指标反映出来进行预测，主要包括乘车系数法、产值系数法、弹性系数法、回归分析法、系统动力学模型等；也可从时间序列的角度预测，根据历史数据描述数据的变动趋势，并对未来数据进行预测，包括移动平均法、指数平滑法、灰色系统 GM(1,1)预测法等。

3. 辅助服务预测方法

辅助服务是为了实现旅客的体验增值，而向旅客提供的，在全过程运输中更加人性、更加细腻、更加高效地为旅客提供的服务。因此，辅助服务预测主要针对旅客在位移过程中可能产生的服务需求的预测，可通过社会调查，结合人们的经验加以综合分析比较做出量化的直接判断和预测。辅助服务预测方法主要包括运输市场调查法、德尔菲法等。

(1)运输市场调查法。

运输市场调查法也称为直接归纳法。通过一定时期的资料积累和周到细致的调查工作，可以掌握吸引区内客运服务产品消费情况变化的大体趋势，运输市场调查法能够得出比较符合实际的预测结果。其操作方法简便、灵活。

如果吸引区范围较大,经济调查的工作量将过于繁重,遗漏和调查数据偏差的情况也难以避免。当市场因素在经济活动中所占比重越来越大的时候,无论客运会受很多不确定因素的影响,运输市场调查法的局限性也就比较明显。然而该方法不失为一种相当有效的预测方法,与其他适用的方法相结合,仍然发挥着重要的作用。

(2)德尔菲法。

德尔菲法又称专家预测法,是以专家为索取信息对象,采用匿名的方式,通过几轮征询,征求专家的意见和看法,然后进行综合整理和归纳,再反馈给专家,供他们分析判断,提出新的意见和看法。这样通过多次反复,使意见逐步趋于一致。德尔菲法的具体操作过程如下:

①选择专家:预测成败的关键,最好由各方面专家参加,人数一般在 10～50 人。

②拟定、设计各种调查表:要求简明、清晰。

③预测过程:一般需要 3～4 轮的反复。第一轮提出预测的问题,由专家们提供预测的项目,经过综合整理,编制出预测项目调查表,作为第二轮调查表发给专家。第二、三轮请专家对调查表所列出的项目做出评价,并阐明理由;第三轮也可就第二轮中有分歧的意见和问题,进一步征求专家们的意见,然后由评委对专家意见进行统计分析。第四轮,意见已比较集中,最后整理成为预测结果,写出预测报告书。

德尔菲法预测过程如图 2.12 所示。

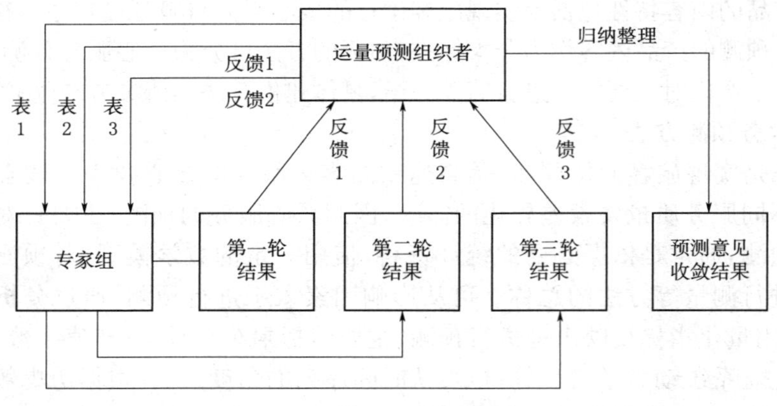

图 2.12　德尔菲法预测过程

2.6　高速铁路客运服务需求调查案例

本案例由具体科研项目整理而成。为提高北京—西安方向高速铁路既有客运产品的服务水平和收益,掌握旅客出行需求特征,并为客运产品的改进和客票票价的调整提供依据,项目组开展了高速铁路旅客出行选择行为的调查与分析。调查采用 RP 和 SP 调查相结合的方式,通过 RP 调查获取旅客的个人基本特征、出行特征等信息,通过 SP 调查获取不同条件下的旅客出行对核心服务和辅助服务的需求、选择偏好和支付意愿。

1. 调查问卷设计

本案例调查时，考虑未来产品的改进，假设两列具有不同服务属性的高速铁路动车组列车，旅客可在这两列动车组列车中选择自己更愿意乘坐的列车，从而获得旅客对于列车所具有的各属性及其水平的偏好。问卷分为旅客基本属性和旅客意向产品选择两部分。旅客基础属性为 RP 调查，主要获取旅客的性别、年龄、职业、收入等个人基本特征，掌握旅客的社会经济属性及出行需求。旅客意向产品选择为 SP 调查，设计多种情景与方案供旅客选择，根据结果分析旅客的选择意愿。

SP 调查实验是针对以列车为载体的客运服务产品，目标是设计出不同情景的客运服务全过程，包括核心服务要素（如速度、价格等）、辅助服务要素（如信息、餐饮等）及相关服务标准和水平，给予旅客对各类客运服务的实际感知体验参照及选择偏好，最终掌握旅客对出行服务属性需求的重视及选择规律。

(1)客运服务属性设计。包括对列车整体服务环境所构建的自身属性和列车出行特征属性。列车自身属性包括列车上的餐饮服务、卫生设施、硬件设施服务、车内信息服务、乘务员服务等；列车出行属性包括列车票价、发车时间、运行时间等。自身属性和列车出行特征都应该考虑在情景设计里面。

(2)客运服务属性水平。服务属性水平指标包括列车票价水平、列车运行时间水平、列车发车时段水平、车上服务水平。表 2.2 为问卷情景设计中选取的决定列车条件的属性及其水平。

表 2.2　决定列车条件的属性及其水平

属　性	水　平	描　述
列车票价	1	$P(1-20\%)$；412.5 元
	2	$P(1-10\%)$；464 元
	3	P；515.5 元
	4	$P(1+10\%)$；567 元
	5	$P(1+20\%)$；618.5 元
发车时段	1	8:00 之前
	2	8:00 至 12:00 之间
	3	12:00 至 16:00 之间
	4	16:00 之后
运行时间	1	4 h
	2	5 h
	3	6 h
车上服务水平	1	不提供 Wi-Fi、无免费餐饮
	2	提供免费 Wi-Fi、无免费餐饮
	3	提供免费 Wi-Fi、有免费餐饮

注：表中 P 表示列车各种席位票价。

扫一扫

决定列车条件的属性及其水平

(3)SP调查情景组合设计。情景组合设计是将各调查属性及其水平以一定的方式组合,形成可供受访者选择的方案,让受访者从给出的选择中选出自己最偏好的一种方案。本案例采用正交设计方法进行情景设计,基本思想是利用部分试验来替代全部的试验方案,通过对代表性的部分试验方案的结果进行分析来了解整体试验的结果。案例共设置42个情景,决定列车条件的属性及其水平可扫描二维码获取。

扫一扫

调查问卷示例

(4)调查问卷的确定。考虑到受访者的耐性和获取数据的准确性,获得的42种试验情景不可能全部放在一张调查问卷中,本案例将42种试验情景分到6份调查问卷中,每份调查问卷中具有7个情景需要旅客进行选择。调查问卷示例可扫描二维码获取。

2. 调查实施及数据分析

(1)调查实施。

本次调查从方案设计到实施过程,涉及旅客服务需求、产品选择、企业决策等,尤其是基于列车的服务全过程42个情景式方案设计,不仅要体现科学性、客观性等,更要做到旅客的准确解读和真实选择等。本次调查采用现场分发问卷的方式,调查地点选择北京西站的候车室,调查时间为20××年7月2日(周日)、3日全天(周一)。发放问卷480份、有效问卷429份,获得有效数据3 003条。

(2)调查数据整理与分析。

①旅客出行属性分析。

样本旅客的男女比例约为2.3∶1;年龄主要集中在23岁及以下、24至30岁、31至40岁、41至50岁这四个年龄段,占总调查人数的90%以上,且在四个阶段分布较为均匀;旅客职业主要集中在企事业单位人员、学生、个体经营者、公务员及务工人员,其中企事业单位人员占比较大,占总调查人数的32%,学生和个体经营者次之,分别占总调查人数的21%和14%;旅客年收入主要集中在6万元以下和6万~10万元两个选项,占总调查人数的70%;旅客出行目的集中在出差、旅游、探亲三项上,占总调查人口的80%,其中出差占比最高,达到了38%;旅客出行费用以自费为主,自费与公费之比约为2∶1。

②旅客属性的聚类分析。

为进一步有效利用调查数据进行旅客信息的挖掘,基于上述旅客的性别、年龄、职业、年收入、出行目的、出行费用来源等出行属性数据,采用K-means聚类分析方法对旅客进行了分类,从而更深入、立体地分析不同类型旅客之间存在的差异。采用SPSS软件进行了多次试验,将旅客划分为了三类,第一类旅客71人,第二类旅客91人,第三类旅客267人,不同类别的属性特征对比如图2.13所示,从图中可以看出,不同类别旅客在收入、出行目的、职业、出行费用来源属性方面有比较明显的区别。

按照上述旅客分类结果,高端商务旅客的市场规模最小,约为16%;探亲返乡旅客的市场规模约为20%;普通出差和学生旅客市场规模最大,约为64%。由于不同类别旅客的差异性会造成其在支付意愿、舒适性等方面选择偏好的不同,铁路运营部门可以根据不同类别旅客的市场规模和典型特征采用不同的定价方案和营销服务策略来吸引和稳定乘客。高速铁路产品优化时也可以针对不同细分市场旅客进行差异化设计。

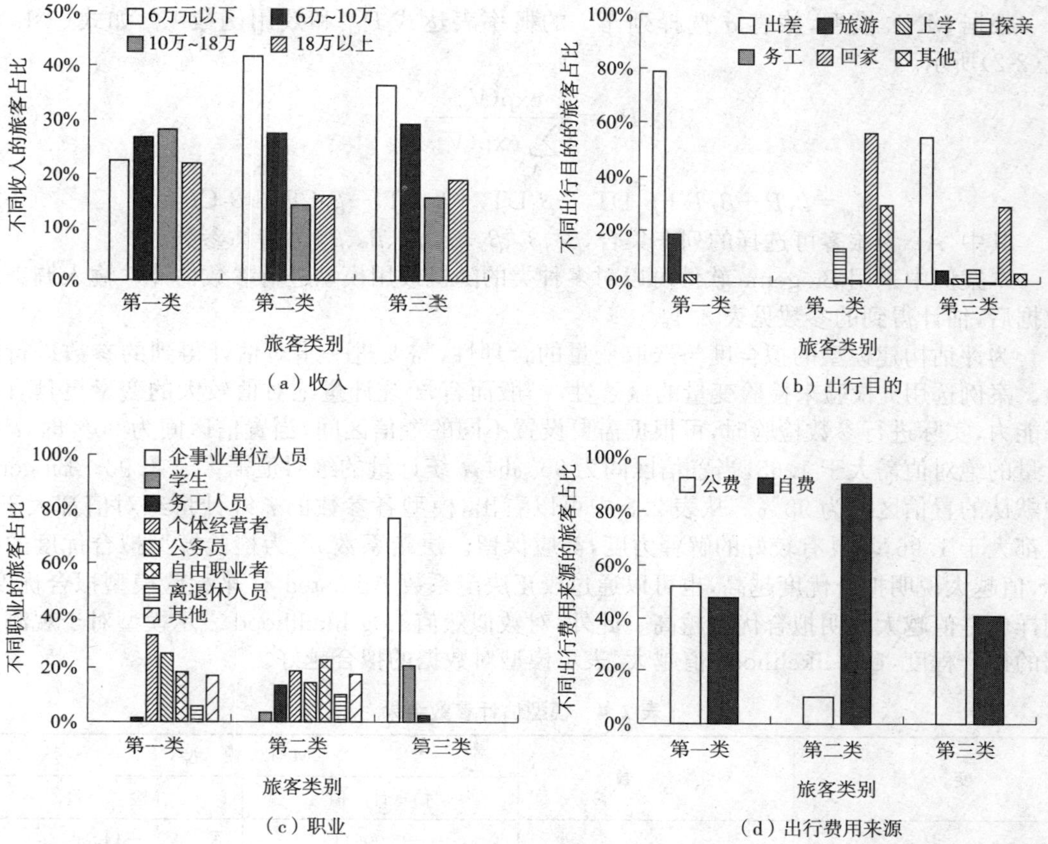

（a）收入

（b）出行目的

（c）职业

（d）出行费用来源

图 2.13　不同类别旅客的属性特征

(3)旅客选择行为分析。

结合问卷调查中考虑的因素，可以构建基于 MNL 模型（multinominal logit model）的旅客选择行为模型，分析旅客对不同高速铁路列车产品的出行选择偏好，刻画列车票价、列车运行时间、列车发车时间段、车上服务水平对旅客选择行为的影响。其中，列车的票价与运行时间变量为连续变量，能定量表示，而发车时段变量和车上服务水平变量通过 0-1 变量的定性形式描述。案例模型所涉及的变量见表 2.3。

表 2.3　旅客出行选择模型变量

变　量	描　述
列车票价 P	连续变量，列车票价
运行时间 T	连续变量，列车的运行时间
出发时段 DT_1	当列车发车时段在 8:00 至 12:00 之间，则 $DT_1=1$，否则为 0
出发时段 DT_2	当列车发车时段在 12:00 至 16:00 之间，则 $DT_2=1$，否则为 0
出发时段 DT_3	列车发车时段在 16:00 之后，则 $DT_3=1$，否则为 0
车上服务水平 CF_1	列车上提供免费 Wi-Fi、无免费餐饮，则 $CF_1=1$，否则为 0
车上服务水平 CF_2	列车上提供免费 Wi-Fi 和免费餐饮，则 $CF_2=1$，否则为 0

根据 MNL 模型,旅客 q 选择列车 i 的概率表达式 P_{iq} 和效用函数 V_{iq} 如式(2-1)和式(2-2)所示。

$$P_{iq}=\frac{\exp(V_{iq})}{\sum_{i\in A_n}\exp(V_{iq})} \tag{2-1}$$

$$V_{iq}=\beta_1 P+\beta_2 T+\beta_3 \mathrm{DT}_1+\beta_4 \mathrm{DT}_2+\beta_5 \mathrm{DT}_3+\beta_6 \mathrm{CF}_1+\beta_7 \mathrm{CF}_2 \tag{2-2}$$

其中,A_n 为旅客可选择的列车集合,β_1、β_2、β_3、β_4、β_5、β_6、β_7 为待估参数。

本案例中采用 Biogeme 软件可以对多种类的随机效用模型进行参数估计。输入调查的数据后,估计得到的参数见表 2.4。

为评估构建模型的拟合度与选取变量的合理性,需要进一步对估计得到的参数进行检验。案例选用 t 检验来检验变量的显著性,一般而言,t 统计量绝对值较大的变量更具有解释能力,实际进行参数检验时,可根据需要设置不同的置信区间,当置信区间为 90%时,t 统计量的绝对值需大于 1.65,当置信区间为 95%时,t 统计量的绝对值需大于 1.96。Biogeme 中默认的置信区间为 95%。从表 2.5 中可以看出,模型各参数的 t 统计量绝对值都大于 1 且都大于 1.96,均具有较好的解释力度,都应保留。决定系数 ρ^2 为检验模型拟合优度的指标,值越大说明拟合优度越高,也可以通过校正决定系数 Adjusted ρ^2 来检验模型拟合优度,同样也是值越大说明拟合优度越高。此外,对数似然值 Log-likelihood 表示模型对于观测数据的拟合程度,Log-likelihood 值越大,表示模型对数据的拟合越好。

表 2.4 模型估计参数结果

变　量	参　数	MNL 模型	
		估计值	检　验
P	β_1	−0.00611	−14.00
T	β_2	−0.568	−15.32
DT_1	β_3	0.857	11.48
DT_2	β_4	0.644	8.97
DT_3	β_5	0.232	2.70
CF_1	β_6	0.410	6.27
CF_2	β_7	0.508	7.45
ρ^2		0.130	
Adjusted ρ^2		0.126	
Log-likelihood		−1 883.687	

根据参数估计结果可以看出:①列车票价变量参数和列车运行时间变量参数估计值都为负值,说明提高票价时会对旅客产生负效用,列车运行时间的增加会对旅客产生负效用。②各发车时段变量的参数估计结果均为正值,并且发车时段为 8:00 至 12:00 的参数值最大,说明旅客最偏好选择 8:00 至 12:00 之间的高速铁路列车,其次是发车时段 12:00 至 16:00 之间的高速铁路列车。③各车上服务水平变量的参数估计结果均为正值,并且同时提供免费 Wi-Fi 和免费餐饮的参数值最大,说明旅客对于列车能提供免费 Wi-Fi 和免费餐饮服务的意愿强烈。

3. 调查结论和建议

结合上述调查数据分析结果，对北京—西安方向高速铁路客运产品可以从以下几个方面进行改进和优化，从而更好地均衡不同客运产品(席位)利用率，优化乘车环境，提高高速铁路竞争力。

(1)对于不同发车时段的车次采用差异化的票价策略，均衡各列车的上座率。8:00—12:00 时段发车的列车对旅客的吸引力最大，可以适当提高该时段列车的票价，如加价 10% 或 20%；8:00 之前发车或 16:00 之后发车的列车，可以设置不同比例的折扣票价来吸引客流，如打 8 折或 85 折。

(2)根据旅客市场细分结构，设计合理的高端产品比例。北京—西安方向的高端商务旅客市场虽然较小，但也有 15%左右的规模，该类型旅客能够接受价格较高的商务座或一等座，因此可以按照其市场的规模，调整部分车次商务座、一等座和二等座的比例结构，满足更多的高端出行需求。

(3)完善各次列车的 Wi-Fi 等智能化服务系统。旅客对于免费 Wi-Fi 的服务意愿强烈，应不断改进列车的 Wi-Fi、列车影音系统等智能化服务设备，提升免费 Wi-Fi 的覆盖度和上网速度，使旅客在出行过程中感受更方便快捷的网络服务和信息服务。

(4)优化餐饮产品价格和质量。北京—西安的动车组列车运行时间超过 4 h，调查结果显示旅客对餐饮服务的需求也比较多，应尽可能地降低动车组列车的供餐成本，提供更加多样化的餐饮产品。

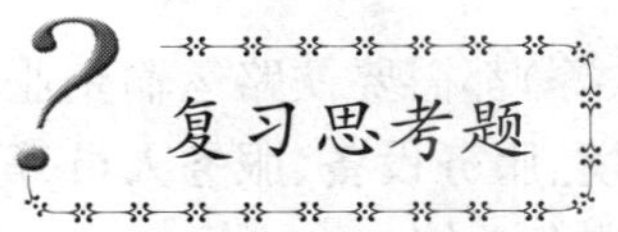

1. 简述高速铁路旅客需求的要素。

2. 简述高速铁路与其他交通方式相比具备的优势，并简要分析高速铁路合理目标市场及市场定位。

3. 高速铁路客运服务有哪些营销战略？举例说明。

4. 试举例说明品牌的意义及高速铁路品牌选择要注意的问题，并以高速铁路客运服务品牌为例，分析其品牌的设计思想。

5. 请简述需求调查和预测的基本方法。

6. 请运用需求调查抽样、量表设置、调查结果的检验及分析技术设计某市场需求的整体调查方案。

3 高速铁路客运服务容量

铁路客运服务需求呈现“忙闲不均”的时空波动规律，客运服务生产与消费的同步性、旅客的参与性、服务的不可储存性等，导致客运企业在需求高峰期必须超负荷运转，在需求淡季又出现服务能力大量闲置的现象，同时也会对服务质量标准化的执行带来困难。本章对高速铁路客运服务系统容量进行科学研究，重点介绍铁路车站和列车运行(以下简称运输通道)服务容量的计算及服务容量的协调优化方法等。

3.1 高速铁路客运服务容量概述

铁路旅客运输是一个多环节协同组织的运输服务过程，同时每一项客运服务同样是以需求为导向的资源配置、服务质量控制过程。

3.1.1 高速铁路客运服务系统及服务容量

广义的客运服务(位移)或狭义的客运服务(票务、站车、餐饮等)都需要铁路运输企业通过一定的服务组织方式、服务模式和服务规范，将服务场所及环境、服务设备、服务人员等要素有机组合，形成一个功能完整、可以支撑相关服务过程的客运服务系统。

铁路旅客运输服务基本是在固定场所完成，铁路服务系统层次多、环节多，并分别隶属于不同业务管理部门或单位。对于旅客所购买的位移服务，需要全铁路网的运输资源提供服务支持，包括为实现旅客运输提供后台保障的、隶属于不同铁路局集团公司的车务、机务、电务、工务等业务部门。对于一项具体的客运服务内容或环节，需要的服务支持只涉及与该项服务过程相关的部门和单位。基于不同服务提供方式，有些服务还涉及第三方企业，如网上订餐服务等。所以，承担旅客位移服务的高速铁路运输网，其点(车站等)、线(线路等)及所有技术设备、人员和管理规范等，组合成了高速铁路顶层客运服务系统。其他各部门、各单位、各服务项目或服务环节，都属于层次不等、内容独立、功能明确的服务子系统(或服务链)。客运服务过程的实现，需要各单位和部门的业务环环紧扣、分工协作，达到各层级服务系统的稳定运行。无论从铁路运输的基本属性还是客运服务过程特点都表明，铁路网及其点、线的规划建设、运营组织与管理，都是以市场需求为导向的运输服务产品的生产和供给为中心的服务系统和平台。

高速铁路客运服务容量又叫服务接待能力，是指具体的客运服务系统(如线路、车站等)在一定的运输组织方式和服务模式下，在满足服务质量标准的基础上，在一定时间(天、小时、分钟等)内所能完成某项客运服务过程的数量。对于高速铁路线路来讲，表现为通道服务容量，对于高速铁路车站来讲，表现为车站服务容量。由于大量的客运服务都属于批量服

务，其所能完成的客运服务过程数量即表现为所能接待的旅客人数等。

按照服务容量的应用特点，高速铁路客运服务容量可分为设计服务容量和运输服务容量。其中，设计服务容量是指在规划设计阶段，根据社会客运服务（客运量）需求，高速铁路线路和车站在修建或改扩建后所能达到的客运服务容量（也叫高速铁路通道运输能力和车站接待能力）；运输服务容量是指高速铁路运营中，在一定的运输组织方式和服务模式下，高速铁路线路和车站可能达到的客运服务容量水平。以下所说的高速铁路客运服务容量均指运输服务容量。

高速铁路客运服务容量按照其服务资源特点分为固定容量与可变容量。固定容量是指服务系统内由于空间、技术等条件限制，相对固定或稳定的服务容量，如候车室所能容纳的座椅和旅客人数，自助检票机每分钟能通过的旅客人数等。可变容量是指在客流波动条件下，服务系统内可以增减的服务容量，如客流高峰期，可以增加部分服务人员、设备等资源，满足服务标准的需求，也可以在客流较少的情况下，适当减少列车数量、关闭部分售票窗口等，以降低服务成本。

3.1.2 高速铁路客运服务容量影响因素

客运服务容量是在整体服务场景中，运输企业在一定时间内可以生产输出符合规范的服务量。严格来讲，支撑或保障服务过程完成的所有硬件、软件、人员等，有形和无形资源都是影响服务容量的因素，具体包括设施设备、服务人员、服务质量标准、服务规范等有形要素，还有服务时间、服务组织方式、服务人员的综合素质等无形要素。有些要素可明确定量，有些要素是从旅客实际感知体验中表达出来的，这些因素相互联系、相互影响、相互制约。

1. 服务质量标准

高速铁路客运服务质量标准是企业向旅客提供服务并评价服务质量的依据，它对企业提供的客运服务范围、服务质量及评价方法等都进行了明确的表述。服务质量标准的高低直接影响服务容量计算结果，如候车室服务容量计算中，平日人均面积可采用 1.6 m^2/人，春运期间，在保证安全的前提下，人均面积可采用 1.13 m^2/人。同一候车室在不同服务质量标准下，服务容量计算结果完全不同，旅客感知服务质量也不同。

2. 服务人员

服务人员是服务过程中最活跃的资源，也是影响服务容量的关键要素，具体表现在三个方面：一是技能水平，服务人员的服务意识、专业技能水平及熟练程度直接影响服务效率，从而引起服务容量的变化；二是组合安排，高速铁路站车客运服务各岗位人员的配置、不同岗位人员服务的衔接、不同班制的安排等，都会对服务容量产生影响；三是弹性调整，通过对员工的工作时长、工作强度、班制等进行调整，可实现短期内对服务容量的增减。

3. 服务设施设备

高速铁路站车客运服务场所的设施设备是决定服务容量的核心因素，主要包括两类。一类是用于容纳旅客和提供服务的场所（场地），如候车室、集散厅等，这类设施设备的服务容量主要是指空间容量。出于人身和消防等安全要求，《铁路旅客车站设计规范》等文件对常规情况下单位面积容纳的旅客数量进行了规定。另一类是服务过程中所需的用于人、物或信息的服务设备,是客运服务的载体。例如,高速铁路车站为旅客提供服务的自动售票机、检票机、报销凭证打印机、自动扶梯等;列车上为旅客提供的自助饮水机、紧急情况呼叫机等。随着铁路客站设备的智能化发展,车站客运服务设备不断升级,其运行效率、设计能力等变化也将大大影响服务容量。

4. 服务时间

服务时间是服务容量不可分割的一部分,是衡量服务容量的一个重要维度。例如,某客运站旅客平均候车时间为 30 min/人,另一个同等规模大小的客运站旅客平均候车时间为 1 h/人,那么前者的服务容量必然更大。因此,计算服务容量,需要把资源利用情况和时间维度恰当地结合在一起,用每天、每时、每分的产出来表达。同样,可以通过影响服务时间来增加或者减少容量。如自动检票机技术升级即可促进旅客自助检票效率提升,从而实现检票设备服务容量的提高。

5. 服务组织方式

服务组织方式是服务容量的重要影响因素。同样的工作内容采用不同的服务组织方式,会产生不同的服务流程,对应的服务工作时间标准、服务效率不同,进而影响服务容量。如客运售票服务由传统的窗口售票向网络售票、自动售票机售票等转变,极大程度扩展了车站售票服务容量。在实际运营过程中,可以通过调整服务组织方式来优化服务容量。

3.1.3 高速铁路客运服务容量计算思路

1. 服务容量与服务成本

高速铁路客运服务的过程性决定了服务生产与消费的同步性,这使得高速铁路运输企业不能采用服务存储来平衡供求矛盾。高速铁路运输企业既要避免由服务容量不足而引起的旅客服务感知质量下降,同时还要考虑由需求不足而引起的服务资源浪费等情况。

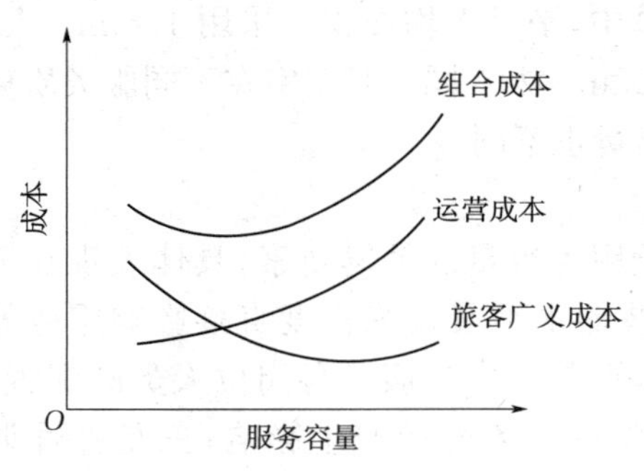

图 3.1 服务容量、成本关系

旅客消费运输服务所产生的消费成本,如排队等候时间、服务满意度等指标,通过适当方法量化后的成本称为旅客广义成本;服务企业提供服务的必需成本,如设备折旧、人工等成本,也称运营成本;客运服务的组合成本即为旅客广义成本与运营成本之和。三者之间的关系如图 3.1 所示。

随着高速铁路快速发展,客运服务类型及整体服务容量随之增加,具体体现为旅客购买、消费服务的等候时间缩短、服务水平和旅客满意度提升等,一方面旅客广义消费成本不断减少,另一方面企业的运营成本却不断增加,组合成本将随着两者的变化而变化。服务容量管理的实质就是在保证正常服务质量、服务资源得到充分利用的条件下,寻求一种能使服务的“组合成本”达到最优,即为最优服务容量。

需要注意的是,当服务容量达到一定程度时,过剩的服务容量不仅会增加服务的必需成本，而且从旅客感知的角度，可能会产生消极影响，导致旅客消费广义成本的增加。如候车厅过大—旅客检票步行距离较远—满意度下降等现象。再如，车站内同档位餐饮店中，某家店铺面积较大，但上座率只有 1/3，而另一家店铺面积较小但满座，旅客也会认为上座率低的服务品质较低等问题。因此，服务容量不应盲目扩大，应以市场化需求为基础，在科学预测需求的基础上，组织配备适当规模的服务能力。在实际运营中，针对需求的各种波动，通过调整可移动设备和服务人员数量，也可以实施不同需求条件下的服务方案，体现客运服务容量的柔性，更好满足综合成本的最小。

服务资源被最大限度利用时的容量水平，称为最大服务容量。最优服务容量通常低于最大服务容量。服务需求一旦超过最大服务容量，一部分旅客将无法获得服务或者因系统超负荷运转所获得的服务质量降低，影响旅客对服务质量的感知和满意度评价。如节假日期间，旅客买短乘长、越站乘车，造成部分区段列车超员，从而影响到乘车旅客在列车上的服务体验。因此，服务容量计算时，应结合相关设施设备及相关人员的备用系数，充分考虑服务能力的预留性。

2. 服务容量计算思路

客流波动大是铁路旅客运输的主要特征之一，尤其长假和中短期节假日客流量大幅攀升，需要铁路客运服务容量即时增高以满足服务需求。反之出行淡季客流量减少，对客运服务容量的要求降低。所以高速铁路客运服务系统的容量需要适应不同区域、不同客运站和不同时间段客流的变化。

客运服务系统容量是服务人员及服务设备的能力在一定服务组织方式下的有机结合。在旅客运输服务系统的构成要素中，单个服务设备的能力是相对稳定的，但服务设备、服务人员的数量和服务组织方式是可调整的因素。即可以通过增减人员、设备数量或改变服务组织模式等方法来达到调整客运服务系统的容量，更好适应客流量波动的效果。例如，客运站配置的安全检查设备数量，可以满足日常客流量（含正常波动）的安检需求；但在客流量“井喷式”增大或需要“二次安检”的情况下，就难以满足旅客对安检服务效率及服务感知体验的要求。此时，可以通过增加设备数量或者加强人员的引导和帮助等方法提高安检的效率和服务能力，实现服务容量的优化和提升。

旅客在消费运输服务的过程中，每一次的服务接触都会对旅客的整体满意度和再次进行交易的可能性产生影响，是提高旅客满意度和忠诚度的重要机会。因此，服务容量的计算除了对现有服务设备、服务人员、服务组织方式等主要服务资源进行整合外，还需对服务需求进行详细调研。在研究客流调查、客流预测和客流到发等资料的基础上，充分考虑服务系统的物理空间和相应的服务质量标准，科学、合理地计算客运服务系统的容量，正确反映市场需求量和服务承受能力，提高旅客出行的感知体验。

为了更顺利地开展客运服务工作，高速铁路运输企业不仅需要计算服务系统容量，还需要不断优化客运服务系统的容量。根据客流调查，做好运输组织协调，保证各环节的顺畅平衡，促进资源优化配置，研究可变容量的“需求”，解决如何更加科学有效调整服务容量的问题。

3.2 高速铁路客运车站服务容量计算

高速铁路车站是高速铁路运输的基层生产单位,它是旅客运输的始发、中转和终到作业的地点,选择铁路出行的旅客首先接触到的是车站,是旅客感知和体验服务的必经场所。客运服务设备是指旅客所能直接接触到的设施设备,主要包括票务服务、客运站服务和列车服务等设施设备。其中票务服务设备渗透到旅行前和站车服务各环节中。

高速铁路客运车站服务容量是指在一定的运输组织模式和技术条件下,一定时间(天、小时、分钟等)内,车站所能完成某项客运服务的数量。主要表现为车站内各类型设施设备的服务容量,包括安检、售票、检票、候车及通道等。计算高速铁路客运车站服务设施设备的服务容量时,可参考现代运筹学理论的重要分支——排队论。运用排队理论可以较真实地描述服务系统并利用其方法进行容量计算。

根据排队理论,服务过程可用排队系统进行描述。因服务内容不同呈现多种服务过程形式,但一般规律如图 3.2 所示。

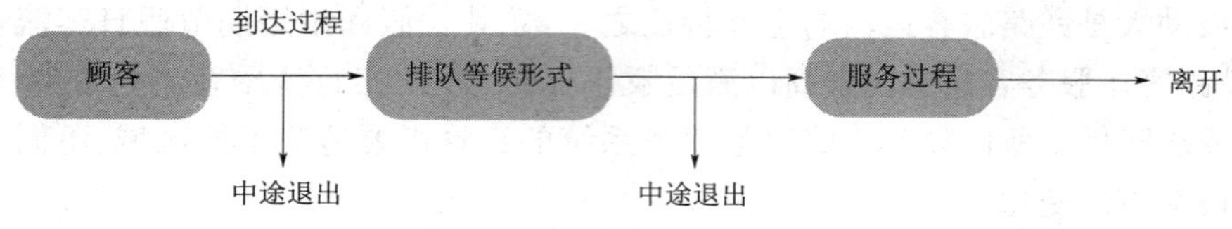

图 3.2 服务排队系统

不同类型的服务设施设备应根据其服务特点对容量要求的程度,选择不同的排队理论模型,采用不同的容量计算方法。

随着现代科学技术发展,设施设备的更新换代引致服务容量的不断提升。高速铁路运输企业应以科技创新为动力,采用先进设施设备,提高服务容量。

3.2.1 高速铁路客运车站服务及服务设备

高速铁路车站提供了进站和出站两方面的客运服务,其服务设备的配置原则是保障客流组织及服务的生产过程顺畅、服务质量达标。高速铁路车站旅客进站流程、出站流程,如图 3.3、图 3.4 所示。

相对来讲,高速铁路车站的进站服务流程、服务内容及环节较出站复杂,本书重点分析进站服务及相关设备。高速铁路车站进站服务包括:票务服务、安检服务、验证验票服务、候车服务、检票服务、站台候车服务、通道服务、其他辅助服务。

1. 票务服务

票务服务是高速铁路客运的核心服务内容,也是对高速铁路位移服务产品实现市场交易的重要环节。随着信息技术的不断发展,票务服务又分为互联网票务服务、电话票务服务、车站窗口及代售点票务服务、自助票务服务。现阶段,高速铁路车站中涉及的票务服务主要是车站窗口票务服务和自助票务服务(图 3.5 及图 3.6)。车站人工售票窗口可提供售票、退改签、余票查询、换取报销凭证(纸质车票)、打印“行程信息提示”凭条、电话订票支付

票款、进/出站补票、挂失补退票、大屏余票显示等服务。

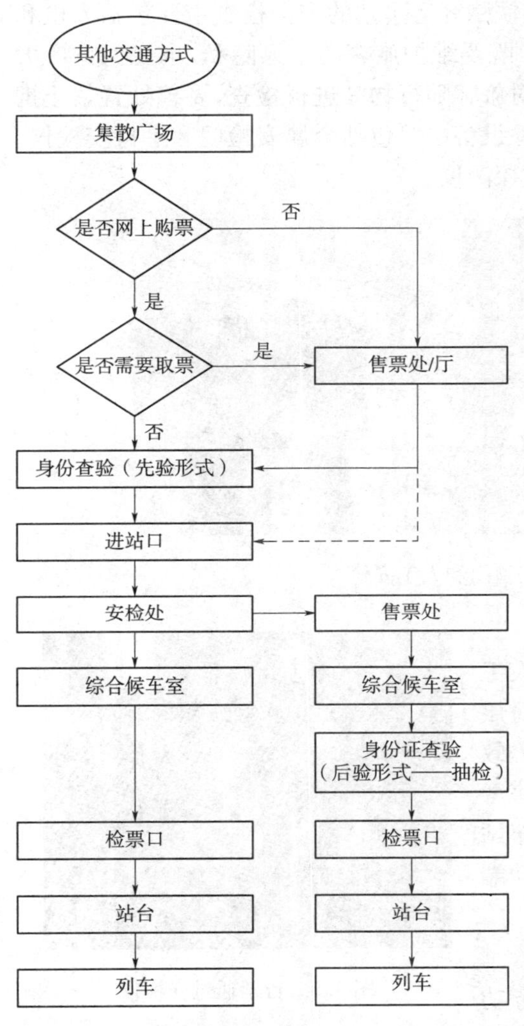

图 3.3 高速铁路车站旅客进站流程

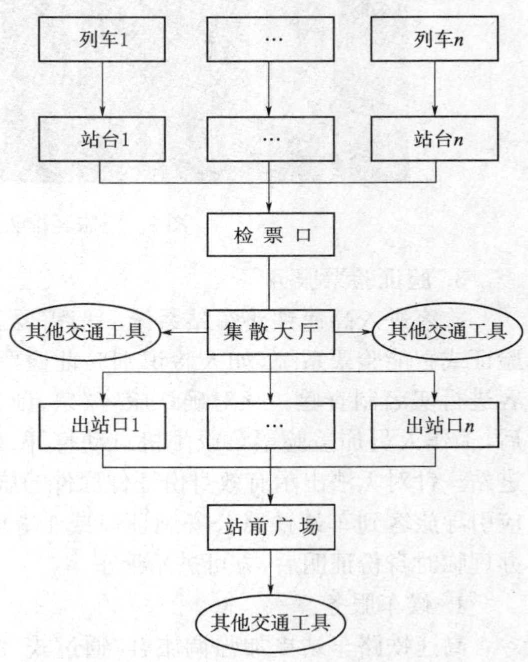

图 3.4 高速铁路车站旅客出站流程

图 3.5 自动售票机

图 3.6 自动取票机

2. 安检服务

安检是确保旅客运输安全的重要防线。高速铁路客运车站的安全检查主要包括人检和物检。其中,人检主要是针对旅客进行安全检查,既要维护旅客的个人隐私,也要保护广大群众的生命安全,如图 3.7 所示。物检主要是针对旅客随行物品进行检查,妥善处置禁止携带物品和限制携带物品,如图 3.8 所示。人员安检设备主要包括金属安检门和手持安检仪。物品安检设备主要是安检机、液体探测仪、爆炸物探测仪。

图 3.7 旅客排队通过安检门和人工安检

3. 验证验票服务

旅客进入高速铁路车站系统一般需要通过人工验证或智能验票系统(如人脸识别验证检票机)对旅客进行实名制查验。核对确认旅客“票、证、人”一致后,工作人员加盖验票章或闸机自动打开,放行旅客进站。针对无法出示有效身份证件原件的旅客,车站应引导旅客到车站铁路公安制证口或 12306 移动端办理临时身份证明后,方可进站乘车。

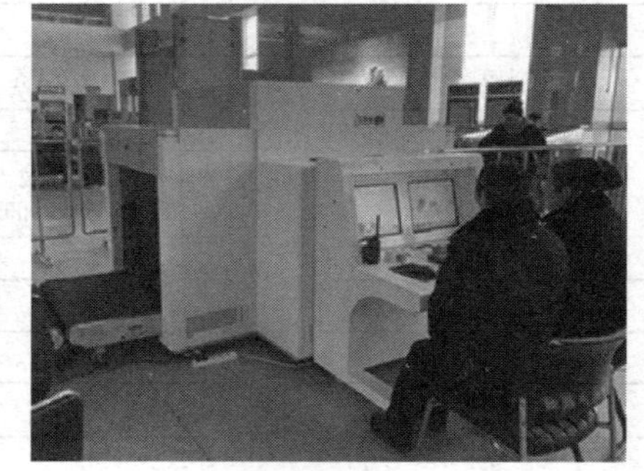

图 3.8 行李通过安检仪

4. 候车服务

高速铁路车站更加强调旅客“通过式”的服务功能,但相对来讲,候车环节仍是旅客在车站逗留最长的环节。为了给旅客提供更好候车空间和最丰富的服务功能,除了候车、休息核心功能以外,候车空间还需满足旅客信息服务、餐饮购物服务、寄存服务、休闲娱乐服务等,为旅客创造温馨舒适便捷的候车环境。

5. 检票服务

检票服务是旅客通过进站闸机或人工检票进入站台上车(或下车出站)的环节,目前高速铁路车站已基本实现旅客自助检票乘车,旅客刷身份证或手机二维码通过自动检票通道设置的自动检票机上车或出站,提高了服务效率。自动检票通道中,按旅客流动方向分为进站检票机、出站检票机。各高速铁路车站在使用自动检票闸机的同时,保留了部分人工通道,主要服务于持红色软纸车票和自动检票机无法识别车票信息的旅客。

6. 站台候车服务

站台候车主要依靠站台设备,而工作人员一般只进行安全、信息提示,如不同线路的列车分别采用不同的颜色标进行区分，以鲜艳的颜色标出候车安全线，站台地面上设置排队标志等，引导乘客排队上车。站台安全防护是车站服务安全管理的重要环节，如北京南站在站台安装了站台安全门(图 3.9)，防止旅客侵入安全线，保障旅客乘降安全有序。

图 3.9　北京南站站台安全门

7. 通道服务

高速铁路车站进站通道服务是实现旅客乘车、中转换乘的重要设施设备，通道服务容量与客流量的协调匹配是影响旅客出行服务感知体验的关键。目前，高速铁路站内的通道服务设备主要包括自动扶梯和楼梯、天桥地道及进出站口等。旅客出行会携带大小不等的行李，在通道服务环节对服务感知体验有更高标准的要求。因此，高速铁路车站的通道服务水平是考量公共场所便捷程度的一个重要标志。

高速铁路客运车站往往兼具衔接城市内外多种交通方式的枢纽功能，有些高速铁路车站可以实现铁路、地铁、公交、出租车等多种交通方式的换乘，为帮助旅客做出快速准确的寻路选择，车站提供导向设备或人工指引，如旅客出站换乘导向标识、信息显示屏等，提供途经本站列车的到发站时间，还提供了上下行停站时间，为旅客选择出行或接续换乘提供参考。

3.2.2　高速铁路客运车站安检服务容量

车站的安检服务包括旅客排队等候将行李放置到安检仪传送带上、排队进行人身检查、排队到安检仪尾部取行李等三个子环节。整个安检过程看作是“旅客放置行李＋旅客人身检查＋旅客取行李离开”的排队系统。旅客随机到达安检区域，在安检通道前形成一个随机排队系统。安检排队系统内的安检仪为服务台，进站的旅客为顾客。该系统的特征如下：

(1)进站旅客到达安检区域，选择一个安检通道排队等候。

(2)旅客将所有的行李放置到安检仪传送带上进行检查。由于传送带前端一般较短，只能容纳一名旅客放置行李，因此需要等旅客将全部行李都放置到传送带上离开后才可以为下一个旅客提供服务。

(3)旅客选择了“放置行李排队系统”中的一个安检通道后，就只能继续选择与之对应的手检台。

(4)人身检查为旅客站在手检台上，手检员为旅客进行人身安全检查。由于一名手检员仅能同时为一名旅客进行检查,因此需要等到旅客离开后才可以为下一名旅客进行服务。

(5)手检区域一般只有1个排队队伍,手检员一般为1~3人,此时旅客平均到达率即为单位时间的旅客到达人数,服务率即为各手检台的总和。

(6)安检区域的排队队伍和安检通道一般为1个以上。

(7)各安检通道都有工作人员或隔离栅栏等维持秩序,可认为旅客在安检排队时不进行换队。

(8)可能有相关工作人员参与协助旅客安检,帮助有需要的旅客快速安检。

实际安检过程中,旅客行李安检和人身安检是串联的服务组织模式。将行李安检、人身安检的相关设备、服务人员、服务组织方式视为安检服务系统,该系统的服务容量为

$$C_{安检}=\min\{C_{行李},C_{手检}\}$$

式中 $C_{行李}$——行李(旅客携带的所有行李)安检子系统的服务容量,人/min;

$C_{手检}$——人身安检子系统的服务容量,人/min;

$C_{安检}$——安检系统的服务容量,人/min。

旅客放置行李和人身安检的排队系统可看作多路排队多服务台服务等待制系统,相当于多个单通道服务系统并联。行李安检和人身安检服务容量分别为

$$C_{行李}=(1+\xi_{行李})U_{行李}$$

$$U_{手检}=C_{手检}$$

式中 $U_{行李}$——旅客行李安检设备的服务能力,人/min;

$U_{手检}$——旅客人身安检设备的服务能力,人/min;

$\xi_{行李}$——服务容量调节系数,指服务人员参与协助旅客行李安检对其服务容量的影响。

其中,旅客行李安检设备、人身安检设备的服务能力为

$$U_{行李}=\sum^{n_{行}}\frac{1}{\mu_{行李}}k_{行李}$$

$$U_{手检}=\sum^{m_{人}}\frac{1}{\mu_{手检}}k_{手检}$$

式中 $k_{行李}$——行李安检设备能力调整系数,可根据地区、季节等差异进行取值,一般为1左右;

$k_{手检}$——人身安检设备能力调整系数,可根据地区、季节等差异进行取值,一般为1左右;

$n_{行}$——行李安检设备的数量,台;

$m_{人}$——人身安检设备的数量,台;

$\mu_{行李}$——单条安检通道的单个旅客放置行李所需时间的平均值,min;

$\mu_{手检}$——单条安检通道的单个旅客人身安检所需时间的平均值,min。

$\mu_{行李}$为旅客放置行李所需时间,具体为旅客开始将行李放上安检机输送带到全部放置完毕为止的时间。$\mu_{手检}$为旅客人身安检所需时间,具体为旅客在手检台前开始安检到全部检查完毕为止的时间。不同季节、不同区域、不同车站的旅客结构及携带行李的类型和数量有差异,建议可以通过写实统计拟合的方法进行测算,并作为车站安检设备配置的标准,从

而形成不同类型客运安检设备配置的标准规范。

3.2.3 高速铁路客运车站售票服务容量

现阶段，售票服务主要包括车站售票、网络售票、代售点售票等方式。

车站售票主要包括窗口售票及站内自动售票机售票两种方式，故车站售票服务容量为

$$C_{车站}=C_{窗口}+C_{自动}$$

式中 $C_{窗口}$——窗口售票系统的服务容量，人/min；

$C_{自动}$——自动售(取)票机系统的服务容量，人/min。

旅客随机到达售票区域，形成一个随机排队系统，其主要过程如下：

(1)旅客在售票设备的影响区域内进行售票窗口搜索，由此产生发现队列行为。

(2)在发现队列后，旅客选择区域内最短队列，产生队列选择行为。

(3)当确认所选队列后，根据目标点进行移动，产生加入队列和队列移动行为。

(4)若发现区域内存在比所在队列排队长度更短的队列时，旅客可能执行换队行为。

(5)当旅客达到售票窗口(自动售票机)后开始接受服务，服务完成后，旅客离开队列，即购票结束。

窗口售票系统的服务容量为

$$C_{窗口}=(1+\xi_{窗口})U_{窗口}$$

式中 $U_{窗口}$——窗口的平均售票能力，人/min；

$\xi_{窗口}$——窗口服务容量调节系数，指服务人员参与协助旅客售票对其服务容量的影响。

其中，窗口的平均售票能力为

$$U_{窗口}=\sum^{n_{窗}}\frac{1}{\mu_{窗口}}k_{窗}$$

式中 $k_{窗}$——窗口服务能力调整系数，可根据地区、季节等差异进行取值，一般为1左右；

$n_{窗}$——开放的售票窗口的服务数量，个；

$\mu_{窗口}$——单个窗口服务单个旅客完成服务所需时间的平均值，min，可采用写实统计拟合法进行测算。

售票窗口数量应根据预测的高峰客流量进行配备和开放，主要受车站发送旅客人数、持窗口售票比例，及服务人员“协助”程度等因素影响。原则上一个售票窗口可按一天不低于800张车票进行配备，通常是售票窗口、改签窗口和退票窗口分别设置，车站后台结账窗口与前台(售票、改签和退票)窗口分开，这样方便旅客选择；特殊情况(一般指小的车站)可以一个窗口兼任多种服务功能。同时，发售客票种类、采用的售票方式、售票员的业务水平(售票速度)等因素也将对单个旅客完成服务所需时间产生影响，从而影响窗口售票的服务容量。

随着旅客“随到随走”候车模式的形成及电子客票应用的逐步推广，自动售(取)票设备逐渐成为影响整个车站客运组织的核心客服设备。当前，自动售(取)票机的功能主要有售

票、取报销凭证、取购票信息单,不同旅客需求及数量不同,对其服务容量有较大的影响。自动售(取)票机的服务时间差异取决于旅客本身,使用熟练的旅客服务时间较短,反之则较长。同时,是否有服务人员对旅客操作过程进行引导、自动售(取)票机的数量是影响其容量变化的主要原因。

自动售(取)票机系统的服务容量为

$$C_{自动}=(1+\xi_{自动})U_{自动}$$

式中 $U_{自动}$——自动售(取)票机的服务能力,人/min;

$\xi_{自动}$——服务容量调节系数,指服务人员参与协助旅客使用自动售(取)票机对其服务容量的影响。

其中,自动售(取)票机的能力计算如下:

$$U_{自动}=\sum^{n_{自}}\frac{1}{\mu_{自动}}k_{自}$$

式中 $\mu_{自动}$——单个旅客服务时间(含购票、取票、取报销凭证)的平均值,min,可采用写实统计拟合法进行测算;

$n_{自}$——自动售(取)票机的服务数量,台;

$k_{自}$——能力调整系数,可根据地区、季节等差异进行取值,一般为1左右。

3.2.4 高速铁路客运车站检票服务容量

检票是旅客乘车前的必经环节。当前我国高速铁路客运站大多采用先候车后检票模式,也有部分车站实行先进站检票后候车的模式,旅客可通过自动检票通道或人工检票通道完成检票。

大型高速铁路客运站旅客检票口一般呈对称分布,每个检票口通常设1～2个人工检票通道,其余均为自动检票通道。检票顺序和检票通道数目由客运站根据自身结构、客流特点等进行设置。

人工检票和自动闸机检票可同时进行,也可先后进行。一般情况下,车站会优先为多件大行李旅客、商务旅客和老幼病残孕等重点旅客优先检票,然后开放自动检票闸机进行检票。

旅客一般会在临近检票工作开始前排好队伍,根据检票通道开放数目,自动形成队列,等待检票工作的开始。具体过程如下:

(1)检票前旅客在候车区候车。

(2)接到开始检票提示,旅客离开候车区,向检票口移动。

(3)旅客根据检票通道开放情况,自行形成排队队列等待检票。

(4)检票开始,各队列有序通过检票通道。

其中过程(4)中旅客通过检票通道接受检票服务的过程与是否需要查验票证有所区别。

通常情况下,人工检票通道和自动检票通道通过并联的服务组织方式同时为旅客服务,故检票系统的服务容量为

$$C_{检票}=C_{闸检}+C_{人检}$$

式中 $C_{检票}$——车站检票系统的服务容量，人/min；

$C_{闸检}$——自动闸机检票子系统的服务容量，人/min；

$C_{人检}$——人工检票子系统的服务容量，人/min。

自动闸机检票子系统和人工检票子系统的服务容量可以表示为

$$C_{闸检}=(1+\xi_{检})U_{闸检}$$

$$C_{人检}=U_{人检}$$

式中 $U_{闸检}$——自动闸机检票的服务能力，人/min；

$U_{人检}$——人工检票的服务能力，人/min；

$\xi_{检}$——检票服务容量调节系数，指服务人员参与协助旅客通过自动闸机检票对系统服务容量的影响。

其中，自动闸机检票和人工检票的服务能力为

$$U_{闸检}=\sum^{n_{检}}\frac{1}{\mu_{闸检}}k_{闸检}$$

$$U_{人检}=\sum^{m_{检}}\frac{1}{\mu_{人检}}k_{人检}$$

式中 $k_{闸检}$——自动闸机检票能力调整系数，可根据地区、季节等差异进行取值，一般为1左右；

$k_{人检}$——人工检票能力调整系数，可根据地区、季节等差异进行取值，一般为1左右；

$n_{检}$——自动闸机检票设备的数量，台；

$m_{检}$——人工检票设备的数量，台；

$\mu_{闸检}$——单条自动闸机检票通道的单个旅客检票所需时间的平均值，min；

$\mu_{人检}$——单条人工检票通道的单个旅客检票所需时间的平均值，min。

3.2.5 高速铁路客运车站候车服务容量

为旅客提供候车服务是客运服务工作不可或缺的环节。旅客在候车区停留时间较长，且人流相对密集，旅客对该环节服务的感知认可度会影响其对整个运输过程的体验结果。因此，对车站候车容量进行计算很有必要。

1. 候车区服务容量

高速铁路车站候车容量是指一定时间内高速铁路车站候车服务系统能容纳的旅客人数，候车区的候车容量分为最大候车容量和实际候车容量。

(1)候车区最大服务容量

最大候车容量主要由候车区内旅客最高聚集人数(或高峰小时乘降量)和旅客平均所需静态空间决定。最高聚集人数是指铁路客站全年发送旅客最多月份中，一昼夜在候车区(厅、室)内瞬时(8～10 min)出现的最大候车(含送客)人数的平均值。高峰小时乘降量是在节假日或上下班高峰时段客运站每小时的到发旅客量。

旅客最高聚集人数的计算方法常用的是高峰系数法，也称聚集系数，是车站旅客的最高聚集人数占昼夜总上车人数的比值。高峰系数法的计算公式为

$$H=\frac{S \cdot K \cdot C}{365}$$

式中　H——设计年度的旅客最高聚集人数,人;

S——设计年度全年上车旅客总数,人;

K——波动系数;

C——采用的高峰系数,其参考值见表3.1。

表3.1　高峰(聚集)系数参考取值

日均上车人数/人	选择区域	日均上车人数/人	选择区域
400及以下	0.41~0.60	5 001~10 000	0.17~0.30
401~1 000	0.35~0.54	10 001~20 000	0.15~0.26
1 001~2 000	0.29~0.46	20 001~40 000	0.13~0.22
2 001~5 000	0.21~0.38	40 000以上	0.11~0.20

旅客最高聚集人数直接影响候车区的建设规模,最高聚集人数取值过大,会造成资源浪费;最高聚集人数取值过小,会降低客运服务质量,不能满足客运需求。根据《铁路旅客车站设计规范》(TB 10100—2018),高速铁路客运车站候车区可参照软席候车区候车人数要求,采用最高聚集人数的10%。

(2)候车区实际服务容量

通常情况下,候车区的服务容量相对固定。但由于客运需求的增加和客流管理需要的变化,如重大节假日、二次安检等大客流或由于列车大面积晚点造成旅客滞留的情况下,现有候车区的能力已无法满足旅客候车的需求。此时,需要开辟临时候车区,来提升铁路客运站原有候车能力,改善旅客出行体验。临时候车区的服务容量即可认为是车站候车系统可变的服务容量。临时候车区的开辟可以采用站内服务功能临时置换(如将部分商品服务区或地下停车场改为候车功能),也可以在车站广场、交换厅等作为临时候车场所。临时候车区的启用,使旅客进站候车的流线发生一定程度的变化,需要对旅客进站候车进行流线再造,保障旅客进站候车的流线顺畅。

那么,高速铁路客运站候车系统的实际服务容量$C_{候}$为

$$C_{候}=C_{固定}+C_{可变}$$

式中　$C_{固定}$——候车系统相对稳定的服务容量,指现有候车区的服务容量,人;

$C_{可变}$——候车系统可变的服务容量,指临时候车区的服务容量,人。

高速铁路客运站候车区一方面根据需要确定区域和面积,同时也可以根据不同的服务对象的需求,提供差异化的服务产品。常见的有普通旅客候车区、重点旅客(老幼病残孕)候车区和商务座候车区等。不同候车区内候车室的使用面积标准有差异。因此,候车系统相对固定的服务容量$C_{固定}$计算为

$$C_{固定}=\sum\left(\frac{M_{普通}}{W_{普通}}+\frac{M_{重点}}{W_{重点}}+\frac{M_{商务}}{W_{商务}}\right)$$

式中　$M_{普通}$,$M_{重点}$,$M_{商务}$——普通旅客、重点旅客、商务旅客候车区的使用总面积,m^2;

$W_{普通}$,$W_{重点}$,$W_{商务}$——普通旅客、重点旅客、商务旅客候车区的使用面积标准,m^2/人。

对于临时候车区的开辟，基本按照统一标准设计，候车系统可变的服务容量$C_{可变}$计算为

$$C_{可变}=\frac{M_{临时}}{W_{临时}}$$

式中　$M_{临时}$——临时候车区的使用面积，m^2；

$W_{临时}$——临时候车区的使用面积标准，m^2/人。

可作为临时候车区的场所有人工售票区、商业区、站前广场、地下停车场、客运站周边场所等。不同情况下临时候车区的人均候车面积不同，应考虑旅客候车安全性、舒适性等因素确定。

当前，旅客出行以满足基本候车需求为主，$W_{临时}$的取值应符合《铁路旅客车站设计规范》。随着人民对美好出行需求的向往，铁路候车服务产品需要更加多元、个性化，$M_{临时}$值应在满足设计规范的条件下充分考虑旅客出行的感知体验。

其中，各候车室的使用面积标准应符合《铁路旅客车站设计规范》(TB 10100—2018)中如下规定：

①候车区(厅、室)总使用面积应根据最高聚集人数按不小于1.2 m^2/人计算确定。

②软席候车区候车人数，高速铁路和城际铁路可采用最高聚集人数的10%，使用面积应按不小于2 m^2/人计算确定。

③中型及以上铁路客运站应设置无障碍候车区，候车人数可采用最高聚集人数的4%，使用面积应按不小于2 m^2/人计算确定，小型铁路客运站应在候车区内设置轮椅候车席位。

军人(团体)候车存在时间上的不确定因素，使用频率较低，在实际设计中一般不单独设置，而是与普通候车区(厅、室)合并设置。

各客运企业应根据前期客流调查及需求预测，掌握候车室最大候车容量与实际候车容量的数值差异，若数值差异较大，说明车站候车方面需要进一步进行组织优化，以改善车站候车能力不足，高峰期间人员拥挤，旅客候车体验较差，存在一定的安全隐患及被投诉的风险等。

2. 站台候车容量

站台候车容量是指在一定的站台面积条件下，站台系统一次性能够集散的最多的旅客人数。通常情况下，站台候车服务系统组织模式相对固定、服务人员对服务容量的影响不大。因此，站台候车容量主要指站台本身候车的能力。

(1)影响站台候车容量的主要因素

①站台最大聚集人数。站台宽度应满足旅客一次乘降或同时进站的最大聚集人数要求，其宽度应根据客流密度确定。因高速铁路列车较密集，应避免旅客进出站在站台通道内出现对流现象。

②进出站地道数量及其在站台的出入口宽度。根据《高速铁路设计规范》相关要求，综合考虑旅客站房设计、旅客进出站流线等情况，高速铁路客运站的旅客站台出入口应设计为双向出入口，高速铁路旅客站台出入口宽度应符合表3.2的规定；通道出入口设自动扶梯或升降电梯时，其宽度应根据升降设备的数量和要求加宽。高速铁路引入既有客站时，在满足使用功能和安全的前提下，可利用既有旅客进出站通道。

表 3.2 高速铁路旅客站台出入口宽度 单位:m

名 称	特大及大型站	中型站	小型站
基本站台、岛式中间站台	5.0～5.5	4.0～5.0	3.5～4.0
侧式中间站台	5.0	4.0	3.5～4.0

③建筑物边缘至站台边缘的宽度。站台边缘至建筑物边缘的距离,应保证工作人员作业和站台上旅客的安全,以及有关车辆通行的宽度要求。根据《高速铁路设计规范》相关要求,通过考虑站台类型、客流密度、安全退避距离、站台出入口宽度等因素,可按表 3.3 采用。

表 3.3 高速铁路旅客站台宽度 单位:m

名 称	特大型站	大型站	中型站	小型站
站房或建筑物突出部分边缘至基本站台边缘距离	20.0～25.0	15.0～20.0	8.0～15.0	8.0
岛式中间站台	11.5～12.0	11.5～12.0	10.5～12.0	10.0～12.0
侧式中间站台	8.5～9.0	8.5～9.0	7.5～9.0	7.0～9.0

注:站房建筑物范围以外地段的基本站台宽度不应小于侧式中间站台标准。

④建筑物的结构宽度。站台的宽度应满足站台上设置的有关建筑物的结构宽度要求。

⑤有关作业的要求,站台上应考虑消防车、列车送餐、送行李的通行及轮椅车的使用等要求。

(2)站台候车容量计算

站台候车容量是根据站台长宽确定的站台面积范围内,能够同时容纳的等候上下车的旅客人数。站台候车容量为

$$C_{站}=\frac{L \cdot W}{\rho}$$

式中 $C_{站}$——站台候车容量,人;

L——站台有效长度,m;

W——站台有效宽度,m;

ρ——站台上的人均占用面积,一般为 0.33～0.75 m^2/人。

由公式可见,当站台客流拥挤时,人均占用面积小,站台候车容量大,但超过一定程度会影响候车安全。需根据客流情况对站台候车人数进行适当控制(如加强下车客流疏散、对高速铁路外卖送餐设置指定区域等),不能盲目追求扩大容量而忽略客运服务安全、便捷等基本要求;同时,也应避免盲目扩建车站站台而造成能力浪费。

3.2.6 高速铁路客运车站通道服务容量

车站通道容量包括客运站中自动扶梯、天桥地道及进出站口的通过容量。车站通道服务系统中,服务组织模式相对固定,服务人员对通道容量的影响也较小,其系统的服务容量主要受通道自身物理空间影响。在车站的通道连接过程中,不同位置的自动扶梯、步道等,在运送旅客时,可形成彼此并联或串联关系,因此,本书只介绍单个设备通过容量计算思路。

1. 自动扶梯通过容量

自动扶梯是高速铁路客运站最主要的垂直移动工具，其通过容量的大小会对旅客站内移动、其他关联设备容量配置等产生重要影响。

自动扶梯由梯路和两旁的扶手组成。旅客使用自动扶梯的整个过程可描述为：

(1)排队进入自动扶梯口。

(2)等待踏上扶梯，连同携带行李放置在梯级上。

(3)旅客及行李跟随自动扶梯移动。

(4)到达地面后将双脚连同行李平稳地踏上地面。

(5)离开自动扶梯口。

自动扶梯通过容量不完全等同于自动扶梯理论通过能力。受旅客准备时间、渴望舒适空间及携带行李等因素影响，实际扶梯利用率将不足100%。主要原因如下：

①旅客准备时间过长。旅客在到达自动扶梯前，通常都会先低头观察自动扶梯的运行情况，掌握运行节奏后踏上梯级，这个过程消耗的时间称为准备时间。速度为0.5 m/s的自动扶梯，一个梯级的运行时间为0.8 s，当乘客的准备时间大于该时间时，就会产生无人站立的空置梯级。而且自动扶梯的运行速度越快，旅客确认安全踏上梯级的准备时间越长。

②旅客渴望拥有舒适空间。由于心理因素，旅客希望与其他旅客保持一定的距离，主观上不愿意与前、后旅客离得太近。

③旅客携带的行李占用空间。一是旅客携带的行李将占用额外的梯级空间；二是部分旅客拉着行李箱进入扶梯时，未将拉杆收回，造成后续旅客的衔接距离变大，会产生2～4个空置梯级；此外存在旅客携带的公文包或背包等小件行李不会占用较大空间，但会对后续旅客的视野造成干扰，从而增加后续旅客的准备时间，产生空置梯级。

因此，在实际计算自动扶梯通过容量时，可采用基于旅客携带行李的自动扶梯实际容量，即

$$C_{扶梯}=U_{扶梯}\cdot y_{扶}\cdot k_{扶}$$

式中 $C_{扶梯}$——自动扶梯(运行速度0.5 m/s、梯级宽度为1 m)的实际通过容量，人/h；

$U_{扶梯}$——自动扶梯的理论通过能力，人/h；

$y_{扶}$——扶梯设备实际利用率，通常与旅客行李、心理舒适空间及准备时间有关；

$k_{扶}$——扶梯能力调整系数，可根据地区、季节等差异进行取值，一般为1左右。

$y_{扶}$值的标定需要在一定的服务组织方式和服务质量标准下进行。例如，在客流高峰期和平峰期，旅客出行感知期待将有明显差异，将对该值的标定产生影响。

其中，自动扶梯的理论通过能力指单位时间内通过自动扶梯断面的最大客流量，根据我国《自动扶梯和自动人行道的制造与安装安全规范》，自动扶梯理论通过能力的计算公式为

$$U_{扶梯}=(3\ 600\cdot v_{扶}\cdot w_{扶})/0.4$$

式中 $v_{扶}$——自动扶梯的运行速度，m/s；

$w_{扶}$——宽度系数，衡量每梯级能站立的人数，当宽度为1 m时，$w_{扶}$取2；

0.4——每级梯的斜边长为0.4 m。

各梯级宽度和额定速度对应的自动扶梯理论通过能力见表3.4。

表 3.4　自动扶梯理论通过能力　　单位:人/h

额定速度/(m·s^{-1})	梯级宽度/m		
	0.6	0.8	1.0
0.5	4 500	6 755	9 000
0.65	5 850	8 775	11 799
0.75	6 750	10 125	13 500

由此可知,影响自动扶梯通过能力的因素包括梯级宽度和运行速度,不同宽度和速度的自动扶梯通过能力差异显著。

除自动扶梯外,站内常见的通行设施还包括楼梯等。通过现场数据采集和客流模拟软件分析,当前铁路客站各主要通行设施高峰通行能力通常见表 3.5。

表 3.5　铁路客站各主要通行设施高峰通行能力　　单位:人

部位名称		每小时通过人数
每米宽楼梯	下行	2 800
	上行	2 500
	双向混行	2 200
每米宽通道	单向	3 500
	双向混行	2 800
每米宽自动扶梯	额定速度 0.5 m/s	4 500

2. 天桥、地道旅客通过服务容量

天桥、地道通过容量的计算,基础条件是该设备为单方向使用,在同一通道内无反向交叉客流,并且旅客在通道内能较正常地通行,不产生堵塞。该项设备皆由站台通道与跨线通道两部分组成。两者能力不相等时,应以其限制能力部分的宽度为计算依据。

影响天桥、地道通过容量的主要因素主要有以下几点:

(1)一条步行道的宽度。将天桥地道通过容量视为几条步行道容量之和。每条步行道的宽度与旅客携带行李(空手、提物、小件行李或大件行李等)有直接关系。对于长、短途及市郊旅客之间都亦有差异,但考虑在留有一定余地的基础上,这些差异不被包含进去。

(2)旅客走行速度。旅客进、出站走行速度不相同,一般旅客进站走行速度快、密度小,出站走行速度稍慢、密度大。

(3)每位旅客在通道中占有的前后距离长度。旅客在通道中占有前后之间距离长度不同,进、出站也有差异,进站时分布不均匀,间距差别大,出站时分布较均匀,间距差别小。

旅客在天桥、地道的走行速度,在水平道与斜坡、斜梯道上都不同,计算时以速度最低的斜梯或斜坡为依据。

单股步行道的通行容量为

$$C_{步道}=U_{步道}\cdot y_{步}\cdot k_{步}$$

式中　$C_{步道}$——单股步行道的实际通过容量,人/min;

$U_{步道}$——单股步行道的理论通过能力,人/min;

$y_{步}$——步行道实际利用率，通常与旅客行李、心理舒适空间及准备时间有关；

$k_{步}$——步行道能力调整系数，可根据地区、季节等差异进行取值，一般为 1 左右。

单股步行道的理论通过能力

$$U_{步道}=\frac{v}{l}+1$$

式中 $U_{步道}$——单股步行道每分钟的旅客通过能力，人/min；

v——旅客行走速度，m/min；

l——旅客前后距离，m。

根据对贵阳、成都、西安、南昌、长沙、北京等站的天桥、地道进行实地调查发现，进出站及地区间通道的旅客行走速度、单股步行道的宽度及每位旅客占用通道的前后间距差别不是很大，可以用一个数值范围及均值概括，参考数值见表 3.6。

表 3.6 参考数值表

类别	进站		出站	
	可行范围	均值	可行范围	均值
人行速度/($m\cdot min^{-1}$)	80～90	83	60～70	65
前后距离/m	1.5～3.0	2	1.0～2.5	1.5
一条步行道宽度/m	0.85～1.0	0.9	0.75～0.9	0.8
一条步行道能力/(人·min^{-1})	27～61	42	25～71	44

跨线设备（天桥、地道）的旅客通行容量需按进、出站分别计算。当进出站跨线设备不止一处时，进出站跨线设备总容量应为几座设备容量之和。跨线设备（天桥、地道）通行容量如下：

$$C_{跨线}=\sum\frac{B}{b}U_{步道}$$

式中 $C_{跨线}$——跨线设备每分钟现有通行容量，人/min；

B——跨线设备的宽度，m；

b——单股步行道的宽度，m。

根据计算公式及表 3.6 中的均值、上限值，可计算出不同宽度跨线设备的现有通行容量（表 3.7）。

表 3.7 跨线设备现有通行容量参考表

通道宽度/m		2.5	3	4	5	6	7	8	9	10	11	12
进站容量/(人·min^{-1})	均值	116	140	183	233	283	326	373	420	466	513	560
	上限	179	215	287	358	430	502	574	645	717	789	861
出站容量/(人·min^{-1})	均值	137	165	220	275	330	358	440	495	550	605	660
	上限	236	284	378	473	568	662	757	852	946	1 041	1 136

3. 进出站口通行服务容量

在旅客流线上，跨线设备与进出站口的旅客通行容量应协调一致，否则将造成流程不畅。根据《铁路车站及枢纽设计规范》，旅客进出站通道可选择天桥或地道，并应优先选用地道。当采用高架跨线候车室时,进站天桥应与高架候车室合设。

(1)进出站口通行容量

$$C_{进出}=U_{进出}\cdot y_{进出}\cdot k_{进出}$$

式中 $C_{进出}$——进出站口通过容量,人/min;

$U_{进出}$——进出站口理论通过能力,人/min;

$y_{进出}$——进出站口实际利用率,通常与旅客行李、运营组织形式等有关;

$k_{进出}$——进出站口调整系数,可根据地区、季节等差异进行取值,一般为1左右。

$$U_{进出}=m_{进出}\cdot n_{均}$$

式中 $m_{进出}$——同时开放的进、出站口数量,口;

$n_{均}$——每个进、出站口现有旅客通过人数,人/(min·口)。

(2)跨线设备(天桥、地道)与进出站口的容量协调计算

在通行能力相等时,$N_{进}=N_{跨}$ 或 $N_{出}=N_{跨}$,可导出:

$$B=m_{进出}\cdot n_{均}\cdot \frac{b}{n_{步}}$$

式中 $n_{步}$——单股步行道每分钟的旅客容量,人/min.

对于不同的进出站口数量 $m_{进出}$ 值,公式得出的通道宽度的最低的临界点数值关系见表3.8。

表 3.8 进出站口与通道宽度关系

开放的进(出)站口数	3	4	5	6	7	8	9	10
进站通道宽度/m	2.25	3.00	3.75	4.50	5.25	6.00	6.75	7.50
出站通道宽度/m	2.02	2.69	3.37	4.04	4.71	5.39	6.06	6.73

由表3.8可知,旅客进站时,需开放的进站口数量取决于进站通道的宽度,通道不足时,以进站检票口为控制点,使客流不超过通道的通行容量。旅客出站时,需开放的出站口数量也取决于通道宽度。由于旅客下车后直接进入通道,若开口数量不足,就会产生客流积压,因此,旅客在出站时,通道成为控制点,要求开放出站口个数与之适应。根据《铁路车站及枢纽设计规范》,旅客进出站通道的最小宽度应符合表3.9的规定。

表 3.9 旅客进出站通道的最小宽度 单位:m

项目	旅客进出站通道		
	特大型站	大型站(城际铁路始发站)	中、小型站(城际铁路中间站)
最小宽度	12	8～12	6～8

根据《铁路车站及枢纽设计规范》,旅客进出站通道的设置应根据客流量、旅客站房设计、旅客进出站流线等情况综合考虑,并应符合下列规定:

(1)旅客进出站通道可选择天桥或地道,并应优先选用地道。当采用高架跨线候车室时,进站天桥应与高架候车室合设。

(2)中型及其以上规模的客运站旅客进出站通道应分开设置,并应使旅客通行便利,减少交叉干扰。

(3)旅客进出站通道的数量:小型客运站设置1处,中型客运站旅客进、出站通道分开各设置1处,大型及特大型客运站的出站通道应根据需要统筹考虑。

(4)地道的净高不应小于2.5 m。

3.3 高速铁路客运通道服务容量计算

高速铁路客运通道服务容量是指在一定的运输组织模式和技术条件下,一定时间(天、小时、分钟等)内,某条高速铁路运输通道所能完成旅客位移服务的数量,主要包括高速铁路客运区段通过容量和车站通过容量。这一部分的容量计算是企业进行生产经营组织的必要条件。

3.3.1 高速铁路客运列车服务及服务设备

高速铁路客运列车是完成旅客运输过程的载体,是旅客进入客运服务系统,实际消费和体验位移服务过程的必经场所,也是旅客与高速铁路运输企业产生交互时间最长的场所。高速铁路客运列车服务作为高速铁路客运的核心服务内容,是旅客"位移"的重要生产环节,也是旅客感知和体验服务的重要过程。

高速铁路客运列车服务是高接触度的前台服务,从服务设计理论出发,服务过程的实现和服务质量的保证,需要前后台的通力协作。由列车的编组及定员、客室空间布局等提供的列车核心服务,及列车餐饮、影音娱乐等辅助服务,将直接影响旅客对列车前台服务的舒适、安全、便捷等服务特性的体验,也将从列车的载客量、旅客的乘降效率、应急撤离时间等方面,对列车服务接待能力,即列车服务容量的计算产生影响。

1. 列车运送服务

列车是完成高速铁路客运核心服务的主要载体,各型客车的编组及定员,决定了列车载客能力的高低。同样,不同客车的车厢定员数量,为旅客所提供的方便条件不同,技术经济参数也有所不同,从而旅客对列车服务的整体感知也不尽相同。我国高速铁路动车组常见编组形式为,长编组(16编组)定员1 100～1 200人,短编组(8编组)定员600人左右。现阶段部分动车组车型编组定员情况见表3.10。

表3.10 部分动车组车型编组定员对照表

车　　型	运行速度/($km \cdot h^{-1}$)	额定定员/人	编组形式/辆	车厢种类
CRH1A	200	668	8	ZY、ZE、ZEC
CRH1B	200	1 355	16	ZE、ZY、CA
CRH1E	200	698	16	ZE、WR、CA
CRH2A	200	610	8	ZE、ZEC、ZY
CRH2B	200	1 270	16	ZY、ZE、CA
CRH2C	350	610	8	ZE、ZEC、ZY
CRH2E	200	670	16	ZE、WR、CA

续上表

车　　型	运行速度/(km·h^{-1})	额定定员/人	编组形式/辆	车厢种类
CRH3C	350	556	8	ZE、ZEC、ZY
CRH380A	380	494	8	ZEG、ZE、ZY
CRH380AL	380	1 066	16	ZYG、ZY、SW、ZE、CA
CRH380BL	380	1 043	16	ZYG、ZY、SW、ZE、CA
CRH5A	200～250	622	8	ZE、ZEC、ZY
CR400	350	1193	16	ZE、ZY、ZEC、ZYS、ZES

注:WR—软卧车;CA—餐车;SW—商务座车;ZY—一等座车;ZE—二等座车;ZEC—二等座车/餐车;ZYG—一等座车/观光车;ZEG—二等座车/观光车;ZYS—一等座车/商务座车;ZES—二等座车/商务座车。

在实际经营生产中,还需考虑旅客列车载客能力的利用程度,即客座利用率,也就是旅客列车平均载客人数与对应的旅客列车平均定员之比。我国铁路旅客列车平均客座利用率近年一直保持在70%左右。现阶段,我国运行的高速铁路列车为单层列车,日本新干线和TGV列车运行部分区段为双层列车。目前,我国也正在研发双层动车组,在保持较高运行速度的同时增大载客量,从而提供更多运能。

2. 列车乘降服务

旅客的乘降行为不是瞬间的上车动作和下车动作,而是一个具体的进程,如图3.10所示。对于单个上车乘客而言,上车过程始于在站台候车,在得知列车即将到站时,做出提起行李等乘车准备,向列车车门位置移动。列车停站后,乘客踏进车门,寻找相应席位。对于单个下车乘客而言,下车过程始于车内广播或乘客对列车时刻表的熟悉程度,当乘客意识到自己将要下车时,开始做下车准备,携带较多行李的乘客一般提前准备好行李,就近选择车门等候下车,其他乘客根据自身行动能力及车厢拥挤程度决定继续留在座位上还是到车门

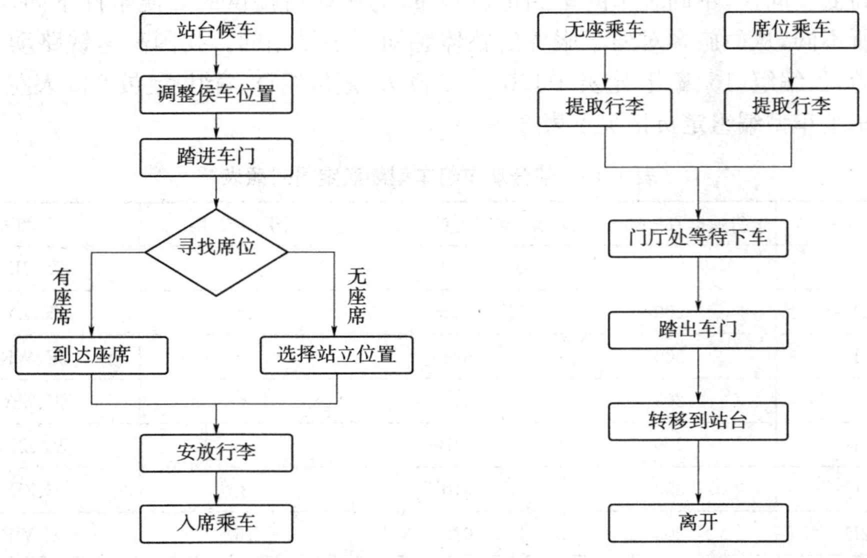

图3.10　乘客上、下车流程

附近等候列车进站。列车进站停稳后，乘客陆续离开座位，经由通道到达门厅，并在门厅处调整位置，车门打开后，乘客开始踏出车门，移动到站台上，寻找出口离开。

根据乘客的乘降流程，可以将车内空间分为五个区域，即入口处、滞留区、功能区、车内行走空间、乘客个人空间，如图 3.11 所示。乘客上车一般需依次经过入口处、滞留区、功能区、车内行走空间、乘客个人空间，下车进程与之相反。

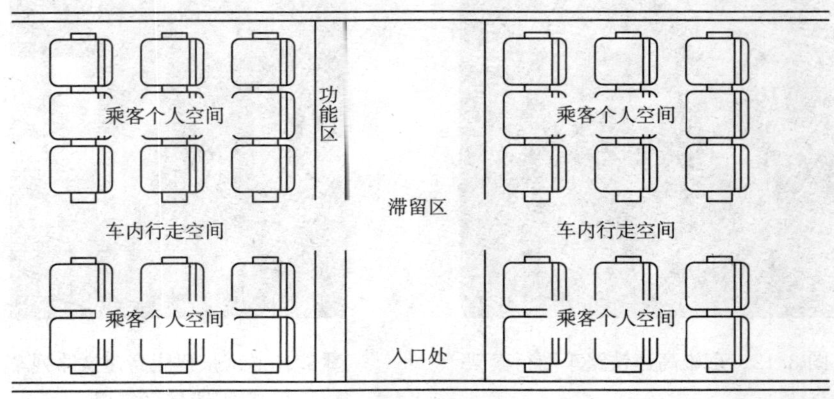

图 3.11　动车组客室分区

入口处是上下车乘客直接交会的区域。入口处的主要设施为乘客上下车的侧拉车门，增大车门宽度有利于乘客乘降，但车门宽度不能无限增加，车门宽度增加带来的边际效益有待进一步研究。入口处通常会设置有明确、清晰的安全标识、列车信息标识及相应的音频、显示屏等设备，使旅客能够方便、快速、准确地获得列车信息。

滞留区主要指由车厢对侧车门与隔断玻璃形成的类矩形门厅。作为缓冲区域，下车乘客在此调整位置寻找下车机会，上车乘客在此选择到达个人空间的路径。车厢内人数固定时，不同门厅大小会造成不同程度的拥挤，门厅面积将影响旅客的乘降效率，进而影响停站时间及线路通行能力。

功能区主要包括大件行李放置处、备品柜、开水炉、洗漱池、卫生间等提供基本服务的功能性区域。另外，为提高各类旅客出行服务感知体验，解决重点旅客出行困难问题，高速铁路列车通常会设置"有温度"的出行服务功能区，如设有无障碍卫生间、SOS 报警器、母婴护理台、残疾旅客专用区域等。此外，各高速铁路运输企业在实际运营中，通过关注旅客多样化、个性化的服务需求，调整功能区布局，改善旅客出行体验。例如，京雄高速铁路途经大兴机场等交通枢纽，针对空铁联运旅客多的特点，调整列车大件行李存放处位置，每个车厢内部共设有三个行李架，如图 3.12 所示，可放置大件行李箱；京张高速铁路作为 2022 年北京冬奥会的重要交通保障设施，在标准配置基础上，为满足奥运期间媒体宣传、运动器材存放、残疾人服务等需求，在 1、4、8 号车设专用滑雪器材存放柜，如图 3.13 所示，同时车内行李架及各车大件行李柜隔板翻起后也均可存放滑雪器材。

车内行走空间主要指用于乘客通行的走廊，尤其在乘客上下车过程中，乘客可能在此处形成排队。列车两端通常设置广播和电子显示屏等提供基本信息服务的设备，既可以介绍基本的服务信息，方便旅客自助服务，又能提示旅客到站信息、安全注意事项、旅行服务信息等内容,保证旅客安全准确到达目的地,通常是旅客获取与列车相关信息的直接方式。

图 3.12　京雄高速铁路车厢行李架

图 3.13　京张智能高速铁路列车滑雪器材存放柜

乘客个人空间主要针对座席乘客,其范围包括为乘客提供支撑的座椅设备及其周边空间。影响乘客个人空间大小的因素主要包括座椅大小、同排座椅数量、座椅间距和座椅排向。现阶段,我国动车组进行客室空间布局与设计时,通常会引入人因工程学,综合运用生理学、心理学、人体测量学、生物力学、计算机科学、系统科学等多学科的研究方法和手段,在提高系统性能的同时,确保人的安全、健康和舒适。如在选择椅垫和靠背面饰材料时,关注其渗透性和热湿度耗散性能,使得乘客和座椅接触区产生的微观环境能保证旅客长时间乘坐时始终感到愉悦。同时,为了满足旅客的工作或学习需要,列车通常在座椅附近提供电源插座,座位背后背袋中提供《服务指南》等书刊材料,介绍乘车安全须知、动车组列车设备设施示意图、列车运行时刻表、餐车商品价目表等,为乘客提供必要的旅行信息。除此之外,动车组列车一般采用先进的空气调节系统、客室照明系统、降噪减振材料以及人性化的卫生设施等,保证了动车组车内环境参数包括空气压力、温度、湿度、空气流速、噪声和空气清洁度等满足旅客要求。通过车厢内设置烟雾传感器、门锁传感器、缺水传感器、溢水传感器、便器故障传感器等多种智能控件,及时有效将车内环境状况反馈至相关服务人员,保证了运行途中车内环境干净、整洁。

3. 辅助服务

高速铁路列车服务以向旅客提供"舒适、便捷、文明"的旅行环境为目标,"舒适"来自车厢物理环境和满足旅客生理需要的各类服务,如车厢内的空气、温度、湿度、光照等,再如列车上的餐饮、冷热水供应、卫生条件等。"便捷"来自各类信息服务的丰富、准确和保障性,如丰富多样的信息提供渠道、稳定的网络环境和充电设备、良好的工作(学习)条件以及方便的票务、咨询等业务性服务;"文明"影响到旅客心理和精神层面的体验质量,与服务人员的素质、态度、服务技巧和信息系统的人性化等有关。在满足旅客基本运输需求的基础上,列车通常会提供其他辅助服务,以提高旅客满意度。

(1)餐饮服务

高速铁路列车餐饮服务,根据配送方式的不同,可以分为传统的高速铁路列车餐车服务和较新的高速铁路网络餐饮服务两种。

高速铁路一般编挂餐车,实行不间断营业,并提供订、送餐服务。餐车内设餐饮吧台、售货柜台、站立用餐桌、单盘水槽及热水器、冷藏柜、陈列柜、微波炉、储藏柜等设施设备,提供全面的餐饮服务。餐饮服务人员不仅在餐车零售各类食品、饮料,也会通过手推车将物品送到旅客座位。

高速铁路网络餐饮服务是指铁路运输企业线上管理旅客在订餐平台的预订餐食信息,同时监管入网商家的制餐与打包,并在线下提供后台配送服务,经站、车配餐环节最后送达旅客指定座席的服务过程。高速铁路列车会提供互联网订餐、电话订餐、手机 App 订餐、座位扫码点餐等几种餐饮服务。

(2)高速铁路列车文娱服务

随着信息技术的飞速发展,网络已经成为人们生活中的重要组成部分。高速铁路列车也为旅客提供了网络等多媒体信息服务。例如,广深港高速铁路广州至深圳段、鲁南高速铁路日照至曲阜段、京张高速铁路全线实现了 5G 网络覆盖。在高速铁路列车上,一般也会提供列车电视影音服务设备,丰富乘客的出行体验。例如,京张高速铁路动车组商务座配备了无线充电装置,手机放上去立刻可以充电,列车还搭载 5G,提供 Wi-Fi 上网、智能信息显示及交互、盲人导向等功能,打造了温馨、舒适的车内环境。

与此同时,随着高速铁路的大规模成网,城市间的距离越来越近,诱发生成了巨大的新增客流量。为了满足旅客日益增长的美好出行需求,高速铁路列车也通过开展文娱活动等为旅客提供相关文娱服务,丰富旅客的乘车体验。例如,2019 年 9 月,G1502 次列车上举办了一场“乘坐中国高铁 · 寻找诗和远方”高速铁路诗歌列车主题活动,近 100 位诗人与文艺工作者在车上朗诵诗歌,抒发爱国之情,向新中国成立 70 周年献礼,并现场发放小国旗,赠送《诗刊》杂志。再如,2021 年 1 月,贵阳客运段动车二队与贵州省励志助学中心在 G1321 次高速动车组列车上联合开展第六届“新春的礼物——带一本好书回家”公益活动,通过搭台赠书,列车员还与旅客们开展“成语接龙”互动活动,获胜的旅客即可得到一本喜欢的图书。活动扩展了乘客的阅读空间,让旅客们在飞快的动车上慢下来,在千里旅途中充分享受阅读的快乐。

(3)个性化服务

智能化、信息化的技术手段的广泛应用,使高速铁路列车服务在满足旅客基本出行需求的基础上,可以更加关注旅客多样化、个性化的服务需求,改善旅客出行体验。针对出行困难的特殊重点旅客群体,高速铁路动车组专门设置了无障碍厕所、轮椅存放区、婴儿护理台等设施设备,部分车型还设置了多功能室,用于照顾部分重点旅客。例如,京雄高速铁路在列车上配备了为哺乳妈妈准备的哺乳挡帘,以及针线盒、指甲包、一次性雨衣等爱心便民用品。同时,还准备了五色中国结,用于标记重点旅客,以更好地为旅客服务。

为满足日益增多的旅客的工作或学习需要,多家高速铁路客运企业不断创新服务形式,在标准配置基础上,提供办公设备、供应不间断电源等服务。例如,12306 网站和国铁吉讯 App 等网络平台功能,建立与在线教育机构的合作,利用在线学习教育不受时空局限的便利性,拓展服务业态模式,满足不同旅客群体在列车上工作学习的不同需求,让旅客能够便捷地体验到高品质的在线学习教育服务。再如,京张高速铁路对5号车厢内布置进行适应性设计,设置媒体工作区,提供48个座位,12个办公桌及国际通用插座等设施,为媒体人员提供办公条件,满足奥运期间媒体宣传工作需求。

除上述服务外,运输企业还在列车环节提供票务、车站环节的相关辅助服务,如验补票服务、特许商品售卖等。提高旅客乘车体验并完成个性化服务,需要各种物料,在进行容量计算时,除了对旅客需求进行前期调查与预测外,还需要对餐食、零售货物等进行存货管理,建立类似企业资源计划(ERP)中的物料需求计划(MRP)模型等,对关于这些模型的详细讨论,建议阅读存货管理或生产管理领域相关书籍。

3.3.2 高速铁路客运区段通过服务容量

高速铁路区段是实现旅客在高速铁路客站间位移的基础条件。高速铁路客运区段通过容量,是指在一定固定设备、动车组类型和行车组织模式条件下,按照动车组和乘务人员的现有数量,某条线路或客运区段在单位时间内,单方向(上行或下行)所能输送的最多旅客数量。通常以年为时间单位来计算,单位是万人次/年。区段通过容量着重于从活动设备和职工配备方面规定该铁路线能够通过的旅客数量,以列车载客容量为依托并受其限制,且同一区段不同方向的通过容量受客流条件、组织方式等影响,其大小也有所不同。

高速铁路客运区段通过容量计算公式如下:

$$P_{区段}=\sum_{t=1}^{365}\left(\sum_{j_{高}=1}^{m_{高}}C_{载}^{高}+\sum_{j_{中}=1}^{m_{中}}C_{载}^{中}\right)\times 10^{-4}$$

式中 $P_{区段}$——高速铁路客运区段通过容量,万人次/年;

$m_{高}$——高速列车日开行数量,列;

$m_{中}$——中速列车日开行数量,列;

$C_{载}^{高}$——高速列车载客容量,人/列;

$C_{载}^{中}$——中速列车载客容量,人/列。

随着都市圈的不断发展,城际短途客流占比日益增大,需要考虑短途客流需求特性,如公交化开行频率、客流时间段明显波动等。根据初步的调查分析,京津城际高峰时段(一般为7:00—9:00、16:00—18:00)客流为日平均小时客流的1.7倍左右,为平峰时段客流的2倍以上。因此,计算城际铁路的区段通过容量时,除计算单方向年旅客输送量外,还应增加高峰小时通过容量,根据高峰小时旅客列车数量,结合区段旅客列车编组、客流波动等因素计算可输送的旅客最大人数。其中,客流波动系数的确定,应查定本线或相关线路的实际客流波动系数参照确定,一般考虑根据项目所在区域客流特点及统计情况并考虑发展趋势,取值在1.0～1.3之间。

列车载客容量是指一列车在一定时间内所能运输的最多旅客人数。其影响因素包括列车类型、列车编组构成、车厢定员、超员率等。《铁路动车组运用维修规则》要求CRH2C型和CRH380A型动车组、复兴号动车组不允许超员,其余动车组二等座超员率不得超过15%,运行中人员过于集中时应进行疏散。为了提高旅客乘车舒适性体验和列车安全性,节假日等高峰时期要尤其注意超员情况。列车载客容量计算如下:

$$C_{载}=\sum_{i}n_ip_i(\lambda_i+\mu_i)$$

式中 $C_{载}$——列车载客容量，人/列；

i——列车不同席别车厢类型，包括商务座、一等座、二等座；

n_i——列车第 i 类车厢的数量，一般情况下，重联动车组列车的车厢数量按照单组的 2 倍计算；

p_i——列车第 i 类车厢标记定员，有餐车的以实际标定为准，人；

λ_i——列车第 i 类车厢超员率，上限应满足相关规定，与车型等有关，最多不得超过 15%，不参与席位复用计算；

μ_i——列车第 i 类席位复用率，与客流结构有关，主要受季节、区段、时段等多因素影响。

现阶段部分 CRH 动车组技术参数对比见表 3.11。其他各型客车的技术经济参数请查阅相关专业书籍。

表 3.11　CRH 动车组技术参数对比

车　型	CRH380A	CRH380AL	CRH380B	CRH380BL	CRH380CL	CRH380D	CRH380DL
编组形式/节	8	16	8	16	16	8	16
总定员/人	494	1 027	490	1 004	1 004	493	1 027
一等座车定员/人	95	105	87	129	129	90	105
二等座车定员/人	373	838	360	791	791	373	840
观光区定员/人	12(一等)	10	8	10	10	10	10
VIP 车定员/人	—	24	—	24	24	—	24
VIP 包间定员/人	—	12	4	12	12	4	12
餐车定员/人	14	38	31	38	38	16	36

3.3.3　高速铁路客运车站通过服务容量

高速铁路客运车站通过容量，是指在车站现有设备条件下，在一定的车站作业组织模式下，单位时间内能够接发的旅客数量，通常以年为时间单位来计算，单位是万人次/年。其计算公式为

$$P_{车站}=\sum_{t=1}^{365}(N\cdot C_{载})\times10^{-4}$$

式中 $P_{车站}$——高速铁路客运车站通过容量，万人次/年；

N——高速铁路客运车站一昼夜接发列车数量，列/d；

$C_{载}$——列车载客容量，人/列，可分为中速和高速列车。

高速铁路客运车站一昼夜接发列车数量可参考车站通过能力的计算方法，主要有直接计算法、直接系数法、利用率法、图解计算法、计算机模拟法等。

1. 直接计算法

直接计算法是通过统计和概率论的方法得到每列车在车站的到发作业占用某项设备的平均时间，再通过公式计算得出设备的通过能力，直接计算法的一般计算公式为

$$N=(1\,440-t_{固})/t_{占}$$

式中　N——某高速铁路站一昼夜接发列车数量,列/d;

$t_{占}$——每列车到发作业占用某项设备的平均时间,min;

$t_{固}$——到发线固定作业时间,如维修作业时间,这部分时间需从到发线的可用时间中扣除,min。

2. 直接系数法

该方法首先确定非固定作业和固定作业占用各道岔组的时间 $t_{占}$ 和 $t_{固}$,然后确定咽喉道岔利用系数 $k_{咽}$,在此基础上,按最大负荷道岔组确定咽喉道岔通过能力($N_{咽}$):

$$N_{咽}=\sum_{i=1}^{n_{列}}\sum_{j=1}^{k_{进路}}\frac{T_{ij}}{k_{咽}}$$

式中　T_{ij}——从 j 进路经咽喉通过的第 i 列车所占用的时间,min;

$n_{列}$——列车数,列;

$k_{进路}$——车站进路数。

上述两种方法理论上较为成熟,但在操作上涉及诸多参数。例如,考虑咽喉区非敌对作业同时发生系数,考虑在有三条及以上平行进路的咽喉区,同时进行互不干扰的作业时的修正系数,考虑道岔在利用上的时间损失系数等,须根据咽喉区不同的设备和作业情况取经验值。对于具体车站可能与国内通用数值有较大差异,参数选用较困难。

3. 利用率法

这是我国广泛应用于到发线通过能力计算、咽喉通过能力计算等的一种计算方法,其一般公式为

$$k_{利}=\frac{\sum_{i=1}^{n_{列}}t_{占_i}}{1\,440-t_{固}}$$

式中　$k_{利}$——车站某项设备的利用率;

$t_{占_i}$——第 i 列车占用设备的时间,min。

这种方法只能求出车站某项设备通过能力的概率平均值,数据无法完全反映客观情况,尤其是在咽喉通过能力计算时,首先其选定的咽喉道岔很难达到合理标准,其次车站咽喉是固定设备,在一定条件下其设备能力是确定的,而利用率法计算的结果是不确定的。

4. 图解计算法

该法是根据车站相邻区段的列车运行图、车站技术设备的固定使用方案、车站技术作业过程和作业时间标准等有关资料,绘出车站一昼夜或繁忙时段车站作业图表,以求得车站各项设备的通过能力。

这种计算方法的优点是能把区间和车站各项技术设备作为一个统一的整体来求得车站的通过能力,较分析法更符合实际,但新建车站因缺少原始资料而不能采用。

5. 计算机模拟法

计算机模拟有很多种不同方法,比较常用的是以排队论为理论基础,以计算机模拟为基本手段,将列车各项作业过程作为一个相互关联的排队系统,模拟输出计算车站通过能力有关参数的回归方程,然后计算出车站能力。另一种是以网络优化技术为理论基础,辅以计算机可视化技术,在确定咽喉通过能力方面可以提供比较可靠的数据。

3.4　高速铁路客运服务容量协调与优化

在给定“固定的”或“结构性的”容量水平情况下，如何利用这些容量实现最大化地为旅客提供服务及最小化运营成本极为重要，即需要容量协调与优化。高速铁路客运服务容量协调与优化的基本思想是改变、扩展和确定能力，以便与旅客需求相匹配。在需求高峰期，客运企业尽可能扩展能力；在需求低谷期，努力压缩能力以不浪费组织资源。

3.4.1　高速铁路客运服务容量协调与优化思路

1. 高速铁路客运服务容量协调

高速铁路客运服务容量大小是基于相应的服务资源规模与结构下，所能达到的最大数量、符合相关标准的服务接待能力。旅客进入客运服务系统，按照基本的服务流程及环节完成客运服务的生产与消费过程。虽然越来越多的高速铁路服务可以通过线上完成，但位移服务的实现，基本是在固定场所的线下生产与服务过程。旅客或货物在各服务流程中的传递与流转过程，需要关注到各环节服务容量的协调问题。从企业经营的角度出发，运输服务容量应该根据服务需求量的多少，合理调整运输服务容量方案，其基本方法是调整站车服务过程中硬件及人员配置数量和服务模式等，在符合相应服务标准的前提下，降低服务成本，提高经营效益，如铁路企业推广的“一日一图”的运输组织与服务方案。总体来讲，高速铁路客运服务容量的协调问题，包括如下内容：

(1)核心服务需求量与位移服务生产过程的服务容量协调。

(2)高速铁路网和干线上，车站(点)与区段(线)间客运服务容量的协调。

(3)车站内部服务过程(进站流线、出站流线)中各运输环节间服务容量的协调。

(4)高速铁路线上服务量(如网上订餐量)与线下服务容量的协调。

2. 高速铁路客运服务容量优化

高速铁路客运企业通过设备、人员、运输组织方式等调整优化服务容量。常见思路如下：

(1)调整优化服务设施设备

①增加服务设施设备。

增加服务设施设备能够增加整个服务系统的服务容量，特别是当服务设备数量不足导致服务瓶颈时，增设服务设备更是提高服务容量的关键。如春运期间，高速铁路车站在特定区域开辟临时人工售票、取票专区，配备自动售票机、互联网自动取票机等办理购取票服务，有效缓解了购票取票的排队压力，大大增加了车站的票务服务容量。

②提高设施设备服务效率。

采用新的技术设备和改进现有技术设备，可以在短时间内提高服务效率和劳动生产率，减轻劳动强度，从而增加服务容量。在供不应求的情况下，提高服务设施设备效率十分重要。如高速铁路站采用的自助验证验票设备，集票、证、人核验于一体，旅客进站时只需要将身份证放在自助核验进站闸机的扫描区，不到 3 s，便可完成身份核验顺利进站。与之前的人工检验相比，减少了旅客进站实名制验证的时间，同时还具有性能稳定、识别准确率高、通行速度快等特点，有效增加了进站环节的服务容量。

③合理调整设施设备布局。

高速铁路车站为旅客提供的服务设备主要包括票务服务设备、乘降引导服务设备、候车服务设备、信息服务设备，以及为特需旅客提供的服务设备等。各项设施设备的布局总体遵循紧凑、合理、避免流线干扰等原则。在现有不改变车站总体布局的基础上，对设施设备的设置进行调整，更能挖掘现有服务潜力，释放服务势能。如北京南站设有多处自动售取票设备，应对平日客流只开放 4 处自动售取票区域，在满足旅客购取票需求的同时，也减轻了车站设备消耗的成本，选择开放的售取票区域不同，直接影响车站的售取票服务容量。同时，通过对北京南站旅客取票过程的计算机仿真还发现，人工售票、自动售票处平均排队人数差异较大，不同窗口之间的最大平均排队人数之差接近 10 人，售票窗口使用极其不均衡，车站通过协调高架层和地下一层售票窗口、短途城际旅客及长途高速铁路旅客购票窗口分设等措施，有效改善了这一现状，使窗口售取票容量更均衡，可服务客流数量有效提高，有效增大了服务容量。

(2)增加人员调度弹性

服务容量与服务需求二者平衡程度可以通过员工工作量的波动来体现，这也决定了人员调度的重要性，需要人员配置与人员调度有一定程度的弹性。

①增加劳动力。

许多服务组织在需求高峰期，员工被要求延长工作时间。据相关研究，高接触度服务，维持高于正常水平的工作强度会加重员工疲劳和体力透支等情况，最终会增加员工流失率。从长远发展考虑，企业可以增加服务人员储备。

②培养多面手员工。

同一时刻，不同服务内容的需求量不同。将员工培训成多面手，使其掌握执行多项工作的技能并赋予他们相应的权利，就可以在出现服务瓶颈时对相应人员进行调整，从而提高需求高峰时的服务容量。如春运、暑运高峰期，通过加开列车、抽调其他人员补充乘务工作等扩大可用人力资源容量来应对服务容量需求波动。

③利用非全职员工。

许多服务企业都在利用非全职员工来满足部分人力资源需求。据统计，服务业近 1/4 的员工是临时性(或非全职)的。非全职员工的利用可以显著地增加服务容量的灵活性并使服务管理者更好地控制服务容量。如春运等客运高峰期，可抽调相关职业院校对应专业学生承担部分工作。

④采用自动化设备。

对于部分客运服务内容，旅客是有价值的人力资源，可充当企业员工角色完成部分服务内容。如现在高速铁路车站广泛使用的自动售取票机、自助检票机等自动化设备，提高了旅客的参与度，既能减少服务组织的人力投入，又能提高服务速度，从而增加服务容量。

(3)优化组织方式

为满足不断增长的运输需求，高速铁路客运企业不仅要强化固定设备，适时修建新线和对既有线进行技术改造，相应地添置动车组列车，组织人员培训，而且要大力加强运输组织工作，充分挖掘现有潜力来提高整体的服务容量。

①根据客流变化及特点，合理配置运力。

随着计算机技术在铁路的广泛运用，客流统计和预测方法的不断进步，可以实现客流预

测和列车开行方案有机结合,并在开行方案的基础上,科学编制列车运行方案,以及动车组运用、乘务员作业、车站工作组织、列车运营调度方案等,以适应市场需求,提高服务容量,实现运输效益。

②改进售票方式,加强客运组织方式。

以市场需求为导向,改进售票方式,加强售票组织,其中最有效的措施就是通过推进电子客票、互联网售票等工作,使旅客购票出行更为便捷。这种售票方式的改进,在提升旅客出行体验的同时,还减轻车站售票工作压力,减少了运营成本,降低了窗口人员工作量,使得车站可以在为旅客提供个性化、细微化服务方面投入更多精力。

③组织乘客有序乘降,调整车站功能区布局。

随着社会节奏的快速发展,服务设备朝着越来越人性化、简易化方向发展,设备的安置变得更容易操作,车站功能区布局更具有可调整性,采用科学的客流组织措施,可以更好地匹配需求与服务容量。如高速铁路车站为响应旅客候车需求,在确保车站旅客安全的前提下,将车站设置的临时商业区改为旅客候车区域或前往候车区的通道,提高车站的进站、候车容量,实现旅客有序乘降。这里产生了"车站功能区置换"的概念,它是指车站各功能区的布局和能力是协调匹配的整体,但在客流需求出现井喷的情况下,对既有的布局通过互相置换的方式使各功能区达到相互平衡的状态。现阶段各高速铁路车站常见的做法是将站前广场纳入整个旅客乘降组织中,封闭车站、严格控制入口,将其与站房、进出站通道、站台等设备综合考虑等,将候车室延伸到广场,利用栅栏和工作人员将客流分开,可暂时提高车站的部分服务容量。

3.4.2　高速铁路客运服务容量优化计算

高速铁路客运服务内容、环节、提供方式等多样,各服务部门的运作重点各不相同,服务环节容量优化考量侧重点不同,如有的服务环节追求减少旅客的平均等候时间,有的只求减少旅客过长等候的可能性,有的则重点关注服务等候区域的大小等。对不同类型的服务环节进行容量优化计算时,应根据其服务特点,采用不同的容量优化方法,选择不同理论模型。本书介绍几种常见的优化计算方法。

1. 以既定旅客平均等候时间为目标的容量计算

有些服务部门为保证服务质量,把减少平均等候时间作为容量优化的主要目的,为提高服务质量,服务企业常常会作出服务等候时间的承诺,这在强调速度的批量化服务中十分常见。这类服务需要利用排队理论模型进行容量优化。

如某高速铁路车站售票窗口非节假日中午时间段排队严重。为提高服务质量,车站负责人决定重新考察其服务容量的合理性。调查发现,中午前来窗口购票的旅客大约每小时30人,到达的概率符合泊松分布(随机的)。车站售票窗口中午时段开设3个,旅客必须选择其中任意一个窗口。假设旅客一旦进入排队后,不能更换排队窗口,也不能中途退出,每次服务需用时3 min。我们可把这种系统的特征归纳为:平行排列的相互独立的营业通道,单通道排队,不能中途退出或插队,旅客均匀地分布到各个服务点。如果车站要求旅客平均等候时间不超过5 min,需设置多个服务点(通道)才能保证旅客能够及时得到服务。

因为我们考虑的仅仅是实际在等候的旅客,所以可以参照排队论的标准M/M/1模型

(无限排队单通道服务型),具体公式如下：

$$W_{\mathrm{h}}=\frac{1}{\mu_{\mathrm{h}}-\lambda_{\mathrm{h}}}$$

式中 W_{h}——平均等候时间,h;

μ_{h}——平均服务率,即每小时可以提供的服务次数,次/h;

λ_{h}——平均到达率,即每小时每条服务通道的旅客到达数,人/h。

由案例可知,$\lambda_{\mathrm{h}}=30/3=10$(人/h),每小时的服务次数 $\mu_{\mathrm{h}}=60/3=20$(次),那么 $W_{\mathrm{h}}=\frac{1}{20-10}=0.1$(h),即 6 min。也就是说,开放三个窗口,旅客等候的平均时间为 6 min,不符合新的服务要求。

如果增加一条服务通道,那么旅客等候时间又会是多少?

μ_{h} 不变,仍为 20,$\lambda_{\mathrm{h}}=30/4=7.5$,代入公式,可得 $W_{\mathrm{h}}=1/(20-7.5)=0.08$(h),即 4.8 min,符合等候时间不超过 5 min 的要求。这说明,车站要达到旅客来站购票平均等候时间不超过 5 min 这一要求,必须增开一个售票窗口。

实际工作中情况往往更为复杂,车站通常布置有不止一处的售取票窗口,同时,工作人员的服务效率、旅客的行为偏好等都会对排队时间产生影响。需要在客流调查的基础上,采用仿真模型,对客运站的售取票等服务设备进行评估,提出更加合理的优化方案。

2. 以减小超时等候可能性为目标的容量计算

有些服务很难确定旅客等候的经济成本,所以常常会以百分之几的旅客等候时间不得超过多少时间这种形式对服务水平进行表述。这类服务标准实质上反映了服务迟延概率以及在这种概率分布下的服务容量要求。

以某高速铁路运输企业准备建立电话客服中心为例。为提升服务质量、减少旅客等候概率,中心需要设置足够的电话机位,以保证至少 90%的时间内旅客的电话能被立即接听,即等候服务的旅客数不超过总数的 10%。根据前期客流调查分析,预计每小时有 60 人拨打客服电话,根据客服中心操作流程可知,正常情况下,电话平均时长约为 3 min。旅客电话的到来概率分布符合泊松分布,可采用排队论中的标准 M/M/C 模型(多服务通道型)中的公式来计算不同的电话机位数量(即 $C_{电}$)对应的旅客等候的概率,公式如下：

$$P_0=\left[\frac{(C_{电}\rho_{电})^{C_{电}}}{C_{电}!}\cdot\frac{1}{1-\rho_{电}}+\sum_{n=0}^{C_{电}-1}\frac{(C_{电}\rho_{电})^n}{n!}\right]^{-1}$$

$$P_n=\begin{cases}\dfrac{1}{n!}\left(\dfrac{\lambda_{到}}{\mu_{服}}\right)^n\cdot P_0, n<C_{电}\\[2ex]\dfrac{1}{C_{电}!\,C_{电}^{n-C_{电}}}\left(\dfrac{\lambda_{到}}{\mu_{服}}\right)^n\cdot P_0, n\geqslant C_{电}\end{cases}$$

式中 $C_{电}$——服务通道数量,即电话机位数量,部;

$\lambda_{到}$——平均到达率,即每小时每条服务通道的旅客到达数,人;

$\mu_{服}$——平均服务率,即每小时可以提供的电话服务次数,人;

$\rho_{电}$——每条服务通道的单位时间内服务负荷,即 $\rho_{电}=\dfrac{\lambda_{到}}{C_{电}\mu_{服}}$。

当 $C_{电}=8$ 时，$P(n<C_{电})$ 大于 90%，符合不超过 10%的等候率。这说明该高速铁路客运企业客服中心应设置 8 个电话机位。

3. 以旅客等候成本与服务成本之和最小化为目标的容量计算

在预期需求模式下应该提供多少容量是高速铁路客运企业在多余容量的运营成本和旅客的等待成本之间的权衡。最优服务容量在相当程度上取决于两条成本曲线的变化，即两种成本之和最小，这就需要通过建模来进行计算。这里我们只给出计算总成本的公式。

$$U_{总}=C_s n_s+C_w \lambda_w W_s$$

或

$$U_{总}=C_s n_s+C_w L_q$$

式中 $U_{总}$——总成本，元；

C_s——每小时每个服务人员或服务设备的成本，元/人(或台)；

n_s——服务人员或设备数量，人(或台)；

C_w——每小时旅客等候的成本，元/(人·h)；

λ_w——每小时服务系统中的旅客数量，人/h；

W_s——旅客在服务系统中的平均时间，h/人；

L_q——每小时平均排队人数，人/h。

举例说明：某高速铁路企业的工程部门准备临时租几个工作台，以便使部门所有技术人员都能够分析某部件结构设计问题。据估计，该部门平均每小时要用工作站处理 6 个结构问题，每次处理需要 20 min。每个工作台的租金为每小时 10 元。根据平均工资来看，每名技术人员处于闲置状态的成本为每小时 25 元。假定技术人员数量足够多，且使用这些工作台的概率分布符合泊松分布，使用时间符合指数分布，运用标准 M/M/C 模型来计算 L_q，即平均等候技术人员人数。由案例可知，$\lambda=6$，$\mu=60/20=3$，则，$\rho=\dfrac{\lambda}{\mu}=2$，通过查表或公式可计算出不同数量 n_s 所对应的 L_q 及其对应的总成本，得到的结果见表 3.12。

表 3.12 各租选工作台方案的总成本

n_s/台	L_q/人	$C_s n_s$/元	$C_w L_q$/元	$U_{总}$/元
3	0.88	30	22	52
4	0.17	40	4.25	44.25
5	0.04	50	1	51
6	0.01	60	0.25	60.25

结果表明，若使工作台租金加上等待的技术人员工资这一总成本最小，应当租用 4 个工作台。在这里，等待成本被假设为时间的线性函数，但现实情况往往更为复杂。

不同的服务环节及旅客的异质性决定了等待成本的不同。如进站流线建立优化模型时，通过进站客流需求分析，服务属性涉及时间、舒适性、便捷性等，对应的等待成本为

$$W_{等}=V_{时}\cdot Q_{进}\cdot T_{时}$$

式中 $W_{等}$——进站旅客的等待成本，元；

$V_{时}$——旅客时间价值，元/h；

$Q_{进}$——进站旅客数量，人；

$T_{时}$——舒适性、便捷性、安全性等因素的时间换算,与旅客走行距离、时间等因素有关。

其中,关于旅客时间价值的测算方法有很多,如生产法、收入法、支付意愿法等,本书以生产法来举例,确定旅客的时间价值。生产法的实质是用旅客一小时用于生产所带来的价值来衡量,具体计算方法为

$$V_{生产}=\frac{GDP}{T_{劳} \cdot P_{人}}$$

式中 $V_{生产}$——用生产法所计算的旅客时间价值,元/(人·h);

GDP——地区生产总值,元;

$T_{劳}$——平均劳动时间,h;

$P_{人}$——区域人口,人。

以旅客进站为例,根据进站环节相关流程的标识、设备折旧及人工等成本,可得运营成本,建立总成本模型,根据模型可计算最低成本时的设备设置情况。

$$U_{本}=k_1w_1+k_2w_2$$

式中 $U_{本}$——进站服务总成本,元;

w_1——进站旅客的等待成本,元;

w_2——车站进站环节的运营成本,元;

k_1,k_2——等待成本及运营成本的权重系数。

4. 以减少由于等候区域不足而引起的销售损失为目标的容量计算

多数情况下,当服务容量不足时,旅客不能或不想等待。如当旅客看到快餐店前排长队时,就会去另外一家;再如一趟高速铁路列车的客票余量不足时,旅客就会选择其他车次,或改乘其他交通方式。这种因容量不足造成销售机会损失的代价是失去利润。此种情况可以应用边际分析方法进行容量优化,即理论上只要增加一个容量单位的边际成本低于提高服务水平带来的边际收益,就应该增加容量。根据这个方法,最佳容量水平 C^* 是当需求 D 超出容量的概率等于以下公式时的水平:

$$P(D>C^*)=\frac{C_h}{C_1+C_h}$$

式中 C_h——拥有额外一个容量单位的成本;

C_1——缺乏一个容量单位的成本。

以某高速铁路车站决定在车站附近新建一个停车场为例。管理层了解到该地区正常的停车需求量是平均每小时 250 辆,标准差是 20。如果某时由于停车场已满,不得不把顾客拒之门外,则每个车位失去的毛利润为 30 元(C_1 为 30 元)。如果某时一个车位空闲,其成本包括建设成本的每日折旧及维护费用,这个成本估计为 7.5 元(即 C_h 为 7.5 元)。那么,在这个案例中,最佳容量水平就为 $P(D>C^*)=\frac{7.5}{30+7.5}=0.2$。

也就是说,停车场的容量应该使"在特定时段的需求高于可用容量的可能性为 20%"。通过正态分布表可知,z 值(z 为随机变量经过列维-林德伯格中心极限定理的变形后,在该标准正态分布下的新变量)的 20%是 0.84。因此,超过平均数的额外车位数量应该是 0.84×20,

为了使需求超过最佳容量水平的可能性为20%，容量应该等于267。

以上四种优化计算方法分别从平均等候时间、超时等候、等候及服务成本、服务损失方面直观地优化其服务容量。在大型高速铁路客运站，为满足旅客的多样化服务需求，提供了多元化商业服务，如餐饮、购物、休闲和娱乐等。这类商业服务会对车站通道产生一定程度的干扰，称之为干扰度，如影响旅客去往检票口的乘车流线、去往候车区的候车流线等。通过对通行干扰度的量化，可计算出商业服务设施对车站旅客通行容量的干扰，从而对车站的服务容量进行优化。

在旅客感知服务容量的影响方面，有许多类似等待时间、拥挤程度等主观因素，实际工作中，进行容量计算及优化时，不仅要运用前述多种理论方法，更要考虑旅客对服务质量的主观感知，注意平衡理论量化与旅客主观感知的影响。

3.5　高速铁路车站进站服务容量计算案例

车站是铁路运输企业与旅客发生服务接触的重要场所，进站服务是车站核心服务设计的重要内容。本案例以某高速铁路客运站运营期进站服务过程为例，借助 Anylogic 行人库、智能体等建模功能，通过仿真的手段实现基于客运服务容量的高速铁路车站进站服务设备和服务人员的配置。

1. 高速铁路车站进站服务容量应用思路

车站进站服务容量与验票、安检、自动扶梯、检票等流动性环节的容量相关。进站服务中各流动环节的服务容量，基本由设施设备的技术水平及配置数量决定，如安检和扶梯的服务容量。

研究高速铁路车站进站服务容量时，需考虑“车站服务成本、旅客感知体验质量”两方面问题。车站服务成本包括服务设备成本和服务人员成本。服务设备成本指服务各环节设备配置费用。规划期设备配置成本主要包括设备购买成本、建设成本等；运营期设备配置成本主要包括设备运营管理费用、折旧成本等。服务人员成本包括两类：第一类是因服务内容需要必须配置的人员费用，如验票员、手检员等；第二类是因车站实现服务组织顺畅需要配置协助旅客进站验票、安检、检票服务人员所需的费用。服务设备成本与设备数量呈正相关，旅客感知体验与服务时间、排队长度等多因素相关。

本案例以旅客排队长度、平均服务时间满足服务质量标准作为进站服务容量满足旅客感知体验的基本条件，以区域客流密度指标进一步反映旅客进站过程的空间舒适程度，主要计算思路如图 3.14 所示。

步骤 1：定义初始服务设备及服务人员配置整数 N，仿真时在大于等于 N 且小于设备配置现状总数内进一步搜索最优开放数量。

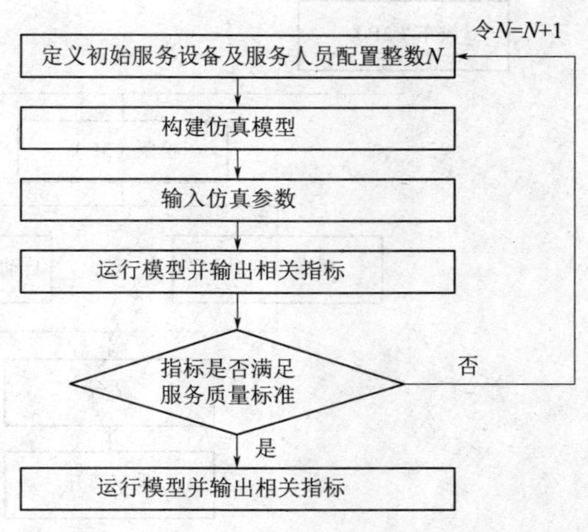

图 3.14　高速铁路车站服务容量应用思路

步骤 2:通过 Anylogic 构建仿真物理环境、进站设备配置和进站逻辑流程模型,并输入仿真旅客属性、进站设备服务属性等参数。

步骤 3:对设备配置数为 N 进行仿真,借助仿真工具输出旅客排队人数、服务时间等相关指标,并判断是否满足相关服务质量标准。若不满足,则相应增加一个设备数量,重复以上操作,直至满足相关服务质量标准。

步骤 4:当设备配置数为 N,旅客排队人数和服务时间满足相关服务标准时,N 为最优设备配置数量,仿真结束。

本案例根据某高速铁路车站的具体运营情况,以验票+自动扶梯+安检串联服务系统为研究对象,计算其服务设备最优配置数量,即将同一旅客进站流线上连续性较强的验票、自动扶梯、安检环节视为串联服务系统,研究其设备间协调配置方案。

2. 高速铁路车站进站旅客流线及设备配置现状

根据现场调查,2021 年春运期间,根据客流情况某高速铁路车站开放了四个进站口,形成验票—自动扶梯—安检—候车—检票—乘车的进站旅客流线,如图 3.15 所示。

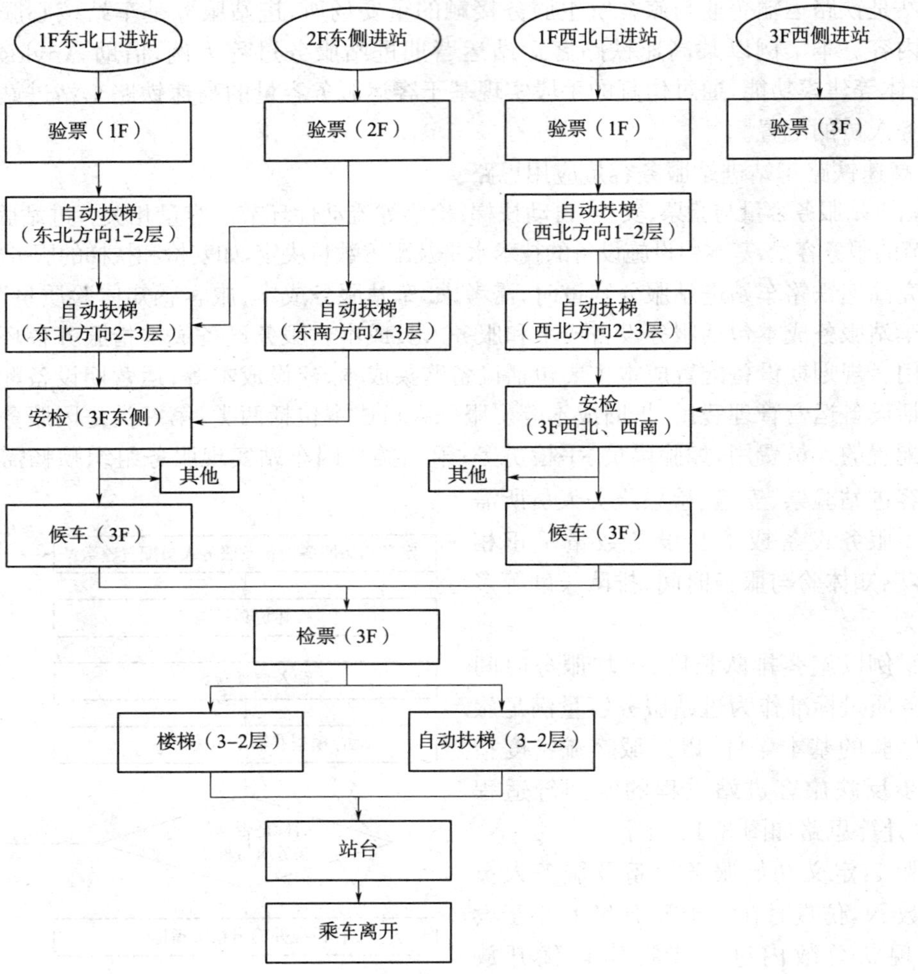

图 3.15 进站旅客流线

验票设备主要分布在1F层西北口、东北口、2F层东侧、3F层西侧，安检设备主要设置在3F层的东侧、西南和西北侧，设备数量分布见表3.13。

表3.13 主要验票、安检设备数量分布

设备类型	分布地点						
	1F层		2F层	3F层			
	西北	东北	东侧	西侧	东侧	西南	西北
自助验票设备/个	8	11	10	13	—	—	—
人工验票设备/个	1	2	1	1	—	—	—
安检设备/台	—	—	—	—	14	10	7

自动扶梯分布在1F层西北口、东北口和2F层东南侧，各处配置数量见表3.14。

表3.14 自动扶梯设备分布及数量 单位：部

地　点	方　向	数　量
1F层西北口	1F→2F	2
	2F→3F	2
1F层东北口	1F→2F	2
	2F→3F	3
2F层东南侧	2F→3F	2
	3F→2F	1

经过实地调研统计，得到双休日和工作日各一天客流高峰时段(9:00—12:00)各进站口平均客流量见表3.15。

表3.15 各进站口旅客到达速率 单位：人/h

地　点	到达速率
1F层东北口	3 616
2F层东侧	640
1F层西北口	2 964
3F层西侧	1 808

实际调研发现，该车站验票、安检、自动扶梯现有服务容量均大于或远大于实际需求。为避免进站设备资源浪费，其设备开放数量还有进一步改善的空间。

3. 仿真参数及标准标定

(1)仿真参数

①旅客属性参数。经前期调研观察，本文仿真行人参数取直径为0.6～0.9 m，初始速度为0.3～0.6 m/s，舒适速度取1.0～1.25 m/s。

②进站设备服务属性参数。

进站设备服务时间是Anylogic仿真模型所需的重要参数，通过实际调研该站旅客进站验票、安检等耗时情况，并通过MATLAB拟合其服务时间分布均服从正态分布，拟合结果见表3.16，其时间分布如图3.16所示。

表 3.16　各进站设备服务时间拟合结果

拟合内容	样本量	拟合度	均值/s	标准差
自助验票时间	225	0.996 7	6.16	2.152
人工验票时间	199	0.967 9	10.54	2.783
人身安检时间	149	0.934 0	7.27	2.337
行李安检时间	149	0.958 7	11.43	2.137

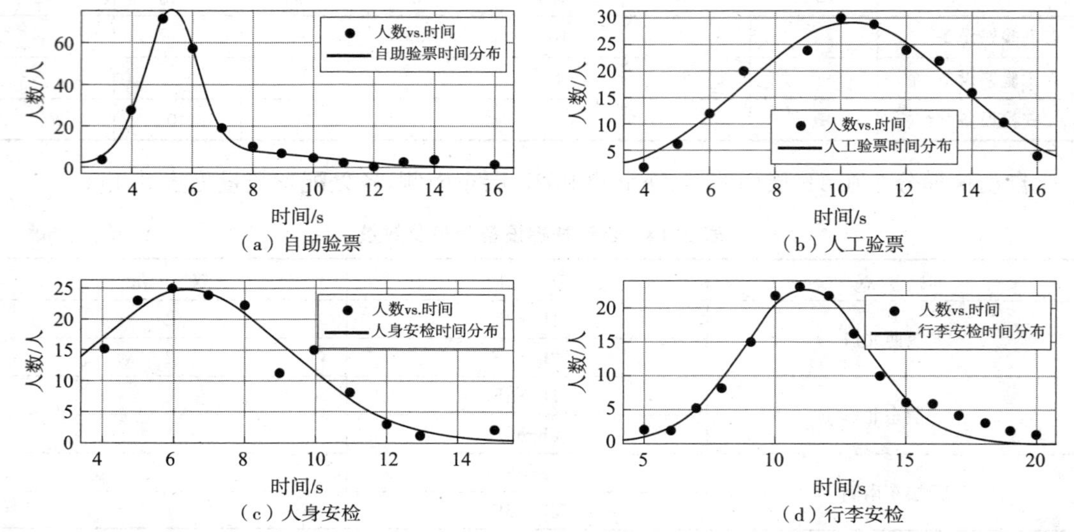

图 3.16　时间分布

该高速铁路车站自动扶梯的额定速度为 0.5 m/s，阶梯宽度为 1 m，理论通过容量为 150 人/min。

(2)进站设备服务质量标准

旅客在进站各环节的服务时间、排队长度等服务质量标准是衡量旅客出行感知体验的重要指标，也是进站服务设备配置的重要约束条件。

根据《铁路旅客运输服务质量　第 2 部分：服务过程》(GB/T 25341.2—2019)相关规定，结合车站实际情况，仿真设定验票、安检服务时间不超过 5 min，最长旅客队列人数不超过 30 人作为服务质量标准约束。

4. 进站服务设备协调配置方案

结合该站整体物理空间布局，针对验票＋自动扶梯＋安检串联服务系统，实现其设备间协调配置最优方案，具体内容包括仿真模型构建、仿真方案及求解、结论分析。

(1)仿真模型构建

根据该车站整体面积、各设备间的距离和关系、布局模式、服务方式，构建地面层、站台层和候车层与旅客进站相关的设备布置方式、距离等车站基本物理环境，如图 3.17 所示。

根据旅客进站流线，构建仿真逻辑流程，设计旅客验票—自动扶梯—安检三个核心进站环节，并设置旅客安检后，在候车区域内随机等候。其仿真逻辑流程如图 3.18 所示。

(2)仿真方案及求解

将仿真人工设备和自助设备初始数量定为 1 个，借助仿真工具输出旅客排队人数、服务

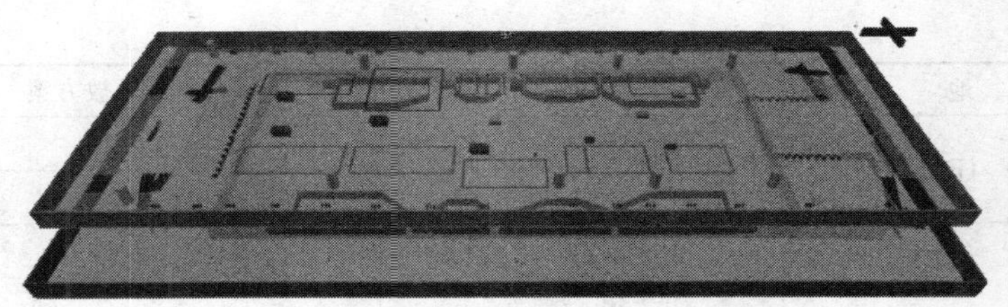

图 3.17 仿真物理环境三维视图

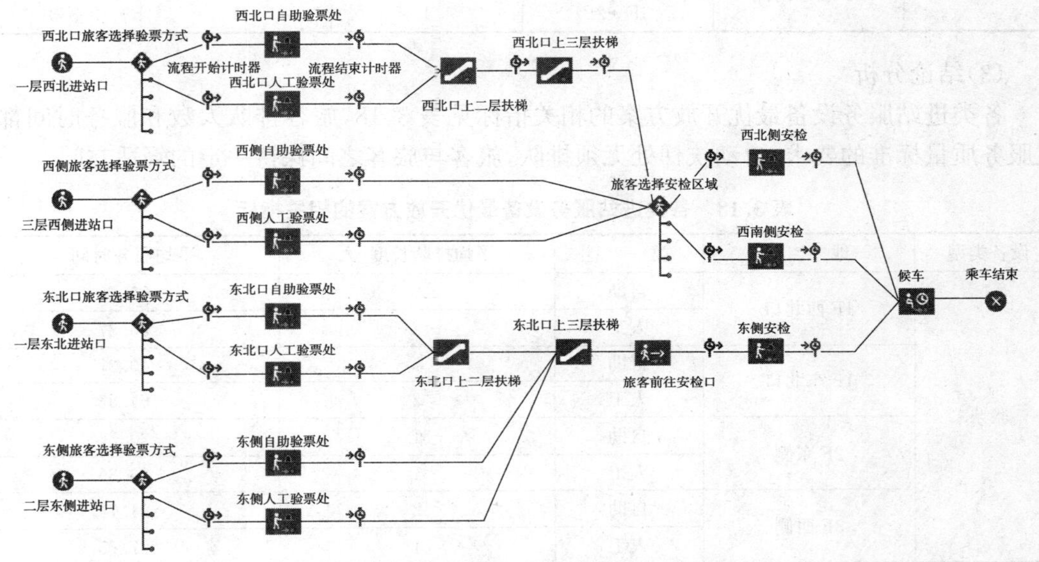

图 3.18 验票+自动扶梯+安检仿真流程

时间等相关指标,并判断是否满足相关服务质量标准。逐渐增加自助验票设备和安检设备的数量,并调整自动扶梯设备数量进行仿真,在进站各环节服务时间和排队长度满足服务质量标准的约束下,各类进站服务设备最优开放方案的仿真结果见表 3.17。

表 3.17 各类进站服务设备最优开放方案

设 备	地 点	类 型	最优开放方案	实际开放方案	节省数量
验票/个	1F 层西北口	自助验票	6	8	2
		人工验票	1	1	0
	1F 层东北口	自助验票	7	11	4
		人工验票	1	2	1
	2F 层东侧	自助验票	2	10	8
		人工验票	1	1	0
	3F 层西侧	自助验票	4	13	9
		人工验票	1	1	0
安检/台	3F 层东侧	—	14	14	0
	3F 层西侧	西南侧	8	10	2
		西北侧	7	7	0

续上表

设　　备	地　　点	类　　型	最优开放方案	实际开放方案	节省数量
自动扶梯/部	1F 西北口	1F→2F	1	2	1
		2F→3F	1	2	1
	1F 东北口	1F→2F	1	2	1
		2F→3F	1	3	2
	2F 层东南侧	2F→3F	0	2	2
		3F→2F	1	1	0

(3)结论分析

各类进站服务设备最优开放方案的相关指标见表 3.18,旅客排队人数和服务时间都满足服务质量标准的要求,自动扶梯处无须排队,旅客与旅客之间保持一定的舒适空间。

表 3.18　各类进站服务设备最优开放方案的相关指标

设备类型	地　　点	类　　型	平均排队长度/人	平均服务时间/s
验票	1F 西北口	自助	8	51.68
		人工	2	66.37
	1F 东北口	自助	7	40.37
		人工	2	64.53
	2F 东侧	自助	1	20.34
		人工	1	26.36
	3F 西侧	自助	2	21.74
		人工	1	27.75
安检	3F 东侧	—	5	51.23
	3F 西侧	—	3	36.75

进站服务设备最优开放方案下,客流密度与部分设备三维仿真情况如图 3.19～图 3.21 所示。图 3.19～图 3.21 彩图可扫描二维码获取,图 3.19 中颜色由蓝色至红色表示客流密度由小至大,图 3.20 中矩形区域为旅客排队验票区,图 3.21 中矩形区域为旅客排队安检区。

扫一扫

图 3.19

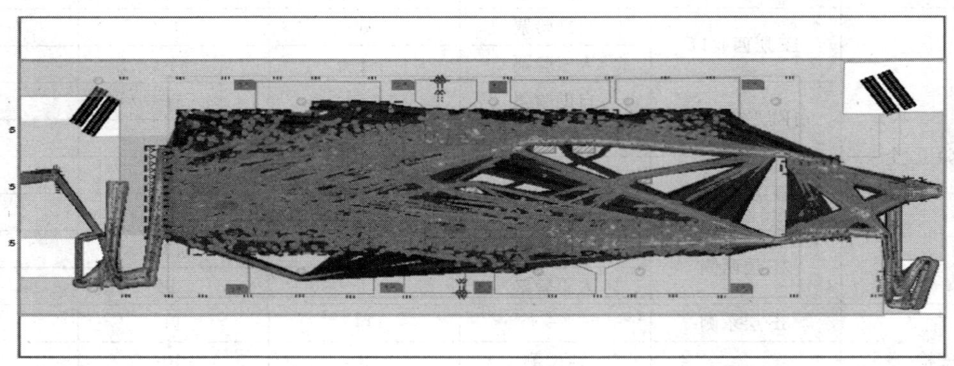

图 3.19　各类进站服务设备最优开放方案的进站客流密度

由仿真结果可知，进站服务设备最优开放方案下，各进站检票口的旅客进站验票过程顺畅；自动扶梯的服务能力较好，旅客个人空间充足；东、西侧安检区域排队人数较少，旅客安检井然有序。相比于该车站设备开放数量现状，进站服务设备最优开放方案可节约 23 个自助验票设备和 1 个人工验票设备，2 台安检设备，7 部自动扶梯设备。

扫一扫

图 3.20

图 3.20　验票＋自动扶梯

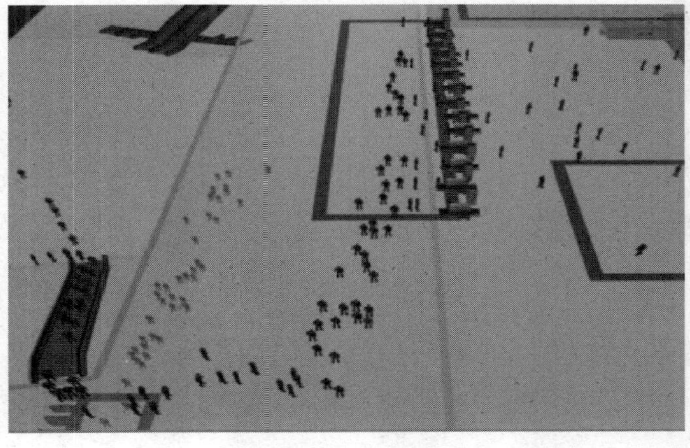

扫一扫

图 3.21

图 3.21　自动扶梯＋安检

因篇幅所限，本案例并未对服务容量调节系数进行研究，因此，本案例是通过自定义初始服务设备数量的方式逐步增加服务设备数量，再仿真求解满足旅客服务感知体验要求的最优设备开放数量。学者可对服务容量调节系数进行标定研究，结合服务容量计算方法，以设备服务容量满足旅客进站数量为约束条件计算初始设备开放数量，进一步缩小服务设备最优开放数量的求解范围，提高相关研究工作的效率。

另外，我国高速铁路车站客流量受到大型节假日或特殊应急情况的影响波动较大，对车站内服务设备和服务人员的配置有一定的影响。客流波动下，如何安排协助旅客进出站的服务人员进入服务系统，使得该服务系统中服务人员和服务设备配置数量最优，也是服务容量应用的重点方向之一。

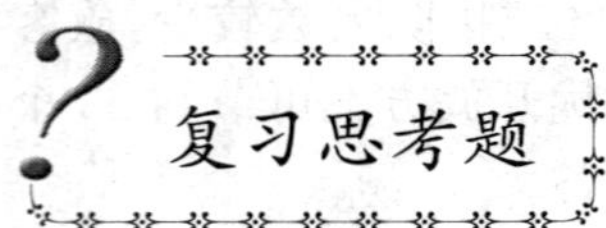

复习思考题

1. 简述高速铁路客运服务容量的概念及其影响因素。
2. 列举高速铁路客运车站服务及服务设备。
3. 简述高速铁路客运车站候车服务容量的组成。
4. 简述列车服务内容,试举例分析列车提供的个性化、智能化服务。
5. 请结合实例分析,现阶段高速铁路客运企业调整优化服务容量的方法有哪些。

4 高速铁路客运服务设计

高速铁路客运服务是铁路运输企业向社会提供的一种运输服务，它既是满足社会需求的载体，也是运输企业生产经营的载体。本章阐述了高速铁路客运服务包含的服务基调、服务包、服务流程等设计理论及服务方案评价理论，并结合实践案例进行深入分析。

4.1 高速铁路客运服务设计概述

人类社会步入“体验经济”时代，丰富多样、特点鲜明的服务成为高质量生活的标志。高速铁路技术水平、运输服务和组织管理能力快速发展，社会运输需求越来越多样，质量要求越来越高，各种交通方式之间既存在竞争，又要融合发展。铁路作为综合交通运输的骨干，必须进行科学服务设计，以适应发展需求。

4.1.1 高速铁路客运服务设计概念

高速铁路客运服务设计是指在以市场需求为导向，以客运企业运营的服务基调为指导，对高速铁路运输企业向旅客提供什么服务（包括服务内容和标准）、怎样提供服务（服务提供模式、流程等）的设计过程，包括广义和狭义两方面的含义。

从广义的角度看，高速铁路客运服务设计首先是对“位移”服务的质量和技术性能进行设计，解决所提供运输服务的类型、规模以及运输服务质量特性等问题，具体可以通过制定高速铁路旅客列车开行方案和运行方案实现；其次对运输服务过程中各环节的具体服务流程和服务方法等进行设计，解决怎样向旅客提供服务的问题，具体表现为对售票服务、站车服务内容、方式的设计等，同时包括运输过程中，向旅客提供的所有改善其服务体验的服务内容；最后对客运服务产品向社会的推广方案进行设计，包括客运服务的包装宣传策略、营销宣传策略、公共关系策划等内容，解决客运服务产品怎样更快更好地得到社会认可的问题。在高速铁路客运服务设计全过程中，服务基调的选择和设计具有引领性作用并贯穿始终的。

从狭义的角度看，高速铁路客运服务设计是在运输企业服务基调的指导下，对各运输服务环节的具体服务流程、方法等的设计，也就是在高速铁路运输企业生产各类型和规模运输服务产品的前提下，对服务过程中各运输环节的流程和方法等的设计，强调旅客在高速铁路运输各环节的消费体验。

4.1.2 高速铁路客运服务设计影响因素和原则

1. 高速铁路客运服务设计影响因素

高速铁路客运服务是铁路运输企业向旅客提供的一种中高档运输服务，涉及旅客、高速铁路运输企业及企业经营环境三个方面，这也是高速铁路客运服务设计应该考虑的三个因素。

(1)与旅客自身特点相关的影响因素

高速铁路客运服务的对象是旅客，旅客按照自身的出行目的、消费水平和闲暇时间等选择适当的出行方式和对应的服务内容。因此，高速铁路客运服务的基调、内容、流程、方法等设计均受其影响，要求关注旅客的消费体验，具体包括：

①旅客消费心理。

随着我国社会主要矛盾的变化，旅客在旅行过程中不再仅仅满足于基本的位移需求，而是集位移、购物、娱乐、休息和餐饮等于一体的综合旅行服务需求。旅客选择运输服务时不仅要求满足位移服务的基本条件，而且会追求在完成位移过程中获得舒适、便捷、尊重等方面的体验。这些变化都会对服务内容、流程设计等产生一定的影响，并成为服务不断创新的源泉。因此，高速铁路客运服务设计应考虑旅客的消费心理，适时配备相应的服务设施设备，优化服务包的内容，实现高速铁路运输企业和旅客的双赢。

②旅客时间观念。

旅客的时间观念决定了"旅行时间长短"和"旅行时间段"等核心位移服务要求，同时也包括在此过程中对其他相关服务在便捷性、快速性上的表现。"旅行时间长短"决定了旅客对交通方式、列车等级的选择和对交通换乘效率的关注等。"旅行时间段"体现了旅客对各种服务提供的时间要求和对出行时间及服务消费时间的重视。正如"夕发朝至"列车受到社会广泛欢迎，网络订餐越来越得到社会认可。因此，高速铁路客运服务设计应充分考虑旅客对时间的要求，尤其在服务流程设计、设施设备布局等方面，尽可能节约旅客的旅行时间。

(2)与高速铁路运输企业自身相关的影响因素

高速铁路客运服务设计是运输企业的主动行为。企业依照自身的经营理念、技术经济特征和服务能力向旅客提供运输服务。高速铁路客运服务设计时必须考虑三方面因素。

①企业经营理念。

经营理念是企业经营的服务战略和企业行为的指导思想。高速铁路客运服务"以人为本"的服务理念、"以市场为导向"的经营思想主要体现在几个方面：一是尽最大努力为旅客提供方便，将站车最大、最好的公共空间提供给旅客；二是尽量缩短旅客的旅行时间，即缩短旅客在铁路运输系统各环节的消费时间；三是更加注重细节设计，向旅客提供更加人性化的服务，尽可能为旅客提供各种服务和便利。高速铁路客运服务产品设计时，也应该适应其运营理念的变化，在加强服务管理的同时，不断提高服务质量，改善旅客的服务体验。

②高速铁路技术经济特征。

高速铁路的技术经济特征主要包括速度快、行车密度高、安全性好、土地利用率高、能耗低、环境污染小、列车运行正点率高、舒适性好、受气候影响小、经济效益和社会效益好等方面。高速铁路客运服务设计应该考虑这些技术经济特征的实现，不断优化服务设计。

③高速铁路运输企业的服务能力。

企业服务能力包括人力、物力、财力等方面。人力作为一种资源，是组成高速铁路运输企业服务能力最重要、最活跃的因素，包括员工规模和结构。优质的人力资源管理对提高服务质量、降低服务成本、增加服务效益等都起着积极的作用。物力主要包括提供高速铁路客运服务涉及的站车等各项设施设备。设施设备的种类、数量及布局很大程度上影响着服务质量。财力是组成高速铁路客运服务很重要的因素。高速铁路运输企业为了实现服务的不断创新，必须有相应的研发经费支持。财力是其他资源的基础，是组成高速铁路客运服务能力的必要条件。

(3)与高速铁路运输企业相关的环境因素

高速铁路客运服务的环境因素包括经济、政治、文化、社会等宏观环境和行业竞争环境。

宏观环境决定高速铁路运输企业发展的大方向，是高速铁路运输企业能够长期生存的有力保障。我国经济的发展、人民生活水平的提高以及出行需求的增加，给铁路行业，尤其是高速铁路带来了巨大的发展空间。国家和地方政府对高速铁路的建设与发展十分重视，在不断加大铁路建设投资，加快铁路改革力度，加强铁路运输业发展的同时，给予了许多政策上的支持；旅客运输需求的持续增强，不仅表现在运输需求规模上的快速增长，还表现在对运输服务质量要求的细分以及运输需求层次多样化的快速提升上，为高速铁路发展带来机遇。

行业竞争环境也是影响高速铁路运输企业发展的重要因素。一方面各种运输方式之间展开了激烈的竞争，在不断强化自身优势和原有市场的基础上，积极地角逐新生的旅客运输市场。另一方面，各种运输方式之间的协作也在加强，通过多种运输方式之间的“无缝”衔接，实现旅客“零换乘”，为旅客提供更加便利的服务，提高旅客的满意度。例如，在不通高速铁路的地区设置高速铁路无轨站，它是具有“购取车票、候车换乘、联程运输、高铁快运”等功能的铁路客运综合服务站点，通过开通与就近高速铁路车站的专线直达班车，让不通高铁的地区连通高速铁路网，实现人流、物流快捷位移。

2. 高速铁路客运服务设计原则

随着经济的发展和人民生活水平的提高，旅客需求向个性化方向发展，而铁路客运服务属于“批量定制”型的社会服务，难以完全满足每个旅客的个性化需求，因此高速铁路客运服务设计需要综合考虑运输企业经营理念、技术经济特征、需求规模等因素，遵循以下设计原则。

(1)符合性

现代社会消费者的需求是多层次、多方面的。高速铁路运输企业首先应该考虑旅客需要什么，据此再考虑应该提供的服务及其在技术上、财力上的可行性，在此基础上形成各种各样的客运服务，体现高速铁路运输企业以市场为导向的经营理念。

(2)可行性

高速铁路客运服务设计必须本着“切合实际”的原则，结合高速铁路运输企业自身情况，分析自身结构、基础设施设备、技术、人员和财务状况等因素，不能一味地追求创新而脱离现状，成为纸上谈兵的设计。

(3)经济性

为实现不断提升企业竞争力、提高经济效益的经营目标，高速铁路客运服务设计必须考虑高速铁路运输企业的营利性,并确保通过推出新的客运服务,改善企业的经营状况,并获得一定的经济效益和社会效益。

(4)先进性

高速铁路客运服务设计要考虑适应时代发展,保持理念与时代的一致性,还要考虑积极引入实用先进的科学技术,不断探索新的服务经营模式,使客运服务具有可扩充性,只有这样才能根据市场需求的变化不断调整客运服务。例如,在进行服务设计时充分考虑数字科技的发展和体验经济时代特点,提供线上线下服务,更好满足旅客多样化出行需求。

(5)节能环保性

高速铁路客运服务设计应尽可能采用环保、节能的设备和技术,在追求企业效益的同时,关注社会效益,体现铁路的公益性,塑造铁路良好的社会形象。

4.1.3　高速铁路客运服务设计内容及步骤

与一般服务产品设计一样,高速铁路客运服务设计包括服务基调设计、服务方案设计、服务方案评价、最终服务方案的确定和输出四个方面内容,各环节环环相扣,层层递进,有效保证了最终服务方案的科学性、合理性和可操作性。

1. 服务基调设计

辞海中对"基调"的释义为主要的中心思想和观点。服务基调设计是站在高速铁路运输企业的角度,在准确把握旅客服务需求和高速铁路运输企业服务战略的基础上,确定服务产品(服务内容及流程)区别于其他相关服务的鲜明个性和特点,即用什么样的服务更好地满足目标旅客的需求。所以,服务基调的本质是服务的自身特点和定位,是高速铁路运输企业对旅客需求的具体化解读,包括旅客在接受服务的过程中,想要从快速、便捷、经济、舒适及尊重等方面获得的体验。

对于服务设计整体而言,基调确定了该项服务设计的关注重点和方向,既为后续的服务包、服务流程设计指明了方向,也为服务推广设计提供了依据。它体现了高速铁路客运服务功能与旅客个性化需求的契合程度,也揭示了该项客运服务区别于航空、公路、普速铁路等的差异性和优势。服务基调只有符合旅客需求,才具有竞争力,此时服务基调才能转化为竞争优势。服务基调的合理性决定了服务设计的科学性,服务基调设计的具体内容将在4.2节进行详细讨论。

2. 服务方案设计

服务方案是以服务基调为基础,集服务包内容、服务资源配置、服务模式及流程等为一体的客运服务生产组织与消费体验的实施计划。高速铁路客运服务方案设计是对服务设计内容的规划和安排,包括服务包设计、服务流程设计和服务推广方案设计三方面基本内容。

(1)服务包设计

服务包是指高速铁路运输企业为实现旅客期望的"利益"和"效用"必须向旅客提供的各种服务内容或服务要素的组合。服务包设计的主要目的在于确定"向旅客提供什么",也就是把服务基调"翻译"成满足旅客需要的服务产品,因此,服务包的设计就是一个将服务基调

转化为具体服务内容的过程。反映在高速铁路客运服务方面，就是运输企业要向旅客提供车票、列车、车站等各种服务要素的集合，通过各要素间的有序联动来完成服务过程。服务包设计相关内容将在4.3节进行详细讨论。

(2)服务流程设计

服务流程是指完成高速铁路客运服务必须依赖的服务提供系统和方法。服务流程设计就是要解决“怎样向旅客提供服务”的问题，也就是服务包的程序化展示。服务流程设计关系到整个服务生产系统的组成要素(服务设施、服务行为)、服务提供的方法(服务流程类型、流程技术)以及服务提供的地点(服务地点选择)和服务提供的数量(服务容量规划)等。

高速铁路客运服务的生产和消费是同步的，客运提供过程就是服务的组成部分，它们与服务内容一起组成一个完整的服务产品来满足旅客需求。例如，高速铁路客运站服务流程类型、服务地点选择、设施设备布局方式等，都是整个高速铁路客运服务设计的重要环节，缺一不可。服务流程设计的相关内容将在4.4节进行详细讨论。

(3)服务推广方案设计

高速铁路客运服务推广是为了鼓励旅客接受新服务项目并增加使用量而采取的措施。针对中国高速铁路的不同发展阶段，分别制订不同时期的推广计划。例如，初期的市场培育及服务推广计划，通过试乘体验、媒体广告、站车布置、公益活动等多种渠道和方式，吸引旅客，提升高速铁路列车上座率和客运服务满意度；在高速铁路成网运营后，制订市场拓展及服务改进计划，通过提供满足旅客多样化需求来提升旅客满意度和忠诚度。本书对服务推广方案不做详细讨论。

3. 服务方案评价及最终服务方案的确定和输出

经过上述环节形成的服务方案需要经过评价、测试、试运行等，满足预期，才会形成最终服务方案并输出投放市场。服务方案评价主要从服务提供的运输组织需求、协调管理难度、技术设备成本、人力资源成本、服务经营效益等方面进行综合评价。评价该项运输服务与其服务基调是否吻合，服务项目的内容和服务标准是否与市场需求匹配，服务项目是否得到市场认可、是否能盈利等。如有必要，需对服务方案进行修改，符合预设目标后，该方案被采纳，即可投放市场。高速铁路客运服务方案最终输出的是服务方案的整体，这个整体对外面向旅客，对内面向员工，尤其是一线员工。其中，面向旅客输出的是供旅客消费的各项服务内容，包括此项服务内容具体能提供哪些服务，以及服务的获取方式和服务的收费标准等，如高速铁路推出的刷脸进站、站内导航、问事机器人等服务，进一步实现了旅客的便捷出行，提高了旅客的出行效率；面向内部员工输出的主要是服务内容、服务流程和方法，必须明确服务方案包含哪些服务内容和怎样的标准，这些内容应该按照怎样的程序(顺序)提供给旅客，每一项服务内容按照怎样的方法提供。服务方案评价相关内容将在4.5节进行详细讨论。

总体来说，高速铁路客运服务设计是一个由抽象概念到具体设计方案的转化过程。最终形成的设计方案包括完整的服务基调、服务包和服务流程等部分。为达到这一目标，其设计步骤如图4.1所示。

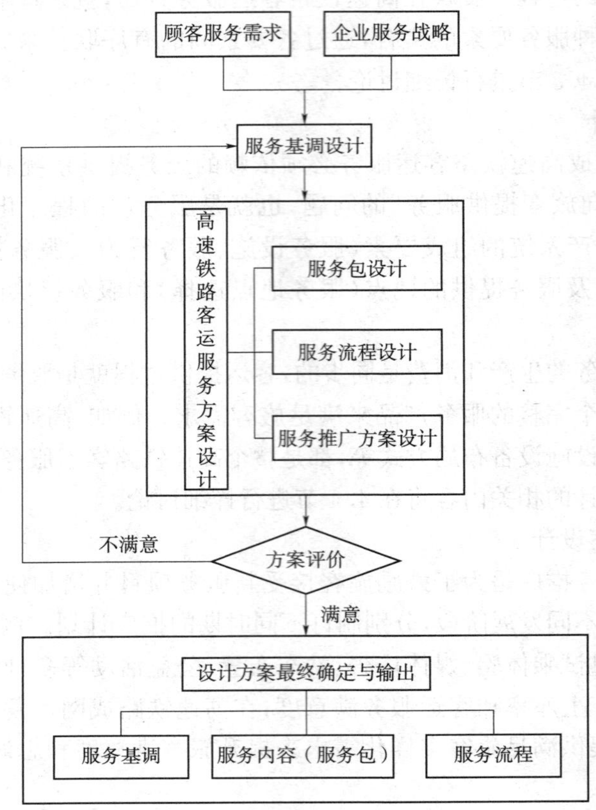

图 4.1　高速铁路客运服务设计步骤

4.2　高速铁路客运服务基调设计

如前所述,高速铁路客运服务基调是服务的鲜明个性和特点,是站在高速铁路运输企业的角度对旅客需求的具体化解读。客运服务基调设计是针对企业一次服务产品设计与开发而言的,也就是该服务的突出特点是什么,以怎样的服务满足客运需求,如何与市场需求相适应。

4.2.1　高速铁路客运服务基调形成

高速铁路客运服务基调设计需要经过服务基调的产生和形成两个阶段。

1. 服务基调的产生

服务基调的产生可来自多种渠道,包括高速铁路运输企业外部渠道,如旅客、竞争对手,还有高速铁路运输企业内部渠道,如员工,特别是一线服务者和销售人员。服务基调是针对某一个需求而产生的,往往表现为一种"主意"或"想法",而不是完整精确的服务基调。但这种"主意"或"想法"是服务基调的源泉和初级形式,值得管理者注意和重视。

(1)来自旅客方面的设计主意。

这是非常重要的渠道,同时也是检验新的设计理念的可行性和针对性的标准。服务基调最终要成为服务产品,必然要考虑该服务产品的市场可行性和满足旅客需求的程度。运输企业只有时刻关注市场变化,才能不断地发现旅客对客运服务的新期望和要求,把握新的市场机会,设计出新的客运服务基调,打造新的客运服务产品。高速铁路运输企业可以通过正式程序来了解旅客需求,如旅客意见调查表、正式面谈等,也可以运用一些非正式和随机方法,如日常服务活动中与旅客的交谈等。随着信息化发展,更要重视"大数据"的挖掘与开发。

(2)来自竞争对手的设计信息。

通过分析竞争对手产生新的服务设计思想或改进动机。高速铁路运输企业应关注主要竞争对手的服务理念、服务流程及销售方式等,并结合对市场需求的分析来决定相应的竞争战略和设计思路。例如,高速铁路运输企业可以针对航空或公路推出的运输服务来进行服务的优化和创新设计。

(3)来自员工的设计主意。

一线员工和销售人员与旅客直接接触,最能感受到旅客需要什么、不需要什么,也最容易发现服务提供过程中的困难环节和关键问题等。因此,他们所反映的信息往往是最具有说服力和可操作性的,能够有效帮助企业设计更合适旅客需要、更适应企业经营的客运服务产品。

(4)来自产品研发、营销部门的设计建议。

产品研发部门在制造业中较为普遍,在服务业中较为少见。产品研发、营销部门掌握着最真实、全面的市场需求及产品竞争力信息,承担了创新、优化客运服务的职责,是服务基调形成及检验的主要负责部门。高速铁路运输企业可以通过专家咨询、市场调查等主动进行需求调查,组织管理者和员工成立服务项目小组,结合企业发展目标和运营能力实施服务产品设计。

2. 服务基调的形成

服务基调产生后,对于是推出新服务还是优化原有服务及优化程度等问题,需要从服务本身和服务环境等方面进行可行性分析,进而确定某项服务基调能否发展成服务产品,即回答"做与不做""做到什么程度"的问题。

(1)拟提供服务的市场现状分析和前景预测。首先调查分析拟设计服务的供需状况,研究确定目标市场,预测可能占有的市场份额等,如市场需求量不足以覆盖研发成本和产生相当的利润,则该服务基调被筛除。其次要看这项服务的推出是否与现有的市场营销政策相符。最后考察该服务基调与竞争对手的差异程度,过于雷同者则被剔除。例如,从提出高速铁路"夕发朝至"服务产品——动车组卧铺的"想法",到最终确定该项服务的基调并设计具体服务过程,需要在前期对其市场需求、成本、收益等方面进行营销考察。

(2)高速铁路运输企业现状和能力分析。从生产可行性的角度出发,考核运输企业现有的人、财、物等因素能力能否有效提供该项服务。如服务设施设备及相应技术水平能否达到该服务的生产要求,员工数量及能力能否满足该服务的提供要求及标准等。

(3)服务环境和风险分析。一方面拟提供服务需符合政治、经济、社会文化等宏观政策要求;另一方面,该服务基调要满足财务运作可行性要求,以降低高速铁路运输企业的投资风险,确保服务产品的可持续收益。

初步的服务基调经过考察后,高速铁路运输企业就可将其列为“已形成的服务基调”,并据此开始制定服务设计方案。可以说,服务基调是服务设计的基础,服务基调的合理性,决定了服务设计的科学性,最终影响到服务提供过程和旅客满意度。

4.2.2 高速铁路客运服务基调设计思路和方法

1. 服务基调设计思路

服务基调的确定必须建立在对市场竞争形势和旅客需求特点进行科学分析的基础之上。根据目标市场的竞争形势和需求特点,采用“资格取得因素—竞争优势因素”理论来分析高速铁路运输企业的竞争优势,是确定经营管理重点和服务基调的前提。

“资格取得因素”是指高速铁路运输企业进入某一特定市场在服务提供上所必须具备的“资格”。只有具备这些资格要素,旅客才会考虑购买该项服务,否则,服务便不会列入旅客考虑的范围。例如,安全性是旅客在接受位移服务、享受餐饮服务时,高速铁路运输企业非常明显的一个资格取得因素,但仅仅依靠资格取得因素还不能为高速铁路运输企业赢得竞争。

“竞争优势因素”是直接吸引旅客购买服务的要素。它们是旅客对比各种服务并作出消费决策时考虑的主要衡量标准,也是高速铁路运输企业赢得竞争的主要原因。例如,高速铁路动车组列车快速、舒适、免费通畅的 Wi-Fi 供应和乘务员的优质服务等都可能是其竞争优势因素。

“资格取得因素”和“竞争优势因素”对于高速铁路运输企业来说不是固定不变的,它们可能在某种条件下互相转化。当整个行业的水平提高,某些曾经的“竞争优势因素”为全行业普遍采用时,“竞争优势因素”就成了“资格取得因素”。例如,在其他运输方式或普速列车上还不提供 Wi-Fi 服务时,高速铁路动车组列车 Wi-Fi 服务凭借其免费、通畅的特点成为高速铁路动车组列车的竞争优势因素,但当 Wi-Fi 服务成为其他运输方式或普速列车都具有的服务要素时,这也就成了一个“资格取得因素”。当某种特殊情况发生,客户对原来的“资格取得因素”的某一个或几个有特别的需求时,“资格取得因素”也可能成为“竞争优势因素”。“资格取得要素”和“竞争优势要素”的相互转化说明了这两种要素的确定不仅与旅客需求直接相关,而且受到服务行业整体竞争势态的影响。

旅客需求和行业竞争状态决定了高速铁路运输企业必须拥有的竞争优势。明确服务产品的基调,找到服务产品的竞争优势,可为高速铁路运输企业设计服务产品确立设计的基调和重点,为进一步的服务包设计和服务流程设计提供指导原则和方针。

2. 服务基调设计方法

服务质量是服务基调的重要组成,确定了服务质量的特点,也就确定了服务产品的主要基调。提供一种高品质服务,必须在设计阶段就把客户的需求考虑进来,将客户的需求与服务设计相结合。服务基调的设计方法有很多,本书重点介绍质量功能配置法。

(1)质量功能配置的基本原理

质量功能配置(quality function deployment,QFD),又称质量功能展开、质量功能部署等。该方法是一种采用矩阵图解的方式(质量屋)将旅客对服务的需求转化为设计要求、技

术要求、生产要求、成本要求等的多层次演绎分析方法。质量功能配置体现了以市场为导向，以旅客需求为产品研发、质量功能定位设计的唯一依据的指导思想。在服务研发设计的方法体系中，质量功能配置分析旅客需求，使服务的全部研发活动与旅客需求紧密联系，从而使研发设计在功能、质量上满足旅客需求，所以它是开展服务质量定位设计的先导步骤，是确定服务研发的关键环节，为服务质量功能优化设计的具体实施指明方向。

质量功能展开过程是通过一系列图表和矩阵来完成的，这些矩阵和图表像一个房屋，所以称其为“质量屋”，质量屋模型主体结构如图 4.2 所示。

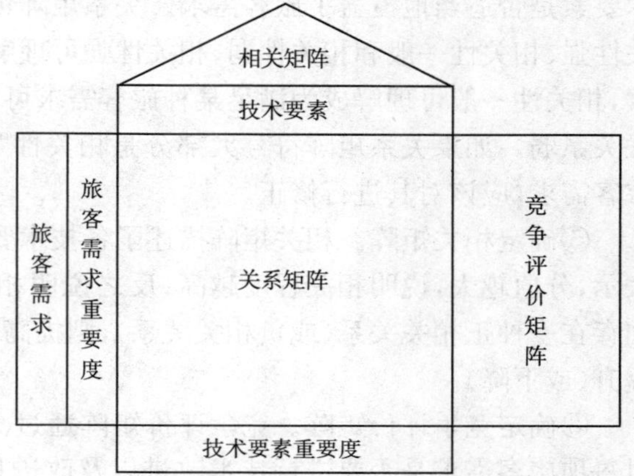

图 4.2　质量屋模型主体结构

质量屋由以下几个部分构成：

①左墙——旅客需求及其重要度，是旅客对服务的期望及需求，旅客对其各项需求进行定量评分，以表明各项需求对其到底有多重要。

②天花板——技术要素，是从服务的角度满足旅客需求的手段，是将旅客需求转化为关于服务可执行的、可度量的技术要求或方法。

③房间——关系矩阵，描述旅客需求与技术要素之间的相关程度。

④屋顶——相关矩阵，描述各技术要素之间的相关程度。

⑤右墙——竞争评价矩阵，是站在旅客的角度，对高速铁路运输企业的服务和市场上其他竞争者的服务在满足旅客需求方面进行评估，表明服务的竞争情况。

⑥地下室——技术要素重要度，表示技术要素对旅客的重要程度，用来确定应优先配置或重点关注的项目。

(2)质量功能配置的步骤

在明确了质量屋的主体结构之后，还要明确质量屋的构成过程及其中的参数配置，具体内容及方法如下：

①确定旅客需求。旅客需求是质量功能配置法最基本的输入。可以由市场研究人员选择目标旅客，通过发放调查问卷、访谈等方式，全面收集旅客对服务的种种需求，再结合高速铁路运输企业服务战略，对旅客需求进行扫描、甄别的基础上，确定充分、合理、准确的旅客需求。在确定旅客需求时应避免主观想象，注意全面性和真实性。

②标定旅客需求重要度。旅客的需求具有主次轻重之分，因此应该确定其重要度以便进行排序，同时要注意目标旅客本身的权重区分。旅客需求重要度可以采用旅客赋值法，借助旅客满意度调查的方式，通过被调查旅客对需求的重要度打分进行赋值，数值越大，说明重要度越高；反之说明重要度低。这种赋值方法所得权重客观、简单，能比较客观地反映旅客对需求重要性的认识。

③确定技术要素。技术要素是旅客需求的映射变换结果，用来描述对应于市场旅客需求的服务特征，即有什么样的旅客需求就应该有什么样的技术要素来对应，这种对应是多相

关性的。在确定技术要素时,要满足以下三个条件:

a. 针对性。即技术要素需要针对旅客需求。

b. 可测定性。为了便于对技术要素的控制,技术要素应该具有可测定性。

c. 宏观性。技术要素是为以后的服务设计提供指导和评价准则,而不是具体的服务方案设计,因此要从宏观角度以技术性能的形式确定技术要素。

④确定关系矩阵。关系矩阵描述了旅客需求和技术要素的相关程度,直观地说明了技术要素是否适当地覆盖了旅客需求。关系矩阵可以用符号表示,"●""◎""△"分别代表相关性强、相关性一般和相关性弱,相关性强可理解成为满足某种旅客需求必须具备的技术要素,相关性一般可理解成为满足某种旅客需求可以采用的技术要素,相关性弱则表明两者关联关系弱。如果关系矩阵符号大部分是相关性"弱"符号,则表示技术要素没有足够地满足旅客需求,应该对其进行修正。

⑤确定相关矩阵。相关矩阵描述了各技术要素之间的相关程度。可以定量地以分值来表示,分值越大,说明相关程度越高;反之说明相关程度低。若服务要素 i 与服务要素 j 之间存在一种正相关关系(或负相关关系),则提高(降低)服务要素 i 的水平,服务要素 j 必然提升(或下降)。

⑥确定竞争评价矩阵。竞争评价矩阵通过分析本服务和市场内其他服务的现状,确定对每项旅客需求是否要进行技术改进以及改进目标。评价矩阵共有六项指标,分别是服务水平、目标质量、改善比例、营销重点、绝对权重和相对权重,相关符号含义可结合 4.6.1 案例对应内容理解。

a. 服务水平 L_i。通过与市场上其他服务进行比较,分析本服务满足旅客需求的程度,以 10 为满分。

b. 目标质量 D_i。通过对本服务现状的深入分析,在充分考虑和尊重旅客需求的前提下,制定的期望达到满足旅客需求的程度,以 10 分为满分。

c. 改善比例 R_i。设定目标质量后,需要计算其改善比例,表示旅客需求的满足提高程度,其计算公式如下:

$$R_i=\frac{D_i}{L_i} \tag{4.1}$$

d. 营销重点 S_i。表示服务的改进对旅客满意度提升的影响,一般用(1.5,1.2,1.0)描述。

当 $S_i=1.5$ 时,指服务的改进对旅客满意度提升影响显著。

当 $S_i=1.2$ 时,指服务的改进对旅客满意度提升影响程度一般。

当 $S_i=1.0$ 时,指服务的改进对旅客满意度提升影响较小。

一般营销重点除考虑旅客满意度提升程度、可操作性等因素外,还必须考虑其经济性等方面的问题。

e. 绝对权重 W_{ai}。绝对权重受旅客需求重要度(K_i)、改善比例及营销重点的综合影响,是各项服务需求的绝对计分,为服务提供者提供了一个定量评价旅客关注点的等级或排序。其计算公式如下:

$$W_{ai}=K_i\cdot R_i\cdot S_i \tag{4.2}$$

f. 相对权重 W_i。相对权重是绝对权重 W_{ai} 的归一化处理的结果，其公式如下：

$$W_i = \frac{W_{ai}}{\sum W_{ai}} \times 100\% \tag{4.3}$$

⑦确定技术要素重要度 H_{aj}。技术要素重要度是描述各技术要素的重要程度，一般通过服务要素相对重要度 W_i 和关系矩阵 $\boldsymbol{R}=(r_{ij})_{m\times n}$ 计算所得，其公式如下：

$$H_{aj} = \sum_{i=1}^{m} W_i r_{ij}, j=1,2,\cdots,n \tag{4.4}$$

4.3 高速铁路客运服务包设计

服务包设计是服务设计的关键环节，是将服务基调转化为具体服务内容的过程，明确了铁路运输企业为实现旅客期望或需求，向旅客提供的各种服务要素以及服务要素的组合，其设计质量直接影响服务方案的效果和高速铁路运输企业的经营效益。

4.3.1 高速铁路客运服务包概念和构成

1. 服务包概念

服务是消费者参与生产的体验过程，由此因消费者的直接参与而变得复杂。服务的生产不仅有无形的“纯粹服务”，同时也有服务的有形物质要素。高速铁路运输企业把这些要素组合在一起就形成了能满足旅客某种需要的服务产品，如同将向旅客提供的所有服务的相关要素捆绑在一起，形成一个服务要素的“包裹”提供给旅客，这就是服务包的由来。我们可以将高速铁路客运服务包定义为：能为旅客提供服务体验的，在一定设施环境中无形服务与有形物品的组合。服务包实质上是服务产品概念的发展，它秉承了服务产品关于“服务体验”的内容，并在此基础上阐明了组成服务的各种要素。因此，相对于服务产品概念，服务包定义的提出对高速铁路运输企业进行服务设计具有更实际的意义。不同等级运输产品服务包内容存在差异，例如，与高速铁路动车组列车一等座、二等座服务产品的“服务包”相比，高速铁路列车商务座服务产品的“服务包”意味着旅客能得到商务座席位的使用权、车站享受VIP候车服务、列车上免费餐饮等一系列服务内容。

2. 服务包构成模型

构成高速铁路客运服务包的要素既有有形要素又有无形要素，既有旅行前服务要素又有旅行中和旅行后要素，还涉及前台要素和后台支持要素。因此，有必要从不同角度构建服务包模型。

(1)按服务要素的重要性构建服务包模型

按服务要素的重要性构建服务包模型，包括核心服务和辅助服务，服务包模型1如图4.3所示。

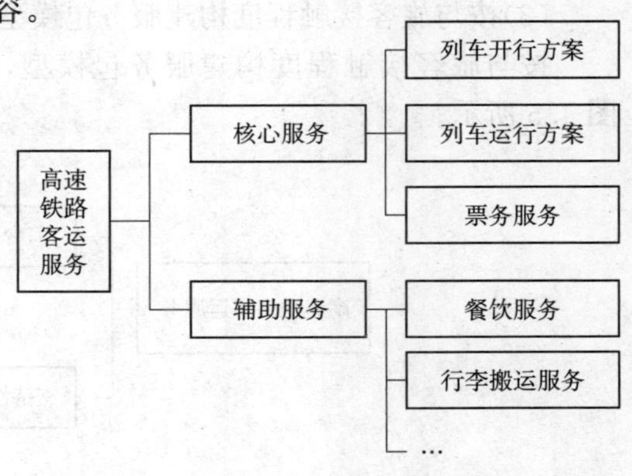

图4.3 服务包模型1

①核心服务。

运输不是本源消费，而是衍生消费，其核心服务是实现旅客的位移，也是消费者购买客运服务的本意与核心内容。核心服务的生产与提供，需要运输企业通过制定列车开行方案、列车运行方案、票务策略等实现，这些规划和决策性要素体现了位移服务的时间性、舒适性、便捷性、经济性等服务水平的技术特征。

②辅助服务。

辅助服务是位移服务不能包揽或者为了实现体验增值，向旅客提供的更加人性、细腻、高效的服务。辅助服务分为基本服务和延伸服务。基本服务是完成核心服务所必须具备的，而延伸服务是超出核心服务标准提供的。同一服务内容，如列车餐饮服务，可以是基本服务，也可以是延伸服务，与旅客购买服务产品的核心服务类型(列车及席位)有关。随着高速铁路客运服务技术、能力、模式的发展，运输企业可以提供越来越丰富的辅助服务，一方面增加服务的类型和差异化，提高旅客的体验质量，另一方面可为企业拓展收益空间。

(2)按服务要素的形态构建服务包模型

按服务要素的形态构建服务包模型，包括有形要素和无形要素，服务包模型 2 如图 4.4 所示。

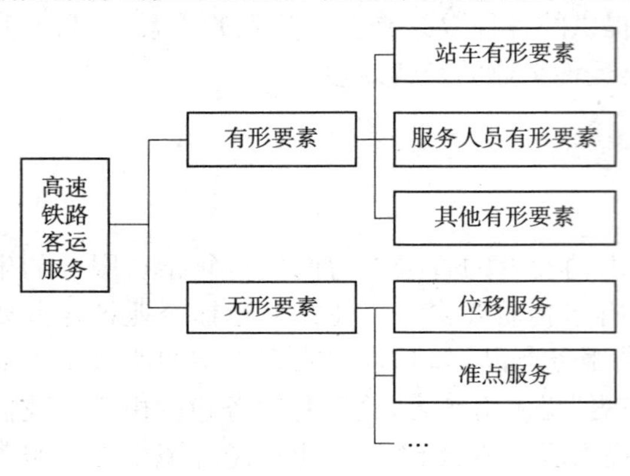

图 4.4　服务包模型 2

①有形要素。

有形要素指在服务提供过程中能够被旅客直接感知和提示服务信息的有形物。高速铁路运输企业借助于这些有形要素来推销无形服务的手段就是服务的有形要素设计。高速铁路客运服务有形要素包括站车有形物、服务人员的有形展示及其他有形物品等。

②无形要素。

无形要素指无法用实物形态展示的服务，是高速铁路运输企业通过服务人员或设施设备向旅客提供，并被旅客体验和消费的服务。无形要素必须通过有形要素才能实现和表现，旅客通过对有形要素的观察和体验来感受无形要素。

(3)按与旅客接触程度构建服务包模型

按与旅客接触程度构建服务包模型，包括前台服务和支持性服务，服务包模型 3 如图 4.5 所示。

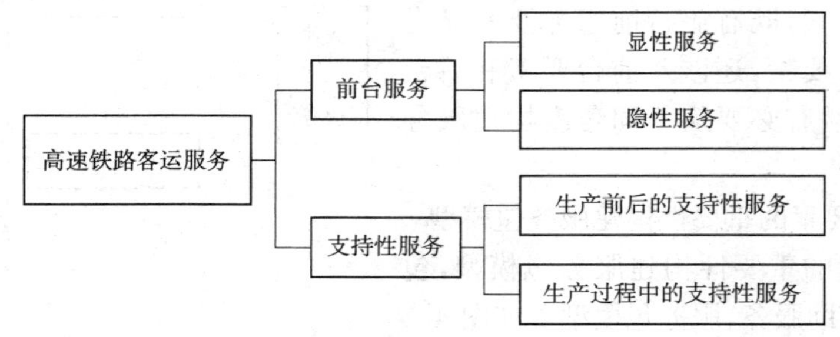

图 4.5　服务包模型 3

①前台服务。

前台服务一般是在一线服务人员与旅客的接触过程中完成的，包括显性服务和隐性服务两类。显性服务指旅客通过体验服务所能明显感受到的该服务所带来的利益，例如，旅客乘坐动车组列车实现了位移，旅客通过站车提供的信息服务获得了自己需要的信息。隐性服务指旅客在体验服务的过程中所能得到的隐含于服务当中的心理方面的满足和利益，例如，VIP 旅客在贵宾室和软卧包厢内享受“高规格”服务后得到的人格地位上的满足；又如，乘坐软卧的旅客感受到个人隐私得到保护的心理满足。

②支持性服务。

支持性服务（也叫后台服务）指为提供前台服务，高速铁路运输企业必须提供的后台支持性工作，也称“后台”工作。支持性服务包括生产前后的支持性服务和生产过程中的支持性服务。生产前后的支持性服务是在高速铁路客运站车向旅客提供服务前后企业提供的相关技术和管理性工作，如动车组入动车段整备。生产过程中的支持性服务是高速铁路客运站车向旅客提供服务过程中高速铁路运输企业向前台提供的支持性工作，如餐车厨师餐食准备、保洁人员清洁工作等。

（4）按生产环节构建服务包模型

按生产环节构建服务包模型，包括旅行前服务、旅行中服务和旅行后服务，服务包模型 4 如图 4.6 所示。

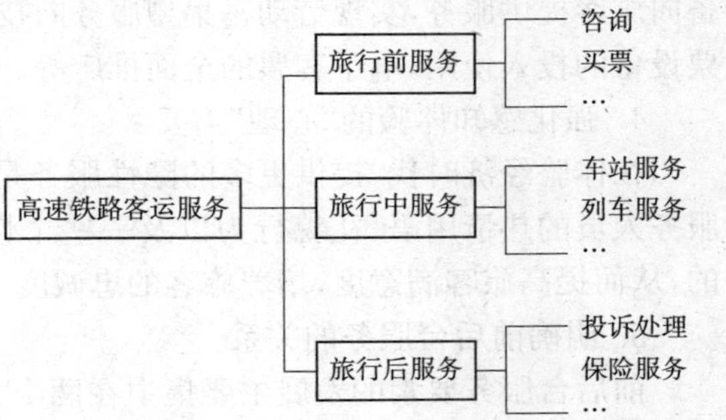

- 高速铁路客运服务
  - 旅行前服务
    - 咨询
    - 买票
    - …
  - 旅行中服务
    - 车站服务
    - 列车服务
    - …
  - 旅行后服务
    - 投诉处理
    - 保险服务
    - …

图 4.6　服务包模型 4

①旅行前服务。

旅行前服务指高速铁路运输企业在旅客旅行前提供的服务，包括信息咨询、票务、行包托运等。

②旅行中服务。

旅行中服务指高速铁路运输企业在旅客旅行过程中提供的服务，包括旅客在高速铁路客运站和高速铁路动车组列车上获得的服务。

③旅行后服务。

旅行后服务指高速铁路运输企业在旅客旅行后提供的服务，主要包括服务失败后的投诉处理、补救等服务。

从生产环节建立高速铁路客运服务包模型充分体现了高速铁路客运服务的过程性，任何环节的服务质量都会影响到旅客对整个高速铁路客运服务的满意度，因此，高速铁路运输企业要注意各环节的服务质量以及环节间衔接的顺畅性。

从服务包模型可看出，高速铁路客运服务产品实质上是一种复合型产品，包括有形、无形成分，生理、心理要素。影响服务质量的不仅有客观要素，也有消费者的主观感受，这些方面都决定了高速铁路客运服务设计的复杂性和难度。

4.3.2　高速铁路客运服务包设计原则

高速铁路客运服务包设计不仅要确定服务包各要素的内容和特点，还应注意各要素的组合结构和比例，这就要求服务包设计遵循一定的原则和标准。高速铁路客运服务包设计应遵循以下原则：

1. 以服务基调为设计依据

服务基调是在明确旅客需求和企业战略的基础上，把握服务设计的整体方向。因此，服务包设计要以服务基调为引领，根据旅客关注的需求及技术要素，确定服务内容和重点，实现旅客运输市场供需双方的良性互动，使最终输出的服务方案得到旅客认可，赢得市场和口碑。

2. 以核心服务为中心

高速铁路客运的核心服务是位移。核心服务的自身特征会在一定程度上影响其配套的辅助服务。因此，高速铁路客运服务包其他任何要素的设计都应该围绕如何更高质量地实现旅客“位移”这一核心服务展开。例如，对于高速铁路长途客运服务来说，餐饮服务是必须具备的辅助服务，而对于高速铁路短途客运服务来说，则非必须。

3. 提升服务有形要素的作用

在涉及有形物品较少的服务设计中，应适当增加有形要素展示比重，运用先进的技术设备向旅客提供服务，实现劳动密集型服务向技术密集型服务转变，如自助售票、验证验票、检票设备的投入使用，电子客票的全面推广等。

4. 强化感知体验的“心理”需要

在体验经济时代，提供更多的隐性服务是服务发展的方向。如高速铁路运输企业一线服务人员的热情用语、礼貌行为以及一些个性化服务，使得旅客感到服务是专为自己设置的，从而提高旅客满意度，培养旅客的忠诚度。

5. 明确前后台服务的关系

前后台服务要素的发展主要集中在两个方向：一是减少前台服务，增大后台服务规模，以谋求后台工作的规模化和标准化，实现低成本运作；二是后台服务“前台化”，以高透明度降低旅客的购买风险和追求服务的“表演性”，如市场中出现的越来越多的“透明厨房”。

4.3.3 高速铁路客运核心服务包设计

核心服务包是高速铁路客运服务经营活动中，旅客与运输供应商之间最直接的权益表达。旅客按照自身需求选择和购买了核心服务包中所能获得的位移及相关基本服务的价值，并支付了相应的费用，其凭证即为旅客得到的与核心服务包内容及标准相符的服务消费权。高速铁路客运核心服务具有“生产与消费过程”同一性特点，作为服务供应商的高速铁路运输企业，必须按照各类型、各档次的核心服务包内容及标准，设计出明确的、可执行的核心服务包生产计划和方案，并以此为目标，配置相应的前后台服务人力、物力资源，为实现核心服务的生产、消费过程提供保障。

高速铁路客运核心服务包的设计是以前期的服务基调为基础，在充分考虑客运市场需求、铁路设备技术条件以及运输组织过程的条件下，对旅客位移相关特征要素的设计。在接受位移服务时，旅客会关注安全性、便捷性、快速性、准时性、舒适性、经济性等方面的内容。对于铁路运输企业，列车开行方案、运行方案直接影响企业核心服务的迅速、时效、便捷等特性，如列车的开行频率影响旅客获得服务的方便程度，列车停站次数、停站时间影响旅客旅行时间。高速铁路运输企业必须设计符合目标市场需求的列车开行和运行方案。除了列车

开行方案、运行方案外，高速铁路客运核心服务的另一个重要内容就是票务服务方案，它可以弥补列车开行方案、运行方案无法满足旅客需求差异（如职业、年龄、出行目的等特征）的局限。如学生没有收入需要更多的优惠，老年人更喜欢比较方便的座席，团体旅客理应享受的一些优惠，这些差异难以通过列车时刻表来区分，只有通过设计丰富的票务服务进一步适应市场的多样性需求。

因此，高速铁路客运核心服务包的设计就是针对目标群体的位移服务要求，设计列车开行方案、列车运行方案和票务服务方案三项内容，其中前两项是最重要的部分，关系到旅客消费客运服务过程的关键体验因素，如安全、速度、便捷等。

1. 高速铁路旅客列车开行方案设计

（1）列车开行方案基本要素

旅客列车开行方案是确定旅客列车运行区段（含停靠车站）、列车种类及开行对数的技术性计划。旅客列车的始发站、终到站、经由线路构成旅客列车的运行区段，体现了核心服务（位移）的空间性；列车种类区别出列车不同的等级或性质，体现了核心服务的舒适性、快捷性；开行对数的多少表示行车量的大小，体现了核心服务（位移）的频率及容量。三项要素组成的旅客列车开行方案，体现了从客流到列车流的组织方案。

①列车运行区段。列车运行区段包括始发站、终到站、经由线路及停靠车站四个要素。在始发站与终到站之间有多条径路选择时，需要综合考虑各种因素，进行最佳径路选择，其后再合理确定径路上的停靠车站。

②列车种类。根据不同的客流及其出行特点，高速铁路线上可开行不同种类的旅客列车。

按照速度标准和动车组设备类型可划分为时速 200～250 km 的“D”字头动车组列车和时速 300～350 km 的“G”字头动车组列车；按照列车运行空间范围可分为本线列车和跨线列车，本线列车是指列车从始发站至终到站间始终运行在该高速铁路线路上的旅客列车，跨线列车指运行过程中有部分区段不在该高速铁路线路上运行的列车；按列车运行区段可分为直通列车和管内列车，直通列车指走行距离跨两个及以上铁路局集团公司的列车，管内列车指运行区段不超越本铁路局集团公司管辖范围的列车。不同类型列车的服务标准和运输组织条件有差异。其中服务标准是前台服务内容，旅客可以直接感知，运输组织条件则属于后台服务内容，旅客无法接触感知。

③列车开行对数。列车开行对数是指方向上或区段内为满足客流量需要而开行的旅客列车数量。旅客列车的开行对数，基本上取决于客流计划。旅客列车开行对数确定得是否合理是衡量运行图编制质量的重要标志之一，它既要适应客流量的需要，又要使客运设备得到经济合理的利用。

在编制高速铁路旅客列车开行方案时，要符合“按流开车”原则，根据计划客流（旅客核心服务需求）的流量、流向、运程、旅行目的及客流性质等确定出开行的旅客列车种类、数量、起讫点、运行路径、停站等内容。同时还要考虑旅客多样化的出行需求，尽可能减少旅客的换乘次数和在途时间，合理安排列车服务频率，以满足旅客对安全、快捷、方便、舒适等的出行需求。此外，列车开行方案也要遵循经济效益原则，高速铁路运输企业应该合理使用动车组，充分发挥运载工具的运输能力和铁路运输固定设备的利用率等，以达到用最小的成本取得最大的效益。

(2)列车开行方案设计原则

在确定运行区段及其起讫点和停靠车站时,要考虑以下几点:

①客流按高等级列车到低等级列车的顺序进行分配。

②长流上长车,短流上短车。

③每个方向尽可能开行一列站站停列车。

④选择相关技术条件的车站为列车起讫点。

⑤设计停站模式时,考虑直达、大站停、大站带小站停、站站停等模式组合。

⑥客流到发量大的车站一般停站次数多,但也不能降低高速铁路列车旅速。

⑦选择停站模式时,列车停站次数一样的情况下,则结合车站到发客流量。

(3)列车开行方案设计原理

列车开行方案设计可分为确定旅客列车运行区段、确定列车种类和开行对数两个阶段。

①确定旅客列车运行区段。

在具体确定旅客列车的运行区段时,首先需对客流进行处理。由于全路客运站众多,不可能在所有站点之间开行旅客列车,因此必须按照客流和高速铁路线路实际情况进行客流的补流、合并和拆分,以符合旅客出行的实际情况并最大限度地减少列车开行成本。

旅客列车开行方案设计及相关运输资源的配置等是以铁路局集团公司为中心落实的,所以直通旅客列车和管内旅客列车运行区段的确定方法有所不同。直通旅客列车的运行区段根据列车始发、终到站之间的直通客流确定,并在此基础上,先按贯穿整个方向各客流区段的最小客流密度区段安排开车,其目的是最大限度地以直达运输吸引直通客流。一般可以将一个铁路方向的两端站定为旅客列车的始发站和终到站,将客流密度变化幅度较大的车站定为旅客列车运行区段。管内旅客列车的运行区段由各铁路局集团公司根据管内客流区段密度的特点自行确定,具体操作参考直通旅客列车运行区段的确定方法,并报国铁集团批准和备案。

旅客列车运行区段的确定,除了客流条件外,还要考虑客运设备的配备条件。高速铁路线列车起讫点应具有动车组维修和整备能力,以保证动车组的技术状态;要使旅客列车配属站尽量集中,以充分利用客车检修设备,并为客车车底的合理中转创造条件。

确定了运行区段的起讫点后,则需进一步对运行区段的运行径路和停靠车站进行确定。在确定运行径路时,要考虑铁路能力、固定设备的利用以及国家在政治、经济、文化及国防等方面的需要,使旅客列车能把首都与边疆、沿海与内地、城市与城市、城市与乡村紧密地连接起来,最大限度地发挥铁路大动脉的作用。由于列车停靠车站的设置会影响到沿途客流输送的效果,因此在确定运行区段后需对停靠车站进行合理筛选。停靠车站的设置一方面涉及不同等级列车在客流输送任务上的分工与协调,另一方面也需满足客流的到发和中转需求。

②确定列车种类和开行对数。

从旅客对核心服务的需求、感知、评价的层面考虑,高速铁路列车种类主要涵盖“D”字头动车组列车和“G”字头动车组列车两种类型。

在确定旅客列车运行区段和列车种类后,根据各区段客流量及客流性质结构,结合主要

站所在地的政治、经济、文化情况和车站技术设备条件，计算旅客列车开行对数。由于旅客列车的种类及运行距离不同，其所能吸引的客流量不同，要求的列车编组内容也不同，各种列车的定员也就不同，因此应分别确定各种旅客列车的开行对数，一般从高级列车到低级列车顺序计算。旅客列车开行对数的计算通式如下：

$$N_i=\frac{K_iA}{a_{i均}}\quad(列)$$

式中　i——旅客列车种类，包括"D"字头、"G"字头列车；

A——客流区段的客流密度；

K_i——客流区段中第 i 种列车输送旅客数占总旅客数量的百分比；

$a_{i均}$——第 i 种列车平均定员；

N_i——第 i 种列车列(或对)数。

计算确定列车种类及对数，也是对客流的列车承载分配过程，在具体确定各类列车开行区段及对数的过程中，需要循环实施客流在各类列车中的分配、检验、更新过程，直至将所有的客流分配到相应列车上，由此完成开行方案设计，并形成明确的服务体验水平，例如列车上座率、服务频率等。

(4)列车开行方案编制算例

以 A—G 方向为例来确定旅客列车开行方案。已知其最大客流方向的 OD 表见表 4.1，区段客流密度如图 4.7 所示。为了简化问题，本案例采用高峰小时客流为基础数据。k_G、k_D 为 80%，20%，列车平均定员 a_G、a_D 为 1 100 人。其中，A 站、C 站、G 站设有动车段(所)。

表 4.1　A—G 方向客流 OD 表　　单位：人/h

O	D						合计
	B	C	D	E	F	G	
A	500	800	400	800	1 000	1 800	5 300
B	0	20	10	100	150	270	550
C		0	150	750	800	1 700	3 400
D			0	40	200	400	640
E				0	150	1 500	1 650
F					0	1 700	1 700
合计	500	820	560	1 690	2 300	7 370	13 240

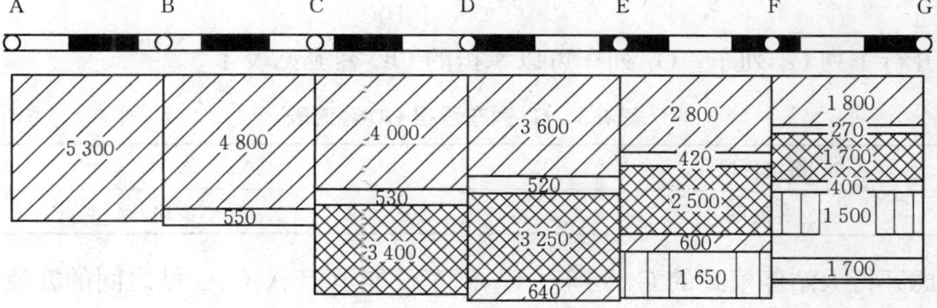

图 4.7　A—G 方向各区段客流密度

本案例中,C—G 区段的客流较为突出,可将 A—G、C—G 区段定为列车的开行区段。又可依据 C 站、E 站和 F 站客流较大,设定几种可选的停站模式,如图 4.8 所示。由于 B—D 站的客流量很小,故"G"字头列车不提供 B—D 站的直达服务。

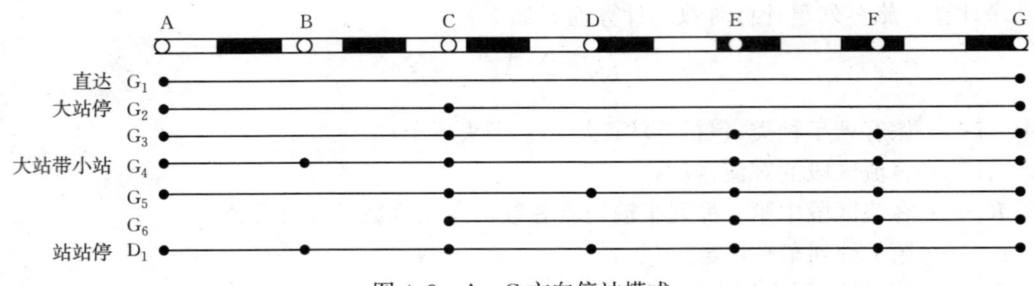

图 4.8 A—G 方向停站模式

图 4.8 中的一条方案线可承担的客流 OD 取决于停站设置。为方便配流,根据编制原则,计算需由"G"字头列车承担的客流,即用表 4.2 中的数据乘以 k_G,并剔除 B—D 站的客流,结果见表 4.2。

表 4.2 A—G 方向由"G"字头列车承担的客流 OD 表 单位:人/h

O	D						合计
	B	C	D	E	F	G	
A	400	640	320	640	800	1 440	4 240
B	0	16	0	80	120	216	432
C		0	120	600	640	1 360	2 720
D			0	32	160	320	512
E				0	120	1 200	1 320
F					0	1 360	1 360
合计	400	656	440	1 352	1 840	5 896	10 584

下面对开行方案的编制过程进行说明。不同停站模式的列车对数的确定,要满足基本客流需求,且考虑列车开行成本。

①根据编制原则,首先开行直达模式的 G_1 列车。G_1 列车仅能承担 A、G 站之间的直达客流,有 1 440 人。

$$A—G间\quad N_{G_1}=\frac{1\ 440}{1\ 100}\approx 1.31$$

选择开行 1 列 G_1 列车。G_1 列车可以承担的 OD 客流见表 4.3。

表 4.3 G_1 列车承担 OD 客流表 单位:人/h

客流区段	A—G
客流量	1 100

②考虑开行大站停模式的 G_2 列车。G_2 列车仅能承担 A、C、G 站之间的客流,从表 4.3 中剔除 G_1 列车承担的客流后,这三个车站之间客流密度最小的区段为 A—C,有 340(A—G 站)+ 640(A—C 站)=980(人)。

$$\text{A—G 间}\quad N_{G_2}=\frac{340+640}{1\ 100}\approx 0.89$$

选择开行1列G_2列车。G_2列车可以承担的客流见表4.4,客流按表中从左到右的顺序进行分配。

表4.4　G_2列车承担OD客流表　　单位:人/h

客流区段	A—G	C—G	A—C
客流量	340	760	640

③考虑开行大站停模式的G_3列车。从表4.4中剔除G_1、G_2列车承担的客流后,A、C、E、F、G站之间客流密度最小的区段为A—C,有800(A—F站)+640(A—E站)=1 440(人)。

$$\text{A—G 间}\quad N_{G_3}=\frac{800+640}{1\ 100}\approx 1.31$$

选择开行1列G_3列车。G_3列车可以承担的客流见表4.5,客流按表中从左到右的顺序进行分配。

表4.5　G_3列车承担OD客流表　　单位:人/h

客流区段	A—F	A—E	E—G	F—G
客流量	800	300	300	800

④从表4.5中剔除G_1、G_2、G_3列车承担的客流后,A—B和B—C区段客流密度分别为740人和432人。

$$N_{G_4}=\frac{740}{1\ 100}\approx 0.67$$

依据线路客流当前特点,可选择开行1列大站带小站模式的G_4列车。G_4列车可以承担的客流见表4.6,客流按表中从左到右的顺序进行分配。

表4.6　G_4列车承担OD客流表　　单位:人/h

客流区段	A—E	A—B	B—G	B—F	B—E	B—C	C—G	E—G	F—G
客流量	340	400	216	120	80	16	344	420	120

⑤从表4.6中剔除G_1、G_2、G_3、G_4列车承担的客流后,A—B和B—C区段客流密度分别为320人和400人,而C—G区段内最小为1 496人(F—G区段),故考虑开行G_6列车。C、E、F、G站之间区段客流密度最小为1 496人(F—G区段)。

$$\text{C—G 间}\quad N_{G_6}=\frac{1\ 496}{1\ 100}\approx 1.36$$

选择开行2列G_6列车。G_6列车承担客流见表4.7,客流按表中从左到右的顺序进行分配。

表4.7　G_6列车承担OD客流表　　单位:人/h

客流区段	C—G	C—F	C—E	E—G	E—F	F—G
客流量	256	640	600	480	120	440

⑥从表4.7中剔除G_1、G_2、G_3、G_4、G_6列车承担的客流后,A—G方向区段客流密度见表4.8。

表4.8 A—G方向区段客流密度 单位:人/h

客流区段	A—B	B—C	C—D	D—E	E—F	F—G
客流量	320	400	520	592	480	320

从表4.8可知目前的客流不适合再开行"G"字头列车,故将表4.9中的OD客流转移与"D"字头列车OD客流合并(表4.9)。至此,不再开行"G"字头列车。

表4.9 "G"字头列车向"D"字头列车转移OD客流表 单位:人/h

转移OD	A—D	B—E	D—G	D—F	C—D	D—E
转移客流量	320	80	320	160	120	32

⑦考虑开行"D"字头列车。整理剩余的客流,A—G方向区段客流密度见表4.10。

表4.10 A—G区段客流密度表 单位:人/h

客流区段	A—B	B—C	C—D	D—E	E—F	F—G
客流量	1 380	1 478	2 114	2 194	2 074	1 794

根据表4.10中的客流特点,考虑开行站站停模式的D_1列车。A—G区段客流密度最小为1 380人,最大为2 194人。

$$\text{A—G间}\quad N_{D_1}=\frac{2\ 194}{1\ 100}\approx 1.99$$

为保证所有旅客有车可坐,A—G间开行2列D_1列车。D_1列车承担的客流见表4.11,客流按表中从左到右的顺序进行分配。

表4.11 D_1列车需要承担OD客流表 单位:人/h

客流区段	A—G	A—F	B—G	A—E	B—F	C—G	A—D	B—E	C—F	D—G	
客流量	360	200	54	160	30	340	400	100	160	400	
客流区段	A—C	B—D	C—E	D—F	E—G	A—B	B—C	C—D	D—E	E—F	F—G
客流量	160	10	150	200	300	100	4	150	40	30	340

至此,A—G区段所有客流分配完毕,得到最终的列车开行方案如图4.9所示。其中"G"字头列车开行6列,"D"字头列车2列。

统计该列车开行方案的各项指标见表4.12、表4.13、表4.14。

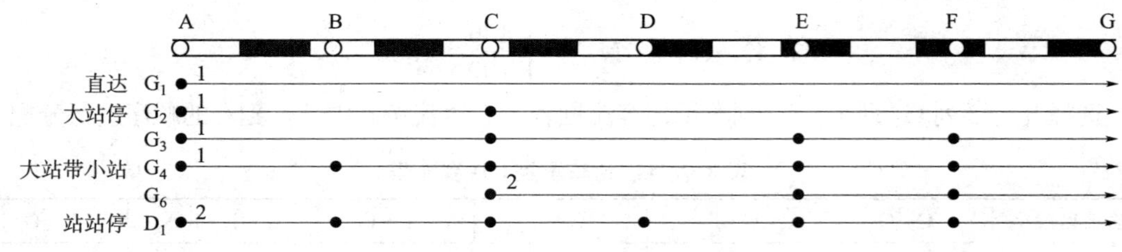

图4.9 A—G区段旅客列车开行方案

表 4.12 A—G 区段客流密度及列车输送能力情况表

区 段	A—B	B—C	C—D	D—E	E—F	F—G
客流密度/人	5 300	5 350	7 930	8 010	7 970	7 370
客运能力/人	6 600	6 600	8 800	8 800	8 800	8 800
平均上座率/%	80.3	81.1	90.1	91.0	90.6	83.8

表 4.13 A—G 区段各列车上座率情况表 单位:%

列 车	频 率	A—B	B—C	C—D	D—E	E—F	F—G	平均值
G_1	1	100.0	100.0	100.0	100.0	100.0	100.0	100.0
G_2	1	89.1	89.1	100.0	100.0	100.0	100.0	96.4
G_3	1	100.0	100.0	100.0	100.0	100.0	100.0	100.0
G_4	1	67.3	70.2	100.0	100.0	100.0	100.0	89.6
G_6	2	—	—	68.0	68.0	68.0	53.5	64.4
D_1	2	62.7	67.2	96.1	99.7	94.3	81.5	83.6

表 4.14 A—G 区段各 OD 间列车直达服务频率情况表 单位:次

O	D					
	B	C	D	E	F	G
A	3	5	2	4	4	6
B	—	3	2	3	3	3
C	—	—	2	6	6	7
D	—	—	—	2	2	2
E	—	—	—	—	6	6
F	—	—	—	—	—	6

客流平峰时期根据实际客流需求,在高峰小时高速铁路旅客列车开行方案基础上进行抽线,保持合理的设备利用率和服务频率,以有效利用运力资源,同时满足旅客多样化的出行需求。

2. 高速铁路旅客列车运行方案设计

旅客列车运行方案是实现位移核心服务提供的时间性特性,包括列车出发、到达、通过各车站的时刻以及途中时间等,列车运行方案的设计就是在列车运行图上铺画旅客列车运行线。列车运行图是用以表示列车在铁路区间运行及在车站到发或通过时刻的技术文件,规定了各次列车占用区间的顺序,列车在每个车站的到达、出发、通过时刻及在站停留时间、列车在各区间的运行速度及运行时分、机车交路等,是全路组织列车运行的基础。

(1)列车运行方案编制要素

列车运行图编制要素包括列车运行相关的所有时间标准、客运列车开行方案和线路及车站等基础性信息。具体的列车运行图如图 4.10 所示。

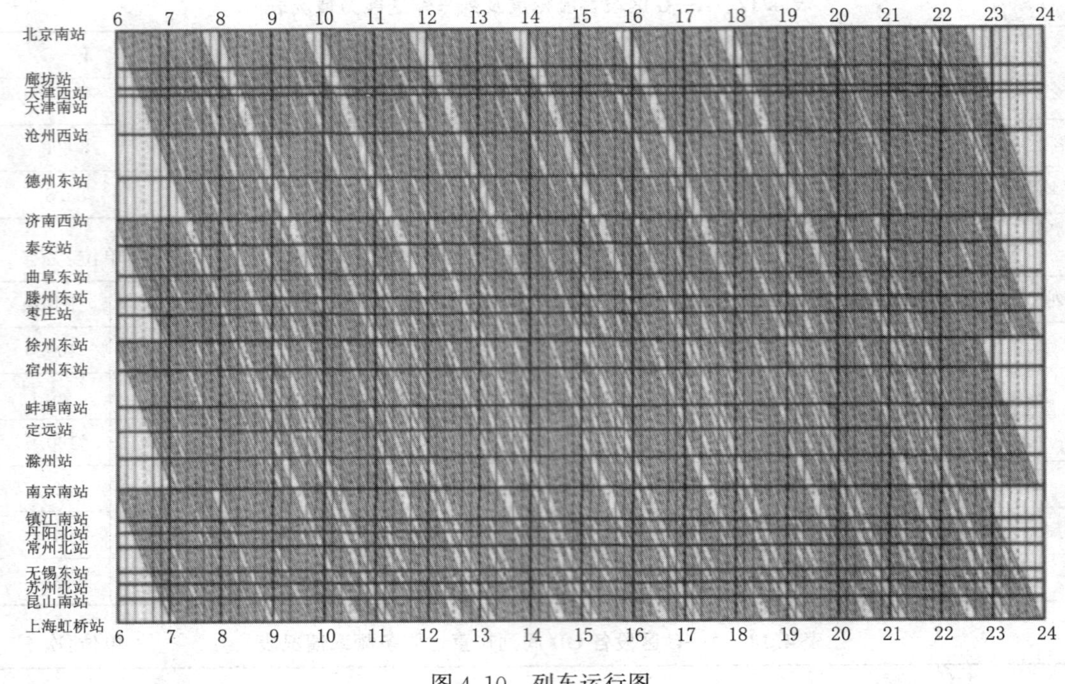

图 4.10　列车运行图

①运行图有关技术标准。

运行图有关技术标准包括区间运行时分、起停车附加时分,列车间隔时间标准,列车各种技术作业及时间标准,施工天窗及列车慢行附加时分,车站到发线及动车段(所)线路条件,动车组技术条件及作业时间标准等。高速列车起停车附加时分见表 4.15。

表 4.15　高速列车起停车附加时分

列车速度/($km \cdot h^{-1}$)	起车附加时分/min	停车附加时分/min
300	3	3
200	2	2

列车间隔时间具备相应的规章规定及技术标准,其包括列车在车站的间隔时间(简称车站间隔时间)和追踪列车间隔时间(简称追踪间隔时间)。车站间隔时间是车站办理两列车到达、出发或通过作业所需要的最小间隔时间。追踪间隔时间是在设有自动闭塞的线路上,同一方向追踪运行的两列列车间的最小间隔时间,高速铁路动车组列车是 3 min,普速铁路四显示自动闭塞区段的动车组列车是 5 min。此外,关于客运站的停站时间标准,中间站是 1～2 min,省会站是 3～4 min。

②旅客列车开行方案。

旅客列车开行方案的输出内容包括列车运行区段、列车种类及列车对数。在编制列车运行方案时,要在列车开行方案的基础上,考虑列车种类和列车运行参数。列车种类包括:各类列车种类名称、简称、列车等级以及各类列车的起始与终止车次编码等。列车运行参数包括:列车车次,列车始发、终到车站,编图范围内的列车起始、到达站名,列车运行径路,列

车运行种类，列车停站及停车时间，列车长度及牵引重量。

③其他基础信息。

高速铁路线路包括：线路名称、线路车站构成、线路车站中心里程和线路的区间。

高速铁路车站包括：车站名称，到发线编号、有效长度、使用分工及其站台配置情况，车站行车进路及敌对关系，车站性质，分界口特性，信号机位置。

线路区间包括：端点站名称、线路标志、里程长度、闭塞类型、行车性质和闭塞分区信号机位置。

(2)高速铁路运行图编制原则

①高速铁路列车运行图的编制原则上纳入全路编图工作。全路定期性的列车运行图编制工作，由国铁集团负责；局管内的列车运行图编制工作，由各铁路局集团公司负责。

②严格遵守各项技术作业标准，保证高速铁路列车运行安全。

③适应高速铁路客流特点，最大限度满足旅客出行的需求，做好高速铁路列车运行线与客流的结合。

④做好高速铁路与普速铁路的衔接，最大限度地提高高速铁路及普速铁路的通过能力。

⑤高速列车运行与高速客运站的技术作业过程相结合，合理安排列车停站，以提高列车旅行速度。

⑥充分利用线路和车站的通过能力，合理安排高速铁路综合施工维修天窗。

⑦合理勾画动车组运用交路，最大限度地提高动车组的运用效率。

⑧均衡铺画的原则，处理好列车密度、列车种类、动车组交路等方面的关系，减少各种列车间的越行与避让，同时使列车运行图保持合理的弹性。

(3)高速铁路列车运行图编制顺序

合理确定高速铁路列车运行线的铺画顺序，可减少列车运行线间隔检查与调整次数，提高编图效率。高速铁路列车运行图一般按下列顺序进行编制。

①列车运行线按列车等级高低顺序铺画。

高速铁路列车运行线的铺画，应该考虑到不同速度等级列车混跑的运输组织模式、列车的有利到发时间、均衡性以及低等级跨线高速列车在既有线上时间的衔接等。综合各类列车性质，将列车等级划分为中、长途高等级高速列车，跨线低等级高速列车，短途高等级高速列车和短途低等级高速列车四类，其运行线的铺画顺序以此为准。

首先，中、长途高等级高速列车运行线所形成的基本框架对整个高速铁路列车运行图的布局以及能力利用起着决定性的影响，其分布应尽量做到均衡，为低等级高速列车运行线的铺画创造良好的条件；其次，跨线低等级高速列车运行线的铺画需符合全路跨线高速铁路列车方案的要求，并保证一定的旅行速度；再次，短途高等级高速列车运行线一般利用中、长途高等级高速列车运行线与跨线低等级高速列车运行线之间的空隙插入铺画，为了不影响已建立的整体框架，原则上不调整已铺运行线，只在特殊情况下，允许进行微量调整；最后，短途低等级高速列车运行线没有与全路跨线高速铁路列车方案的衔接问题，一般跨越区段较少，因此，始发、终到时刻的选择范围相对较大，一般利用列车运行线空隙插入的方法铺画。

②同等级列车按出发时刻先后顺序铺画。

高速铁路列车运行线按等级由高至低顺序铺画，对于同等级列车，首先按出发时刻先后进行排序,然后顺序取出列车进行铺画。

③高等级及先铺画列车具有优先权。

在高速铁路列车运行线铺画及间隔调整的过程中,当前铺画的列车与已铺画列车发生冲突时,先调整当前列车,然后再调整与其冲突的列车。这样可减少检查、调整次数,提高编图效率。

(4)规格化(周期性)旅客列车运行图

高速铁路列车速度高、密度大,列车之间联系紧密,一旦出现干扰,列车调整困难,鉴于此,编制高速铁路列车运行图时,要在保证运输能力的基础上,合理安排各列车的到发时间。规格化运行图是在运输能力合理负荷下,以一定时间间隔(单元时间)为单位,循环重复铺画的饱和运行图,规格化表现在单元时间内的列车开行及停站方案基本相同。例如,以小时为单元时间,则运行图上每小时内的列车种类、数量以及停站地点、时间基本相同。随着高速铁路的发展,规格化列车运行图的优势愈发凸显,极大地方便了旅客的出行,充分体现了高速铁路快捷、舒适、方便的特点,是各国高速铁路普遍采用的运行图模式。

规格化运行图的优点在于方便旅客记忆、运输组织规律、线路能力利用率高、运行图调整具备较大弹性、有利于运输能力的计算评价及与其他交通方式的衔接。其缺点在于规格化运行图的列车停站方案相对固定,导致客运产品相对单一化,部分旅客的出行要求难以满足,并且可能额外增加停站。除此之外,为实现规格化的运行线铺画,需要调整部分列车的起讫点,开行频率较低的列车也可能被取消,导致这部分旅客需要换乘。因此,应考虑客流的实际情况,选择合适的列车运行图模式与运行线铺画方法。

3. 票务服务方案设计

票务服务是高速铁路客运的核心服务内容,也是对高速铁路位移服务产品进一步分解(席位位移分解成旅客位移)实现市场交易的环节,具体通过对票种票制、售票组织、销售渠道等设计,弥补高速铁路客运服务列车开行方案、运行方案无法满足旅客需求差异的局限,向旅客提供更加多样化、多层次、个性化的客运服务。具体表现如下:

(1)丰富的车票种类可满足不同群体的需求

针对旅客职业、年龄、出行目的等差异,提供种类丰富的票制票种,进行票务服务特征设计,可在一定程度上满足不同类型群体对客运“位移”服务的个性化需求。如儿童免票、优惠票,学生优惠票,定期票,计次票等,都是针对不同目标群体旅客设计的。

(2)增加车票内涵可延伸客运服务

随着旅客活动范围的扩大和“多式联运”的发展以及满足旅客多样化需求理念的深入,需要为旅客提供更多便捷的延伸服务,培育服务新业态。例如,融合线上线下客运资源,建立与各有关合作企业的会商模式,丰富“铁路客票+”与“互联网+”产品种类,创新“铁路+文旅”等定制产品,不断提高高速铁路客运服务质量和旅客体验,提高铁路市场竞争力。

(3)灵活的车票销售渠道可实现高速铁路运输企业营销策略

随着信息技术的发展,票务服务线上模式逐渐成为主导,通过丰富车票销售渠道,既满足旅客多样化票务服务需求,提高票务服务便捷性,也能扩展企业票务服务容量,降低人工成本,同时也进一步体现了高速铁路运输企业通过车票销售渠道管理,行使企业营销策略,实现运输企业的收益管理目标。例如,2020 年底全面推行的电子客票,实现旅客持身份证

可在全国 2 878 个高速铁路和普速铁路车站“一证通行”,惠及 99%以上铁路出行人群,同时还减少了运营成本、大幅降低了窗口人员工作量。

4.3.4 高速铁路客运辅助服务包设计

1. 高速铁路客运辅助服务包内容

旅客选择高速铁路作为出行方式时,高速铁路运输企业除了要为旅客提供核心服务外,还需要在旅客出行全过程中提供与核心服务相匹配的各种辅助服务。高速铁路客运辅助服务包的设计更能体现运输企业“人性化”的服务理念,也更能彰显不同运输企业特色的方面,具有广阔的发挥空间。旅客出行需要的辅助服务项目见表 4.16。

表 4.16 旅客旅行需要的辅助服务项目

旅行环节	可能需要的服务
计划旅行	提供各种旅行相关信息等
订、购车票	提供多种便捷的订票、购票、退票、改签票等服务模式及相关的信息服务
车站候车	提供舒适、安全的候车环境和各种旅客信息、餐饮、购物等商业服务,行李寄存服务,行李的搬运等
上　车	提供明确的引导服务及代步等服务
途　中	提供舒适、安全、方便的乘车环境和列车正晚点、气象、旅游等信息,以及娱乐、餐饮、办公等服务
下车(含换乘)	提供正确的到站、停站、换乘车次、气象、旅游等信息,以及明确的引导服务等
出　站	提供明确的引导服务和租车、餐饮等各种服务和相关信息服务等

表 4.16 的辅助服务项目可以分为两类,一类是基本服务,这类服务是完成核心服务并达到相应标准所必须具备的内容。例如,信息服务、理赔与失物招领、冷热水供应等,以免费提供为主。对于这些基本的辅助性服务,应有相应的服务提供标准,如失物的免费保存时间,冷热水保持 24 h 供应等。另一类是延伸服务,严格来讲这类服务是超标准(以旅客所购买的核心服务类型为基础)提供的,其目的是改善旅客服务体验,这类辅助服务依条件不同,旅客可以是免费或者付费享受,如餐饮、约车等服务。

高速铁路运输企业可以根据自身实力和营销策略,为旅客提供更多样的免费、折扣、付费的辅助服务,以此在增加或改善辅助服务的同时,增强本企业客运服务的特色和竞争力。

2. 高速铁路客运辅助服务包设计要求

高速铁路客运辅助服务是核心服务必不可少的基本条件,也是核心服务的补充和丰富,要求与核心服务相匹配。好的、恰当的辅助服务设计是对铁路“人性化”服务的体现。

高速铁路客运服务由一连串的服务环节和内容组成,为了保证伴随一项客运核心服务始终的辅助性服务的质量,在高速铁路客运辅助服务包设计时,必须注意几点:

(1)连贯性

旅客在不同运输阶段需要同种辅助服务的概率很大。如引导服务,旅客从到站—进站—检票—上车—中途换乘—下车出站,涉及多个环节、多个运输企业,几乎每个活动环节都需要铁路向旅客提供引导服务,这类服务设计时要求尽量连贯,能想旅客所想,避免某项服务时有时无。

(2)高效率

旅客对辅助服务需求量大,使用频率高,这就要求提高辅助服务效率,采用先进的信息技术和设备、培训高素质员工或部分服务"外包"。如车站的餐饮、保洁工作,承包给专业餐饮公司和保洁公司。而高速铁路运输企业把注意力放在制定标准和执行上,从而保证服务的高标准和高效率。服务"外包"能借助社会专业化的服务资源更好地提供高质量服务,提高旅客的满意度。

(3)标准化

基本服务必须注意各环节标准的一致性,这就要求其按照一定的标准进行设计,无论从服务提供的数量、质量方面都应有一定的标准,但并不是千篇一律,而是针对不同目标群体旅客设计不同服务标准,满足不同旅客的需求。

(4)多样化

由于延伸服务是为实现体验增值的,要以满足旅客多样化需求为目标,如可以为携带贵重物品旅客提供专门保管服务。高速铁路客运辅助服务包的延伸服务设计更能体现高速铁路运输企业满足旅客隐性、多样化需求的理念,也更能体现运输企业特色,具有广阔的发挥空间。

(5)动态调整

一方面,要根据旅客途中运行时间及时间段分布特点动态调整。如北京—天津城际列车仅半小时车程,餐饮服务可以设计为延伸服务而非基本服务;北京—上海高速铁路 4～6 h,不同车次时间段分布不同,餐饮服务可以设计为付费基本服务,亦可设计为延伸服务;北京—广州高速铁路 10 h,餐饮服务设计为付费基本服务。

另一方面,为改善"旅客体验",提供超过服务标准的服务,实现服务"升级"。"升级"条件:一是旅客自愿付费,在条件允许时,高速铁路运输企业酌情提供;二是遇到突发情况时,可以酌情提供。例如,由于设备故障造成列车较长时间晚点,列车上提供"免费餐饮"。

总之,辅助服务包设计是高速铁路运输企业扩大经营的方向之一,针对不同消费群体,在开发核心服务包的同时,可以提供更多付费基本服务和延伸服务,如针对商务群体提供更多"付费"延伸服务,增加旅客体验的同时,提高高速铁路运输企业经营效益。

4.4 高速铁路客运服务流程设计

服务包设计历经"从旅客服务需求和企业服务战略到服务基调"两个阶段,形成向社会提供各类"具体服务"内容的组合,每项服务都需要设计一个可执行的与其匹配的服务过程,即服务流程。所以说,服务流程设计就是对服务包所包含各要素提供顺序的设计过程,包括对提供服务的整个过程和完成这个过程需要的各项组合方式的设计过程,解决"怎样向旅客提供服务"的问题。

4.4.1 高速铁路客运服务流程概念和内容

1. 高速铁路客运服务流程概念

服务流程有狭义和广义之分。狭义的服务流程是指服务程序,即服务的先后顺序。广义的服务流程指服务组织向旅客提供服务的整个过程和完成这个过程所需要各种资源的组合方式，是服务设计方案的重要组成部分。它不仅仅包括前台服务活动的顺序安排，还应将后台的支持性活动考虑在内；不仅要将服务者、服务组织活动列入设计范畴，还要把旅客活动及旅客与服务者的相互影响作为重要组成部分，体现了高速铁路客运服务需求侧与供给侧全程互动的过程。可以说，广义的服务流程就是一个完整的服务生产与消费系统。

2. 高速铁路客运服务流程类型和特点

与服务类型划分相似，可根据服务差异化程度、服务对象、旅客与服务人员的接触程度、企业提供服务方式等划分服务流程。

(1)服务差异化程度

按照服务差异化程度可将服务流程分为标准化服务和个性化服务。

标准化服务是服务差异化程度较低的服务，服务内容简单、重复、技能要求低。由于工作的重复性强，较容易实现自动化，以机器代替人力劳动。

个性化服务是服务差异化程度较高的服务，灵活性大，需要服务者对服务情景做出判断，对服务者的工作技能要求高。要求高速铁路运输服务企业给一线员工一定的授权，以便对旅客的需求做出快速反应。

(2)服务对象的不同

按照服务对象的不同可将服务流程分为旅客和有形物品。

旅客是高速铁路客运服务最主要的对象，服务流程的顺序应符合旅客活动规律和心理接受程度等。

虽然把有形物品作为流程"处理"的对象是制造业的特征，但从前面的服务包模型来看，高速铁路运输企业在为旅客提供服务时，还必须为旅客处理一些有形物品，如对旅客携带品的保管、寄存、运送，在旅客旅行过程中配套的餐饮、娱乐设施等。对于有形物品的"处理"同样是服务流程的一个重要方面，应当予以足够的重视。

(3)服务接触程度

按照服务接触程度可将服务分为直接接触、间接接触和无接触三类。

旅客来到服务场所接受服务即为直接接触服务。如旅客在列车上接受乘务人员提供的各项服务等。直接接触又分为旅客自助式和旅客与服务者在服务现场全面接触两种。其中自助式服务是客运服务的发展趋势，旅客参与服务可大大降低服务的劳动成本。

旅客与高速铁路运输企业通过间接接触完成服务的提供与消费称为间接接触服务。随着通信信息技术的发展，间接服务在各行业得到快速涌现。如电话订票、12306 网络订票，通过网络预订酒店、旅行社等，这些间接接触的方式不仅会增加客流，还会促进延伸服务的发展。

旅客无须参与客运服务业务性工作称为无接触服务。无接触的服务主要是运作在纸面上的。如客运服务部门制定的一些规章制度、行为规范等，这些内容多数是针对客运服务人员的。服务人员的服务技能、服务态度直接影响旅客对服务部门的感受。这不仅直接关系到服务部门利益，同时还影响到服务的顺利进行。

(4)服务实现主渠道

按服务实现主渠道可将服务流程分为线上服务和线下服务。

线上服务是依托网络进行的服务行为。这类服务较为便捷和规范，旅客只需通过网络简单点选或查询就能获得服务。随着互联网、手机等普及,越来越多的服务可以通过线上实现,其内涵也不断拓展。如网络或App购票、订外卖、在线选座、在线观影等。

线下服务是依托传统线下模式实现的服务行为。这类服务需求的服务面更广,适用性更强,也可更好满足旅客个性化或定制性服务需求。如售票大厅购票、行李托运、售货车购物、候车厅点餐等。

3. 高速铁路客运服务流程设计方法

高速铁路客运服务流程设计方法是对一系列服务方法的选择分析过程。这些服务方法与服务流程密切相连,高速铁路运输企业应该根据服务环节、服务活动特点选择适当的服务方法,在为旅客提供满意服务的同时,降低服务成本,提高服务质量和经营效益。服务流程设计方法通常有生产线方法、顾客合作法、顾客接触法三种。

(1)生产线方法

这种方法的目标就是设计一种可控的服务环境,以提供质量稳定的标准化产品。这种方法可以提高服务工作效率,适应于服务需求差异化程度较低的服务流程。虽然这类服务不能给顾客以过多的个性化照顾,但其规范统一的服务形象、稳定可靠的服务质量和高工业化、高效率的服务提供,满足了部分个性化需要不高的顾客,成为服务市场中一种特点鲜明的服务类型。许多实施成本领先战略的企业常采用这种方法设计服务流程。例如,高速铁路列车上提供的盒饭餐饮服务,其原料采购、烹饪、包装等过程,都按照标准化严格执行。员工在制作过程中基本不需要做出各种判断,只要按照既定的标准去执行即可。

总之,生产线方法就是将工业设计的理念引入服务设计中,形成的标准化服务流程。生产线型服务流程设计有四个方面的特征。

①低"自由度"的服务行为。员工工作任务是明确而简单的,与工业流水线上的工人一样,只能按照标准进行服务操作,不能"自主"地决定服务行为。一贯的服务质量和标准化是这种流程的特点。

②严格细致的劳动分工。服务任务被拆分成许多简单的任务单元,每个任务单元由少数几个人完成,相互之间紧密衔接、顺序接续。

③以技术(设备)代替人力。服务组织更便于实施以技术(设备)代替人力的策略成为可能。标准化、重复性劳动被设计适当的技术设备替代,这样不仅降低了劳动成本,而且还能保持较高的标准程度和一贯的服务质量。

④服务标准化。服务流程形成了明确的劳动分工和有序的顾客消费线路,让服务成为简单明确的过程,这样的流程易于控制,也保证了服务质量的一贯性。另外,标准化的生产服务使服务组织易于采用特许经营的方法进行扩张。

高速铁路客运服务过程的许多环节均采用生产线方法,可以大大提高服务效率,降低服务成本,减少客运服务过程差异化造成的质量不一致的现象。例如,高速铁路客运站进站安检、检票上车等服务环节采用生产线方法进行服务流程设计,提高服务的标准化程度和效率。

(2)顾客合作法

服务生产与消费同步的特性决定了大部分顾客在服务消费中扮演着主动"合作生产者"的角色。顾客参与服务的生产过程,为服务组织提供了一个将部分服务工作转移到旅客方面的机会，而且这种转移还能增强服务的个性化程度。

鼓励顾客参与生产，符合服务组织采取的成本领先战略，也能满足那些喜欢自助服务顾客的要求。增加顾客的参与程度，使其在服务设施设备和少量甚至无人工服务的帮助下依照一定的服务流程进行自我服务的服务方式就是自助式服务。

①顾客参与服务生产的好处。

依据顾客参与生产的程度，服务流程可设计成从自助服务到完全依靠服务者的不同形式。顾客参与生产对于服务组织的好处包括：

首先，以顾客参与代替服务人员。随着科技进步和社会人工成本日益增加，越来越多企业选择顾客合作法提供服务，用顾客参与来代替服务劳动力。如高速铁路互联网售票、自助售票机售票、自助验证验票等。越来越多旅客习惯并享受自助服务带来的便捷和对服务过程的"控制感"，如互联网票务服务提供的线上购票、退票、选座等功能，极大地方便了旅客，节省了旅客的时间，且旅客自助服务一定程度上还能扩展服务容量。其次，平衡服务需求。服务需求总是波动的，一天的不同时段、一周的不同日子、一年的不同季节都有所不同。服务需求的波动性给企业的服务容量管理带来了难度，而顾客参与生产可以平衡服务需求。如企业可以为旅客提供预订服务，适当调整顾客消费的时间，减少顾客因服务高峰而增加的等候时间。当然，在服务高峰期以价格杠杆调节需求也是一种有效途径。

若服务高峰无法避免，则必须让顾客等候。顾客等候实质上也相当于增加了服务容量。为此，许多服务组织以较低的服务价格作为顾客等候的补偿。很典型的标志语是：您的等候使我们的价格更低！但由于不同顾客的时间观念的差异性，这种做法不一定能使所有的顾客满意。

②顾客选择自助式服务方式需考虑的因素。

服务学者贝特逊进行了一次调查，要求顾客运用以下七条标准来考察并选择服务方式：

a. 完成服务消费所需的时间。

b. 顾客对各种服务情形的控制程度。

c. 服务流程的效率。

d. 服务中人际接触的多少。

e. 服务中可能存在的风险大小。

f. 完成服务享受所需付出的努力。

g. 顾客在服务消费中对他人的依赖程度。

调查结果表明，喜欢自助式服务的顾客把第二条标准视为最重要的考虑因素。在顾客看来，自助式服务消费中顾客起到了主导作用，也就提高了服务的个性化程度。结果还表明，当服务中可能存在的风险较小、完成服务所需付出的努力较少、顾客在服务消费中对他人的依赖程度较低的情况下，自助式服务流程的效率更高，更吸引顾客。

实质上，以上七条标准中的绝大部分可以成为服务组织在考虑是否采用自助式服务方式时参照的标准。

③自助式服务设计的要点。

自助式服务设计的目的，一是减少服务中的人际接触；二是提高服务的个性化程度。自助式服务设计应具有的特点：a. 以设施设备的投入来取代人力投入。在服务提供中减少人力投入,而代之以服务设施设备,尤其是通过一些新技术新设备的应用,利用信息技术开发网络服务平台等,拓展服务时空边界,代替人工投入实现顾客完成自助服务。b. 简化服务操作。顾客不喜欢在自助服务时投入较多的精力从事复杂的服务操作,服务组织必须简化服务的操作流程。自助式服务设计要考虑顾客与服务设施设备的"人—机"关系。c. 服务标志明显,服务信息传递通畅。顾客置身于无人帮助的情况下完成自我服务,需要足够的信息告知他们"下一步"应怎么办,因此,需要有足够的标明服务流程的引导标志和设施设备等,而且这些传递信息的设备设施置于明显处。d. 服务路线与界面设计应符合人们的自然消费习惯。服务路线与界面(如网站的网页)设计应尽量符合人们的消费常规,服务环节之间的连接应为"人之常情"的自然衔接,即顾客很"自然"地沿着服务路线(程序)继续下一环节的服务体验。

高速铁路客运服务系统中旅客通过服务信息平台、自助设备等进行自助式消费,参与服务生产过程,服务过程主要是旅客通过自己的劳动完成消费,基本不需要一线工作人员参与。如旅客可通过 12306 网站购票、自助验证(验票)进站候车、自助检票机检票上车,实现进站服务流程的全程自助化。

(3)顾客接触法

顾客接触法是介于生产线方法和顾客合作法之间的一种方法,它兼顾了鼓励顾客参与服务提供和组织有效后台生产两方面,符合大部分服务组织的产品特征,因而在服务业中得到较为广泛的应用。本教材在 4.4.4 进一步阐述高速铁路客运服务接触设计。

4. 高速铁路客运服务流程设计内容和步骤

服务流程设计是对服务包中各项服务要素提供顺序的设计过程,是服务包设计的延续,其包括内容和设计步骤,如图 4.11 所示。

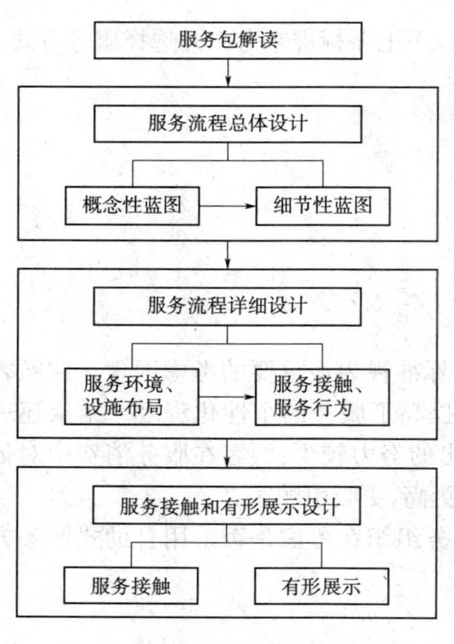

图 4.11 高速铁路客运服务流程设计内容和步骤

(1)服务包解读,即确定服务内容,既可以是为了满足旅客出行需求将全环节服务内容作为一个整体的服务,也可以是某一环节的某一项服务。服务流程设计就是在明确服务包提供什么服务(整体服务或某一项服务)的基础上,进行服务流程总体设计和详细设计,最终解决"怎样向旅客提供服务"的问题。

(2)服务流程总体设计,即广义服务流程设计,在确定服务流程类型及服务流程基本方法的基础上,借助服务蓝图对服务提供(生产)系统进行总体描述和规划设计,服务蓝图的相关内容将在 4.4.2 进行介绍。

(3)服务流程详细设计,即狭义服务流程设计,包括具体服务活动各环节(时间、地点、设备、人力配置)的先后顺序和服务环节时间标准计算。

(4)服务接触和有形展示设计,包括服务接触设计及服务环境、设施布局、服务行为等服务的有形化设计。

4.4.2 高速铁路客运服务流程总体设计

1. 服务流程总体设计内容

服务流程总体设计是从整个服务提供系统的总体出发，确定服务提供的基本方式和服务生产特征，为进行各要素的具体的、细节性的设计规定基本方向和总体思路。包括以下内容：

(1)确定提供服务的流程类型。按照旅客与服务企业的接触程度、企业提供服务的方式等，确定向旅客提供服务的流程类型或渠道。例如，企业向旅客提供购票服务，可以由12306网站等低接触度的线上服务实现，也可以由车站自动售票机、车站窗口等中、高接触度的服务方式承担。购票方式不同，其服务流程、设施设备的配置、服务场所及环境等也不同，旅客在体验和消费购票服务的感知质量会有很大差异。由于不同类型旅客的消费需求及体验角度有差异，对服务的认可度和满意度有直接影响，服务成本和服务效益都会不同。

(2)选择服务流程的基本方法。在设计客运服务时，首先要明确服务的市场定位、服务基调、目标旅客等问题，以此为基础进一步比选各种服务流程的优劣。根据服务流程的类型，明确服务提供的基本方法和服务生产特征。例如，根据旅客在自动购票机购票属于“与服务者不接触”的服务流程，则可明确此项服务提供的方法为旅客合作法，旅客自助完成服务过程。

(3)对服务提供(生产)系统进行总体描述和规划设计。对服务提供(生产)系统进行总体描述和规划设计也就是确定此项服务的服务蓝图，确定旅客、前台服务人员、后台服务人员以及职能部门与管理者的职责。例如，旅客在自动售票机购票这项服务，除部分旅客需要提供操作指导外，基本不需要前台服务人员，而后台服务人员则要保证售票机的正常运作，职能部门要确定自动售票机服务功能、故障修复、布局等，管理者则负责职能部门接合部的内容协调、是否增加相关人员与财务支持、优化自动售票机购票服务决策等。

2. 服务流程总体设计方法——服务蓝图

服务流程类型和服务流程的基本设计方法的确定，为服务流程设计工作指明了基本设计思路，这是流程设计的第一步。在此基础上，服务流程总体设计可以运用绘制服务蓝图的方法完成。

(1)服务蓝图的概念和作用。

①服务蓝图的概念。

服务蓝图是以简洁明确的方式将服务基调和设计思路转化为服务系统的图示方法。蓝图勾画出所有服务生产要素(人和物)的职责、前后台的操作流程和相互协作关系等，注重操作性。蓝图设计原本是建筑设计的基本方法，后来为服务业采用，用来进行服务系统的设计。服务蓝图按其表明内容详细程度可分为概念性蓝图和细节性蓝图两种。前者是对服务系统的总体描述；后者是对服务系统的某一部分的详细描述，这两种蓝图都是必不可少的，二者的设计原理和方法是相同的。

②服务蓝图的作用。

服务蓝图的作用已为众多的服务管理者所认识。

首先,概念性服务蓝图给管理者提供了一个服务系统的全景,全面、明确又很简洁,便于管理者进行统筹规划,促使管理者全面、深入、准确地了解所提供的服务,有针对性地设计服务过程,更好满足旅客需要,有利于铁路有效地引导旅客参与服务过程并发挥积极作用,明确质量控制活动的重点,使服务提供过程更合理。

其次,服务蓝图所提供的信息,能协助管理者和职能部门确定企业与旅客行为交互触点,发现可能出现服务失误的关键时刻、薄弱环节,进而促使高速铁路运输企业进行改善性服务设计,建立完善的服务操作程序,明确服务职责,有针对性地开展员工培训工作,最终达到改进服务质量、提高旅客满意度和企业效益的目的。

再次,细节性服务蓝图可以协助企业职能部门了解本部门的工作流程,制定相应的管理方案。例如,人力资源部门可以利用服务蓝图的信息制定工作描述,确定职工招聘标准、人事制度等;培训部门可以利用服务蓝图制定培训相关制度、管理办法、培训方案等,也可以把服务蓝图作为选定培训目标和制作培训资料的基础,因为服务蓝图本身就是一种工作流程的描述;营销管理部门也可以在服务蓝图上确定高速铁路运输企业与旅客的可能接触点,从而确定各接触点的信息交流方式等。

最后,细节性服务蓝图是“服务设计辅助决策系统”的基础,服务蓝图是对服务系统的基本分析,可以利用服务蓝图设计服务设计(或仿真)系统,如美国运通开发的帮助客户进行信贷决策的专家系统的设计就是从服务蓝图开始的。

(2)服务蓝图的构建步骤及构成。

①服务蓝图的构建步骤。

服务企业提供不同的服务,不存在唯一的服务蓝图,建立高速铁路客运服务蓝图应该遵循以下步骤:

a. 明确服务蓝图对象。建立服务蓝图的服务内容,对要绘制的服务蓝图过程的识别取决于建立蓝图的潜在目的。

b. 明确目标旅客。从旅客的角度用流程图的形式表示其体验服务的过程,然后用图形表达旅客的购买、消费和评价活动。

c. 明确前后台服务行为。首先画外部互动分界线和可视部分线,然后画具体的服务提供过程。例如,高速铁路购票服务,互联网模式的线上票务服务和车站窗口人工售票,服务提供方式不同,互动分界线、可视部分线和具体服务提供过程不同,旅客接触和可见不同,需要提前确定。

d. 明确高速铁路运输企业内部支持活动。画内部相互影响线和管理实施线,确定企业内部职能部门需要配合的工作和管理职能活动,并使内部支持活动对旅客和一线员工的影响变得清晰易见。

另外,在建立服务蓝图时还应注意以下几个问题:

a. 建立服务蓝图不是几个人或某一职能部门的事,一般需要成立开发小组,吸收各方代表,尤其是一线服务人员的积极参与。

b. 对已经存在的服务,必须按照实际情况建立服务蓝图。

c. 对不同服务需要建立不同的服务蓝图。

d. 在进行服务蓝图设计时,可借助计算机图形技术。

②服务蓝图的构成。

服务蓝图设计理念源自系统分析方法和工程设计。服务系统不仅仅是一个“流程”，它还是一种“结构”。流程是服务过程的展现，结构是实现或提供服务的层次性、阶段性的划分。服务蓝图用水平和垂直两个方向的设计将“流程”与“结构”结合起来。在服务蓝图上，方框“□”的内容表示“谁向谁做了什么”，称为行为框；菱形“◇”的内容说明了“在什么情况下”，称为决策框；箭头和连接框的线表明了“顺序”。

服务的“流程”在蓝图的水平方向上用从左至右按时间先后顺序排列起来的行为框表示。

服务的“结构”在蓝图的垂直方向上表示出来。自上而下，出现三层结构，表示一般服务系统的组成：服务接触、后台支持性工作和管理活动。当然，也可以更详细地划分，这取决于蓝图的性质是细节性的还是概念性的。这里值得注意的是，蓝图的结构层次刚好是传统组织机构图的倒置，一线员工在上，而管理者在下。这体现出直接服务者在服务组织中的作用，或者说服务蓝图实质上是在倒置的组织机构图上加入行为框而成。

在服务接触层，有一条“互动分界线”将旅客的行为和一线服务员的服务行为联系起来。旅客行为在“互动分界线”上，员工行为在“互动分界线”下，二者的行为均从左至右依次进行。

一条“可视部分线”将服务系统的前台和后台分开。所谓“可视”，是相对旅客而言。旅客“可视”部分就是服务系统的前台，而在“可视部分线”之下，即旅客不可视的部分就是服务系统的后台。后台员工为前台员工提供支持性服务，如列车上餐车的厨师为前台服务人员提供有形饭菜。

“内部相互影响线”将服务系统的后台和服务系统内的其他支持性功能部门(即微观管理)分开。提供完善的服务，不仅需要前台服务者和后台服务者的努力，还需要服务系统内部其他职能部门的配合，如营销部门的广告支持、采购部门的物品供应、人力资源部门的业务培训、工程部门的设备维护等。

最后，“管理实施线”将管理职能活动与职能部门活动区分开来。在“管理实施线”下是管理者的管理职能活动(宏观管理)，如计划活动、组织活动、控制活动、评估活动。当然，这条线只会出现在概念性服务蓝图中，而组节性服务蓝图则可省略宏观管理层。可以将服务蓝图构成简化为图 4.12。

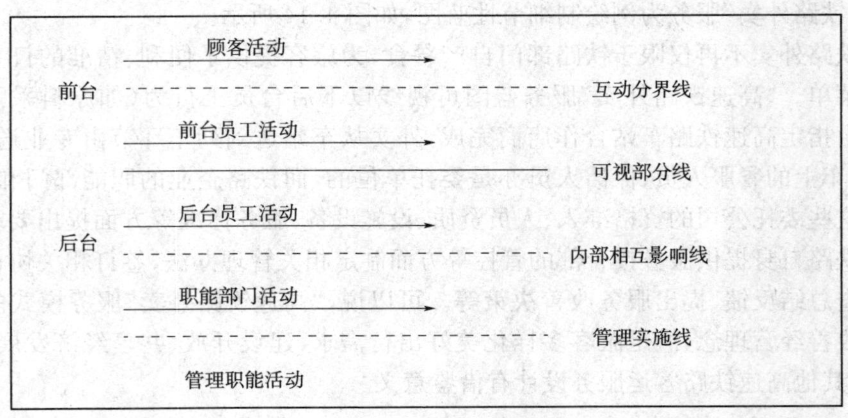

图 4.12 服务蓝图简化图

3. 高速铁路客运服务蓝图

服务蓝图设计的对象是“服务”,可以是核心服务,也可以是辅助服务;可以是有形服务,也可以是无形服务;可以是显性服务,也可以是隐性服务,但一定是以前台服务为中心的。高速铁路客运服务既可以是为了实现旅客出行需求而将全环节服务内容视为一个整体的服务;也可以是为实现旅客出行需求而提供的某一环节的服务。也就是说高速铁路客运服务是可以不断分解、细化的过程,直到分解为可重复、可执行的一个个服务动作组成的具体服务活动,由此可测定客运服务工作的时间标准。对于服务分解过程中每一层级的服务,都可以通过绘制概念性蓝图和细节性蓝图,完成对这一层的服务流程总体设计,并依此组织、配置相应服务资源。例如,若将运输全过程视为一项整体服务,并对其绘制概念性蓝图,那么可以有针对地对其中的票务服务、车站服务、列车服务、餐饮服务等绘制不同层次的细节性蓝图。若对订餐服务绘制概念性蓝图,又可以对手机 App 网络订餐、向列车员点餐、餐车点餐等不同形式的订餐服务绘制细节性蓝图。下面以高速铁路客运全环节整体服务及其中的高速铁路外卖服务为例绘制概念性蓝图和细节性蓝图。

(1)高速铁路客运整体服务的概念性蓝图。

高速铁路客运服务蓝图生动详细地向服务组织展示了为实现旅客位移的整个环节的所有要素的组合,旅客与高速铁路运输企业是如何互动的,前台员工、后台员工提供哪些服务,职能部门提供哪些人员、设备、技术等支持,管理者如何进行总结评价决策等,即参与客运服务的各个结构层面的人员是如何参与到服务提供的活动中来的。高速铁路客运整体服务对应的概念性蓝图如图 4.13 所示。

从左至右解读高速铁路客运服务蓝图,能从旅客角度理解服务过程。从上至下解读高速铁路客运服务蓝图,能了解服务系统的构成和前后台的相互联系。

(2)高速铁路客运外卖服务的细节性蓝图。

对于同一服务环节的同一服务内容,由于服务目标旅客不同,采取不同的服务生产方式,涉及的服务要素、组合方式等也存在差异。例如,高速铁路列车订餐服务包括手机 App 网络订餐(高速铁路外卖)、向列车员点餐、餐车点餐等不同形式的订餐服务,其中 2017 年推出的互联网订餐服务(高速铁路外卖)与传统铁路餐饮服务在运营模式上有较大差异,本书特以“高速铁路外卖”服务为例绘制细节性蓝图,如图 4.14 所示。

高速铁路外卖不再仅限于铁路部门自产餐食,为旅客提供了便利、精准的订餐服务,丰富了可选菜单。“高速铁路外卖”服务蓝图可视线以下后台员工行为(如原料采购、食品加工、打包)由指定高速铁路车站合作店商完成,外卖从车站送到列车环节由专业送餐公司完成,乃至列车上的餐服人员、保洁人员亦是委托单位的,而铁路企业的职能部门和管理者更多的是对这些委托公司的资格准入、人员资质、设施设备、服务标准等方面提出要求,以及委托服务与铁路自身提供服务接合部的管控等方面制定相关管理办法,签订相关协议,做好服务监督检查总结反馈,提出服务改善决策等。可以说,“高速铁路外卖”服务模式的提出,是铁路企业改善经营理念,满足旅客多样化美好出行需求,建设开放、共享经济发展理念的有力体现,对其他高速铁路客运服务设计有借鉴意义。

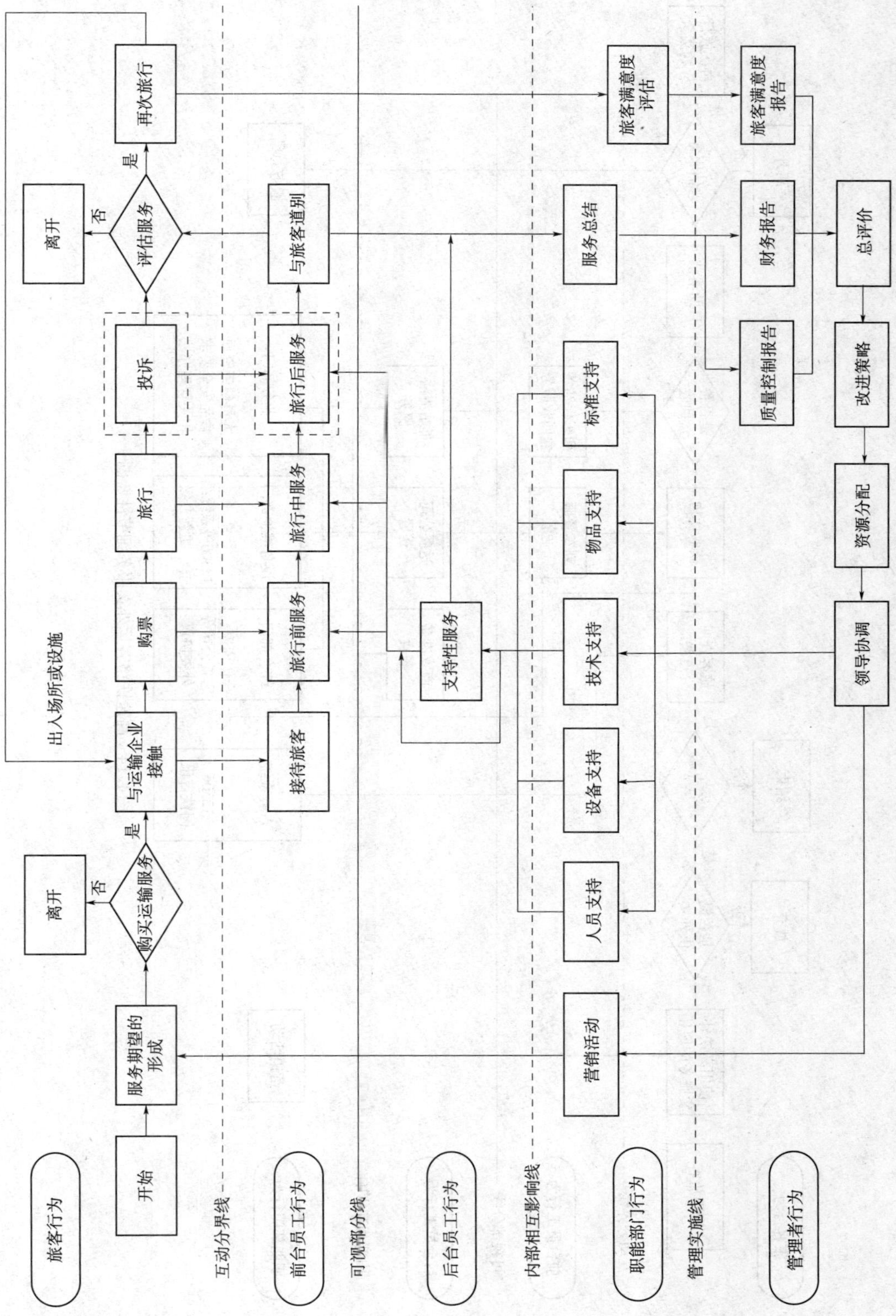

旅客行为
开始
服务期望的形成
购买运输服务
否
离开
是
与运输企业接触
出入场所或设施
购票
旅行
投诉
评估服务
否
离开
是
再次旅行

互动分界线

前台员工行为
接待旅客
旅行前服务
旅行中服务
旅行后服务
与旅客道别

可视部分线

后台员工行为
支持性服务

内部相互影响线

职能部门行为
营销活动
人员支持
设备支持
技术支持
物品支持
标准支持
服务总结
旅客满意度评估

管理实施线

管理者行为
领导协调
资源分配
改进策略
总评价
质量控制报告
财务报告
旅客满意度报告

图4.13　高速铁路客运整体服务概念性蓝图

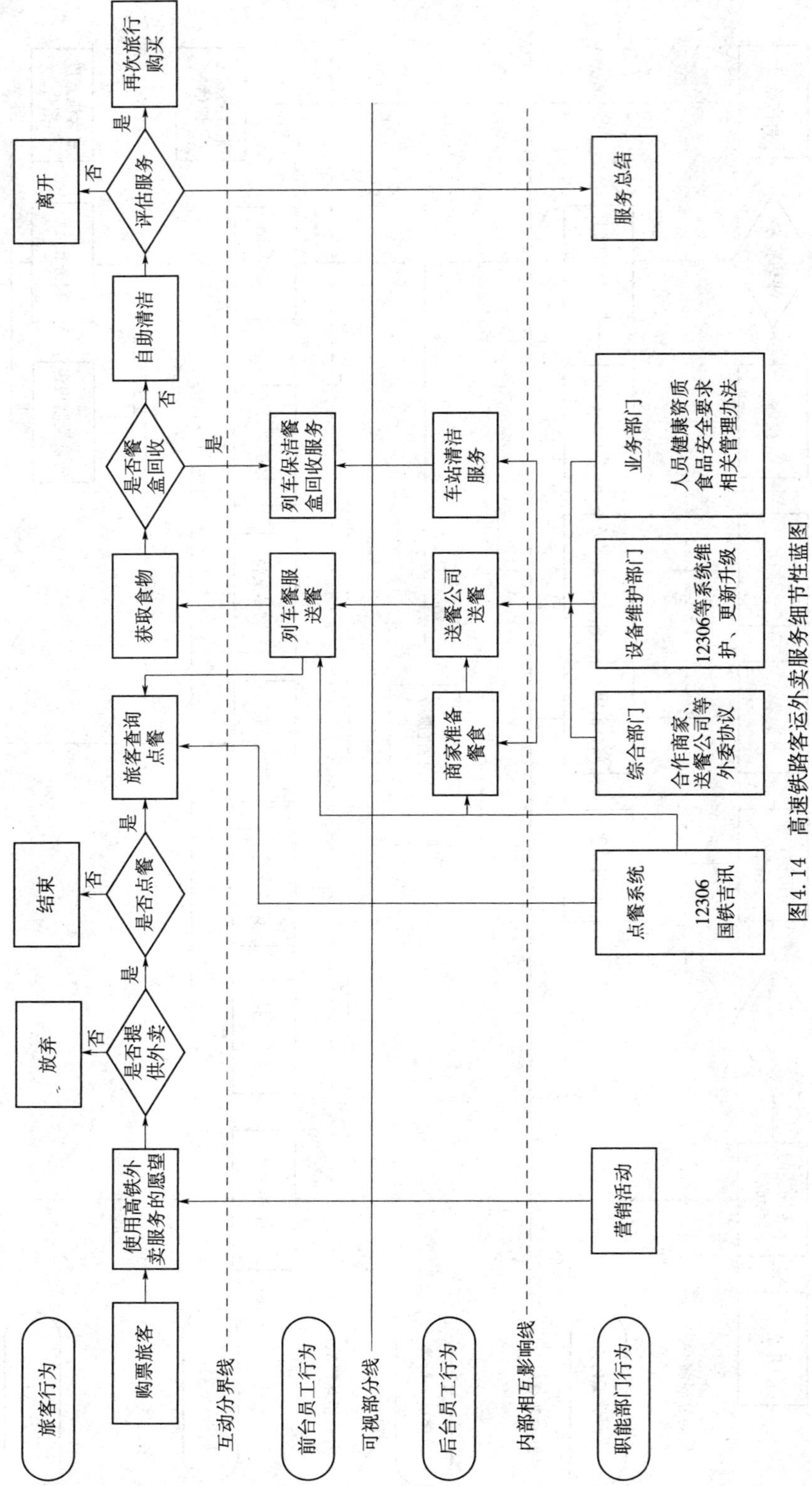

图4.14　高速铁路客运外卖服务细节性蓝图

4.4.3 高速铁路客运服务流程详细设计

1. 高速铁路客运服务流程详细设计概念及特点

高速铁路客运服务详细流程是高速铁路客运服务分解到不可再分解项的服务程序，即服务的先后顺序。服务流程详细设计即服务程序设计，它表明一项服务活动“先做什么，后做什么”，完成时限，需要多少设备、人员，如何布局等。高速铁路客运服务流程详细设计具有如下特点：

(1)服务流程详细设计是基于服务基调、服务包、服务总体设计选择出服务流程类型、明确服务流程设计方法的前提下，解决如何设计出可执行的服务过程的问题。

(2)服务流程详细设计涉及服务的提供时间、地点、设施、人力资源等因素。

(3)服务流程详细设计侧重前台服务人员(设备)和旅客之间产生的“服务性”互动行为，从而达到既符合旅客需要、体现对旅客人性化关怀，又能够关注到员工的需要及工作满意度，同时还能实现服务企业提高生产效率、降低服务成本等经营性目标。

(4)服务流程详细设计亦可用于后台服务人员的作业流程设计，突出各业务部门、各服务供应商之间的工作与服务的协调与衔接，实现以提高生产效率、降低服务成本、提高员工工作满意度为中心的服务行为的“经营性”和“工作性”目标。

(5)服务流程详细设计应充分考虑高速铁路客运服务“场所固定”的基本特点。在客站规划设计、列车设计生产阶段，客运服务的设施设备布局及旅客和行包流线即已确定，所以，在服务流程详细设计时要综合考虑人员(设备)效率和旅客便捷要求。

总之，在高速铁路客运服务蓝图的基础上，完成与其匹配的旅客(或物品)位移服务的生产及服务全过程及其各层次、各环节的服务流程的详细设计，直到对不可再分解项的服务程序(先后顺序)的设计，至此，服务流程的设计方案输出，可作为一线服务管理和服务人员的“工作性”流程及标准，也可形成向社会提供的高速铁路客运“服务性”流程及标准。高速铁路客运服务流程详细设计内容如图 4.15 所示。

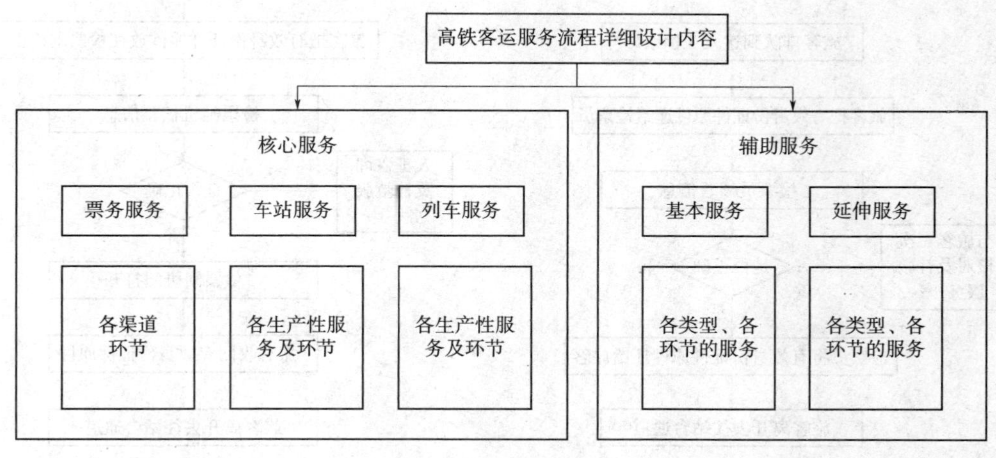

图 4.15 高速铁路客运服务流程详细设计内容

2. 高速铁路客运服务流程详细设计步骤及方法

高速铁路客运服务流程详细设计内容主要包括确定完成“整个服务”的周期时间、确定完成“整个服务”的各具体环节及其相互时间的衔接与配合关系，以及服务程序设计的优化(改善)等内容。高速铁路客运服务流程详细设计步骤如图 4.16 所示。

(1)具体服务的环节分解。

任何“一项服务”都可以分解为 1～n 个服务环节或服务阶段。环节划分是将“服务过程”分解为不可再分解的“动作”，如售票服务中的“……印制票据、收付票款……”；阶段划分是将“服务过程”分解为若干服务阶段(还可以进一步分解)，如位移服务可分为票务、站车等服务阶段。

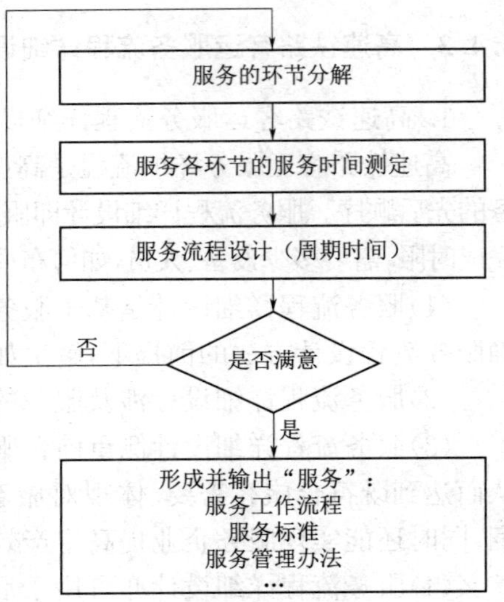

图 4.16　高速铁路客运服务流程详细设计步骤

服务环节分解可以用服务流程图的方法来进行解读。服务流程图突出拟设计目标服务的服务内容和步骤的顺序性，影响服务设施设备布局和服务时间与服务效率，是操作性流程图，使得参与服务过程的员工、旅客以及管理者能够客观地认识服务过程，清楚自己在服务过程中的角色，使服务能够顺利完成。

服务环节的划分方式与其服务流程的类型、渠道等有关，具体可以从以下几方面描述。

①按服务提供方式划分。

按照服务提供方式可分为人工服务和设备服务。以高速铁路检票服务为例，高速铁路客运站的进站旅客检票方式包括两种，即人工检票通道及自助检票闸机。从旅客接到开始检票提示后离开候车区向检票口移动并到达检票口算起，人工检票包括 4 个程序，自助闸机检票包括 5 个程序，具体服务环节分别如图 4.17 和图 4.18 所示。

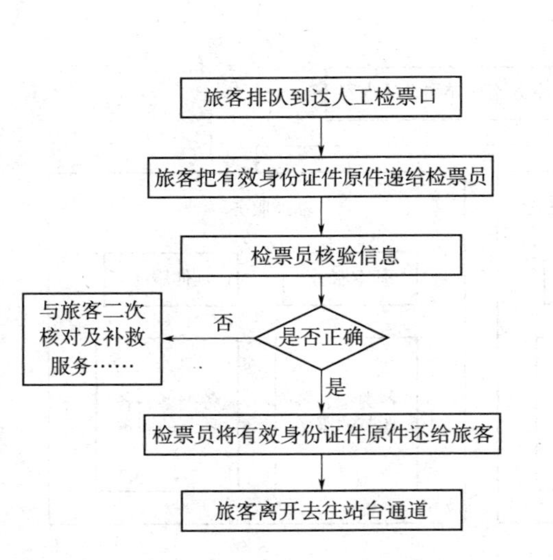

图 4.17　人工检票流程

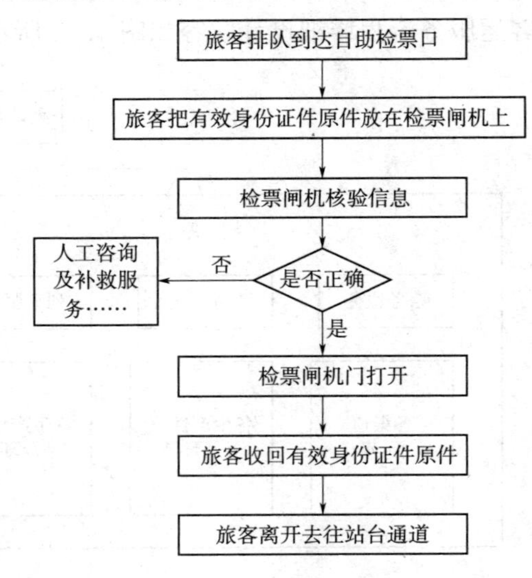

图 4.18　自助检票流程

②按服务对象划分。

按照服务对象的多少可以分为单个服务对象和多个服务对象。上述检票服务属于单个

服务对象类型，为携带行李的旅客提供的进站安检服务属于多个服务对象类型。高速铁路客站安检包括“人身安检”和“行李安检”两部分，未携带行李的旅客无须经历放置行李过程。根据二者进行顺序不同可将安检流程分为以下两种：a. 先行李检查后人身检查：先将行李放置到安检仪传送带上，然后通过安检门后取行李，来到手检员处，进行人身安全检查后离开。b. 行李检查和人身检查同时进行：先将行李放置到安检仪传送带上，然后通过安检门，经过手检员人身安全检查，之后去安检仪尾部取行李离开。两种顺序方式的安检流程分别如图 4.19 和图 4.20 所示。

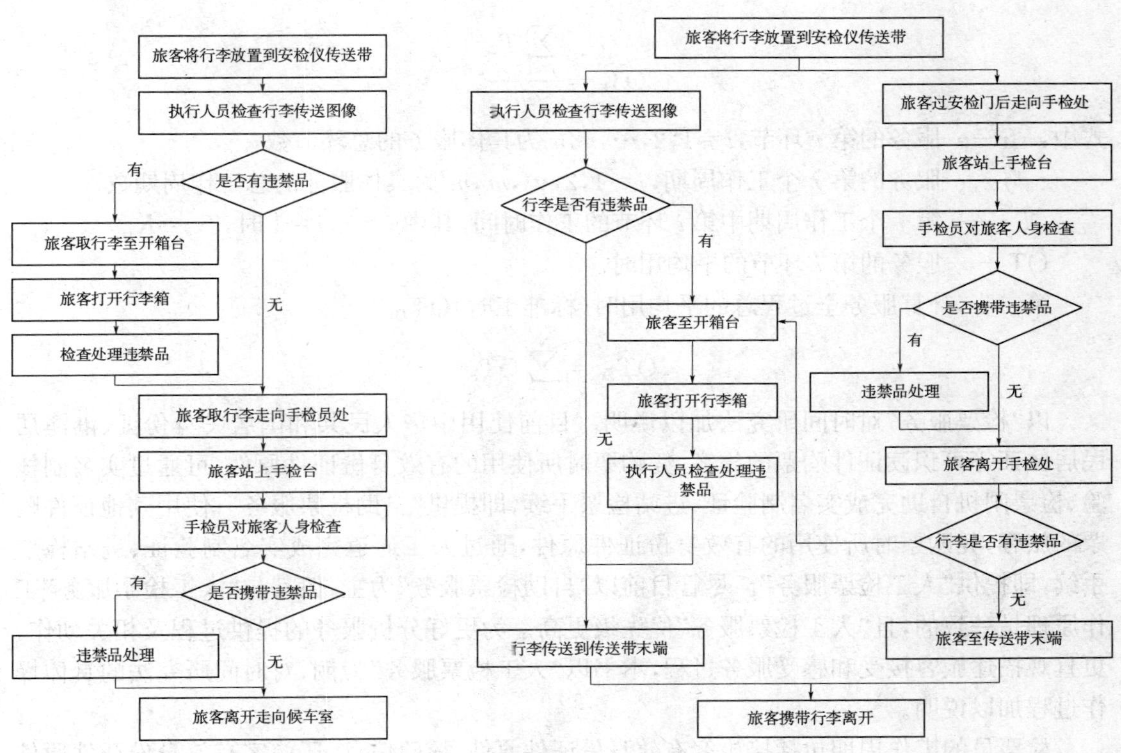

图 4.19 “先行李检查后人身检查”模式安检流程

图 4.20 “行李检查和人身检查同时进行”模式安检流程

由图 4.19 和图 4.20 对比可知，“先行李检查后人身检查”模式的安全通道串联设置，所需通道较长，各安检通道可共用手检员，要求行李安检与人身安检能力相匹配；“行李检查和人身检查同时进行”模式的安检通道并行安排，所需通道较宽，手检员一一对应，一个通道 1～3 名手检员，要求行李安检与人身安检能力相匹配、行李运送时间与手检时间相匹配。高速铁路客运站根据设施设备布局和人员配置等情况选择安检流程。

(2)客运服务工作时间标准测定。

具体服务工作时间标准是通过测定该项服务各环节时间标准的基础上得到的。各环节时间测定是确定服务工作时间标准的前提，对提高服务工作效率和服务程序设计有很大帮助。目前高速铁路客运服务仍以标准化和程序化程度较高的批量服务为主，所以可以采用“时间研究法”和“成果评估法”相结合的组合方法，来测定具体服务工作时间标准。

①时间研究法。

时间研究法是工作测量方法的一种，可以帮助高速铁路运输企业制定工作标准，尤其是工作的时间标准(如管理中常用的“标准工时”)。时间研究主要是确定和测量单个重复性工作的时间，这种重复性工作又被称为工作周期。一般用秒表来测定工作时间，对组成一个工作周期的各个环节(i)都需进行时间测定，并记录在时间研究表上。在测量过程中，一般要连续观测多个工作周期(j)。其计算过程如下：

第一步，计算各服务环节的工作时间 OT_i

$$\mathrm{OT}_i=\frac{\sum_{j=1}^{m}T_{ij}}{m}$$

式中：i——服务的第 i 环节，$i=1,2,\cdots,n$，n 为具体服务的总环节数；

j——服务的第 j 个工作周期，$j=1,2,\cdots,m$，m 为具体服务的总工作周期数；

T_{ij}——第 j 个工作周期中第 i 环节的工作时间，其中 $i=1,j=1$ 时，$T_{ij}=R_{ij}$；

OT_i——服务的第 i 环节的平均用时。

第二步，计算服务全过程总的平均用时(标准工时)$\mathrm{OT}_{总}$

$$\mathrm{OT}_{总}=\sum_{i=1}^{N}\mathrm{OT}_i$$

以“检票服务”对时间研究法加以说明。目前使用中华人民共和国居民身份证、港澳居民居住证等可识读证件购票的旅客，凭购票时所使用的有效身份证件原件，可通过实名制核验、检票闸机自助完成实名制验证、进站检票手续，即提供“自助检票服务”；使用其他证件购票的旅客，凭购票时所使用的有效身份证件原件，通过人工通道完成实名制验证、进站检票手续，即提供“人工检票服务”。尽管目前以“自助检票服务”为主，但其与“人工检票服务”工作原理是一致的，且“人工检票服务”优先级更高。为更好分析服务的提供过程及相关动作，更直观描述旅客接受和感受服务过程，本书以“人工检票服务”为例，对时间研究法的具体操作过程加以说明。

检票员的工作周期包括接旅客有效身份证件原件、核验信息、还旅客有效身份证件原件三个工作环节。检测人员可以就重复性的工作过程反复测试其各环节所需要的时间，并记录在时间研究测定表中，可以选择一位或若干位工作人员进行测定。本案例是同一位工作人员，重复 10 次的服务过程。具体测定和记录的方式为：从检票员开启人工通道并于人工通道前立岗开始计时，完成接第一位旅客有效身份证件原件时记录下第一个时刻(R_1)，检票员完成核验信息时记录下第二个时刻(R_2)，检票员完成还有效身份证件原件给旅客时记录下第三个时刻(R_3)，至此完成第一个工作周期，重复以上动作，不间断计时，直至完成所有工作周期。则第一周期第一个环节的耗时(T_1)即为第一个时刻，第二个环节的耗时(T_2)即为第二个时刻减去第一个时刻，以此类推，可得出各个工作周期各环节的耗时。具体测定结果见表 4.17。

时间研究法测定服务环节工作用时标准，简单易行。通过增加测定样本数量，一定程度上可以提高“服务时间标准”的科学性。但这种方法对高速铁路客运服务过程中旅客与服务人员(和设备)的互动性考虑不够。

表 4.17 时间研究测定表 单位:s

工作环节描述 i		工作周期 j										合计用时	平均用时 OT_i
		1	2	3	4	5	6	7	8	9	10		
1. 接旅客有效身份证件原件	T_1	2	3	2	4	3	2	3	2	3	3	27	2.7
	R_1	2	17	33	49	64	80	96	109	125	141		
2. 检验信息	T_2	9	10	9	9	11	10	9	10	11	9	97	9.7
	R_2	11	27	42	58	75	90	105	119	136	150		
3. 还旅客有效身份证件原件	T_3	3	4	3	3	3	3	2	3	2	3	29	2.9
	R_3	14	31	45	61	78	93	107	122	138	153		
服务过程	$OT_{总}$	—	—	—	—	—	—	—	—	—	—	—	15.3

②成果评估法。

成果评估法是工作时间测定人对测定后的数据进行一定程度的主观判断后做出修正的方法。时间研究法通过服务过程写实、观测、统计的方式,记录和确定了具体服务过程和环节的周期时间。但高速铁路客运服务过程基本是服务人员或旅客参与的过程,虽然环节、步骤等执行的是标准化流程,但参与服务过程的"人员"个性,服务人员业务的熟练程度、旅客出行经验的多寡都会一定程度上影响服务过程的时间与效率。"成果评估法"能够更好地弥补"时间研究法"的不足。

成果评估法在时间研究法的基础上,增加了"服务人员工作熟练程度 R_i"和"时间补差率 A"两个修正参数,作为对服务环节时间测定标准的修正,它更好地反映了客运服务过程的特点。

成果评估法修正服务环节时间标准的计算原理如下:

第一步,服务工作环节的正常用时(NT_i)计算。

考虑服务人员工作熟练度的差异性。具体计算公式为

$$NT_i = R_i \cdot OT_i$$

式中 NT_i——第 i 个工作环节的标准用时;

OT_i——已测定的第 i 个工作环节的平均用时;

R_i——对从事第 i 个工作环节的员工的熟练程度的打分:如 0.95 表示 95%,即正常水平为被测定员工熟练程度的 95%;1.10 表示 110%,即正常水平为被测定员工熟练程度的 110%。

以"人工检票服务"为例,第一个服务工作环节的正常用时为

$$NT_i = 1.10 \times 2.7 = 2.970$$

依此类推可得出其他环节的正常用时,将所有环节的正常用时相加便可得到整个工作周期的正常用时。但这样得出的数据还不能用于管理实践。

第二步,服务工作环节的标准用时(ST_i)的计算。

考虑具体服务过程的波动性,受下列因素影响:

a. 服务容量的相对固定性和旅客客流波动性的客观条件,服务人员和设备忙闲不均,将

导致在不同服务阶段出现排队等候的现象,进而使下一服务阶段出现闲置等。

b. 接受服务的旅客可能有所差异,有的旅客可能比较积极地参与,有的则不然。如有的旅客提前准备有效证件,有的旅客在检票人员提示后才查找有效证件,有的旅客对自助检票闸机不熟悉,花费较多时间。

c. 服务会因服务对象的不同呈现出细微差别。如针对老幼病残孕等重点旅客,或者旅客携带随身行李较多时,服务人员需分别做出处理,导致工作时间有所变化。

d. 服务人员因各种原因在工作中表现出不同程度的积极性而导致不同的工作效率。如人工检票服务的检票人员自身的业务素质、工作态度会影响服务效率,自动检票闸机设备"人—机"交互界面友好程度、灵敏度等影响检票效率。

这些差异是重复性服务工作的基本特征,这就需要考虑上述因素对服务时间的影响。这里我们引入"时间补差率"对数据进行再次修正,得出标准工作环节用时,运用公式如下:

$$\mathrm{ST}_i=\frac{\mathrm{NT}_i}{1-A}$$

式中 ST_i——第 i 个工作环节的正常用时;

A——时间补差率,以百分比表示,如 10%表示有 10%的时间用于补差。

第三步,服务过程(整个服务周期)工作时间标准(CT)计算

如果我们将所有工作环节的标准用时加起来,就可以得出整个工作周期的标准用时,公式如下:

$$\mathrm{CT}=\sum_{i=1}^{n}\mathrm{ST}_i$$

式中 CT——标准工作周期用时。

在本例中,工作周期的正常用时为 15.23 s,考虑 10%时间补差,得出工作周期的标准用时为 16.92,即 15.23/(1−10%)≈16.92(s)。具体可见表 4.18。

表 4.18 成果评估法时间测定表 单位:s

工作环节描述 i		工作周期 j										合计用时	平均用时 OT_i	熟练程度评分 R_i	正常用时 ST_i
		1	2	3	4	5	6	7	8	9	10				
1. 接旅客有效身份证件原件	T_1	2	3	2	4	3	2	3	2	3	3	27	2.7	1.10	2.970
	R	2	17	33	49	64	80	96	109	125	141				
2. 检验信息	T_2	9	10	9	9	11	10	9	10	11	9	97	9.7	0.95	9.215
	R	11	27	42	58	75	90	105	119	136	150				
3. 还旅客有效身份证件原件	T_3	3	4	3	3	3	3	2	3	2	3	29	2.9	1.05	3.045
	R	14	31	45	61	78	93	107	122	138	153				
服务过程	CT	—	—	—	—	—	—	—	—	—	—	—	—	—	16.92

(3)服务流程设计。

高速铁路客运服务流程设计主要内容就是确定具体服务的各环节组合模式和服务周期

时间标准的过程。

①服务环节组合模式。

由前可知，高速铁路客运具体服务由若干个服务环节（服务阶段）组成，服务环节（服务阶段）之间的衔接顺序和配合关系即为组合模式。服务环节有细长型和短粗型两种基本组合模式。例如，高速铁路客运一项服务有 4 个环节，每个环节工作时间标准均为 5 min，则该服务的环节组合模式有如图 4.21 所示的 5 种模式，其中，①为细长型模式，②为短粗型模式。

图 4.21①所示的细长型服务环节组合模式是每个服务台的服务人员或设备只提供该项服务的一个环节服务内容，旅客在消费该服务时，需要自行前往不同区域分别接受所有环节服务，如网上购票＋车站取票。这种服务模式对应的人员、设施设备要求细长型布局，易于对旅客进行引导和管理，且因为服务工作被划分为多个服务阶段，每个阶段只负责一小部分工作，使服务工作更加简单化（更适宜实现标准化），服务人员工作效率和设施设备利用率较高。

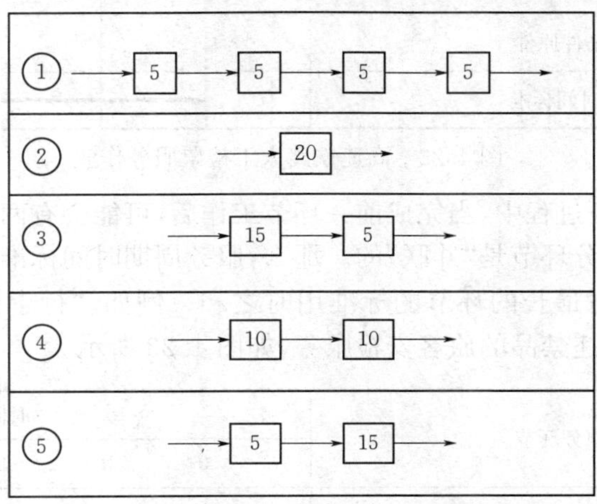

图 4.21　服务环节组合模式

图 4.21②所示的短粗型服务环节组合模式是每个服务台可以向旅客提供该项服务的所有服务环节及内容，并向旅客提供服务结果，如车站窗口售票。这种服务模式对应的人员、设施设备要求短粗型（集中）布局，每个服务台都具有整套的服务设施和人员，承担所有服务内容，提高了服务的灵活性；且服务台可随时关闭或打开而不会影响其他服务台的正常运转，提高了服务生产量的伸缩性；此外每个服务台承担所有的服务提供，实质上起到了“工作丰富化”的作用，减少了工作的单调性。

服务模式的选择与服务的物理空间、技术条件、服务基调有关，对旅客服务体验影响极大。对旅客而言，图 4.21②粗短型组合模式是最人性化的，但对高速铁路运输企业而言，需要在图 4.21①和图 4.21②两种服务模式间进行抉择或将二者结合起来采用综合模式，例如可选择图 4.21③、图 4.21④、图 4.21⑤模式，以达到既满足旅客“人性化”“多样化”需求，又能提高员工满意度，且能实现高速铁路运输企业经营目标。

②服务周期时间标准确定。

高速铁路客运服务周期时间标准是指完成一个服务周期所需要的时间。服务周期时间标准的确定是在服务流程的各环节组合模式的基础上，首先运用“时间研究法＋成果评估法”计算出各服务工作环节的标准用时(ST_i),再运用服务流程(作业)图表(该图表横向表示作业时间,纵向表示作业项目)来计算出具体服务的"服务周期时间标准",且存在两种计算情况。

第一种为整个服务过程中,当完成前一工作环节后,即可继续唯一性的下一工作环节。那么,该服务的周期时间标准,即为各服务工作环节标准用时求和计算。例如,人工检票服务作业时间如图 4.22 所示。

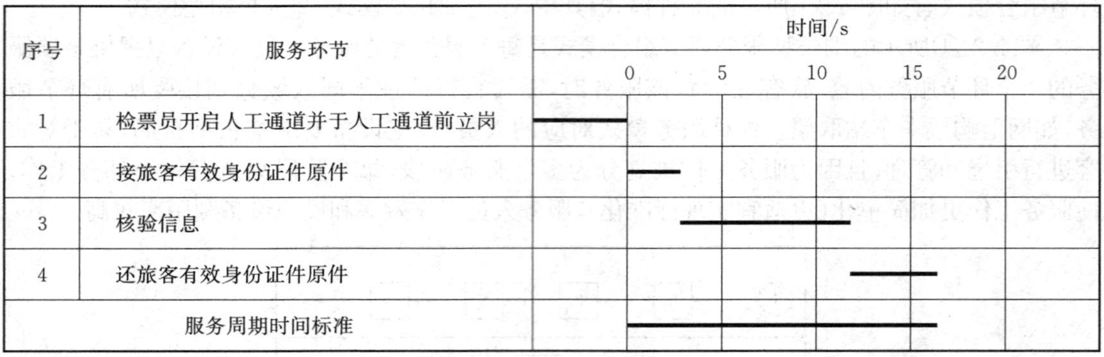

序号	服务环节	时间/s				
		0	5	10	15	20
1	检票员开启人工通道并于人工通道前立岗					
2	接旅客有效身份证件原件					
3	核验信息					
4	还旅客有效身份证件原件					
服务周期时间标准						

图 4.22　高速铁路人工检票服务作业

第二种为整个服务过程中,当完成前一环节工作后,可能会有两个或两个以上的服务环节被选中(接续),即部分环节是"并联"的。那么,服务周期时间标准即各唯一性环节标准用时和各"并联"环节用时最长的环节的标准用时之和。例如,"行李检查和人身检查同时进行"安检模式中未携带违禁品的旅客安检服务,如图 4.23 所示。

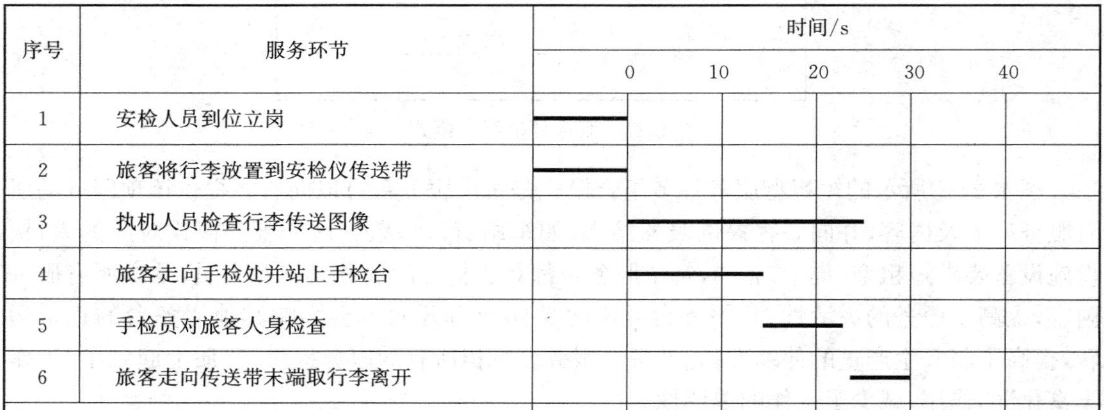

序号	服务环节	时间/s				
		0	10	20	30	40
1	安检人员到位立岗					
2	旅客将行李放置到安检仪传送带					
3	执机人员检查行李传送图像					
4	旅客走向手检处并站上手检台					
5	手检员对旅客人身检查					
6	旅客走向传送带末端取行李离开					
服务周期时间标准						

图 4.23　高速铁路旅客安检服务作业

(4)流程详细设计优化调整。

按照服务流程详细设计步骤,在新设计或既有服务流程中,为达到减员增效、布局调整或改善旅客服务体验等目标,以及判定各服务环节、各环节组合关系、服务周期时间标准是否最佳,均涉及服务流程详细设计优化调整。服务流程详细设计优化调整主要考虑两个因素,一是各服务环节的衔接关系;二是服务人员和设施设备的数量及布局。一般可采用流程表法进行设计优化。

流程表法是设计或描述服务先后顺序的方法，主要用于服务程序设计的改善。流程表法设计的重点为服务活动的程序安排和从事服务活动的时间、距离的考虑，关注的是某一具体服务行为的细节，特别是其技术性细节。

在流程表上，服务活动(包括旅客活动)被分为五种类型，分别以五种符号表示，见表 4.19。

表 4.19　服务流程表符号

类　型	符　号	描　述
服务环节	○	服务活动，每个服务环节都是可能的服务失误点
旅客接触	▽	服务人员和旅客相互影响的情形，这也是能与旅客感受产生影响的机会
移动	→	旅客、服务人员或信息的流动
耽搁	D	可能导致服务等候的耽搁，在这里需要为旅客提供等候区域和设施
检查	□	旅客或服务人员检查服务质量的活动

铺画流程表，首先需确定服务活动的步骤和顺序。每个步骤都要归入上表的分类，并按顺序排列。然后把每个步骤的分类代号连接起来并注明每个步骤所需的时间和旅客或服务者移动的距离。

例如，假定一名旅客在武汉站乘坐 G70(广州南至北京西，北京局集团公司×客运段担当)到北京西站换乘去往呼和浩特，在北京西站候车室发现贵重物品遗失在列车上(物品在列车上未被他人错拿，且已被列车工作人员发现，并上交车队)，向车站提出求助。这一过程用流程表表述见表 4.20。

表 4.20　高速铁路旅客物品遗失求助流程表

服务环节○	移动→		时间/min	距离/m	耽搁 D	接触 ▽	检查 □
	旅客	服务相关人员					
旅客走向候车室客运人员	→		0.5	10	D		
旅客向候车室客运人员描述求助信息		→	2		D	▽	□
候车室客运员告知旅客向总服务台咨询	←		0.2		D	▽	
旅客根据指示走向车站总服务台	↓		3	60	D		
旅客向总服务台客运人员描述求助信息		→	2		D	▽	□
总服务台客运人员向总值班室汇报		↓	3		D		□
总值班室向车站业务科室汇报		↓	3		D		□
业务科室向铁路局集团公司客运部汇报		↓	3		D		□
铁路局集团公司客运处联系×客运段业务科室解决		↓	3		D		□
×客运段业务科室联系对应车队		↓	3		D		□
车队联系旅客反馈信息并沟通遗失物品提取方式	←		4		D	▽	□

注：流程表中有关时间和距离数据均为假定，其中有关时间数据可根据研究对象采用时间研究法测定，距离可根据车站站房实际情况测定。由流程表可知，在无任何等待的情况下，合计时间为 26.7 min，距离为 70 m。

针对具体流程表,一般可遵循如下优化原则,提高服务质量,改善旅客体验:

①广泛采用先进工作方法提高服务正确度和效率,如增加网络自助服务或电话求助等方式,减少信息传递失误,减少旅客等待时间,提高服务质量。

②缩短单项服务作业时间,如通过加强对服务或工作人员的日常培训,提高服务的熟练程度,缩短服务时间。

③最大限度地组织平行作业减少作业延续时间,需要根据具体作业流程而定。

④针对存在"D"的服务环节,从加强各环节的衔接,避免服务中断,压缩各种服务等待时间等几个方面进行优化。

⑤针对存在"▽"的服务环节,需要加强高速铁路客运服务人员服务行为有形展示设计,注重员工培训,做到微笑服务,可提高旅客满意度。

此外,可以通过设施设备、人力资源的配置调整和布局优化,实现服务流程再造,达到优化高速铁路客运服务流程的目的。

对于表 4.20 高速铁路旅客物品遗失求助流程,如采用向 12306 客户服务中心求助进行流程优化,则优化后的流程见表 4.21。

表 4.21 高速铁路旅客物品遗失 12306 电话求助流程表

服务环节○	移动→		时间/min	距离/m	耽搁 D	接触 ▽	检查 □
	旅客	服务相关人员					
旅客打 12306 电话			1		D		
旅客向客服代表描述求助信息			2		D	▽	
客服代表录入工单			2		D		□
客服代表将工单流转给专家席			1		D		
专家席提取工单并识别求助信息			2		D		
专家席将工单流转给×客运段业务科室			2		D		
×客运段业务科室联系对应车队			3		D		
车队联系旅客反馈信息并沟通遗失物品提取方式			3		D	▽	
车队将处理情况录入工单,其他人员可查看			2		D		□

由表 4.21 可知,由于采用电话方式求助,不受空间限制,旅客不需要移动,距离为 0,且由于减少了工作环节,压缩了服务时间,在无任何等待的情况下,对旅客而言整个求助过程的总时间为 16 min,对服务企业而言,增加了求助处理情况录入工单环节。

当然,采取何种优化方式,需要结合企业服务理念、经营策略、人力资源和设施设备配置等情况综合权衡考量。

(5)服务流程输出。

详细服务流程侧重于服务人员以及服务设施设备和旅客之间发生的行为。经过服务流程详细设计和优化调整后,形成了服务工作流程、服务标准和服务管理办法等相关规范,具

体内容见本书第5章。服务工作流程和服务标准是前台服务人员、后台服务人员以及相关服务设备的操作规范，高速铁路运输企业管理部门依据服务工作流程、服务标准和服务管理工作办法等进行服务任务分配、标准成本计算、服务过程检查、职工绩效考核和薪酬制度建立等。

总之，高速铁路客运服务流程设计决定了相关设施设备的配置与布局、服务人员的岗位及工作内容分工等，直接影响服务成本与效率，服务质量及旅客感知等，是一个复杂的设计过程。从服务流程的总体设计到服务流程的详细设计，都是一个逐步深入的探究过程，且设计方法及理论研究还需要不断完善。

4.4.4 高速铁路铁路客运服务接触设计

服务管理者切斯认为，服务系统可以分为高顾客接触区与低顾客接触区两部分。低顾客接触区，即后台服务区的运作与制造业类似，自动化生产可以引入其中。高顾客接触区即前台服务区的运作，表现出服务业的独有特征：生产者与消费者直接发生接触，共同完成服务的提供与消费。高速铁路客运服务接触设计就是对服务包各要素与旅客接触程度的确定过程。

1. 旅客（或顾客）接触的类型及特点

(1)旅客（或顾客）接触的概念

服务提供者和旅客之间发生接触，由此决定旅客头脑中对服务质量优劣评价的交互作用称为服务接触，也称为关键时刻或真实瞬间。服务接触的过程即是服务提供和服务消费的过程。

从顾客的角度来看，当旅客与服务企业接触时，一项服务会给旅客带来最生动的印象。这种短暂的接触往往发生在顾客评估服务的一瞬间，同时也形成了对服务质量好坏的评价。高速铁路旅客所经历的一系列服务接触包括购票、行李检查、检票、旅行中的服务体验、出站到达目的地。旅客通过这一系列的服务接触，最终决定了高速铁路在旅客心目中信誉的好坏。

(2)旅客（或顾客）接触的分类

通常来说，服务接触可以分为远程接触、电话接触和面对面接触三大类。

①远程接触。

服务接触并不一定发生在人与人之间。例如，旅客通过网络购票或者是通过自动售票机购票。在这些远程接触中，虽然没有直接的人与人之间的接触，但每一次接触都是增强旅客对高速铁路客运服务质量体验感的机会。在远程接触中，有形服务及技术过程和系统的质量成为判断整体质量的主要标准。例如，旅客通过互联网订票、查询车次等都可以看成是远程接触。

②电话接触。

在高速铁路客运服务中，旅客通过电话与高速铁路运输企业接触时，对其服务质量的判断会有所不同，其中有更为重大的潜在变量。例如，旅客接电话的预期、员工的知识、处理旅客问题的速度和效率等会成为在这些接触中判断服务质量的重要标准。高速铁路客运服务的电话接触主要在基本咨询服务、常规调查及投诉等情况下采用。

③面对面接触。

第三类接触形式是员工与顾客直接接触。在高速铁路运输服务中,面对面接触发生在旅客和售票、候车室、检票、站台等车站服务人员和列车乘务人员之间,且在评判服务质量的时候,双方语言互动和非语言行为都很重要。在面对面接触中,旅客的各种行为都会为获取更高质量服务扮演重要角色,由此服务接触过程更为复杂。

(3)旅客服务接触的特点

高速铁路客运服务接触的开始与结束存在于旅客与客运服务人员之间。这些服务接触具有以下特点:

①服务接触有明确的目的。

不管起因于谁,所有的服务接触都有预先的目的。高速铁路客运服务的所有服务接触的最终目的都是为了旅客准时、安全、舒适地到达目的地。

②服务提供者不是利他的。

对于服务提供者来说,服务接触是其日常工作的一部分。服务提供者的最基本目的是完成他为此才能得到报酬的职责,他有可能对每一个旅客都重复地、机械地完成分内工作,但同时也是激发服务人员提供优质服务的主要方面。

③不需要预先相识。

在绝大多数情况下,旅客和服务人员互不相识。在服务接触时,即使没有互相介绍,服务过程中双方也不会感到不舒服。

④服务接触的范围有限。

虽然刚见面的问候、礼貌和一些简短的交谈都是某些服务接触的一部分,但花费在非服务任务上的时间通常是很短的。旅客与高速铁路客运服务提供者之间相互作用的范围,取决于服务内容的性质。

⑤与任务相关的信息交换占优势。

大多数有服务人员在其中的服务接触,都需要进行信息交换。虽然有时也包括一些与任务无关的信息交换,但任务相关信息是不可缺少的并具有优先权。例如,高速铁路运输企业为旅客在旅行途中提供的服务,除了列车运行的出发、到达时间外,还可能介绍主要到达站的城市交通、天气情况等。

⑥旅客与服务提供者的角色有明确定义。

在服务接触中,为了达到有效的和高效的服务结果,旅客与服务提供者都需要有明确的行为规则。有些规则可以从经验中得到,如服务人员的服务经验和技巧,另外一些需要服务人员引导旅客了解并完成。例如,在旅客购买车票服务中,旅客要告诉售票人员他要到达的目的地、出发的时间以及希望乘坐的列车等级等。而在进站上车的服务项目中,乘客要按服务人员的引导找到相应的车次和车厢。

充分理解服务接触这些特点,有助于高速铁路运输企业更好地设计和管理服务流程。

旅客对高速铁路客运服务感受的好与坏是在两者的接触过程中体现出来的,因此,大多数旅客不会在服务接触以外的时间去思考高速铁路客运服务。即使有,也是非常短暂的。因此,高速铁路运输企业只能利用很少的机会给旅客留下好印象,重视服务接触期间的宝贵时光。

旅客在与高速铁路任何一次接触中遇到问题，其不会将问题从高速铁路客运服务的结果中分离出来，而是会得出“铁路服务很糟糕”这样的结论。因此，精心设计每一个服务接触的时刻、在服务过程中把握每一个服务接触时刻都是非常重要的。

2. 旅客接触要素及设计要点

(1)旅客(或顾客)接触要素

前文所述的服务蓝图中有一条区分服务系统前后台的“可视部分线”，在这条线之上，服务者与顾客发生直接接触。这似乎说明服务接触的参与者只包括服务者和顾客两个角色。但我们在检查“可视部分线”之下时，则会发现服务者还需与服务组织的其他成员发生关系。不仅后台服务人员、职能部门工作人员，还有管理人员乃至整个服务组织都会与其有着直接或间接的关系。这说明服务接触过程涉及旅客、服务人员和服务组织三个方面的要素。

①旅客。

旅客是服务接触中最主要的要素。服务接触的终极目标是旅客满意，旅客对服务质量的评价、对服务的整体满意度、是否决定下次再来等问题，都取决于旅客在服务接触期间的感受。因此，完整的服务产品和服务传递系统的设计，必须考虑以一种最有效的方式来满足旅客的要求。旅客既希望得到礼貌待遇和受到尊敬，还希望得到和其他旅客相同的待遇和同等水平的服务，这是高速铁路客运服务接触最起码、最基本的要求。高速铁路运输企业完全做到这一点也是不易的，尤其是在“服务于人、作用于人”的服务接触中。主要原因是，旅客身处服务设施中(如候车室或列车上)，有足够的时间和机会观察服务提供情况并对服务质量做出评价。因此，旅客的舒适感、旅客的安全、旅客的整体愉悦应该是高速铁路运输企业的主要考虑因素。

在一项服务传递过程中，旅客一般可能会扮演以下三种角色之一：

a. 生产资源。旅客参与服务生产过程，也被看作是铁路的“部分员工”，是增加铁路生产能力的人力资源。如果旅客真的被看成是部分员工，并依据使旅客对生产过程的贡献最大化来设计旅客的参与角色，可以最有效地提供服务。

b. 质量和满意的贡献者。旅客在服务提供中扮演的另一个角色是其本身的满意度及其所接受服务的最终质量的贡献者。旅客或许不关心由于他们的参与提高了铁路的生产能力，但是，他们非常关心自己的需要是否得到了满足。有效的旅客参与会提高服务能力，同时也会提高满足自己需要的可能性。

c. 竞争者。旅客扮演的最后一个角色是潜在的竞争者。如果在某种情况下，旅客可以部分地或全部地进行自助服务，减少或不用服务人员提供的服务，此时，旅客就成为铁路的竞争者。例如，高速铁路客运服务中的餐饮服务可能会因为旅客自带食物而不需要其提供的服务。

一旦旅客的角色定义清楚，高速铁路运输企业就可以考虑促进这一角色。例如，旅客在某些层面成为企业的“兼职员工”，那么在服务的提供当中，鼓励旅客行为的战略在某种程度上就可以仿照对员工的做法。由此高速铁路运输企业可降低由于旅客参与，质量和时机无法预测而产生的内在不确定性，一般包括三项内容：

a. 吸引合适的旅客。企业在引导和使旅客适应其角色之前，首先必须根据服务的类型,确定吸引合适的旅客担任哪些角色,并应努力吸引那些和角色要求相适合的旅客。

b.“培训”旅客。为使旅客能有效地完成他们的角色,需要对旅客进行培训,让旅客理解其在服务传递过程中所扮演的角色,并满足其角色的行为要求。通过培训,使旅客认同高速铁路运输企业的价值观,培养特定情形下完成角色所必需的能力,理解对他们的期望和要求,获得与员工及其他旅客互动的技巧和知识。

c. 对旅客的贡献进行奖励。基于旅客在服务传递过程中的参与程度和付出的劳动给予适当的补偿。如果旅客因为有效地完成了自己的角色而得到回报,他们将更愿意有效地完成自己的角色或积极参与服务过程。回报的方式可以是提高对服务提供过程的控制、节约时间、节省金钱或获得心理满足等。

②服务人员。

服务人员指直接与旅客打交道的一线员工。他们希望得到旅客和其他员工的礼貌对待,希望得到旅客和企业的好评,为了完成服务任务,他们必须拥有必要的知识和经过专业的培训。

此外,服务接触对于旅客来说可能是第一次,也可能是少数几次中的一次;而对于服务人员来说,服务是他们日常工作中千百次服务接触中的一次。常年完成同样的任务使得服务人员往往只重视服务接触的效率和有效性,千篇一律地对待旅客,难以考虑到有的旅客可能缺乏经验、有的旅客有焦虑心情、有的旅客担心服务情况、有的旅客有特殊要求等。服务人员能够根据旅客的具体情况采取适当的应对方法,是在服务接触中达到旅客满意的重要因素。很多情况下,除了服务技能、服务效率,旅客对服务人员所表现出来的诸如友善、温暖、关怀和富有情感等人际交往技能,也非常在意,甚至往往是这些因素决定了一次服务接触的成败。因此,管理者有责任对服务人员进行培训,帮助其培养这些技能,并制定一定的行为规范,使服务人员能够站在旅客的角度进行服务接触。

③服务组织(高速铁路运输企业)。

由于高速铁路客运服务本身的无形性,高速铁路运输企业一般通过有形的服务场景与旅客和员工接触,进而将无形的服务展示给旅客并影响旅客对服务的评价。关于高速铁路客运服务有形展示将在4.4.5中进行论述。从高速铁路客运服务策略的角度考虑,通过有形展示设计为旅客营造良好的服务场景和氛围。

服务场景的设计还可以理解为服务设计,这是包括设施设备等硬件环境、服务流程和规范环境及服务人员的服务共同营造的场景。由此必须分析影响其场景的因素以及如何处理这些影响。图4.24描述了高速铁路客运服务场景对旅客及员工的影响因素。

a. 对旅客行为的影响。人类活动会受有形环境的影响,具体有以下几种:

(a)对个人行为的影响。使得旅客远离或靠近,即被吸引还是被排斥。

(b)与员工的交往。某些因素(如接近状况、座位安排、空间大小等),可影响旅客与员工之间交流的可能性和交流程度。

b. 引起旅客的内在反应。员工或旅客会对周围有形环境在认识、情感和生理上产生很多反应,这些反应将会影响到环境中的行为。

(a)环境与认识。影响旅客对该场所及场所中员工的信任等。例如,一个干净整洁的候

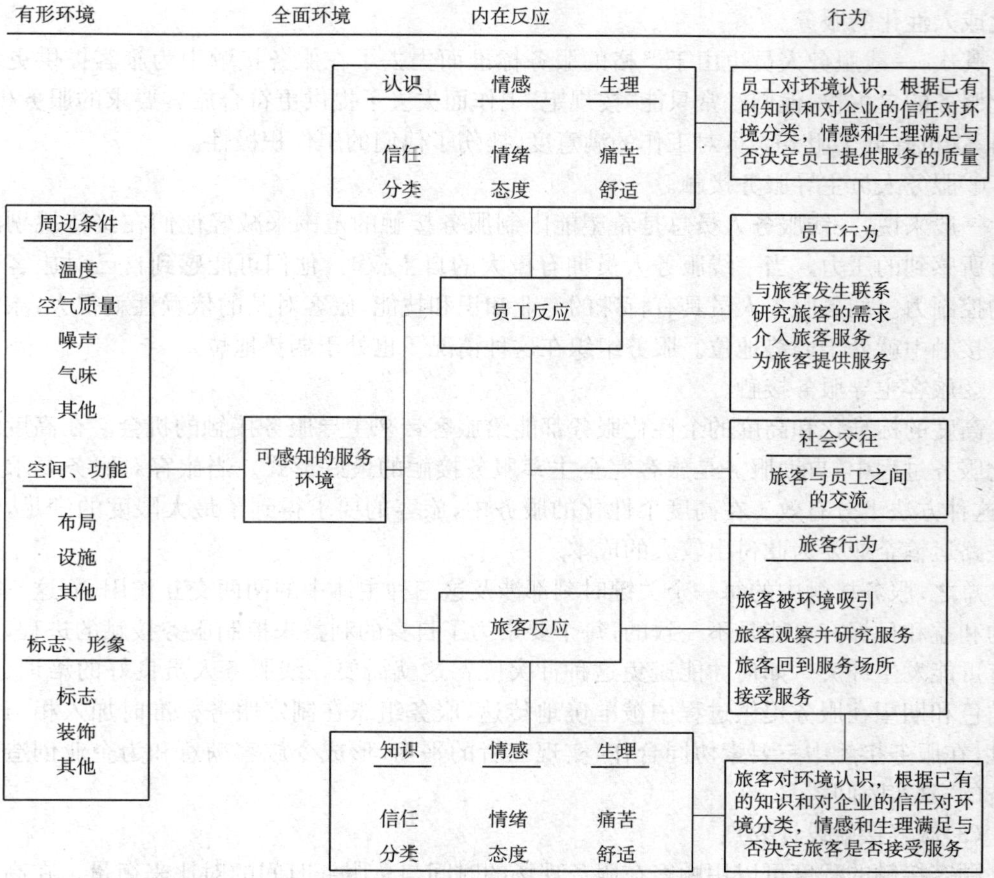

有形环境　　全面环境　　内在反应　　行为

认识　情感　生理
信任　情绪　痛苦
分类　态度　舒适

员工对环境认识，根据已有的知识和对企业的信任对环境分类，情感和生理满足与否决定员工提供服务的质量

周边条件
温度
空气质量
噪声
气味
其他

空间、功能
布局
设施
其他

标志、形象
标志
装饰
其他

可感知的服务环境

员工反应

旅客反应

员工行为
与旅客发生联系
研究旅客的需求
介入旅客服务
为旅客提供服务

社会交往
旅客与员工之间的交流

旅客行为
旅客被环境吸引
旅客观察并研究服务
旅客回到服务场所
接受服务

知识　情感　生理
信仨　情绪　痛苦
分类　态度　舒适

旅客对环境认识，根据已有的知识和对企业的信任对环境分类，情感和生理满足与否决定旅客是否接受服务

图 4.24　高速铁路运输组织中环境—旅客关系

车室里的服务人员更容易得到旅客的信任。

(b)环境与情感。会引起旅客情感的反应，比如高兴、愉悦、放松等，或是沮丧、消沉、紧张等。

(c)环境与生理。例如，候车室里噪声太大会使旅客感到不适，温度太高会使旅客大汗淋漓，空气污浊会使旅客呼吸困难。

高速铁路运输企业应该通过各部门各环节的努力和配合，为客运服务创造良好的服务环境。

(2)旅客(或顾客)接触要素的相互关系

高速铁路客运服务由旅客、服务人员以及服务组织三个接触要素组成，这三要素之间既相互依赖又相互制约，在服务接触的过程中，任何一方都试图主宰服务接触，如果不能处理好三者关系，可能导致服务的失败。

①企业主导服务接触。

企业经营一般考虑的问题是成本和效率，对服务采取严格的标准，这会对旅客和一线服务人员产生不同程度的消极影响。

首先，标准化、程序化的服务使旅客对服务产品的可选择范围缩小，更难以期望得到个性化或人性化的服务。

其次,一线服务人员也由于严格的服务标准而失去了在服务接触中为旅客提供更多个性化服务的自主权,他们经常只能“按规定”工作而失去了提供更符合旅客要求的服务机会。同时,这也降低了服务人员对工作的满意度,挫伤了他们的工作积极性。

②服务人员主导服务接触。

一般来说,一线服务人员总是希望能限制服务接触的范围来减轻他们在接待挑剔的旅客时所感到的压力。当一线服务人员拥有极大的自主权时,他们可能感到自己对旅客有相当的控制力。如果服务人员具有特殊的专业知识和技能,旅客对其的依赖性就很大,旅客在服务接触中就处于弱势地位。服务组织在这种情况下也处于弱势地位。

③旅客主导服务接触。

高度的标准化和高度的个性化服务都能给旅客带来主导服务接触的机会。在高度的标准化服务过程中,自助服务是旅客完全主宰服务接触的最好形式。当旅客对服务要求不高时,这种方法十分有效。在高度个性化的服务中,旅客的要求得到了最大限度的满足,但高速铁路运输企业要为此付出较大的成本。

总之,服务接触中的每一个关键时刻都涉及这三种主体中的两两交互作用,而这三个主体的利益和目标有可能是不一致的,每个要素为了自身的利益来控制服务接触的进程,这样就有可能发生冲突。如何才能避免这种冲突呢?这就需要一线服务人员良好的培训、顾客的角色和期望在服务提供过程中被准确地传达,服务组织在制定服务标准时加入相当的灵活性,在服务接触中三要素协同合作,实现三者的平衡,形成令旅客满意和为企业创造更大利益的“真实瞬间”。

(3)旅客接触设计要点

顾客接触的程度可以用顾客在服务现场的时间与总服务时间的对比来衡量。在高顾客接触的服务中,顾客决定了服务需求高峰的时间和服务的本质内容,服务质量的好坏取决于顾客的亲身体验。而在低顾客接触的服务中,顾客对服务提供没有直接的影响,服务提供和消费过程基本或部分分离。高、低顾客接触的设计要点见表 4.22。

表 4.22　高顾客接触与低顾客接触的设计要点

设计因素	高顾客接触	低顾客接触
服务地点	接近顾客	接近供应商、交通点或劳动力
设施布局	满足顾客的生理心理需要	方便生产、高效率
产品设计	服务环境和有些产品都会影响服务	顾客主要关心的是服务何时完成
流程设计	生产过程受顾客影响	顾客没有参与服务过程
生产时间安排	顾客影响必须考虑	顾客主要关心的是服务何时完成
生产计划	订单不能储存,生产调节难度大	订单可以储存,生产可以调节
员工技能	人际交往能力	技术能力
质量控制	质量标准受顾客主观影响,从而是变动的	质量标准是可量度的,因而是固定的

续上表

设计因素	高顾客接触	低顾客接触
时间标准	服务时间取决于顾客，因为时间标准是松动的	时间标准严格
工资	不同的工作按工时计酬	计件工资
容量规划	按营业高峰需求量确定容量	服务容量可按平均水平规划
预测	短期的，以时间为导向	长期的，以产量为导向

高顾客接触会增加销售机会，即服务者直接向顾客推销更多的服务，但高顾客接触对生产效率的影响是负面的，即接触越多，生产效率越低，反之则高。选择服务流程时，应在这两者之间做出选择。当然，许多服务组织会选用多种服务流程来确保销售机会和生产效率的同时提高。

高速铁路运输企业应该根据不同的服务流程和环节采取不同的方法，即使对于同一服务环节，旅客的需求不同，设计方法也不同。例如，同样是列车上的餐饮服务，对于低需求旅客，可能只提供盒饭，并批量提供，这种情况可以采取生产线法；对于中高需求旅客，可以到餐车点餐，服务人员则需要根据旅客的具体需求提供食物，这种情况便可以采取顾客接触法。

当然，高速铁路的所有服务几乎都可采用旅客参与方法，其中高度接触服务有检票服务、餐饮服务以及在列车上为旅客面对面提供的服务。低度接触服务主要是列车信息服务等不与旅客面对面接触的服务。另外，随着信息技术的发展和在服务过程中的广泛应用，旅客在服务过程中的主动性大大增强。高速铁路采用计算机技术作为服务管理的主要设备，大大增强了旅客和员工参与的范围和程度。

4.4.5 高速铁路客运服务有形展示设计

高速铁路客运服务主要特点是具有无形性，其服务展示形式受到一定程度的影响，加强对客运服务的有形设计十分必要。高速铁路客运服务有形展示设计包括服务环境有形展示设计和服务人员服务行为有形展示设计。

1. 高速铁路客运服务环境有形展示设计

旅客对客运服务的消费与体验基本是在运输企业所设定的固定场所中完成的，如车站和列车上的所有服务。这些固定场所的服务环境(硬件环境和人文环境等)决定了旅客对服务质量的感知与评价。因此，构造良好的服务环境是服务组织提供优质服务的重要前提条件。高速铁路客运服务环境设计以设施布局设计为核心，对组成服务环境的所有区域和所有环境要素进行总体规划和设计。

(1)服务环境概念及设计内容

服务环境是员工提供服务和旅客进行服务体验的物质环境，是服务的生产场地，同时也是旅客的消费场所。高速铁路客运服务旅客可视区是服务的前台环境，既是旅客消费区，又是服务提供区，包括外观、装修、风格、摆设在内的“可视环境”给旅客带来服务体验和心理感受，影响旅客对服务包中“显性服务”和“隐性服务”的最终评价；同时前台环境还是服务的“生产场所”，其功能性设计的合理性对一线员工的工作效率、工作态度会产生一定的影响。

非旅客可视区是服务的后台环境,为纯粹的服务工作区,其设计的科学性会对后台工作人员的生产效率、工作心理产生相当的作用,进而关系到“支持性服务”的提供等。

服务环境设计内容包括环境条件、设施布局与功能、标识和其他人造物三大环境要素,服务环境设计的主要内容就是这三大要素的设计。环境条件设计指服务环境的基本背景要素设计,如室温、照明、噪声、音乐、气味、色调等。设施布局与功能设计指对服务环境的各种设施设备按照一定的功能分布组成的一个服务提供场所的设计,对旅客和员工都有较大影响,是服务环境的核心,将重点论述。标识和其他人造物设计指对服务环境中用以传达服务信息的要素设计,如各种标志牌、指向牌、宣传标语、装饰画、服务器具等,如高速铁路候车室的“禁止吸烟”标记直接传达了一种引导旅客行为的服务信息。标识和其他人造物这一要素不单独讨论,而是与其他两项要素结合起来研究。

(2)服务环境条件设计理念及影响因素

服务环境条件设计首先强调“人性化”,其次,基于美学方面的人性化设计外,以人体工程学理论为基础的人性化设计越来越成为当前服务环境条件设计的主流。

①人性化服务环境设计理念。

人性化服务环境设计,即高速铁路运输企业要以“人”的需求作为环境条件设计的依据。这里的“人”既包括来到服务场所的旅客,又包括在服务场所提供服务的服务人员和从事后台工作的工作人员。这里的“需求”既包括人的审美需求,又包括人的生理需求及心理感受等。

因此,人性化服务环境设计必须符合人性的三大要求:审美需求、生理需求和心理需求。例如,车站候车室旅客座椅的设计,要做到美观大方、舒适便捷,让人们候车过程中不至于出现焦躁不安的情绪,动车组列车上的旅客座椅设计,在满足以上条件的基础上,还应考虑到动力学理论对乘坐舒适性、安全性的影响等。传统的环境条件设计重点在于审美要求的满足,而人性化服务环境设计则更强调三者的结合,并把重点放在对后两者更精确的科学设计上。

②服务环境条件设计考虑因素。

以人体工程学为设计原理的服务环境设计主要考虑三个方面的内容:

首先,服务设施与人体自然形态之间的合适性。服务环境的设计,应充分考虑人的体形、身高以及各运动器官的自然承载力等,尽量做到设施设备的形态、尺寸等符合人的这些自然形态要求,为旅客提供更大的舒适感和体验感。例如,复兴号动车组较和谐号动车组空间更大、座位间距更宽敞,旅客座椅的形状与人体自然生理曲线更吻合。

其次,服务设备与人体感觉器官的匹配性。服务设备的设计要考虑到人体的正常工作范围和运动器官的舒适性。例如,自动售票机信息界面应符合人体感官的生理需求,基本颜色不能刺眼,提示性内容应在颜色上予以区别,设备操作按钮应按一定规律排列等。自助式服务设备的设计这一点尤为重要。

最后,服务的环境对旅客及服务人员行为的影响。环境温度、照明、噪声等,这些要素都会对旅客和工作人员的消费行为和工作行为带来不同程度的影响。例如,高速铁路列车上设有多种照明控制模式,可根据旅客需求提供不同的光线环境,空调系统充分考虑减小车外压力波的影响,通过隧道或交会时减小耳部不适感等,都能更好满足旅客生理心理需求,提高旅客体验感。

(3)服务环境设施设备布局设计

设施布局是服务环境的核心,它形成服务的功能性环境,对提高高速铁路客运服务效率和改善服务体验都起着至关重要的作用,设施布局设计成为服务环境设计的主体内容,对客运服务流程设计影响极大。

①设施布局设计类型。

服务内容不同,采取的服务生产方式不同,对应的设施布局迥异。与生产方式相适应的设施布局包含固定位置型布局、流程型布局、单元型布局、产品型布局等四种。

a. 固定位置型布局。

当服务对象位置相对固定,不能轻易移动,只能将服务提供系统移至服务对象处时,一般采用固定位置型布局。固定位置型布局设计主要需解决如何合理安排使提供服务的所有组成要素(设施设备)都能有满足其生产需要的足够的空间场地,接收和储存各种所需材料和物品,在互不影响的情况下共同完成服务提供,最大限度地减少物品、材料与人员的移动等,如高速铁路线路的养护维修作业等。

b. 流程型布局。

为最大限度提高服务设施利用率,功能类似的服务设施会被置放在一起,形成不同的服务功能区。旅客根据各自需求选择不同的路线前往不同的服务功能区去接受服务,这就是流程型布局。例如,高速铁路候车室大厅有特产、服装、餐饮等店商,旅客可根据自身需求前往。流程型布局设计重点考虑设施布局能为不同的服务路线提供便利,避免服务路线间重复、交叉和拥挤,并尽可能减少相关成本。

c. 单元型布局。

单元型布局是在已存在的一个设施布局当中设立一个或几个独立单元,这个独立单元拥有能满足特定旅客所有需要的所有服务设施。这种布局实质上是为减少服务整体布局的复杂性而特设独立的服务部门。如高速铁路车站重点旅客候车室,车站售票大厅设置的自动售票机区域,站前广场开辟专门的自动售票区域等。

d. 产品型布局。

产品型布局又称产品线型布局,指旅客或待处理的信息(物品)按一个预先确定好的程序被逐步"处理",就像工业产品沿着生产线被逐步加工直至成品。这种服务设施布局在标准化程度极高的批量服务中最为常见。例如,高速铁路列车上的盒饭的生产过程即可采用产品型布局方式设计。

②设施布局设计考虑因素。

a. 服务设施布局安全。如车站消防通道的宽度,消防标志的醒目度,高速铁路车站职工通道与旅客区域的明确划分等。

b. 服务路线长度。尽量缩短服务路线的长度,减小服务人员与旅客的移动距离,为二者提供工作上和消费上的方便。

c. 服务路线清晰。符合消费习惯和工作习惯,并设有明显指示标志,使旅客和服务人员都能感到方便自然。

d. 员工舒适。搭建良好的工作环境,有助于提高劳动生产率。

e. 管理合作。合理的设施与人员的位置以及良好的通信工具,使督导和交流易于进行。

f. 可进入性。所有的设施设备都有较好的可进入性,方便保养及维修。

g. 空间利用。兼顾节省成本和达到经营目标两方面,如高速铁路车站候车室、商品、餐饮经营、通道等空间分布,既要满足旅客候车需求,还要兼顾拓展经营渠道。

h. 长期发展所应有的灵活性。设施布局不仅要满足当前服务任务的需要,还需具有一定的灵活性(如预留扩展空间)以适应长远发展。

2. 高速铁路客运服务人员行为有形展示设计

服务行为是服务人员在服务提供过程中所发生的行为。服务行为具有服务性和工作性双重属性。在服务接触中,服务人员所表现的服务态度、语言、姿态、行动是服务行为的服务性组成要素,服务人员的工作效率、工作内容等是服务行为的工作性组成要素。客运服务行为设计必须做到:①符合旅客的需要,体现出对旅客个性的关心。②符合员工个性需要,以提高其工作满意度。③符合服务组织的目标,提高生产效率,降低服务成本。

(1)高速铁路客运服务行为的"服务性"设计

服务行为的"服务性"设计应以旅客需求为中心,对服务行为的组成要素进行设计,做到客运服务接触成为令人难忘的"真实瞬间"。客运服务设计也是本书理论体系的基本思考,重点强调如下两个方面。

①服务行为总体特征的确定。

服务行为所表现出来的总体特征,与 4.2 中客运服务基调基本相似,都是对具体服务特点、服务目标市场的明确定位描述。有两种基本类型:"规范化"服务行为和"个性化"服务行为。

"规范化"服务行为是高速铁路运输企业在符合国家、行业、团体、企业标准的基础上,结合服务对应岗位的特点,制定的满足旅客需求的共性行为规范。"个性化"服务行为则是在共性行为规范基础上,考虑旅客个性化需求而进行的标准行为的延伸、扩展和改动。

两种特征的行为对旅客的服务体验有着不同的影响。"规范化"服务行为是标准化程度较高的行为,具有较高的服务效率,能为旅客提供快速、简洁的服务,但只能满足旅客需求的共性,照顾不到旅客的个性需求。"个性化"服务行为则克服了前者的弱点,能展现出丰富的服务形式,满足旅客的个性化需要,具有更强的人情味。但"个性化"服务效率较低,难以进行"大批量生产"。由于高速铁路成网运输,不同铁路局集团公司同一服务要在标准统一的基础上展示个性。

②服务行为的细节设计。

服务行为的细节设计是对服务行为的主要构成要素的具体设计,与 4.3 和 4.4 中的服务包和服务流程相似,是相同的过程,只是强调的角度不同。服务行为的细节构成要素包括服务语言、服务表情、姿态与动作。

服务语言是服务行为的"可听"部分,对服务语言进行设计要充分考虑语言对服务信息告知的明确程度和旅客心理感受影响,主要考虑使用何种语言(方言)、服务用语的规范性、服务用语的个性化、服务语言的推销功能等四个方面因素。

服务表情、姿态与动作是服务行为的"可视"部分,对旅客心理感受影响很大,有时又被称为"体语"。与语言相配合,恰当的表情能体现对旅客的尊重,甚至能代替服务用语。如微

笑服务、目光接触等，都是员工岗前培训的重要内容。姿态与动作等形体语言会影响旅客心理感受，服务姿态与动作设计重点要关注采用站姿还是坐姿服务、服务动作的“职业化”程度等内容。

服务行为的细节性设计的主要标准是这些行为是否符合旅客的需要，是否满足了旅客的心理需求。

(2)高速铁路客运服务行为的“工作性”设计

高速铁路客运服务行为的“工作性”设计以提高服务生产效率、降低服务成本以及提高员工工作满意度为目的。

①服务行为“工作性”设计的目标

服务行为“工作性”设计涉及高速铁路运输企业与员工关系的平衡，对员工工作积极性产生一定作用而最终影响前台服务质量。总体来说，服务行为“工作性”设计的目标如下：

a. 服务质量。员工提供高质量服务的能力会受到工作设计的影响，这包括通过改进工作设计避免服务失误，还有工作设计本身能激励员工改善服务避免工作失误。

b. 服务速度。提高服务工作的效率，在尽可能短的时间内完成服务。

c. 服务可靠性。确保服务能准确、及时地提供。

d. 服务灵活性。在服务容量、服务类型及服务提供方式上做到具有一定的灵活性。

e. 服务成本。降低服务成本的同时保证服务质量。

f. 员工的健康与安全。为员工创建安全的工作环境，配备相应的设施设备，保障其身心健康。

g. 职业生活质量。为员工提供职业发展规划，减轻工作压力，提高工作乐趣，造就良好的职业生活环境。

②服务行为“工作性”设计方法。

服务行为的“工作性”设计最初起源于“工业设计”。关于“工业设计”的研究从 19 世纪至今已出现了五个阶段和五种主要方法：劳动分工、科学管理、人体工程学、行为科学、员工授权。

劳动分工是机械化大生产的产物。劳动工作被拆分为许多部分，每一部分由单独的人去完成，这就是所谓的劳动分工。劳动分工存在许多不可否认的优势，如使掌握工作技能和自动化变得相对容易，大大减少了非生产性劳动。但是劳动分工也有局限性，如工作的单调性使员工产生心理和生理的疲劳，工作的重复性可能导致对员工生理上的伤害，且这种生产方法的灵活性不够，无法实现产品和服务的个性化。

科学管理是随着管理学者提出的一系列管理原则、方法的基础上完善起来的。科学管理的核心就是工作分析，即对现存的工作进行系统性检查和记录，提出更加有效和简便的工作方法和建议以降低成本。这对采用标准化生产流程提供批量服务的服务组织或行业来说，是一种十分有效的工作方法。

人体工程学是随着“以人为本”服务观念的深入人心和服务环境人性化设计理念提出的。从人体的生理需要，注重环境与人体的自然要求的相互吻合性，增加人体在环境中的“自然舒适性”，进而提高员工的工作效率，使之高效地完成工作。

行为科学理论认为科学管理和人体工程学的工作设计集中于考虑如何高效地完成工

作,而忽视了工作对人的个性需求的影响。行为科学理论认为,工作设计应达到两个重要目标:其一,工作本身应从伦理上提供一个高质量的职业生活;其二,由于工作本身就具有调动人积极性的特点,所以工作应设计成一个能提高工作成绩的工具。

员工授权是目前比较流行的方法,也是非常切合服务业特点的方法。服务接触过程中,员工与顾客直接见面,员工的行为直接影响顾客的感受。顾客的要求是多变的,服务人员如果没有足够的自主权,事事需"请示"管理方,则会大大影响服务提供的速率和质量。这时就需要员工授权,所谓的员工授权就是服务组织将足够的自主处理权下放给员工。员工授权有其自身的优势,如能在服务第一线对顾客的需求做出快速的反映;能在服务第一线对顾客的不满意做出快速的反映;员工能更加充满热情地与顾客接触;能促进"口碑效应"和保持顾客的高回头率。员工授权的工作设计虽然有众多益处,但取得这些成果是要付出一定成本的,如挑选和培训员工成本上升,一线员工可能做出错误决定而导致服务失败等。

五种设计方法不能相互替代,而是各有侧重、相互补充,共同为工作设计提供理论支持。这五种方法的侧重点主要围绕两方面:一是管理方控制的需要,二是激励员工参与生产的需要。图 4.25 说明了五种方法在两种需要中的选择侧重程度。劳动分工是完全独立于加强管理方控制,科学管理也侧重于这一方面,但它考虑到了如何工作最方便有效,可以说这种工作设计已逐步把人性因素引入进来。进入现代社会以来,更多的服务组织把工作设计的重点转向了如何激励员工参与管理和决策。人体工程学设计主要从生理角度考虑工作的方便性和舒适性,造就一个良好的物理环境。而行为科学方法和员工授权则更多地强调工作的心理因素和如何使工作本身变得更有意义,从而提高员工的成就感和工作满意度。

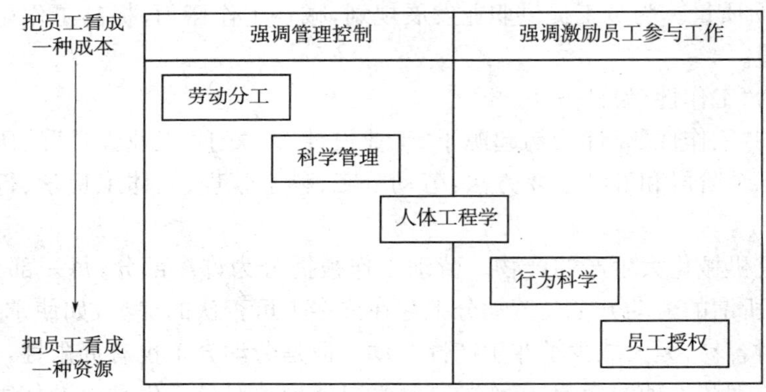

图 4.25　服务行为"工作性"设计方法

高速铁路运输企业针对目标市场旅客,在对其服务行为设计时,应该考虑到尊重员工、激发员工服务积极性的要求,在服务流程、方法、具体行为设计等过程中,逐步将员工作为一种服务资源进行管理和经营。

4.5　高速铁路客运服务方案及评价

高速铁路客运服务设计的最后环节是经过对设计方案全面评价并认可前提下的方案输出。设计方案是服务提供过程中应该遵守的一系列工作流程、工作标准和服务规范,还有参

与客运服务的前、后台管理与技术部门、经营企业对服务资源的配置布局与管理等。所以，对设计方案进行评价并达到服务设计的预期目标，才能形成最终的实施方案。运输企业依据最终的设计方案，组织各职能部门和参与该项服务提供的合作者等，开展该项服务提供所需各项资源的组配及各类人员的培训等工作，最终向旅客提供满意的、有针对性的服务。

4.5.1 高速铁路客运服务方案描述

高速铁路客运服务设计是一个由抽象概念到具体实施方案的转化过程。从服务设计的角度来看，实施方案具体包括服务基调、服务包、服务流程及服务推广（本书对服务推广不作详细讨论）共四项内容。从高速铁路运输企业提供、经营服务的角度来看，实施方案最终形成该项服务的生产计划、劳动组织、资源配置、经营管理的系统性指导方针。其中生产计划是服务提供的基础，决定了企业提供服务的定产、定量、定时及定性功能；劳动组织、资源配置、经营管理则明确了企业在提供服务过程中“人员”“硬件”“软件”的安排，三者相互补充，相辅相成，共同保证企业服务提供的有序进行。高速铁路客运服务设计与服务提供关系如图 4.26 所示。

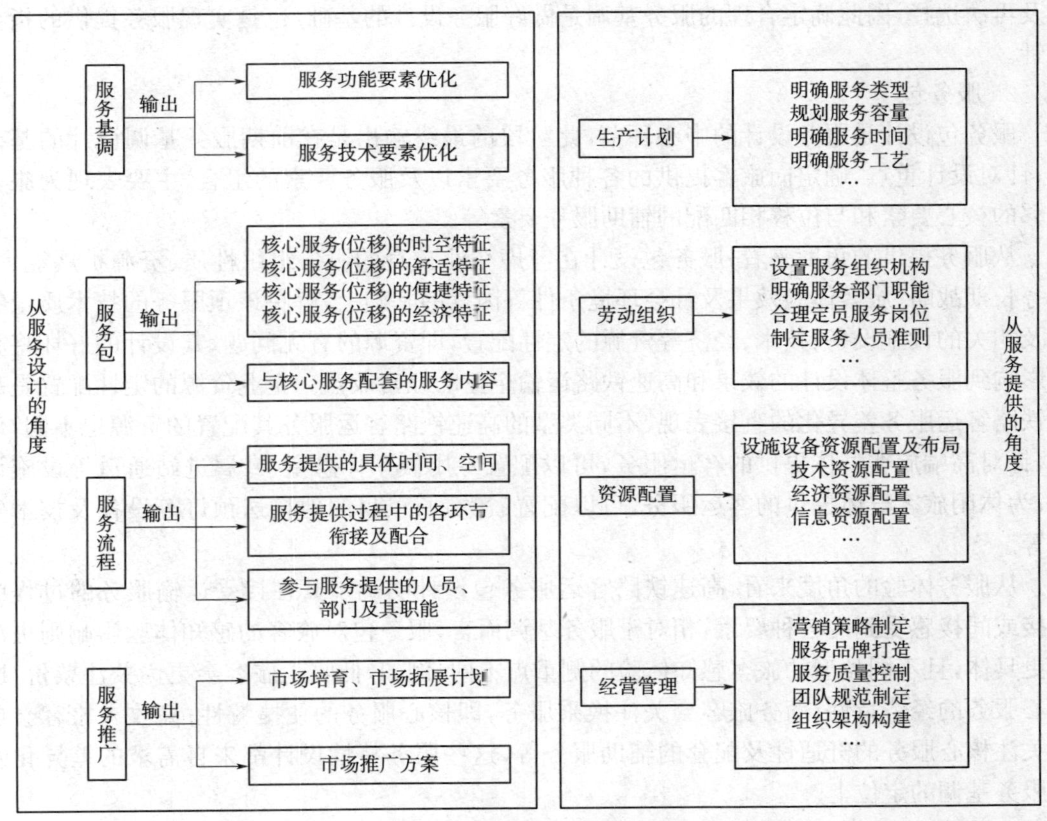

图 4.26 高速铁路客运服务设计与服务提供关系

1. 服务基调

服务基调设计是站在高速铁路运输企业的角度，在准确把握旅客需求和企业服务战略的基础上,确定服务产品的整体规划。对于高速铁路客运服务来说,服务基调的确定涵盖前期市场调查、旅客需求甄别、技术要素确定、市场竞争分析等综合手段,其最终输出的是高速铁路客运服务的关注要素和设计重点,明确了服务的整体特点以及技术要素和功能要素的创新或优化方向。

从服务提供的角度来看,服务基调明确了生产计划中的服务类型,即高速铁路运输企业要提供什么样的服务。除此之外,服务基调还在经营管理阶段起着战略性指导作用,主要涵盖了企业外部交易性战略和企业内部管理性战略两方面的内容。其中外部交易性战略是指企业针对旅客需求而定制的经营策略和方针,包括营销策略制定、品牌打造、旅客渠道建设等,其目的是增强企业的市场竞争力,例如,打造高速铁路旅游列车品牌、积极处理来自旅客的建议与投诉、组建寻访小组访问重点旅客。内部管理性战略是针对企业内部而提出的相应规划与准则,包括管理体制、组织架构、团队规范、激励制度等,其目的是提高团队的协作效率。

从服务体验的角度来看,高速铁路客运服务基调隐藏在高速铁路运输服务过程的方方面面,间接影响旅客在整体运输服务过程中的感知体验,从而影响其对所接受服务的评估评价及再次选择,因此确定合理的服务基调是做好服务设计的基础,也是实现服务提供的指导方针。

2. 服务包

服务包设计是服务设计的中心环节,此阶段的最终输出是在前期服务基调设计的基础上,针对设计重点,确定向旅客提供的各种服务要素以及服务要素的组合,主要表现为旅客位移的核心要素和与位移相匹配的辅助服务要素等。

从服务提供的角度来看,服务包设计在考虑企业自身的服务组织性质、资源扩展能力、服务长期战略、旅客体验效果及社会环境条件等因素的基础上,解决该项服务的技术质量特性及相关的设施设备、技术、经济等资源的定性配置,即资源的有无问题,其设计的好坏将直接影响到服务整体设计的效果和高速铁路运输企业的经营效益。企业资源的定性配置是高速铁路客运服务差异化的直接表现,不同类型的高速铁路客运服务其配置的资源也不同,例如,针对高端旅客群体提供的客运服务,可以配置专用候车休息室、专属进站通道等设施设备;为休闲旅客群体提供的客运服务,可以配置餐饮预订、目的地接送预订等设备及技术资源等。

从服务体验的角度来看,高速铁路客运服务包设计明确了其在接受运输服务的过程中直接或间接感受到的各种要素,相对于服务基调而言,服务包对旅客的感知体验影响则更深刻更具体,且不同类型的旅客感知体验的侧重点不同,例如,低收入旅客会更为关注票价,即核心服务的经济特性;商务旅客会关注换乘服务,即核心服务的便捷特性;高收入旅客会更为关注核心服务的舒适性及配套的辅助服务等,这些服务特性设计都来自需求的差异化及对服务基调的定位上。

3. 服务流程

服务流程设计是服务设计的重要组成部分,是从服务提供系统的总体出发,确定服务提供的基本方式和服务生产特征,此阶段确定了旅客、前台服务人员、后台服务人员以及各级职能管理部门、管理者的参与过程及职责内容,并在此基础上,确定了服务的提供时间、地

点、设施、人力等详细因素，关注各具体环节及其相互之间的衔接与配合关系。

从服务提供的角度来看，服务流程明确了生产计划中服务容量、服务时间和服务工艺，即所提供的服务可以服务多少旅客、什么时候提供服务以及怎样提供服务。在资源配置方面，服务流程解决了各资源的定量配置及布局问题，如高速铁路客运站安检设备、检票设备、列车上热水供应设备的数量及布局。在劳动组织方面，服务流程影响到组织机构设置、部门职能分工、服务岗位定员、服务规范制定等具体内容。高速铁路客运流程设计有助于高速铁路运输企业全面、深入、准确地了解所提供的服务、建立完善的服务操作程序、明确各参与部门的服务职责和角色作用、增强服务提供过程中的协调性，识别服务提供过程中的失败点和薄弱环节，改进服务质量，还有利于企业有效引导旅客参与服务过程并发挥积极作用，明确质量控制活动的重点，使服务提供过程更为合理。

另外，在设计客运服务方案的服务包、服务流程中，还需重视服务的有形设计和接触设计等，这些都会直接影响到服务资源配置、服务模式选择、服务效率、服务成本和服务体验质量等问题。同时，对服务人员培训也十分重要。

4.5.2 高速铁路客运服务方案评价指标

高速铁路客运服务方案的具体评价指标，需要视其评价目标及原则而定。但无论是针对企业效益或社会效益评价，其评价指标都要考虑服务设计匹配度、服务体验质量，除此之外，还要考虑该项服务的一次性投入成本和日常运营成本，运输服务提供过程中的组织管理、技术设备和人力资源的配置与协调难度等。

1. 服务匹配度

服务匹配度是指服务设计方案与设计过程中各环节及服务总体预期目标的匹配程度，包括该项服务与服务需求、服务战略的匹配度，如服务基调的匹配度、服务包的匹配度、服务流程的匹配度等。

2. 服务体验质量

高速铁路客运服务设计以旅客需求为导向，服务的本质是为解决旅客旅行中所遇各项问题而提供的不同解决方案，因此服务方案的评价首先应该考虑旅客的服务体验质量。服务体验质量是旅客在运输过程中建立起来的一种主观感受，包括可靠性、响应性、保证性、移情性和有形性，针对核心服务和辅助服务的体验质量指标需要视具体内容而定，如核心服务各环节的服务时间、旅客接受服务时间、排队等候时间、站车拥挤度等。

3. 服务成本

高速铁路客运服务是铁路运输企业经营并提供给旅客的一种无形化产品，不仅包括完成旅客位移的核心服务，还包括提升旅客感知体验质量的辅助服务，因此其成本并不是单一的产品制造成本，而是复杂的、多方面的成本支出。硬件方面包括相关设施设备的一次性投入和运营成本，软件方面包括相关系统（如售票系统、监控系统、投诉系统）的建设及运营成本，人员方面包括服务人员的培训及管理成本等。

4. 运输组织的协调难度

运输组织方案、规则及调度指导等贯穿于高速铁路客运服务全过程，尤其是对核心服务感知体验影响巨大，如列车服务频率、列车等级与种类组配、列车速度、客流波动适应性、列车换乘衔接、列车正点率水平、站车工作组织水平等,另外,餐饮、约车等辅助服务也一定程度上受到列车运输组织的影响,如停站时分等。因此,对运输组织协调难度的评价是十分必要的。

4.5.3 高速铁路客运服务方案评价方法

高速铁路作为国家的基础设施,同时承担着社会公益性职责和企业经营性职责。因此对服务方案的评价方法,可以从企业效益和社会效益两个角度进行。

1. 企业效益评价方法

企业效益是高速铁路运输企业通过商品和劳动的对外交换所取得的社会劳动节约,即以尽量少的劳动耗费取得尽量多的经营成果,或者以同等的劳动耗费取得更多的经营成果。从企业效益角度出发,可以考虑服务成本及收益,选择净现值法、净现值率法、内部收益率等方法,定量计算所制定的高速铁路客运服务方案为高速铁路运输企业带来的经济效益。对于高速铁路运输企业服务设计中的某些特殊效益,包括满足旅客需求、让旅客满意、忠诚、重购和推荐他人购买等,由于无形效果不存在相应的市场和价格,一般很难赋予货币价值,因此在对高速铁路运输企业的服务设计进行评价时,需寻找其他方法来估算出无形效果的作用大小。

(1)净现值法

净现值指特定方案下,未来现金流入的现值与未来现金流出的现值之间的差额。在该方法下,未来现金流入和流出都要按照预定的贴现率折算为他们的现值。计算公式如下:

$$\mathrm{NPV}=\sum_{t=0}^{n}\left[\frac{b_i(t)-c_i(t)}{(1+r)^t}\right]-k_i$$

式中 NPV——项目 i 的净收益现值;

$b_i(t)$——第 t 年从项目 i 中获得的收益;

$c_i(t)$——第 t 年中项目 i 的成本;

r——折现率;

n——项目的存续时间;

k_i——项目 i 的初始成本。

如果 NPV≥0,说明这个设计方案现金流入大于流出,设计方案可行;如果 NPV<0,说明这个设计方案现金流入小于流出,设计方案不可取。

(2)净现值率法

净现值率是计算设计方案未来的现金流入的现值,与原投资额之间的比率。如果指数大于1,说明收益超过成本,也就是实际收益率大于预定收益率。它是一个相对数指标,反映投资的效率;而净现值是绝对数指标,反映投资的效益。净现值和净现值率这两个指标之间的关系:净现值>0 时,净现值率>1;净现值=0 时,净现值率=1;净现值<0 时,净现值率<1。

(3)内部收益率法

内部收益率是考察项目盈利能力的主要动态评价指标。它是投资方案在建设和生产经营的年限内,各年净现金流量的现值累计等于 0 时的折现率。计算公式如下:

$$\sum_{t=1}^{n}(\mathrm{CI}-\mathrm{CO})_t(1+\mathrm{IRR})^{-t}=0$$

式中　IRR——内部收益率；

CI——现金流入量；

CO——现金流出量。

内部收益率是一项投资渴望达到的报酬率，该指标越大越好。一般情况下，内部收益率大于等于基准收益率时，该项目是可行的。

(4)结构方程模型法

对于高速铁路客运服务设计中产生的部分特殊效益，如旅客由于满意而带来的重购收益和推荐其他旅客购买等收益，想要精确计算是比较困难的，因此，对于这类收益，可以采用定性分析法来评价企业服务设计的收益对企业的贡献度。其中，结构方程模型因其强大的处理能力而被广泛运用于定性研究分析中。结构方程模型构建及求解方法见 6.2.4 相关内容。

2. 社会效益评价方法

社会效益是指最大限度地利用有限的资源满足社会上人们日益增长的物质文化需求。高速铁路客运服务的社会效益从宏观层面可以表现为促进 GDP 增长、优化产业结构、加快城市化进程、促进环境协调发展等；从中观层面可以表现为促进区域经济发展、发挥中心城市作用、促进各运输方式的协调发展、推动信息产业发展等；从微观层面可以表现为促进铁路经济效益提高、促进铁路科技创新和技术进步、提供多样化运输产品、提高旅客旅行舒适性等。

综上，高速铁路客运服务的社会效益涉及社会经济的诸多方面，因此其评价应采用由多个指标构成的评价指标体系来进行综合评价分析。根据确定指标权重的主、客观方法，可以将多指标综合评价分为主观法和客观法两大类。

(1)多指标综合评价的主观法

多指标综合评价的主观法是先根据经验按照指标的重要程度人为地给出权重，然后对指标进行综合评价。

①指数加权法。综合评价指标由多个单项指标加权平均得出。

②专家会议法。将接受咨询的专家分成若干小组，面对面地进行讨论和磋商，最后取得比较一致的意见，得出各指标的权重。

③德尔斐法。采用匿名方式，通过几轮函询，征求专家意见。评估领导小组对每一轮意见进行汇总整理，并将汇总意见发给每位专家作为下一轮意见的参考。如此多次反复，意见趋于一致，最后得出各指标的权重。

④层次分析法。层次分析法是一种定性与定量相结合的系统分析方法。首先把要解决的问题分层系列化，然后对各层次因素的相对重要性给予定量表示，再利用数学方法确定各层次相对重要性的权重，最后得出最底层相对于最高层的组合权重，并计算综合评价值。用层次分析法分析问题一般要经过以下几个步骤：a. 建立层次结构模型；b. 构造判断矩阵；c. 层次单排序；d. 一致性检验；e. 计算组合权重和综合评价值。

⑤模糊综合评判法。应用模糊数学原理对一些边界不清的因素定量化，进行综合评价。

即将评价因素集合论域(U)上的一个模糊集合(A)经过模糊关系(R)变为评语集合论域(V)上的一个模糊集合(B)。

(2)多指标综合评价的客观法

在多指标综合评价的客观法中,权重根据各指标自身的作用和影响来确定,然后构造评价模型,进行综合评价。

①主成分分析法,是将多个变量化为少数综合变量的一种多元统计分析方法。其主要步骤为:a. 观测数据标准化;b. 计算样本相关矩阵;c. 求相关矩阵的特征根及相应的单位特征向量;d. 计算主成分向量;e. 计算主成分的贡献率及前 P 个主成分的累计贡献率;f. 取前 P 个主成分构成综合评价向量并测评综合评价值。

②因子分析法,是主成分分析法的自然延伸。当主成分难以给出有实际意义的解释时,将主成分作初始因子进行坐标旋转,从而得到理想的公共因子,实现对指标的综合。

③聚类分析法。在事先对样本类别不掌握任何信息的情况下对观测样本进行分类,从而对研究对象作出评价。实现聚类的步骤为:a. 对原始数据进行标准化处理,构造 n 个类,每类只有一个样本;b. 计算 n 个类(样本)两两间的距离(绝对距离、欧氏距离或切比雪夫距离);c. 合并距离最小的两类成为一个新类;d. 计算新类与各类之间的聚类;e. 重复上述步骤直至所有样本合并为一个类;f. 画聚类图并按给定阈值确定分类数。

④数据包络法。以相对效率概念为基础,根据多指标投入和多指标产出对相同类型的部门进行相对有效性和效益评价。

⑤判别分析。用已知样本的 p 个指标构成判别函数,计算样本的综合值,比较其与各已知类别的接近程度,确定样本的归属。

⑥灰色关联度评价法。以各因素的样本数据为依据,用灰色关联度来描述因素间关系的强弱、大小和次序,经过确定分析序列、对序列变量进行无量纲化处理、求差序列、计算关联系数和关联度等步骤,依关联度排序并进行综合评价分析。

随着信息技术和计算机技术的发展,利用计算机仿真技术对高速铁路客运服务系统仿真,构建一个实际系统的模型,对服务系统、服务设计各环节、各服务内容、服务各环节进行实验并进行输出评价,对提高客运服务方案质量、改善旅客服务感知体验等具有显著的意义。另外,服务系统仿真技术对于高速铁路客运服务方案的事前、事中、事后评价都有重要意义。服务方案仿真评价方法和案例在 4.6.2 重点介绍。

4.6 高速铁路客运服务设计案例

4.6.1 基于质量功能配置法的高速铁路车站客运服务基调设计案例

本案例以对某高速铁路车站实际为背景,借助质量功能配置法构建车站客运服务质量屋,通过问卷调查法获取旅客对车站客运服务的体验、评价和优化诉求等基础信息,系统研究高速铁路车站客运服务优化方案优化方向,对具体服务基调和市场定位设计提出建议。

1. 高速铁路客运站质量屋搭建

(1)确定旅客需求

客运站的旅客需求主要体现在服务环节上,即旅客在客运站经历的服务流程,包括购取

票、进站及安检、行李行包、候车、餐饮及商业、检票上车等。

(2)标定旅客需求重要度

采用旅客赋值法，通过发放旅客需求调查问卷的方式，让被调查旅客对旅客需求的重要度进行打分，用10分制表示，数值越大表示重要程度越高，以所有旅客的打分平均值作为最终的旅客需求重要度。购取票、进站及安检、行李行包、候车、餐饮及商业、检票上车几个环节旅客需求的重要度分别为8.15、6.75、7.00、8.55、5.55、8.60。

(3)确定技术要素

技术要素即客运站满足旅客需求的技术手段，由旅客需求推演而得，主要体现为客运站为旅客提供服务的形式，包括操作规范、引导和咨询、设施设备、人员服务、服务补救五个方面。

①操作规范是服务提供的标准和依据。

②引导和咨询是在旅客享有高速铁路运输企业提供的服务前，客运站主动提供的服务，有助于预见旅客行为，规范车站操作。一般除必要的人员引导外，设计合理、清晰、明显的标志是引导和咨询的重要手段。

③设施设备是旅客对硬件方面，如候车室座位、电子信息显示屏、无障碍服务设施等的需求。旅客有对客运站硬件设施的完善、便捷和易于操作等方面的需求。设备是客运站服务的基础，设施设备水平提升重点在于硬件设施的更新换代，通过资金投入，设施设备的质量水平容易有大幅度提升。旅客在完善的服务设施的基础上能更好地感受客运站服务。

④人员服务是旅客对客运站工作人员服务的需求，如售票服务、厕所环境的保持、车站餐饮及商业等方面。旅客对客运站工作人员的服务态度、服务水平等方面也有着较高要求，需要进行工作技能、工作态度等方面的系统服务培训，实现服务人员水平的提升。

⑤服务补救是客运站服务出现失误时采取的补救措施。研究表明，当服务提供出现错误或偏差时，对旅客的抱怨和投诉做出相应补救可有效消除旅客的不满，并使其产生再次购买行为，提高旅客的忠诚度和高速铁路运输企业经济效益。

(4)确定关系矩阵

关系矩阵表示旅客需求和客运站技术要素之间的相关程度，用于描述各个技术要素对旅客需求的贡献程度或影响程度。本案例质量屋关系矩阵采用$\boldsymbol{R}=(r_{ij})_{m\times n}$表示。$r_{ij}$表示第$j$个技术要素对第$i$个服务要素的贡献或影响程度，即两者的相关关系。通过专家访谈以及相应的问卷调查，构造旅客需求与客运站技术要素之间的关系矩阵，以“●”“◎”“△”分别代表相关性强、相关性一般和相关性弱，并分别赋值为1.5、1.2和1。

(5)确定竞争评价矩阵

本案例主要反映客运站某项技术要素对其他技术要素的影响程度。为简化质量屋模型，本案例重点确定竞争评价矩阵(忽略相关矩阵)。竞争评价矩阵的具体内容如下：

①服务水平确定——采用旅客赋值法，通过发放旅客需求调查问卷的方式，让被调查旅客对各旅客需求的现有服务水平进行打分，用10分制表示，分数越高表示现有的服务水平越高。以所有旅客打分的平均值作为各旅客需求最终的服务水平。

②目标质量确定——采用旅客赋值法，通过发放旅客需求调查问卷的方式，让被调查旅

客对各旅客需求的目标质量进行打分,用 10 分制表示,分数越高表示期望的目标质量越高。以所有旅客打分的平均值作为各旅客需求最终的目标质量。

③营销重点确定——通过发放旅客需求调查问卷的方式,让被调查旅客对各旅客需求的营销重点进行打分,根据前文将分数分为 1.5、1.2、1 三个等级,分别表示服务的改进对旅客满意度提升影响显著、影响一般和影响力小,以所有旅客打分的平均值作为各旅客需求最终的营销重点。

④改善比例确定——根据式(4.1),计算改善比例。以确定购票的改善比例为例,其计算过程为

$$R_1=\frac{D_1}{L_1}=\frac{10}{8}=1.25$$

⑤绝对权重确定——根据式(4.2),计算绝对权重。以确定购票的绝对权重为例,其计算过程为

$$W_{a1}=K_1\cdot R_1\cdot S_1=8.15\times1.25\times1.5\approx15.28$$

⑥相对权重确定——根据式(4.3),计算相对权重。以确定购票的相对权重为例,其计算过程为

$$W_1=\frac{W_{a1}}{\sum W_{ai}}\times100\%=\frac{15.28}{15.28+12.66+10.84+16.03+16.13+7.38}\times100\%\approx19.51\%$$

⑦确定技术要素重要度——根据式(4.4),计算技术要素重要度。以确定操作规范重要度为例,其计算过程为

$$H_{a1}=\sum_{i=1}^{6}W_i r_{i1}=19.51\%\times1.2+16.16\%\times1.2+13.84\%\times1.2+20.47\%\times1.2+9.42\%\times1.2+20.59\%\times1.2\approx1.20$$

根据上述指标确定和矩阵赋值,建立客运站服务质量屋,如图 4.27 所示。

服务环节	技术要素											
	重要度	操作规范 x_1	引导和咨询 x_2	设施设备 x_3	人员服务 x_4	服务补救 x_5	服务水平	目标质量	营销重点	改善比例	绝对权重/%	相对权重/%
购取票	8.15	◎	●	●	◎	◎	8	10	1.5	1.25	15.28	19.51
进站及安检	6.75	◎	◎	◎	●	◎	8	10	1.5	1.25	12.66	16.16
行李行包	7.00	◎	△	●	◎	●	7	9	1.2	1.29	10.84	13.84
候车	8.55	◎	◎	●	●	◎	8	10	1.5	1.25	16.03	20.47
餐饮商业	5.55	◎			◎	◎	6	8	1	1.33	7.38	9.42
检票上车	8.60	◎	◎	●	●	◎	8	10	1.5	1.25	16.13	20.59
技术要素重要度		1.20	1.12	1.31	1.35	1.24						

图 4.27 高速铁路客运站服务质量

2. 高速铁路客运站质量屋解读

高速铁路客运站是旅客进入客运服务系统，实际消费和体验位移服务过程的必经场所。高速铁路客运站服务是高速铁路客运的核心服务内容，高速铁路运输企业围绕旅客"位移"，通过服务流程、流线组织、设施设备布局维护、人员培训等，向旅客提供便捷舒适、人性智能的客运服务。通过对图 4.27 高速铁路客运站服务质量屋相关数据分析，运输企业在优化本站客运服务、设计服务基调时，从旅客服务需求、企业服务提升技术要素两个角度提出修改建议。

(1)从旅客需求角度看，旅客对购取票、候车、检票上车三个环节的需求重要度更高，各环节旅客需求相对权重值也验证这一结论。

高速铁路是一种大运量的运输通道，高密度、高频率开行，为充分发挥其效能，与传统车站相比，高速铁路车站更加强调"通过"功能，这就要求高速铁路运输企业在进行客运站服务优化设计时，重点关注购取票、候车、检票上车三个环节的"快速"完成和通过要求。具体优化措施是：向旅客提供进出站、候车、乘降、信息引导、问讯等基本的"同质化"服务内容，针对重点旅客和商务、VIP 旅客等提供人性化、个性化、差异化服务。

同时，通过票种票制、售票组织、销售渠道等的票务服务设计弥补高速铁路客运服务列车开行方案、运行方案无法满足旅客需求差异的局限，向旅客提供更加市场灵活、丰富多元、多样人性化的客运服务，与旅客的期望保持一致。

(2)从技术要素角度看，综合考虑旅客需求权重和旅客需求与技术要素相关关系，人员服务、设施设备、服务补救三项技术要求重要度高，这与大众普遍认知保持一致。

人员、设备是服务提供过程的有形要素、前台服务，能够被旅客直接感知，服务补救对旅客再次选择客运产品的忠诚度有重要影响，这三个因素直接影响旅客对高速铁路客运服务质量的评价和满意度，因此是客运站服务设计关注的重点。①在人员服务方面，加强对服务人员的培训，使其具备良好的服务意识、素质和技巧，在服务过程中妥善处理各种问题，建立和完善用人机制，实行竞争上岗，采取有效的激励机制，加强监督和考核，制定相应的奖惩措施等。②在设施设备方面，采用先进的自动化设施设备、导向标识和大型 LED 显示屏等，确保向旅客提供系统完善、功能先进、运营良好的设施设备。③在服务补救方面，从畅通服务投诉渠道、规范服务投诉处理流程、制定服务赔偿(补偿)措施等进行补救环节设计，降低因服务失败造成的不良影响，从旅客关注的角度对服务进行优化，不断提高客运站旅客满意度水平。

确定了服务基调，就明确了旅客最为关注的服务内容，为服务要素(服务包)和服务流程设计规定了设计原则，明确了设计重点。根据本案例质量屋分析结果，高速铁路客运站服务方案从服务包、服务流程总体设计、服务流程详细设计以及对输出的服务方案进行评价等，每一环节均需重点关注购取票、候车、检票上车三个环节涉及的服务人员、设施设备、服务补救三要素的设计。

4.6.2 基于计算机仿真的某高速铁路车站设备配置及客运组织模式评价案例

计算机仿真是应用电子计算机对系统的结构、功能和行为以及参与系统控制的人的思维过程和行为进行动态性比较逼真的模仿，它是一种描述性技术，也是一种定量分析方法。

本案例以北京交通大学李得伟教授项目团队开发的综合交通枢纽乘客集散仿真系统(SRAIL)为平台,对某高速铁路车站不同服务环境下的客运服务水平进行仿真评价,并对服务环境优化和服务水平提升提出建议。

SRAIL能够较为真实地反映旅客在车站空间内的行为及走行时空轨迹,其核心算法为社会力模型结合元胞自动机。该系统的仿真过程主要包括:地图导入与仿真场景生成、仿真基础数据输入与管理、仿真客流的多模式生成和仿真过程的二维实时可视化展示共四个步骤。图4.28为某高速铁路车站一层出站口客流仿真视图(彩图可扫描二维码获取)。软件具备实时输出评估指标,包括车站区域客流量、实时客流局部密度、各环节耗时、服务区排队长度、排队事件、服务水平等,进而可以进行一定数据分析的功能。用户可根据统计分析需求,按照软件的输出内容制订相应的输出评估指标用于实际的监控分析。

扫一扫

图4.28

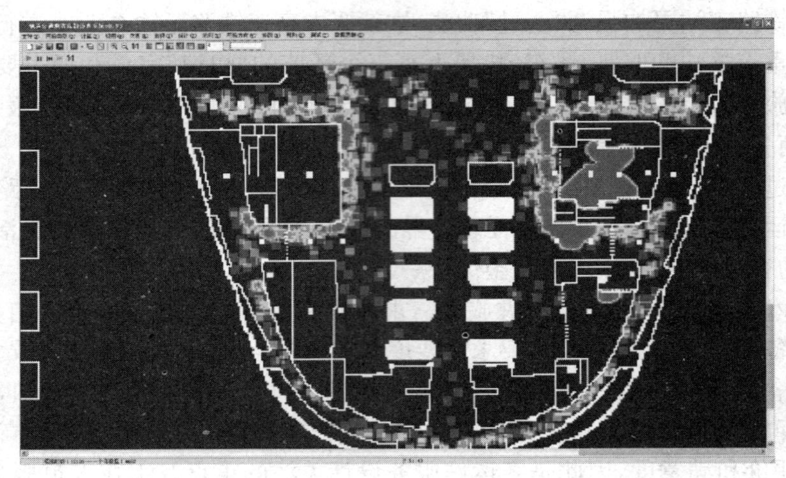

图4.28 某高速铁路车站一层出站口客流仿真视图

高速铁路车站客运服务设备配置的合理性直接影响到旅客的服务效果,本案例利用客流微观仿真软件对某高速铁路车站三层设施布局进行综合仿真评估。运用并通过仿真过程的数据统计及分析,对车站设施设备布局合理性、服务水平、能力匹配性进行综合量化评价,实现对该高速铁路车站客运服务质量水平的有效评价提供数据支撑。

1. 评价指标体系构建

为了准确评估车站设备的布局效果,设计以下评价指标体系。

(1)设施能力利用率(U)

设施设计能力的合理程度,计算方法如下:

$$U=Q/C$$

式中 Q——设施实际通过的客流量或人数;

C——设施能力。

从整个车站的角度讲,Q可以是实际最高聚集人数,C为设计最高聚集人数。从车站内某一设施(如楼梯、检票闸机等)的角度来说,Q为该设施在某一时段实际通过的最大客流量,C为该设施的通过能力。该指标反映了设施能力与需求的匹配性,但是高速铁路车站的客流到达并非连续均衡,而是随着列车的到达呈现脉冲式的分布规律,这就在短时间内对设

施产生冲击作用，因此，对于某一设施的通过人数 Q 一般为 15 min 通过的人数。这种冲击作用，形成对能力的最大考验，直接承受这种冲击作用的设施多位于设施的始端，往往是制约整体能力的关键点，这些设施为瓶颈设施。

(2)排队长度(L)

用排队长度反映设施的服务效率。排队长度既可以反映设施利用情况或闲置情况，又可以反映设施的供给是否能满足需求(即设备的适应性)。排队太短设施闲置严重，设施效率低；排队太长，设施利用效率高，但是乘客感知的枢纽的服务水平降低，说明运营者提供的设施数量满足不了需求。主要衡量售票窗口前、安检设施前(地铁正常情况下可能没有安检)和闸机处的排队长度。需要考察最大排队长度和平均排队长度，平均排队长度计算方法如下：

$$L=\sum_{t=1}^{T} l_t/T$$

式中 l_t——时刻的排队等待人数；

T——统计时间。

(3)客流密度(D)

客流密度用来衡量旅客拥挤程度，计算方法如下：

$$D=Q/M$$

式中 Q——某一区域的客流量；

M——某一区域的面积。

与客流密度相关的另一指标为个人空间，其取值为客流密度的倒数。在实际评价中，也可以根据个人空间的大小将这一指标模糊化为 A 到 F 的服务水平，见表 4.23(级别颜色显示可扫描二维码获取)。

表 4.23 服务水平分级表

服务水平	空间/m^2	含义	级别
A	>3.24	服务水平很好	
B	2.32～3.24	服务水平较好	
C	1.39～2.32	一般	
D	0.93～1.39	较差	
E	0.46～1.93	存在一定危险	
F	<0.46	不能接受	

扫一扫

表 4.23

(4)拥挤瓶颈点数

随着客流量的增大，通行能力下降而客流密度不断上升，使旅客走行速度下降，到达目的地的行程时间增加的区域。通过多次仿真的观测值获得。

2. 输入参数及仿真方案

将该高速铁路车站三层仿真场景文件、售票窗口、检票闸机数量、候车区域规模数据以及调查取得的客流参数、列车开行方案作为输入参数。仿真时钟取 0.5 s,旅客期望速度服从 G(1.5,0.25)的高斯分布,每位旅客购票时间约 30 s,方差为 10。案例仿真结果如图 4.29～图 4.31 所示。

扫一扫

图 4.29

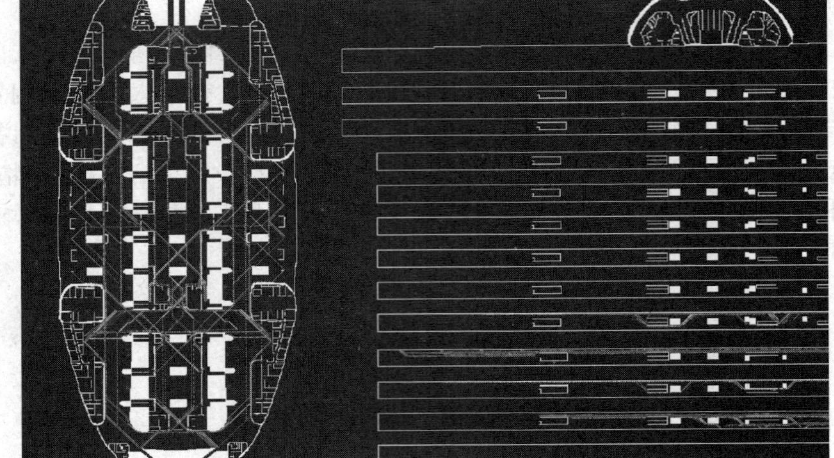

图 4.29　仿真旅客流线载荷

扫一扫

图 4.30

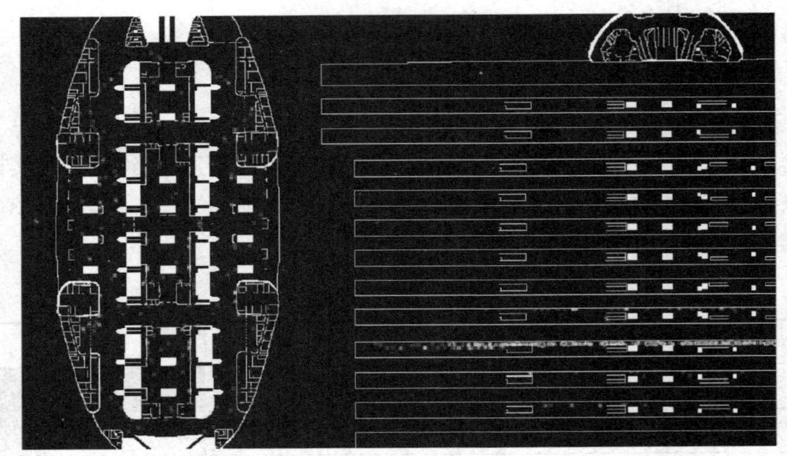

图 4.30　车站旅客瞬时密度

3. 仿真结果分析

从仿真结果可以得出如下结论:

(1)全站绝大多数时间内服务水平较高(A 级:个人空间＞3.24 m²),高峰时间段服务水平有所下降(B～C 级:个人空间 1.39～3.24 m²)。18:57 左右,全站客流聚集达到最高峰,为 2 954 人。

(2)站内售票窗口全日 46%的时间每个售票窗口同时接待人数在 10 人以下,排队较少,在人员紧张时可以适当减少售票窗口以提高利用率。

(3)车站西北和东南两侧高架售票厅各窗口服务压力较低(即闲置率高),在全日仿真中,每个窗口 90%的时间排队人数小于 2 人,全日 45.9%的时间售票窗口在 10 人以下。

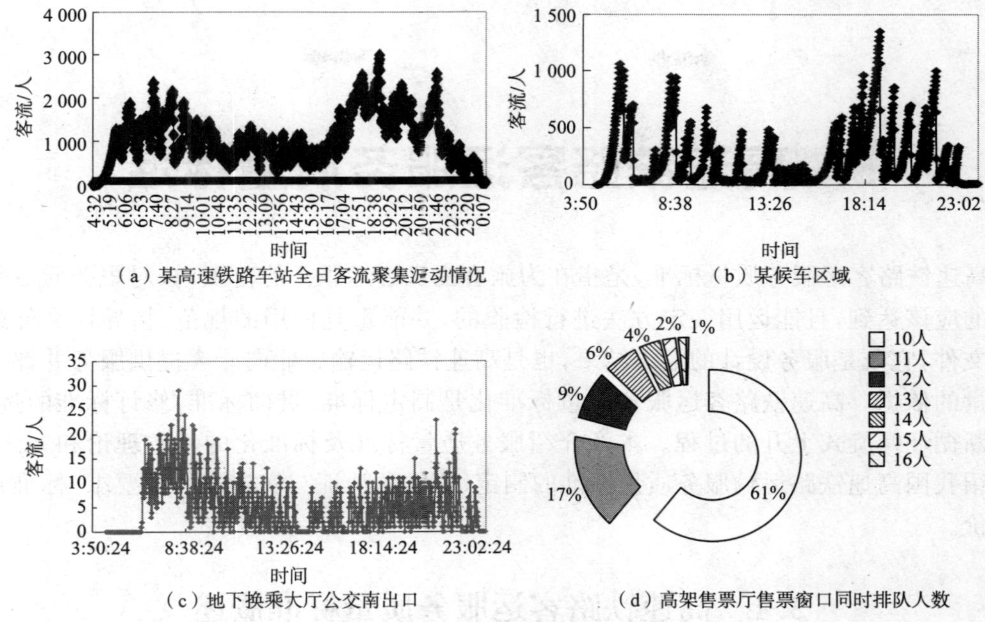

（a）某高速铁路车站全日客流聚集波动情况　（b）某候车区域

（c）地下换乘大厅公交南出口　（d）高架售票厅售票窗口同时排队人数

图 4.31　车站客流波动情况

复习思考题

1. 简述高速铁路客运服务设计的概念、高速铁路客运服务包的概念。
2. 简述高速铁路客运服务设计包含的内容及步骤，分析各内容之间的关系。
3. 高速铁路客运服务包包含哪些要素？分析各要素之间的关系。
4. 试举例说明旅客需求与服务设计之间的关系。

5　高速铁路客运服务质量标准

高速铁路客运服务质量标准，是指在为旅客提供客运服务的范围内，对服务质量明确提出的应该达到，且能运用一定方法进行检验的，并能重复使用的规范、指导性文件或特殊性文件，它既是服务设计的输出结果，也是高速铁路运输企业向旅客提供服务并评价服务质量的依据。高速铁路客运服务质量标准化是制定标准、贯彻标准、修订标准的过程，是不断循环螺旋式上升的过程。本章介绍服务质量标准及标准化的基本理论和方法；重点介绍我国高速铁路运输服务质量标准的制定、标准的认证与实施流程及要求、标准化经济评价。

5.1　高速铁路客运服务质量标准概述

高速铁路客运服务以满足旅客需要为基础，但由于其自身的经济技术特征和生产、消费特点，使其从内容到形式很难充分考虑到每个旅客的个性化需求特点，只能根据市场细分和服务群体的需求规律，对关键的、无法监控的、带有重复性的服务行为实行标准化管理，通过科学适用的服务质量标准，为客运服务提供有力保障。

5.1.1　高速铁路客运服务质量标准概念及类型

1. 高速铁路客运服务质量标准概念

标准是为在一定的范围内获得最佳秩序，对活动和结果规定共同的和重复使用的规则、指导原则或特殊性的文件。标准应以科学、技术和经验的综合成果为基础，并以促进最大社会效益为目的。标准是根据当时的科学技术所达到的实际水平来制定的，具有科学性、时效性、统一性和强制性等特性。

标准的相关概念中，还有规范、规程等概念。规范是指规定产品、过程或者服务应满足的技术要求的文件，如《铁路旅客运输服务质量规范》；规程是指为产品、过程或服务全生命周期的有关阶段推荐良好惯例或程序的文件，如《铁路旅客运输规程》。规范、规程可以是标准，也可以是标准的一个部分或标准以外的其他标准化文件，习惯上统称为标准，只有针对具体对象才加以区别。

服务标准是规定服务应满足的要求以确保其适用性的标准。服务标准的制定涉及服务业的各个领域，内容可包括服务组织、服务人员、顾客、合同、支付方式、服务结果、服务交付的硬件设备、服务组织和顾客之间的沟通等。服务标准不同于工业产品标准，它在制定过程中涉及公共道德、民族习惯及各国的法律等多种因素。

高速铁路客运服务质量标准，是指客运服务应达到的水平和水准，涉及从服务设计到服

务提供、服务控制过程中，为旅客提供服务的设备、服务生产过程中的规章规范和服务人员的行为规范等方面。高速铁路客运服务质量标准以“标准”为依据，明确为旅客提供服务质量的目标。

2. 高速铁路客运服务质量标准类型

高速铁路客运服务质量标准可以从层级、约束性、内容、性质等不同角度进行分类。

(1)按标准的层级划分

标准可分为国际级、区域级、国家级、行业级、地方级、企业级等不同级别。标准的级别规定了标准使用的范围，反映制定和发布标准的机构的级别。每一项标准，都是针对一定专业的特定主题，具有确定的标准化内容，并存在一定的级别，从而指导企业标准化工作，提高标准化工作的科学性、全面性、系统性和预见性。高速铁路客运企业通过各层级标准间的内在联系，协调、衔接各层级标准，可以构建形成科学的有机整体，即标准体系。根据2017年修订的《中华人民共和国标准化法》，目前我国的标准可划为国家标准、行业标准、地方标准和团体标准、企业标准共4级，我国铁路客运不同层级的标准内容详见5.3.3。

(2)按标准的约束性划分

按贯彻标准的约束性，标准可分为强制性标准和推荐性标准。

强制性标准是在一定范围内通过法律、行政法规等强制性手段加以实施的标准。强制性标准必须执行。根据《中华人民共和国标准化法》的规定，对保障人身健康和生命财产安全、国家安全、生态环境安全以及满足经济社会管理基本需要的技术要求，应当制定强制性国家标准。强制性国家标准由国务院批准发布或者授权批准发布。如《标准轨距铁路限界 第1部分：机车车辆限界》为强制性国家标准，经国家标准化管理委员会审批后正式发布，于2021年5月1日实施。

推荐性标准，又称为非强制性标准或自愿性标准，是指在生产、交换、使用等方面，通过经济手段或市场调节而自愿采用的一类标准。国家鼓励采用推荐性标准。推荐性国家标准由国务院标准化行政主管部门制定。推荐性国家标准、行业标准、地方标准、团体标准、企业标准的技术要求不得低于强制性国家标准的相关技术要求。如《铁路旅客运输服务质量 第1部分：总则》(GB/T 25341.1—2019)为推荐性标准，自2020年7月1日实施。

(3)按标准的内容划分

高速铁路客运服务质量受三大类要素影响：硬件、软件和人员。这三者相辅相成，缺一不可，共同构成了图5.1所示的三角关系，即“服务要素金三角”。其中，硬件和软件要素是比较确定和稳定的，人员要素复杂且易变，同时也是影响服务质量的关键要素。

①硬件标准。

硬件标准是针对为旅客提供服务的物理环境所作的规定，如客运服务设施设备质量和数量标准，室内环境的色彩与照明、气味、温度、湿度、空气的清新度等标准，车厢、车体等设施设备的颜色、车站的通道设计、候车厅的座位安排、自动售票机、行李推车、自助查询机等设备的位置选择标准等。

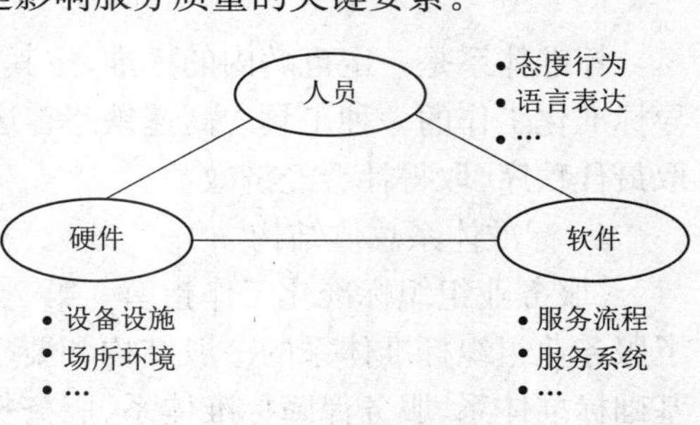

图5.1 服务要素金三角

②软件标准。

软件标准是针对客运服务提供的程序和系统所规定的标准,包含为旅客提供的服务内容、服务流程和服务方法等,以及对服务质量管理所作的规定。可以说,软件标准是对服务技术标准、作业标准和管理标准的规范化管理,并用书面文件的形式予以颁布。

③人员标准。

人员标准是针对提供客运服务的工作人员提出的标准,包含对服务人员学历、专业、气质及与旅客接触时的态度、行为、语言等规定和要求。由于一线服务人员与旅客直接接触,对其服务标准的规定更严格,如高速铁路客运企业对客运人员的综合素质、个人形象、言谈举止都有明确的标准规范。

(4)按标准的性质划分

按照我国现在通行的分类法,即按照标准的性质,高速铁路客运服务质量标准可分为技术标准、管理标准和工作标准。

①技术标准。

技术标准是针对客运服务过程中重复性的技术事项,在一定范围内所作的统一规定。它是将生产技术活动的经验和总结,作为技术上共同遵守的规则而制定的各项标准,如外购商品的质量标准、列车设施设备质量标准、列车餐饮质量标准等。

②管理标准。

管理标准是管理部门为行使管理职能而制定的具有特定管理功能的标准,它是高速铁路客运服务管理工作的业务内容、职责范围、程序和方法的统一规定,如客运部门管理范围、后勤管理、服务投诉处理等。

③工作标准。

工作标准就其属性来说是管理标准的一种类型,是为实现客运服务过程,提高工作效率和工作质量,对客运服务中各岗位工作制定的标准。工作标准对每项具体工作、每个工作岗位作出规定,包括工作范围、岗位职责、工作程序及质量要求等,如验证验票、检票、广播等服务标准。

高速铁路客运服务质量的技术标准、管理标准和工作标准之间是相互联系、相互作用的。技术标准是通过贯彻、实施作业标准和管理标准来保证其标准的实现,而工作标准又是管理标准制定、实施的主要依据和基础。

5.1.2 高速铁路客运服务质量标准体系

标准体系是一定范畴内的标准,按其内在联系形成的科学的有机整体,是运用系统论指导标准化工作的一种工具。高速铁路客运企业可以通过建立标准体系,实施整套标准,来获取最佳秩序,取得社会经济效益。

1. 标准体系总体结构

《服务业组织标准化工作指南　第2部分:标准体系构建》(GB/T 24421.2—2023)给出了服务业组织标准体系的一般结构和要求,即高速铁路客运服务质量标准体系由服务通用基础标准体系、服务保障标准体系、服务提供标准体系等三大存在着广泛内在联系、既相互依赖又相互制约的标准子体系组成的科学有机整体。服务通用基础标准体系是服务提供标准体系和服务保障标准体系的基础，服务保障标准体系是服务提供标准体系的直接支撑，服务提供标准体系促使服务保障标准体系的完善。

2. 建立标准体系总体要求

建立标准体系是一项技术复杂、政策性很强的工作，需要遵循以下总体要求。

(1)标准体系内的标准应符合国家有关法律法规要求，并优先采用国家标准、行业标准和地方标准。标准体系内的所有标准，包括国家标准、行业标准、地方标准、团体标准、企业标准，应符合国家有关法律法规要求。同时，国家标准、行业标准和地方标准反映的是国家、行业和地方对相应服务组织经营活动的技术要求和管理要求，是企业进入该服务行业应遵循的统一要求，因此标准体系内的标准应优先采用国家、行业和地方标准，并在经营活动中得到落实。

(2)结合企业实际情况，设计标准体系框架，制定企业标准，完善标准体系。《服务业组织标准化工作指南　第 2 部分：标准体系构建》(GB/T 24421.2—2023)、《标准体系构建原则和要求》(GB/T 13016—2018)等给出了编制标准体系的一般结构和要求，企业可根据实际运营情况，对三大子系统的结构进行补充和完善。同时，企业可结合自身服务特点，在相应国家标准、行业标准和地方标准缺失或不适用时，根据《企业标准化管理办法》等相关规定，制定相应的企业标准，并将其纳入标准体系中，完善标准体系。

(3)标准体系内的标准应相互协调，形成的标准体系表符合相关要求。作为按标准内在联系形成的有机整体，标准体系内的标准之间应该相互支撑。编制标准体系表是标准化工作的一项基础工作，是编制标准、修订规划和计划的依据之一。编制标准体系表应符合《标准体系构建原则和要求》(GB/T 13016—2018)的要求，包括标准体系结构图、标准明细表、标准统计表和编制说明等。通过建立标准体系表，用图表的形式将国家、行业或企业等已有及应有的各种标准，按照标准的类别、性质、适用范围，以及标准间的内在联系，以一定的结构形式排列起来，便于企业了解标准体系内标准的构成、标准的现状和发展趋势，也有利于改造和健全现有的标准体系，使体系构成达到系统化、规范化、科学化，并随着科学技术的发展而不断更新和充实，促进一定标准化工作范围内的标准组成达到科学合理。

3. 标准体系建立的一般步骤

根据《标准体系构建原则和要求》(GB/T 13016—2018)和《企业标准体系表编制指南》(GB/T 13017—2018)，结合企业自身经营、管理和服务特点，建立科学适用的标准体系，一般可按以下步骤进行：

(1)需求分析。先根据行业、企业特点，确定标准范围、对象、目标；然后梳理所涉及法律法规和规范性文件，收集并优先采用相关现行有效的国家标准、行业标准、地方标准，梳理组织内部的各项规范制度，通过分析服务事项，进行归类整理。

(2)框架设计。参照标准体系总体结构，结合企业自身实际情况，突出服务事项和特点，设计适用于企业自身的标准体系框架。

(3)内容编制。根据标准体系框架，以实际需求为导向，科学、合理地编制标准体系明细表，建立标准体系表，确保服务提供环节有标准可依，标准齐全。

(4)贯彻实施。通过发布、培训等多种形式，开展标准体系的宣贯，有组织、有计划、有措施地实施标准体系，贯彻到服务实现、经营管理等各项活动，确保全员参与。

(5)评价改进。定期组织服务标准体系实施效果评价,总结实施经验,持续提升和改进标准体系的质量和水平。

5.1.3 高速铁路客运服务质量标准化内容及管理

高速铁路客运服务质量标准化即对客运服务质量进行标准化管理,指为在一定范围内为使客运服务获得最佳秩序,质量达到最佳效果,对实际的或潜在的问题制定通用性规定的活动。高速铁路客运服务质量标准化主要包括制定标准、贯彻标准、修订标准,是不断循环螺旋式上升的过程,这是服务设计的延续,也是高速铁路运输企业向旅客提供服务并评价服务质量的依据。

1. 高速铁路客运服务质量标准化内容

高速铁路客运服务质量标准化管理的核心是通过建立一整套质量控制体系,以服务工作中重复性作业方法为对象,以现行的规章制度为依据,在服务工作实践的基础上,制定并实施服务标准。其基本思想是统筹人、物、环境等因素,优化服务与管理方法,从而满足客运工作中心目标——安全运输和优质服务,加强以过程控制为重点的全面质量管理与控制,将他控、互控和自控结合起来,将预防性控制、过程性控制和结果性控制结合起来,推行高速铁路客运服务质量标准化。其根本目的就是实现质量管理制度化、科学化,确保安全运输,提高服务质量,为旅客提供可以考量的服务指标。高速铁路客运服务质量标准化,对外可以起到明确客运服务质量特性、质量标准及无形质量有形化的作用,对内可成为客运设施设备配置和客运服务工作、管理及控制标准。

高速铁路客运服务质量标准化有以下几方面内容:

(1)标准化对象——高速铁路客运服务质量。

高速铁路客运服务质量标准化是针对客运服务过程中的环节、内容、质量的标准。例如,高速铁路站车保洁、餐饮、投诉处理等服务过程都是可以进行标准化的实体。标准化对象也可以是针对影响高速铁路客运服务质量的软件、硬件、人员要素为对象的标准。例如,服务设施设备数量质量、服务流程、一线服务人员仪容仪表等标准。找出客运服务在不同时间和空间共同的和重复发生的事件或概念的最佳状态,制定标准,加以统一,就可以使它们得到优化或达到节省劳动力、提高工作效率的目的。

(2)标准化领域——高速铁路客运服务及其相关领域。

高速铁路客运服务标准化可以存在于客运服务的各个领域,其活动领域不仅包括服务活动中一线员工的服务工作标准,还扩展到服务管理、技术支持以及后台服务工作目标和前期规划设计等领域。如为保证达到安全、准确的服务标准,必须有相应的安全设施设备,以及在日常管理和生产工作中有准确的服务基调和与此相适应的运输调度、运输调整方案的制定与执行等。可以说,服务质量标准贯穿于客运服务全过程,涉及旅客运输各环节、各部门、各领域。

(3)标准化内容——制定、发布和实施标准。

标准化包括高速铁路客运服务质量达到标准化状态的全部活动及其过程,即制定标准、贯彻标准进而修订标准的过程。标准化的目的和作用,需要通过制定和贯彻具体的标准来体现的。

(4)标准化本质——统一。

标准化是在混乱中建立秩序，形成统一。高速铁路客运服务质量标准化就是用确定的标准将高速铁路提供的各项客运服务统一起来。所以，标准化是一种状态，即统一的状态、一致的状态、均衡有序的状态。

(5)标准化目的——获得最佳服务秩序及质量。

高速铁路客运服务质量标准化的目的在于一定范围内客运服务获得最佳秩序，客运服务质量达到最佳效果，以期获得最佳的社会和经济效益。有序化和最佳的社会与企业的综合效益是高速铁路客运服务质量标准化的出发点，也是衡量标准化活动的根本依据。

2. 高速铁路客运服务质量标准化管理

标准化是进行质量管理的依据和基础。高速铁路客运企业用一系列标准来控制和指导客运服务规划、设计、提供和改进的全过程，这是质量管理的基本内容，也是高速铁路客运服务设计中可操作性和可实现性服务的展现形式。通过实施技术标准，将质量管理目标具体化和定量化，使高速铁路客运企业内部各部门在技术上做到统一协调。通过执行管理标准、工作标准，促使职工在各自工作岗位上高质量地完成工作，从而有效地保证提高客运服务质量。

高速铁路客运服务质量标准化是一个循环的活动过程，主要包括市场分析、标准制修订、标准认证以及标准贯彻、实施等，如图 5.2 所示。制定出的具有可操作性的服务标准，需要通过系统研究，对标准贯彻与执行的效果进行检测，对标准进行反复测定和修正而实现。标准化就是根据客观情况的变化，不断促进这一循环过程的发展，以改进服务质量，使其更加符合旅客需求。

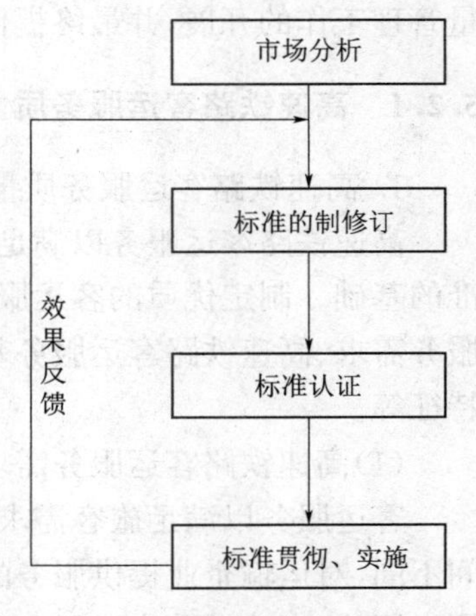

图 5.2　高速铁路客运服务质量标准化管理过程

(1)市场分析是高速铁路客运服务质量标准的源泉，其将一定消费群体的需求特征作为运输企业服务产品的质量特征，反映到运输服务的各项内容和工作中去。

(2)标准制修订是将客运服务设计理念、不同服务内容进行具有可操作性和衡量性的展现。不同类型客运服务的服务标准具体到各服务环节上是有差异的，包括技术、管理和工作各领域，以及软、硬件和人员的配备和执行上。从运输企业的角度，标准的高低表现出运输投入的多与少。原则上，越多越高标准的服务，其投入(研发到生产全过程)越大，单位服务收入越多，尤其是“人无我有”的服务，可以得到更高经济回报。从旅客角度，高标准服务应该是更贴近旅客需求的服务。因此，客运服务标准制修订是铁路运输企业主观经营理念向需求客观特性逐渐蔓延的过程。

(3)标准认证是将高速铁路客运服务标准体系纳入国际、国家或行业标准的过程。标准认证有利于国家、社会对高速铁路客运企业标准执行过程的监督，有利于宣传高速铁路客运服务质量标准，让高速铁路客运服务质量和优势具体化、形象化，也有利于经营者的选择和鉴别，塑造高速铁路品牌良好形象。

(4)标准贯彻、实施是高速铁路客运服务标准化管理的最关键环节，也是最困难的环节。

高速铁路客运服务过程中,如何严格、准确地按照标准实施服务过程是十分困难的事,这就需要一方面依据服务标准实施细则严格执行,另一方面重视“接触时刻”的管理和服务补救。

此外,标准作为一项技术政策,由于人的主观性,客观存在的不确定性等,风险始终存在。例如,未经协调或协调不充分、带有倾向性的标准,可能会产生负面效果,损害标准的公信力。可以说,标准化是一把“双刃剑”,这就要求每一项标准的决策都要严肃谨慎。

综上所述,高速铁路客运服务质量标准化管理的内容和过程反映了高速铁路客运企业以市场为导向的经营理念,表明标准的源泉来自市场,即标准必须是与时俱进的,能够反映市场需求和企业自身理念、经济、技术等方面特点。高速铁路客运企业对服务质量标准化管理的目的是通过服务质量标准的制定、执行与改进,规范服务过程,提高客运服务的社会认知度和旅客忠诚度。

5.2 高速铁路客运服务质量标准的制定

高速铁路客运服务质量标准的制定是高速铁路客运服务质量标准化管理的第一步,是高速铁路客运服务基调的直接体现和对服务产品特性的形象化描述。只有认真制定和贯彻管理标准和工作标准,才能有效地保证服务质量标准的执行,从而推动高速铁路客运服务质量管理工作的开展,并最终提供优质服务。

5.2.1 高速铁路客运服务质量标准制定的依据和原则

1. 高速铁路客运服务质量标准制定的依据

高速铁路客运服务以满足旅客需求为中心,以“为旅客提供满意服务”作为制定服务标准的基础。制定优质的客运服务质量标准需要有一定的理论依据,主要包括高速铁路客运服务需求、高速铁路客运服务基调、企业经营市场环境以及高速铁路运输企业的技术和生产特征等。

(1)高速铁路客运服务需求

客运服务以满足旅客需求为出发点,不同市场细分旅客出行目的、消费水平以及闲暇时间不同,对运输企业提供服务的需求就有差异,企业针对旅客而制定的服务质量标准也就不同。因此,高速铁路客运服务质量标准应根据各类产品的市场定位,从旅客需求出发,提出并规范其服务标准。如 2023 年 1 月 1 日起施行的《铁路旅客运输规程》,聚焦社会关注的儿童优惠票销售标准,区分车票实名制和非实名制的情形,分别按照年龄和身高销售儿童优惠票,“实行车票实名制的,年满 6 周岁且未满 14 周岁的儿童应当购买儿童优惠票;年满 14 周岁的儿童,应当购买全价票。未实行车票实名制的,身高 1.2 m 且不足 1.5 m 的儿童应当购买儿童优惠票;身高达到 1.5 m 的儿童,应当购买全价票。”同时,各客运企业积极调整手机购买儿童优惠票、儿童旅客进站乘车、退改签等服务内容,切实为儿童购票乘车提供优惠、便利。

(2)高速铁路客运服务基调

服务基调是开发及经营服务必须深入研究、明确服务定位的问题,是服务企业提供给旅客能满足其某种或某几种需要的“功能”和“效用”。运输企业的服务基调决定了其客运市场

定位和吸引的客流群体，旅客的需求特征和层次也将随之确定。例如，与普速铁路客运服务标准内容相比，高速铁路硬件设施配备标准、管理规范及人员素质等各方面有更高的要求。但这并不能表明高速铁路比普速铁路客运服务“高级”，而是体现了铁路客运服务中高速铁路与普速铁路的差异化定位，即在满足市场不同需求的同时，实现铁路内部的最佳经营效果。

(3)企业经营市场环境

企业经营市场环境包括政治、经济、文化、社会、生态文明等宏观环境及行业竞争环境。铁路运输企业客运服务质量标准需要随着宏观环境的变化而修改。例如，中国特色社会主义进入新时代，要求运输企业紧扣人民群众美好生活需要，提供高质高效服务，实现从“走得了”向“走得好”转变，相应制定更为严格、质量更高的服务质量标准。除此之外，旅客在评价高速铁路客运服务质量时，会把它与其他运输方式以及同一运输方式的其他产品相比，因此运输企业在制定服务质量标准时，要考虑其他运输方式的标准。

(4)高速铁路运输企业的技术和生产特征

高速铁路运输企业的技术和生产特征也是影响其服务质量标准制定的一个重要方面。旅客需求、客运服务基调以及企业经营市场环境是决定运输企业服务质量标准制定的主观因素，是旅客、社会等外界对企业的一种要求，而服务企业的技术和生产特征是质量标准的客观依据，是企业自身能力的一种表现。高速铁路向旅客提供安全、迅速、正点、经济、舒适、便捷、文明的优质服务需要有与之匹配的技术装备作技术保障，如高速铁路动车组列车、高速铁路信号与控制系统、高速铁路综合调度系统、高速铁路行车安全监控系统等。

2. 高速铁路客运服务质量标准制定的原则

旅客在体验客运服务时，会根据客运服务的品牌形象调整他们的期望。例如，旅客对高速铁路客运服务的期望会比普速铁路要高，如果高速铁路提供的只是“还不错”的服务，在旅客看来就是还不够好。高速铁路应该提供优质服务，制定较高的客运服务质量标准，以满足旅客的高期望。目标管理界著名的SMART原则同样适用于制定优质高速铁路客运服务质量标准。“SMART”是指服务标准的明确性、可衡量性、可实现性、与顾客的需求相吻合、及时性。

(1)明确性

明确性指服务标准必须明确。如果规定“高速列车开车后，列车开始广播发放配餐”，就不够明确。明确的标准应该是“开车20 min后列车开始广播发放配餐”。

(2)可衡量性

服务标准可采用综合服务蓝图分析法、服务标准要素分析法、舆情分析法、对标分析和统计分析等科学方法，实行可量化衡量的指标，以提高标准的科学性、可操作性和实施一致性。如《铁路旅客运输服务质量　第1部分：总则》(GB/T 25341.1—2019)中，对投诉受理时限等进行了量化说明：“铁路运输企业应在车站和列车醒目位置公布投诉处理渠道，对每件投诉有记录，在接到投诉后3个工作日内答复受理情况，10个工作日内告知实质性处理结果。”

(3)可实现性

服务标准要合适，使员工感到有信心实现这些标准。建立高速铁路客运服务质量标准不只意味着确立目标，同样重要的是设计一个可能实现的工作过程，并使之能不断地进行下去。例如,具体服务工作时间标准可以通过“时间研究法”和“成果评估法”相结合的组合方法在测定该项服务各环节时间标准的基础上得到,详见本书 4.4.3 中相关内容。

(4)与旅客的需求相吻合

高速铁路客运服务质量标准的“尺寸”和范围应该以旅客的需求为中心,这是高速铁路客运服务质量标准中最重要的特点。运输企业应该充分研究旅客心理,制定出既符合自身技术经济特性,又能体现自身优势和旅客认知、认可的标准体系。例如,针对铁路旅客运输便捷换乘的需求和实际运营情况,《铁路旅客运输服务质量　第 1 部分:总则》(GB/T 25341.1—2019)规定了“车站主要出入口与城市公共交通站点换乘距离宜不大于 300 m”的指标要求,满足旅客快速换乘的需求,《铁路旅客运输服务质量　第 2 部分:服务过程》(GB/T 25341.2—2019)中提出“宜配备具有双向自动检票功能的检票设施设备”的要求,以实现铁路运输与城市公共交通运输方式间的无缝换乘。2017 年施行的《动车组列车服务质量规范》中规定:“特、一、二等座车,乘务组备有热水瓶、耳塞和一次性硬质塑料水杯。”满足旅客安静、舒适的出行需求。“夜间运行(22:00—7:00)时,座车照明开关置于半灯位”的规定体现了夕发朝至列车提供安静舒适的休息环境的服务标准。

(5)及时性

及时性指为旅客提供服务的反应速度要快。优质服务不仅包括服务过程的快速,也包括服务响应的快速。对多数旅客来说,意味着向乘务员提出服务请求后,问题就可以解决,但如果他的服务请求没能按照其所期望的速度解决,旅客对客运服务质量的印象会大打折扣。如《铁路旅客运输服务质量　第 2 部分:服务过程》中有条款对及时性进行表述:“列车内宜设置办公席(点)或在每节车厢装有呼叫乘务员按钮”“售票厅应根据客流配置自动售/取票机,日常旅客排队不超过 10 人”等。

另外,高速铁路客运服务质量标准涉及旅客运输全过程,从旅客直接接触的角度,既包括一线员工的直接接触,又包括运输过程中的技术支持(运输调度、组织)以及运输服务的管理和控制等部门,涉及技术性标准、管理性标准和工作性标准。可见,从标准的功能和服务对象上来讲,有面向社会的外向性标准,又有面向内部管理和控制的内向性标准,在其标准的特征、内容和执行上应有一定的差异,在其制定原则上也应有所取舍。

对于面向社会的外向性服务标准,应与旅客的需求相吻合,并且能及时实现。在制定外向性服务标准时,及时提供服务不应对旅客做出明确的如几分钟之类的承诺,但应该向员工明确要求,这样就可以有缓冲时间,如果将服务标准细化到具体分钟,一旦未能在规定时间提供服务,则将大大降低旅客的满意度。如关于高速铁路客运服务中的餐饮经营,根据旅客服务要求及企业生产经营实际,不再针对某个单一餐食品种做硬性规定,而是针对多样化需求为旅客提供高、中、低档不同饮食产品,同时进一步延伸餐饮服务,提供“高速铁路外卖”,形成了公平开放的高速铁路餐饮市场,既丰富了旅客出行体验,更为铁路赚了口碑。

对于面向内部管理和执行的内向性标准,突出其可衡量性,针对满足旅客需求并且能及时实现的外向性标准,分解成更细的环节,并制订可操作和执行的标准。如对于“及时”向旅客提供服务的内向性标准,可以细化成 5 min 内、3 min 内,增加服务过程的可控性和服务标准的可衡量性。

5.2.2 高速铁路客运服务质量标准制定步骤

标准制定是标准化工作的核心内容，要想有效地开展标准化工作，标准的制定就应该按一定程序有计划、有组织、有秩序地进行。

1. 高速铁路客运服务质量标准的制定程序

高速铁路客运服务质量标准的制定程序与一般标准的制定程序是一致的。借鉴世界贸易组织、国际标准化组织和国际电工委员会关于标准制定阶段划分的规定，结合实际情况，我国于1997年颁布了《国家标准制定程序的阶段划分及代码》(GB/T 16733—1997)，确立了国家标准的制定程序(表5.1)，即预阶段、立项阶段、起草阶段、征求意见阶段、审查阶段、批准阶段、出版阶段、复审阶段、废止阶段。行业标准、地方标准、团体标准、企业标准的制定程序可以此为参照，在保证质量的前提下，根据实际情况，简化各阶段的某些环节或步骤。

表5.1 国家标准制定程序

阶段代码	阶段名称	阶段任务描述	阶段成果
00	预阶段	对将要立项的新工作项目进行研究及必要的论证，并在此基础上提出新工作项目建议	新工作项目建议
10	立项阶段	对新工作项目建议进行审查、汇总、协调、确定，直至下达确定标准制修订的项目	新工作项目
20	起草阶段	通过调查研究，编制标准草案(征求意见稿)及其编制说明和有关附件	标准草案征求意见稿
30	征求意见阶段	经专业技术委员会或提出单位技术负责人审核同意后，将征求意见稿发往与本标准有密切关系的单位及相关院校，并对返回意见进行整理，讨论，确定处理结果	标准草案送审稿
40	审查阶段	审查标准草案是否与国家有关法律法规、行政规章、强制性标准相抵触；审查技术内容是否符合实际和科学技术的发展方向，技术要求是否先进合理，是否符合市场需求等	标准草案报批稿
50	批准阶段	审查通过的标准可以报批。国家标准由国务院标准化行政主管部门统一审批、编号、发布；行业标准由行业标准归口部门；地方标准由省、自治区、直辖市标准化行政主管部门审批、编号、发布，并向国务院标准化行政主管部门和国务院有关行政主管部门备案	标准出版稿
60	出版阶段	提供标准出版物	强制性国家标准，推荐性国家标准，国家标准指导性技术文件
90	复审阶段	根据科学技术的发展、生产的进步和消费者需求的变化，适时进行复审，以确认现行标准继续有效或者予以修订、废止。国家标准、行业标准和地方标准的复审周期一般不超过五年	确认，修改，修订
95	废止阶段	经复审后确定无存在必要的标准，予以废止	废止

2. 高速铁路客运服务质量标准编写

在起草标准时，需要考虑服务内容、服务提供者、消费者、提供服务的物理或者虚拟位置、提供服务的时间或时间段、服务方式等内容。根据服务标准的侧重点,高速铁路客运服务标准的编写通常有两种方法。

(1)按服务要素编写

针对高速铁路客运服务活动所涉及的各个要素给出的要求,围绕服务提供者、员工、旅客、合同、服务环境、服务设备、支付、交付、服务沟通、补救措施等服务要素制定标准。

一个服务标准既可以针对一个服务要素制定,如《公共信息导向系统　设置原则与要求　第3部分:铁路旅客车站》(GB/T 15566.3—2020)围绕"服务环境"中的公共信息导向系统这个要素来编写;也可以围绕多个服务要素来编写,如《铁路旅客运输服务质量　第1部分:总则》(GB/T 25341.1—2019)对铁路旅客运输服务的基本要求、服务管理、服务合同、服务过程、服务沟通、服务评价与改进的总体内容进行了规定,适用于提供铁路旅客运输服务的组织和人员。

(2)按服务流程编写

按服务流程编写,即根据客运服务行为发生的时间顺序来编写标准。一般来讲,程序性特点比较明显的服务提供可采用此种方法,如高速铁路中型及以上车站服务质量规范、动车组列车服务质量规范等各种服务流程标准。高速铁路客运服务详细流程编写标准包括五个步骤。

①步骤一:服务过程分解。

制定高速铁路客运服务质量标准的第一步就是要分解客运服务过程,也就是把旅客在接受高速铁路客运服务过程(即整个旅行过程)中所经历的服务内容细化、再细化,放大、再放大,从而找出会影响旅客服务体验的每一个要素。

在分解服务过程时可借助服务圈(图5.3)这个工具,它是关于旅客在旅行时所经历的关键时刻和关键步骤的图,通过这个服务圈可以解剖高速铁路客运服务过程,从而找出各服务环节的关键所在。服务标准即是对各服务关键因素的定量描述。

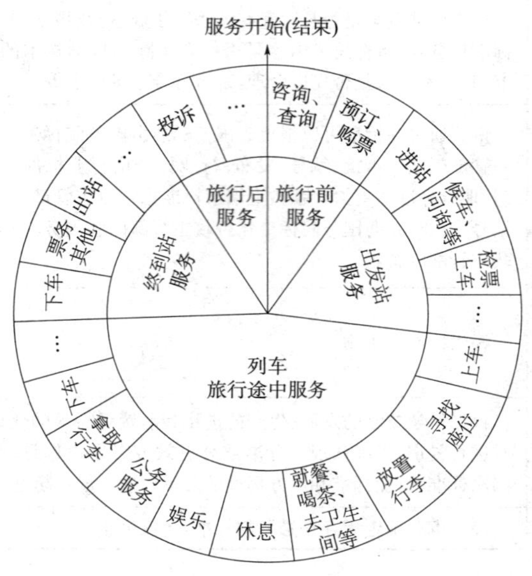

图5.3　旅客在客运系统中所经历的服务圈

画出服务圈可以帮助管理者用旅客的眼睛去看问题，以旅客的心理去体验服务过程，同时也可以体现出服务过程和服务标准制定的循环性。

②步骤二：找出服务细节的关键因素。

找出每个细节的关键因素就需要对每个服务细节做影响性分析，即从旅客角度出发，鉴别需给予关注的问题点，对影响旅客服务体验的关键因素予以描述，从而帮助高速铁路客运企业强化旅客记忆，给旅客提供更优质的服务。以旅客人工验票为例，其细节的关键因素见表5.2。

表5.2 车站人工验票过程细节的关键因素

旅客期望的标准	服务的关键因素
验票时有礼貌	语言文明、行为规范
口齿清楚，诚恳热情和善解人意	嗓音悦耳，语音语调适中
验票时间不能太长	快速、便捷、业务熟练
仪表仪容规范	着工作制服

以旅客通过电话与客服人员沟通为例，其细节的关键因素见表5.3。

表5.3 旅客通过电话与客服人员沟通的关键因素

旅客期望的标准	服务的关键因素
沟通时客服人员有礼貌、态度良好	语言文明、用语规范
客服人员准确理解自己的问题并能清晰回答	有专业的倾听、表达能力，语音语调适中
客服人员有能力解决自己的问题	业务熟练、有协作能力

③步骤三：把关键因素转化为服务标准。

在细节中发生的一些细微的事情可能都会影响某一个关键因素，如高速列车上的窗帘有灰尘、饮水机烧水太慢、音乐声音太大等。所以，应该把影响旅客服务体验的关键因素标准化、具体化。某铁路局集团公司客服人员在与客户进行电话沟通时，遵守的服务标准见表5.4。

表5.4 铁路客服人员电话沟通服务技能标准

<table>
<tr><th rowspan="2">序号</th><th rowspan="2">项 目</th><th colspan="2">标准内容</th></tr>
<tr><th>服务标准</th><th>服务禁忌</th></tr>
<tr><td>1</td><td>发音</td><td>普通话规范、标准、无口音、吐字清晰、准确</td><td>忌发音不标准，有口音，吐字不清晰</td></tr>
<tr><td>2</td><td>语速</td><td>语速应适中、舒适、平稳，保持在每分钟120个字左右，如遇老年人、听力略有障碍或对方环境嘈杂的客户，还可适当减缓语速</td><td>忌语速过快、过慢</td></tr>
<tr><td>3</td><td>音量</td><td>声音音量应适中，且持久，平稳，不因情绪波动或疲惫有所变化</td><td>忌音量过大、过小</td></tr>
<tr><td>4</td><td>语气语调</td><td>语气应和蔼、亲切、真诚、谦恭有礼、语调柔和、悦耳、动听</td><td>忌生硬、烦躁、嗲声嗲气、低沉、懒散</td></tr>
<tr><td>5</td><td>用语规范</td><td>应使用“您好、请、先生、小姐、女士、谢谢、对不起、不客气、好、您稍候、您稍等、再见”等规范用语</td><td>忌使用“我不知道；说什么，听不见；我忙着呢”等生硬、不当用词和命令语</td></tr>
</table>

续上表

序号	项　目	标准内容	
		服务标准	服务禁忌
6	服务态度	应在第一时间问候客户,“您好,××号为您服务,请问有什么可以帮您?”通话完毕后应晚于客户挂机;在需要客户等待的时候应征求客户同意,并告知等待原因与时限,等待结束后应向客户表示感谢;应在得到客户同意时结束通话,感谢客户来电,并表示对他提出的问题与建议会认真对待	不要无故中断与客户通话,不要与客户发生争执
7	倾听能力	应耐心、全面倾听客户提供的各种信息或建议,能迅速准确理解客户的需求	做到客户讲话时不打断客户,不插话
8	表达能力	回答时应该逻辑清晰、简明扼要	忌有口头禅,表达啰唆、重复
9	沟通技巧	掌握话语主动权,使谈话内容始终围绕在问题的解决与建议上,经常使用“是”“好的”等话语表示对客户的关注;通过提问了解更多有用的信息;对客户提供的信息,做适当的总结与重复,给客户以反馈	忌跑题、忌不能及时应答、忌不擅用一般疑问句及时了解有价值的信息、忌不及时总结归纳,给予客户积极反馈
10	业务知识	熟悉相关业务知识,客服操作系统知识,业务处理流程和服务标准等;解答客户问题应答流利、准确、完整、顺畅	忌业务不熟、解答失误或不完整、不顺畅
11	首问负责	能执行首问负责制,尽量一次性解决客户问题	不推诿扯皮、搪塞客户
12	协作能力	能与其他座席有效协作,能协调相关部门和单位及时妥善解决客户问题	

④步骤四:根据旅客的需求对标准重新评估和修改。

这是最重要的一个步骤,标准制定出来后是否合适,按照这个标准是否能达到提供优质服务的初衷,最有发言权的当属旅客。所以,要根据旅客的需求对标准评估和修改,提供让旅客满意的“标准”,不要让“死规定”束缚了优质服务。

⑤步骤五:确立旅客服务质量标准的体系框架。

由前四步可确定具体一项服务的标准,运用层次分析法对整个高速铁路客运服务对应环节关键因素进行逻辑递延分级,使标准总体框架清晰、逻辑关系明确、指标分布层次合理。基本思路是:首先,把需要解决的问题进行分层,将其系列化,即根据问题的性质和需要达到的目标,将问题分解为不同的组成因素,按照因素之间的相互影响和隶属关系将其分层聚类组合,形成一个递阶的、有序的层次结构模型。根据层次分析法,将“车站旅客服务质量标准”和“列车旅客服务质量标准”作为一级指标,再层层往下延伸,分解为二、三、四、五级指标,按照图 5.4 所示的框架,逐步细化,最终确立旅客服务质量标准体系。

总之,高速铁路客运服务是高速铁路客运企业经营产品的“载体”,标准的合理制定是提供优质服务的基础和前提,影响着旅客的期望和企业管理的工作方向。

5.2.3　制定高速铁路客运服务质量标准应注意的问题

对于运输服务企业而言,在标准化管理的同时要体现个性化的人文关怀,在追求个性化的同时也必须保持服务的一致性。在制定客运服务质量标准时,应该考虑标准的考核对象特点,注意以下几个方面的问题:

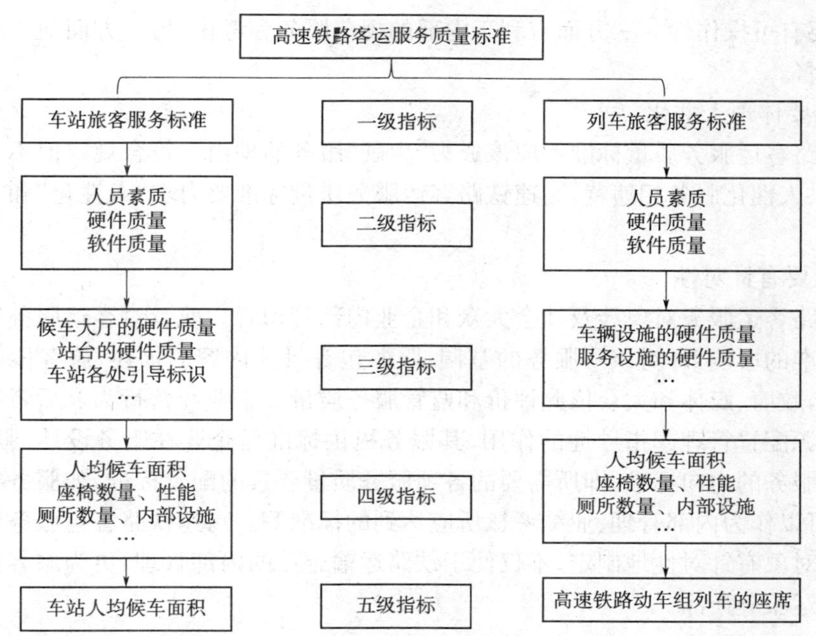

图 5.4　高速铁路客运服务质量标准总体框架

1. 标准要高低适度

标准并不是越严越好，切合实际、对现实有指导意义的标准才是最好的。高速铁路客运服务质量标准越高意味着服务提供方要投入更多成本，服务质量标准的高低程度应该与高速铁路客运服务特性、产品定位以及高速铁路客运组织的综合实力有关。例如，候车室里不会有旅客要求地面没有一根头发。所以，只要是符合旅客的期望、切合实际的可操作的标准就是好的标准。

2. 标准要符合“行规”

对于高速铁路客运服务而言，制定的服务标准必须明确自身定位，能够发挥自身优势，体现自身特色，而非照搬照抄其他运输方式的标准。高速、安全、正点、便捷、舒适是广大旅客对高速铁路客运服务质量最起码的要求，同时也是高速铁路客运企业本身在质量管理中的一个重要指标。“高速”“安全”不仅依赖于高速铁路路网建设、技术装备的卓越品质，还需要高水平的运营维护和突发应急处理能力等；而“正点”则更依赖于一整套复杂的信息收集、分析、传导和调度指挥等的支持。高速铁路应根据这些自身优势、特点等条件来制定客运服务质量标准。

3. 标准要透明公开

高速铁路客运服务质量标准一方面可以作为高速铁路客运组织以及员工努力工作的方向，另一方面可以接受旅客和社会监督，所以应该对外向性和内向性标准加以区分。对外向性标准应该广泛宣传，提高社会和旅客参与度，实施有效监督，并促使员工树立标准化服务意识，积极执行标准化服务程序，向旅客提供标准化服务。

4. 标准要有可操作性

高速铁路客运服务质量标准并不是越细致越好，关键是要以旅客为中心，在满足旅客需求的同时,要有可操作性。一方面有利于内部的规范服务和考核,另一方面便于旅客的衡量和社会的监督。

5. 标准要体现人性化

高速铁路客运服务质量标准不应该成为"生硬"服务的理由。符合规定但不符合情理的标准,与提供人性化服务相违背,高速铁路客运服务质量标准要力求"人性化"和"规范化"的统一。

6. 标准要有针对性

高速铁路客运服务对象涉及社会大众和企业内部管理者。前者对客运服务质量的感知受外向性标准的影响,即对该项服务的基调、服务包等具体内容的描述,旅客依此选择和评价服务质量,政府、媒体和大众依此评价和监管服务质量及企业经营行为。后者对所提供服务的运输资源配置管理起指导性的作用,其服务提供标准是企业在服务设计、服务提供时,为达到运输服务的内向标准,即所需要的各项服务质量要素的配置标准,如服务容量和服务定员等,也可以作为内部管理、业绩考核所应达到的标准等。高速铁路客运服务质量标准应根据其服务对象有针对性地制定,不仅便于铁路运输企业的内部管理,更为旅客提供感知体验较好的客运服务产品。

5.3 高速铁路客运服务质量认证与实施

服务质量标准既属于行业、企业,也属于社会。企业标准只有纳入行业、国家标准体系中,才能体现企业服务特性,成为竞争优势。高速铁路客运服务要想提高竞争力、增加市场份额,就必须增加其服务质量的筹码,通过客运服务质量认证,并保持其有效性。

5.3.1 高速铁路客运服务质量认证

1. 质量认证简介

认证是第三方依据程序对产品、过程或服务符合规定的要求给予书面的保证(合格证书)。习惯上把认证所包含的产品质量认证和质量管理体系认证通称为"质量认证"。

(1)质量认证概念

产品质量认证是依据产品标准和相应技术要求,经认证机构确定并通过颁发认证证书和认证标志来证明某一产品符合相应标准和相应技术要求的活动。获准认证的方式是颁发产品认证证书,认证标志可用于获准认证的产品上。产品质量认证有两种:一种是安全性产品认证,它通过法律、行政法规或规章规定强制执行认证;另一种是合格认证,属自愿性认证,是否申请认证,由企业自行决定。

质量管理体系是指在质量方面指挥和控制组织的管理体系。质量管理体系致力于建立质量方针和质量目标,并为实现质量方针和质量目标确定相关的过程、活动和资源。建立质量管理体系的目的是,在质量方面帮助组织提供持续满足要求的产品,以满足顾客和其他相关方的需求。质量管理体系认证的对象是企业的质量管理体系,或者说是企业的质量保证能力。获准认证的证明方式是颁发具有认证标志的质量管理体系证书,但证书和标记都不能在产品上使用。质量管理体系认证是自愿性的。

(2)质量认证机构

实施质量认证的机构一般包括认证管理机构、认证检验机构、认证审核机构。

①认证管理机构。

认证管理机构是政府或非政府的第三方机构，一般具有下列职责：制定相关认证的条例和法规；发布认证标志；监督和协调检验、检查机构；培训和审批注册检查(审核)员；接受企业的认证申请，安排认证检查，审核和公布获证名录，参加国际质量认证活动等。认证管理机构可以利用下属的检验所和检查机构承担产品检验和被认证单位质量保证能力的检查任务。在我国，由国家市场监督管理总局管理的国家认证认可监督管理委员会履行国务院赋予的行政管理职能，统一管理、监督和综合协调全国认证认可工作。

②认证检验机构。

认证检验机构是经某权威性认证管理机构认可的，从事按特定产品标准、测试方法对产品实物进行测量、检查、试验、校正或其他测定活动，并作出检测报告的实验室。检验机构能否被认可的基本因素是：检测能力、人员素质、设备条件、组织结构和公正性。

③认证审核机构。

认证审核机构是由某权威性认证管理机构认可的，按特定的质量保证标准对申请认证企业的质量保证能力进行审核、评定(包括事后的监督性检查)，并出具检查报告的第三方机构。认证审核机构有独立设置的，也有设在认证管理机构内的。

2. 高速铁路客运服务质量标准认证

(1)高速铁路客运服务质量认证概念

高速铁路客运服务质量认证，既对客运服务实现的全过程进行评定，又对与客运服务有关的供应方的质量管理体系进行评定，评定内容包括高速铁路客运服务质量管理体系对其服务过程、设备、技术支持、检验方法等能否进行恰当的控制，能否使高速铁路客运服务质量始终符合规范的能力。高速铁路客运服务质量管理体系认证，是指由公正的第三方体系认证机构，依据正式发布的质量管理体系标准，对高速铁路客运服务质量管理体系实施评定，并颁发质量管理体系认证证书和发布注册名录，向公众证明高速铁路客运服务质量管理体系符合某一质量体系标准，有能力按规定的质量要求提供产品和服务。

高速铁路客运服务质量认证和高速铁路客运服务质量管理体系认证的共同点是都要求对高速铁路客运服务组织的服务质量管理体系进行审核。基于这个共同点，如果高速铁路客运服务获得了质量管理体系认证，也可以申请该体系范围内的客运服务的质量认证。

(2)ISO 9001 质量管理原则

随着高速铁路客运服务体系和体系中要素的变化，尤其是优质服务目标的确立，必须建立与其相适应的管理体系进行服务质量控制。ISO 9001 是世界范围内被最广泛采用的质量管理体系标准，是由国际标准化组织(international organization for standardization，ISO)质量管理和质量保证技术委员会(ISO/TC 176)制定的一类标准的统称。

ISO 9001 是一种服务质量过程控制的手段，是全面质量管理的基础。ISO 9001：2015 是继 2000 版、2008 版之后的升级版，标准本身体现了持续改进、与时俱进的思想，其核心的“质量管理原则”在高速铁路客运中的具体体现如下：

①以顾客为关注焦点。

质量管理的主要关注点是满足顾客要求并且努力超越顾客期望。面对期望值不断上升的旅客,高速铁路客运企业需确定以旅客为中心的文化,将旅客的高期望作为质量改进创新的源泉,通过多元化旅客反馈路径/渠道搜集创新点子。同时,善于捕捉微弱信号,严肃对待旅客对乘务、车站等一线工作人员的书面,甚至是口头评价,并将评价报告到相关部门。

②领导作用。

统一的宗旨和方向,能够使组织匹配战略、方针、过程和资源,以实现其目标。高速铁路客运企业领导者需要确立本组织统一的宗旨及方向,并创造、保持能使员工充分参与实现组织目标的内部环境。

③全员参与。

各级人员都是组织之本,只有充分发挥全员才干,才能为组织带来收益。高速铁路客运企业的质量管理是通过组织内部各级人员参与客运服务活动和过程加以实施的,员工是服务质量管理最活跃的因素,始终处于主导地位。企业必须发动全体员工参与质量管理的各项活动,才能持续地提高各项活动的有效性和效率,达到预期目标。

④过程方法。

高速铁路客运服务由一系列的服务环节(子环节)串(并)联而成,各环节之间相互联系、相互影响,通常一个过程的输出将直接成为下一个过程的输入,系统识别和管理组织所应用的过程,特别是这些过程之间的相互作用,称之为“过程方法”。当活动被作为相互关联的功能连贯过程系统进行管理时,可以更高效地达到预期目的。

⑤持续改进。

持续改进服务业绩应当是高速铁路客运服务企业的一个永恒的目标。持续改进是构筑在质量和质量管理永无止境基础上的,目的是增加旅客和其他相关方满意的机会。因此,企业应该不断改进客运服务质量、各服务过程和体系的有效性、效率及整体业绩。

⑥循证决策。

对数据和信息的分析是有效决策的基础,也是高速铁路客运企业确定竞争地位和持续发展方向的依据。基于数据和信息的分析和评价的决策更有可能产生期望的结果。因此,为了防止决策失误,企业必须以事实为依据,并通过周密分析,做出准确决策。

⑦关系管理。

为了持续成功,组织需要管理与所有相关方的关系,尽可能地发挥其在组织绩效方面的作用。如把向高速铁路站车提供商品的商家当作供方,其生产体系可视作高速铁路客运服务的延伸部分,双方共同策划、相互帮助、共同发展,形成一种与供方关系互利,增强双方创造价值的能力。这种经营原则,能够促进供应链协调,提高供方自我改进能力,实现双赢机会。

综上所述,高速铁路客运服务质量管理七项基本原则可以统一、概括地描述为:高速铁路客运服务组织的最高管理者应充分发挥“领导作用”,采用“过程方法”,建立和运行一个“以旅客为关注焦点”“全员参与”的高速铁路客运服务质量管理体系,注重以数据分析等“循证决策”,使体系得以“持续改进”,在满足旅客要求的前提下,使供方受益,并建立起“关系管理”,以期在供方—组织—旅客这条供应链上的良性运作,实现“多赢”的共同愿望。

(3)ISO/TS 22163:2017 标准与 IRIS(铁路认证)

国际标准化组织于 2012 年成立了专门面向铁路应用的技术委员会——国际标准化组织"铁路应用"技术委员会,负责开展除铁路电气设备与系统之外的铁路领域各系统、产品和服务的标准化工作。

2023 年 7 月 25 日,国际标准化组织发布《铁路行业应用—铁路企业质量管理体系:ISO 9001:2015 和应用于铁路行业的特殊要求》(ISO 22163:2023)。ISO 22163:2023 是第一项专门面向铁路行业的质量管理体系国际标准,它包含《质量管理体系——要求》(ISO 9001:2015)的要求,并基于铁路特殊要求进行了补充,取代了原技术规范《轨道交通业质量管理体系》(ISO/TS 22163:2017)。欧洲铁路工业协会(UNIFE)负责该标准的起草与培训,包含与评估方法和认证流程相关的相关规则。

国际铁路行业标准(international railway industry standard,IRIS)基于国际质量标准 ISO 9001,由 UNIFE 于 2006 年首次发布,是一套专门用来评估铁路行业质量管理体系的标准。IRIS 作为铁路行业的质量管理体系,体现了质量管理的八项原则,并集中体现了以产品全生命周期为核心的管理思想,增加了铁路产品在安全性、可靠性及质量上特殊要求。IRIS 自 2007 年进入中国以来,已有 600 多家企业通过认证。

(4)ISO 9001 在高速铁路客运服务质量管理的适宜性

①ISO 原则的适宜性。

ISO 9001 国际质量管理体系的七大原则,与适需服务模式是密切的。比如 ISO"以顾客为关注焦点"的原则就是提供优质服务的核心思想;"持续改进"的原则也是"P—D—C—A"全面质量管理的思想,是如何提供更为优质服务的适宜程序;"强调过程"的原则是解决行为差距的有效方法等,两者非常吻合。

②过程控制的适宜性。

优质服务的核心问题是使旅客满意,ISO 9001 体系正是在"以顾客为关注焦点"原则的指导下,对服务工作的全过程进行管理和监控的。它对产品实行明确的质量标准和严格控制的要求,对服务效果有完善的检测、分析和改进程序,适合于高速铁路客运服务体系的运作。

③国际化标准的适宜性。

为了给国内外旅客提供优质服务,高速铁路作为旅客运输的重要交通工具,必然需要与国际级标准接轨,ISO 系列标准是国际标准,非常适宜于高速铁路客运服务体系的发展。

④市场认可度的适宜性。

随着 ISO 质量体系的逐步推广,它的市场认可度也在逐步提高,旅客对取得认证的企业和组织有一种自然的信赖和安全感,所以这也是提高旅客满意度的一个有效载体。

此外,高速铁路客运服务质量管理体系认证并不是对高速铁路客运服务标准的直接控制,而是针对运输企业进行服务质量管理、控制能力的一种综合评价,是对高速铁路运输企业综合竞争能力和形象的一种认可。

5.3.2　高速铁路客运服务质量标准实施

高速铁路客运服务质量标准实施即是对其质量形成各环节的控制过程,控制依据为对应的标准。由于高速铁路客运服务生产和消费的同步性,涉及车机工电辆等各生产部门和咨询、购票、站车服务等各环节,所以高速铁路客运服务质量标准的实施是服务质量标准化管理最关键、最复杂的环节,也是最难把控的环节。实施过程包括建立客运服务质量管理体系及管理体系的执行两个阶段,及对标准的修订过程。

1. 高速铁路客运服务质量标准实施原则

贯彻实施标准的原则可归纳为三个方面:

(1)树立全局观。

标准涉及企业、顾客、社会、政府等各方利益,任何部门实施标准时,都要坚持“局部利益服从整体利益”的原则。高速铁路客运服务标准的实施能促使高速铁路客运服务企业提供优质服务,提高旅客满意度,吸引更多旅客选择高速铁路交通方式,进而促进高速铁路的建设发展。

(2)长远考虑。

实施标准常常会遇到眼前利益同长远利益相矛盾的情况。如某项标准实施后短期不见效益,但服务质量会大大提高并吸引更多顾客体验该服务,从长远看能产生巨大的经济效益,这时,就应该从长远考虑,积极实施新标准。

(3)区别对待。

实施标准是一项复杂的系统工程,标准是企业工作要求的底线。例如,若特等站所执行的标准与等级较低车站执行的标准一致,则存在该标准满足了等级较低的车站的工作要求而不适应于特等站工作要求的情况。因此执行标准要富有弹性,在坚持原则统一的前提下,采取区别对待的方针。

2. 高速铁路客运服务质量标准实施办法

根据标准内容的特性及编写的描述方法,高速铁路客运服务质量标准实施一般可采用两种基本方法,即过程法和要素法。

(1)过程法:按照服务过程实现的时间顺序来实施标准的方法。针对服务流程制定的有关标准,一般可采用这种方法实施。采用过程法实施标准要注意各阶段之间的相互衔接,因为上一个阶段实施标准的好坏,可能直接影响下一阶段的实施,甚至当有一个环节没有很好地贯彻标准,将影响整个标准的实施效果。

(2)要素法:按照服务要素来分别实施标准的方法。当标准是按服务活动或结果的各个要素给出要求时,可采用要素法实施标准,这些标准虽然各要素之间有关联,但没有严格的时间上的关联性。例如,环境标准和设施设备标准等,就属于这一类标准。这些标准的实施应按要素法进行,即使每个要素分别达到标准的要求,也要注意要素之间的关联性。

在标准的实施过程中,有时很难严格界定是采用“过程法”还是“要素法”,常常两种方法同时使用,这要根据实际情况确定。

3. 高速铁路客运服务质量标准实施程序

标准实施的一般程序包括计划、准备、实施、信息反馈与改进、实施评价等。

(1)计划。标准实施前应制定工作计划或方案,内容包括标准的范围、方式、内容、步骤、负责人员、时间安排、应达到的要求和目标等。在制定标准实施计划时,应着重考虑从

总体上分析实施标准的有利因素和不利因素，确定实施的先后顺序和应采取的措施；将实施标准分解成若干项具有可操作性的任务和要求，分配给各有关单位和具体人员，明确职责，规定完成时限及相互配合的内容和要求；根据实施标准的难易程度和涉及范围的大小，选择合适的实施方式，对难度较小且涉及范围较小的标准，可一次性铺开，全面贯彻；对涉及范围广、实施难度较大的标准，可先行试点，然后分期组织实施；合理组织人力、物力资源。

(2)准备。准备阶段的各项要求，包括组织、人员、物资、技术等准备内容。建立相应的组织机构，统一组织标准实施工作；配备必要的标准化工作人员，设专人或部门负责研究实施标准的具体措施，协调解决标准实施的有关问题；认真组织标准的宣贯工作；配备与实施标准相应的设施、设备、服务用品、工具、资金及环境条件等；当实施标准涉及服务技术的改进时，应进行相应的技术准备，必要时应进行技术攻关和技术改造。

(3)实施。应按计划组织标准的实施，使标准规定的各项要求在服务过程的各个环节上加以实现。对服务活动涉及的设施、设备、服务用品、工具及相应的环境条件等，应通过一定的方法确认其达到标准要求后，投入使用；对于服务人员，应通过考核确认其达到标准要求后，准予上岗；对服务标准规定的服务质量要求、服务提供要求等应转化为各个岗位的具体工作要求，并加以实施；对于安全、环保等方面的标准要求，应落实到具体关键点上，并有相应的保证措施；对实施过程中遇到的各种问题采取有效措施加以解决，以保证标准各项要求的贯彻落实。

(4)信息反馈与改进。标准的实施必定会对服务、经验、管理等各个环节及最终结果产生一定的影响。实施标准过程中形成的各项数据是改进标准实施工作和修订标准的重要依据。因此，在实施标准的过程中，应认真做好各项记录，并将各环节形成的数据和有关情况及时反馈至有关部门，以便及时调整和改进标准实施工作。

(5)实施评价。标准实施效果如何，需要进行综合评价。评价的目的是进一步改进标准和改进实施，通常服务标准往往不能给出严格的定量指标，很难用单纯测量的方法进行全面的符合性评价，且标准实施效果在很大程度体现在旅客的感受上，因此，需要制定适合服务业标准特点的实施评价方法。

4. 建立高速铁路客运服务全面质量管理体系

高速铁路客运服务质量管理体系即指挥和控制服务质量的组织体系，包括建立服务质量方针和质量目标，并为其实现而持续运行的一组相互关联或相互作用的要素，这些要素包含管理职责、资源管理、服务实现过程及测量、分析和改进等。质量管理体系的内容应以满足质量方针和质量目标的需要为准，既让企业内部确认服务质量已达到要求，又让旅客认可高速铁路所提供的客运服务符合要求。本部分内容将在第 7 章进行详细论述。

5. 高速铁路客运服务质量管理体系的执行

高速铁路客运服务质量管理体系的执行就是运输企业依据质量管理基本原则，运用服务质量管理手段，控制服务质量形成全过程，完成运输任务和实现运输目标的过程。服务质量管理体系的正常运作、客运服务质量标准的顺利实现，不仅能体现高速铁路客运企业质量管理水平，而且对企业形象和市场竞争力有重要影响。本部分内容将在第 7 章进行详细论述。

6. 高速铁路运输企业标准制修订

根据铁路运输管理特点，各铁路企业标准管理工作的主要任务是贯彻执行国家标准、铁路行业标准、地方标准、团体标准；组织制定、发布、贯彻实施企业标准；对各级标准的实施情况进行监督检查。按照标准的全生命周期管理要求，企业标准制修订程序分为编制计划、起草、征求意见、审查、报批、批准、复审、废止8个阶段，具体可参考本章5.2.2相关内容，这里不再赘述。

5.3.3 高速铁路客运服务质量标准现状

根据《中华人民共和国标准化法》(2017修订)(以下简称《标准化法》)规定，我国标准分为国家标准、行业标准、地方标准和团体标准、企业标准四级。我国铁路现行的标准按等级分，主要包括以下内容。

1. 国家标准

国家标准是国家标准机构通过并公开发布的标准。我国的国家标准是指对在全国范围内需要统一的技术要求，由国务院标准化行政主管部门制定并在全国范围内实施的标准，是四级标准中最基本的一级，也是我国标准体系中的主体，一般为基础性、统一性较强的标准。国家标准的编号由国家标准代号、标准发布顺序号和发布年号组成。《国家标准管理办法》规定，国家标准代号由大写的汉语拼音字母构成。国家标准分为强制性标准、推荐性标准，强制性国家标准的代号为“GB”，推荐性国家标准的代号为“GB/T”。我国铁路现行的部分国家标准见表5.5。

表5.5 我国铁路现行国家标准(部分)

序号	标准号	标准名称	类别	发布日期	实施日期
1	GB/T 15566.3—2020	公共信息导向系统　设置原则与要求　第3部分：铁路旅客车站	推荐性	2020/03/31	2020/10/01
2	GB/T 38604.2—2020	公共信息导向系统　评价要求　第2部分：铁路旅客车站	推荐性	2020/03/31	2020/10/01
3	GB/T 25341.1—2019	铁路旅客运输服务质量　第1部分：总则	推荐性	2019/12/10	2020/7/1
4	GB/T 25341.2—2019	铁路旅客运输服务质量　第2部分：服务过程	推荐性	2019/12/10	2020/7/1
5	GB/T 13317—2010	铁路旅客运输词汇	推荐性	2010/11/10	2011/3/1

2. 行业标准

行业标准是指全国性的各行业范围内统一的标准，是专业性较强的标准。我国《标准化法》规定，对没有推荐性国家标准、需要在全国某个行业范围内统一的技术要求，可以制定行业标准。行业标准由国务院有关行政主管部门制定，报国务院标准化行政主管部门备案。行业标准的编号由行业标准代号、标准顺序号及年号组成。《行业标准管理办法》规定，行业标准由行业标准归口部门统一管理。行业标准的归口部门及其所管理的行业标准范围，由国务院有关行政主管部门提出申请报告，国务院标准化行政主管部门审查确定，并公布该行业的行业标准代号。行业标准分为强制性标准和推荐性标准。我国铁路现行的部分行业标准见表5.6。

表 5.6 我国铁路现行行业标准(部分)

序号	标 准 号	标准名称	类别	发布日期	实施日期
1	TB 10100—2018	铁路旅客车站设计规范	强制性	2018/06/11	2018/09/01
2	TB 10074—2016	铁路客运服务信息系统设计规范	强制性	2016/08/04	2016/11/15
3	TB 10028—2016	铁路动车组设备设计规范	强制性	2016/07/14	2016/10/01
4	TB 10621—2014	高速铁路设计规范	强制性	2014/12/01	2015/02/01
5	TB 10623—2014	城际铁路设计规范	强制性	2014/12/29	2015/03/01
6	TB 10427—2020	铁路客运服务信息系统工程施工质量验收标准	强制性	2020/03/04	2020/06/01
7	TB/T 3413—2015	铁道客车及动车组用安全玻璃	推荐性	2015/08/07	2016/03/01
8	TB/T 3414—2015	动车组应急照明	推荐性	2015/08/07	2016/03/01
9	TB/T 3417—2015	铁道客车及动车组翻板、脚蹬及扶手	推荐性	2015/08/07	2016/03/01
10	TB/T 1932—2014	旅客列车卫生及检测技术规定	推荐性	2014/10/30	2015/05/01

注:TB代表铁道行业标准,TB/T代表铁道行业推荐性标准。

3. 地方标准

地方标准是指在国家某个地区通过并公开发布的标准。我国《标准化法》规定,为满足地方自然条件、风俗习惯等特殊技术要求,可以制定地方标准。地方标准由省、自治区、直辖市人民政府标准化行政主管部门制定并报国务院标准化行政主管部门备案,由国务院标准化行政主管部门通报国务院有关行政主管部门。地方标准编号由地方标准代号、标准顺序号和发布年号组成。《地方标准管理办法》规定,地方标准代号由汉语拼音字母"DB"加上省、自治区、直辖市行政区划代码前两位数字再加上斜线,组成强制性地方标准代号;再加"T"组成推荐性地方标准代号。我国铁路现行的部分地方标准见表 5.7。

表 5.7 我国铁路现行地方标准(部分)

序号	标 准 号	标准名称	类别	发布日期	实施日期	所属地区
1	DB510113/T 006—2017	成都国际铁路港国际货运班列服务规范	推荐性	2017/01/20	2017/02/01	四川
2	DB31/T 310009—2021	市域(郊)铁路客运服务规范	推荐性	2021/05/08	2021/08/08	上海
3	DB32/T 310009—2021	市域(郊)铁路客运服务规范	推荐性	2021/05/08	2021/08/08	江苏
4	DB33/T 310009—2021	市域(郊)铁路客运服务规范	推荐性	2021/05/08	2021/08/08	浙江

4. 企业标准

企业标准是指由企业制定并由企业法人代表或其授权人批准、发布的产品标准和为企业内需要协调统一的技术要求和管理、工作要求所制定的标准。企业标准是企业范围内需要统一的技术要求,是企业根据市场竞争和自身的技术能力以及生产实际制定的,具有一定的专有性和保密性,通常在制定该标准的企业内应用,不宜公开使用。企业标准编号由企业标准代号、标准顺序号和发布年号组成。《企业标准化管理办法》规定,企业标准代号由汉语拼音字母"Q"加斜线再加企业代号组成。企业代号可用汉语拼音字母、阿拉伯数字或两者兼用,具体办法由当地行政主管部门规定。国铁集团部分技术标准见表 5.8。

表 5.8　国铁集团技术标准(部分)

序号	标 准 号	标准名称
1	Q/CR 9524—2018	高速铁路客服工程细部设计和工艺质量标准
2	Q/CR 9140—2023	铁路客运服务信息系统设计规范
3	Q/CR 577.1—2021	铁路旅客列车服务标识　第 1 部分:总则
4	Q/CR 577.3—2017	铁路旅客列车服务标识　第 3 部分:CRH380A

注:CR 代表中国国家铁路集团有限公司。

5.4　高速铁路客运服务质量标准化经济评价

高速铁路客运服务质量标准化是服务供应商完成服务设计和服务提供的基础。高速铁路客运服务质量标准化对供需双方都有一定的益处。对旅客来说,可以降低其在服务选择、服务认知上的成本;对服务企业来说,可以更好地实现服务批量化,并大幅度降低服务推广、服务管理和生产成本。具体可归纳为技术效果、经济效果、社会效果。其中,经济效果是服务可持续化的重要保障,也是衡量标准化活动成果的核心内容。

5.4.1　高速铁路客运服务质量标准化的经济效果

服务质量标准发布和实施后,需要持续监测服务标准的科学有效性。一般情况下,标准越高的服务产品,其服务质量越好,但服务成本也更高。在实际编制、发布和实施标准时,需要衡量标准化活动的投入与产出关系,具体可以通过标准化的经济效果来体现,也可以视具体情况与服务设计工作同步进行。

标准化经济效果的相关要素包括“标准化的有用效果”和“标准化的劳动耗费”。

1. 标准化的有用效果

制定和实现标准要求能够给服务经营者带来的有益结果,称为标准化的有用效果(或标准化的节约)。对于铁路运输企业来说,这种有用效果表现为:生产率提高、服务人员劳动强度减轻、客运服务环境改善等方面。

标准化的有用效果在其实施过程中以不同形式逐步表现出来。有些是标准实施近期即可体现(如客运服务产品的销售数量和收入等),有些需较长期才可凸显;有些是可通过统计指标定量描述,有些却难以通过数量的方式直观表达(如环境质量、服务秩序的改善所带来的旅客感知与体验)。即使在可用数量表示的有用效果中,也并不是都能用货币来表示的。这就要求在进行标准化有用效果分析时,应注意凡是能用货币表示的指标,应尽量采用货币指标,以便进行标准化前后的对比。同时,也需要考虑那些不能用货币和数量表示的指标,以便对有用效果做出全面评价。

2. 标准化的劳动耗费

制定和实现标准要求支出的标准制定、基建和运营投资的总金额(包括活劳动和物化劳动的总支出)称为标准化的劳动耗费或标准化投资,也就是制定标准的费用与贯彻实施标准费用的总和。

(1)标准制定投资

为制定标准所投入的活劳动(如制定标准人员的工资)及物化劳动(如为验证标准是否恰当,所做试验的原材料费)消耗称之为标准制定投资,包括调查研究、试验验证、征求意见、标准审查、报批等各环节所需要的费用。

(2)标准化的基建投资

为实现标准要求所支出的基建费用,如客运服务设备、建设等作为固定资产部分的一次性投资,称为标准化的基建投资。

(3)标准化的运营投资

为实现标准对运营的直接投资和间接投资,称为标准化的运营投资。其中,直接投资是指与实现标准直接有关的投资,如客运服务生产及运营人员的工资、客运服务设备的维修保养费等;间接投资是指为实现标准增加的与运营生产间接有关的费用,如运营管理费等。

5.4.2 高速铁路客运服务质量标准化经济效果评价指标

为了准确评价高速铁路客运服务质量标准化的经济效果,需要建立一套标准化的经济效果评价指标体系。本书从有用效果和劳动耗费的相关性构建标准化的指标体系,具体包括标准化的经济效益、标准化经济效果系数、标准化投资收益率及标准化投资回收期。

1. 标准化的经济效益

标准化的经济效益包括标准化年经济效益和标准化总经济效益两项指标。

(1)标准化年经济效益(X_n)

标准化年经济效益,即达到标准要求获得的年有用效果与年劳动耗费之差。计算公式为

$$X_n = J - \left(\frac{1}{T}K_j + K_u + \frac{1}{\beta}K_z\right)$$

式中 J——在投资回收期内每年的节约额,元;

T——基建折旧期,年;

K_j——标准化的基建投资,元;

K_u——标准化的年运营投资,元;

K_z——标准制定投资,元;

β——制定标准的年限,年。

(2)标准化总经济效益(X_Σ)

标准化总经济效益,即在标准有效期内达到标准要求获得的全部有用效果与劳动耗费之差。计算公式为

$$X_\Sigma = \sum_{i=1}^{t} J_i - \left(K_j + \sum_{i=1}^{t} K_u i + K_z\right)$$

式中 t——标准有效期,年。若计算 1 年的经济效果,则 $t=1$;若计算 3 年,则经济效果为 $t=3$ 的有用效果之和。

2. 标准化经济效果系数(E)

标准化经济效果系数是指某项标准化措施在标准有效期内获得的总节约与总投资之

比,表示每一元钱的投资在标准有效期内可获得的节约。计算公式为

$$E=\frac{\sum_{i=1}^{t}J_i}{K}$$

式中 K——标准化总投资额。

3. 标准化投资收益率(R_K)

标准化投资收益率是指贯彻某项标准所获得的年节约与所需投资之比,它表示每一元钱的标准化投资,每年所能带来的节约。计算公式为

$$R_K=\frac{J}{K}$$

4. 标准化投资回收期(T_K)

标准化投资回收期是指用贯彻某项标准所获得的节约去偿还标准化投资所需要的时间,也称返本期。计算公式为

$$T_K=\frac{K}{J}$$

如果有两个以上方案进行比较时,则采用追加投资回收期进行环比分析,计算公式为

$$T'_K=\frac{K_2-K_1}{C_1-C_2}$$

式中 K_1,K_2——方案1、方案2的标准化投资,元;

C_1,C_2——方案1、方案2的生产成本,元;

T'_K——追加的投资回收期。

5.5 高速铁路客运企业标准化工作案例

高速铁路客运服务标准化工作是一个长期渐进的过程,尤其是一项服务的总体方案和详细流程设计、服务资源及设备的组配过程、服务人员培训及管理等工作,都需要从科学、规范、系统的角度,对服务标准水平逐渐完善和提升。服务标准化的实施,将保障服务质量的稳定而可靠,既可满足旅客基本需求,还可提高服务质量可控性和服务透明度,节约企业运营成本,有助于企业形象定位等。本节结合高速铁路客运服务及质量管理的实际情况,介绍铁路旅客运输服务质量国家标准修订、高速铁路运输企业客运服务标准制定两个案例。

5.5.1 铁路旅客运输服务质量国家标准修订案例

我国铁路旅客运输服务质量标准于2010年就纳入了国家标准体系(GB/T)。随着我国高速铁路的快速发展、逐渐步入服务经济时代、实施铁路政企分开改革,以及大量新技术、新模式、新手段广泛应用于铁路客运组织和服务领域,如互联网和手机移动票务系统、自动售取票机、电子动态引导、信息自助查询终端、自动检票闸机等自动化、人性化设施大量投入使用等,既有标准已经不适应铁路快速发展和人民群众对铁路客运服务的需要。基于此,国家铁路局组织编写了2019版铁路旅客运输服务质量国家标准。

2020年7月1日,《铁路旅客运输服务质量 第1部分:总则》(GB/T 25341.1—2019)和

《铁路旅客运输服务质量　第2部分：服务过程》(GB/T 25341.2—2019)正式实施，原《铁路旅客运输服务质量　第1部分：车站》(GB/T 25341.1—2010)和《铁路旅客运输服务质量　第2部分：列车》(GB/T 25341.2—2010)同时废止。

1. 基本修订原则

经过铁路旅客运输理论与实践专家的反复研究，确定该项国家标准修订的原则包括：

①科学性。通过广泛、深入的调研，运用综合服务蓝图分析法、服务标准要素分析法、舆情分析法、利益相关者分析法、对标分析和统计分析等科学方法和手段，确保标准内容符合实际需求。

②可操作性。标准内容清晰、准确、可判定，指标尽量量化，提高标准在实施中的一致性，使服务组织和人员明确服务质量目标和服务要求，便于在工作中执行。

③兼顾标准使用各方需求。运用利益相关方分析法，采用问卷调查、焦点小组座谈会等方式，考虑标准使用相关方的均衡性，包括行业监管部门、服务提供者、消费者协会等。

④前瞻性。增加了在铁路旅客运输服务质量管理中具有前瞻性的理念和要求，如可持续发展和绿色运输的要求，使标准具有一定的先进性和指导性，推动铁路旅客运输服务质量提升。

2. 铁路旅客运输服务质量新标准的特点

本次国家标准的修订重点在突出人性化服务理念，以旅客需求为关注焦点，通过系统整合设计，形成车站、列车的完整服务链；从铁路行业管理的角度，对铁路客运票务服务、进站服务、候车服务、站台服务、行李运输服务、列车服务和出站服务等提出了统一要求；采用可量化指标，提高了标准的科学性、可操作性和实施一致性。以2020年发布的两项标准为例，重点说明新标准的特点。

①贯彻人性化服务理念，以旅客需求为关注焦点。

根据铁路旅客运输服务质量调查数据(图5.5)，公众对铁路售票服务最为关注，其他超过关注平均值的依次为铁路运输安全性、铁路晚点、铁路餐饮服务、铁路服务态度、铁路出行舒适度、铁路站车秩序。针对这些重点内容，新标准提出了相应的要求。

②系统整合设计，形成车站、列车的完整服务链。

在铁路政企分开的形势下，铁路旅客运输服务的承担主体是铁路旅客运输服务企业。一方面，影响服务质量的总体层面要素包括服务提供者、合同、服务沟通、供方管理等，这些服务要素已经广泛应用于服务标准的制定中，这些为搭建铁路旅客运输服务质量标准框架提供了参考依据。另一方面，系统整合铁路旅客运输服务流程，从票务、进站、安全检查、候车、检票、站台乘降到出站，形成了车站和列车的完整服务链。

③站位铁路行业层面，提出统一要求。

铁路旅客运输服务质量标准从铁路行业管理的角度，对铁路客运票务服务、进站服务、候车服务、站台服务、行李运输服务、列车服务和出站服务等提出了统一要求，不再对企业内部分工、细节作业、内部操作管理等内容作具体要求。

④采用科学方法，条款可衡量指标可量化。

采用综合服务蓝图分析法、服务标准要素分析法、舆情分析法、对标分析和统计分析等科学方法，设置公交接驳换乘距离、服务设施设备完好率、视频监控录像保存时限、候车室温

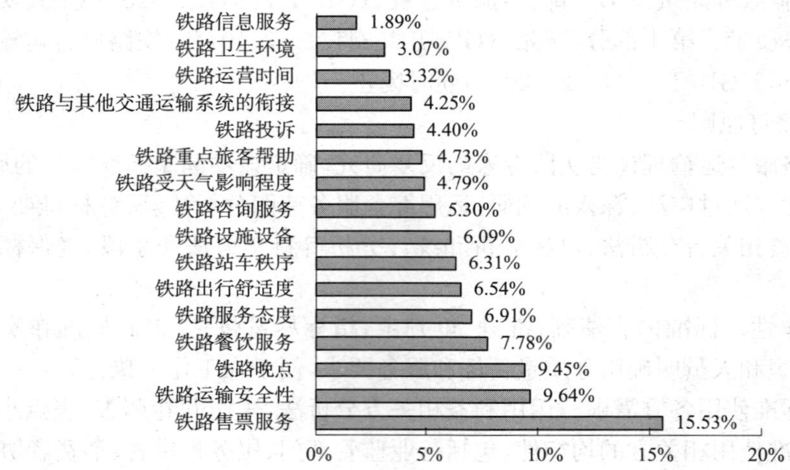

图 5.5　铁路旅客运输服务质量调查数据

度、多媒体广告音量限值和亮度等可量化衡量的指标，提高了标准的科学性、可操作性和实施一致性。主要量化指标见表 5.9。

表 5.9　《铁路旅客运输服务质量　第 2 部分：服务过程》量化指标

指标项	指标值	条款号	正文条文
一般区域录像资料留存时间	15 d	4.1 c)	视频监控系统覆盖各个服务区域，应具备提供实时图像和自动录像功能，一般区域录像资料留存时间不少于 15 d，进站口、出站口、候车室、售票厅等重点目标区域录像资料保存时间不少于 90 d
重点目标区域录像资料留存时间	90 d		
有空调的服务区域室内温度(冬季)	18～20 ℃	4.2.3.1b)	有空调的服务区域室内温度冬季应为 18～20 ℃，夏季应为 26～28 ℃，无空调的服务区域室内温度冬季不应低于 14 ℃，夏季超过 28 ℃应使用电风扇
有空调的服务区域室内温度(夏季)	26～28 ℃		
无空调的服务区域室内温度(冬季)	不低于 14 ℃		
无空调的服务区域室内使用电风扇夏季温度限制	超过 28 ℃		
灯具擦拭频次	最少 2 次/年	4.2.3.1c)	各服务区域有充足的照明，灯具最少擦拭次数应为 2 次/年，并符合： 候车区(厅、室)、通道、扶梯、集散厅照度不应低于 150 lx； 售票厅、检票处、问讯处照度不应低于 200 lx； 贵宾室、行李托运处、安全检查区域照度不应低于 300 lx
候车区(厅、室)、通道、扶梯、集散厅照度	不应低于 150 lx		
售票厅、检票处、问讯处照度	不应低于 200 lx		
贵宾室、行李托运处、安全检查区域照度	不应低于 300 lx		
人工售票窗口日常旅客排队人数限值	20 人	4.2.3.3 b)、c)	应有人工服务窗口并符合： 根据购取票客流开设售票窗口，日常旅客排队不超过 20 人； 应使用双面显示屏幕，实时同步显示售票员操作的售票信息； 宜有为重点旅客提供优先服务的窗口； 应根据客流配置自动售/取票机，日常旅客排队不超过 10 人
自动售/取票机日常旅客排队人数限值	10 人		

新标准的实施进一步提升了铁路旅客运输服务质量，满足旅客运输服务质量的新要求，提高旅客铁路旅行的舒适性和出行体验。

5.5.2 高速铁路运输企业客运服务标准制定案例

某铁路局集团公司对行业、企业内部现有的规章制度、管理规定及岗位职责等规范性文件进行梳理，识别标准缺失领域，明确需要标准化的重要环节和关键服务要素，开展了关于复兴号动车组乘务作业质量标准制定工作。2018 年 12 月发布了《××局集团公司复兴号乘务作业质量标准(暂行)》，并在运行期间不定期地对标准及标准实施进行评价，制定改进措施，以不断提高标准化工作成效。

其标准部分内容如下：

第一章 适用范围

第一条 本标准适用于××局集团公司所属各客运段、各高速铁路乘务单位、××铁路列车服务有限公司及所属分公司担当的复兴号动车组列车，对乘务班组的人员配备、技能素质、安全管理、文明服务、乘务作业等提出规范要求。

第二章 动车组人员配备标准

第二条 动车组列车乘务组由司机、列车长、乘务员、随车机械师、乘(辅)警、餐服员、乘服员组成。列车乘务组在列车长统一领导下，各司其职，共同做好客运乘务组织工作。

第三条 长编组动车组列车客运乘务组原则上由 1 名列车长、5 名乘务员、3 名餐服员、5 名乘服员组成；短编组动车组列车客运乘务组原则上由 1 名列车长、3 名乘务员、2 名餐服员和 3 名乘服员组成。单程运行时间 8 h 以上动车组，长编组动车组按照 1 名列车长、1 名列车值班员、6 名乘务员、4 名餐服员、5 名乘服员组成；短编组动车组按照 1 名列车长、1 名列车值班员、3 名乘务员、3 名餐服员、4 名乘服员组成。

某城际列车客运乘务组由 1 名列车长、1 名乘务员、2 名餐服员和 2 名乘服员组成。

第四条 复兴号动车组乘务人员准入标准。各乘务单位建立复兴号动车组客运岗位人员准入机制，明确准入素质标准。建立岗位星级评定和准入退出机制，实行高进低退的乘务员选拔制度。选拔遵章守纪、敬业爱岗、听从指挥、团结协作的优秀适用人员。

1. 复兴号动车组列车长准入标准。复兴号列车长从事乘务工作不少于 2 年，具备大专及以上文化程度，经客运专业培训或集团公司组织的岗位培训并考试合格，掌握基本服务英语对话和简单手语，具备良好的沟通能力和服务技巧，能够熟练掌握使用客服设备设施，具有较强的组织能力和处理突发事件的能力。体态匀称、五官端正，协调性好，视力、听力及辨色力正常，无职业禁忌证，身体健康，持有健康证，能胜任本岗位工作。

2. 复兴号动车组乘务员准入标准。具备大专及以上文化程度，经客运专业培训或集团公司组织的岗位培训并考试合格，掌握基本服务英语对话和简单手语，具备良好的沟通能力和服务技巧，能够熟练掌握使用客服设备设施。体态匀称、五官端正，协调性好，视力、听力及辨色力正常，无职业禁忌证，身体健康，持有健康证，能胜任本岗位工作。

3. 复兴号动车组餐服员准入标准。具备大专及以上文化程度，经客运专业培训或集团公司组织的岗位培训并考试合格，能够熟练使用餐服、应急设备设施，经过礼仪培训，具备良好的沟通能力和服务技巧。体态匀称、五官端正，协调性好，视力、听力及辨色力正常，无职业禁忌证，身体健康，持有健康证，能胜任本岗位工作。

4. 复兴号动车组乘服员准入标准。经岗位培训考试、礼仪培训合格，业务熟练，能够熟练使用保洁、应急有关设备设施。体态匀称、五官端正，协调性好，视力、听力及辨色力正常，无职业禁忌证，身体健康，持有健康证，能胜任本岗位工作。

第五条 教育培训标准。要定期开展职业技能培训，培训内容适应岗位要求，达到考核素质标准。

针对复兴号动车组技术装备新特点、新变化、新标准，认真制定复兴号新设备设施、安全保障、服务标准的培训教材，明确培训重点，完善培训内容，建立专业的培训师资队伍，形成完整的复兴号培训体系。

实施全员精准培训，建立复兴号乘务人员段、车队、班组三级培训架构，针对安全作业、设备设施、应急处置、服务礼仪、服务技能、行为规范等，明确培训周期、落实培训计划，考核合格上岗。

定期开展素质教育，强化铁路职业道德、社会职业操守、高速铁路责任荣誉、复兴号使命担当等专题教育，不断创新培训模式，探索实景教学、动漫教学等多元教学模式，打造出一支“积极进取、技能精湛、勤勉敬业”的高素质干部职工管理服务团队。

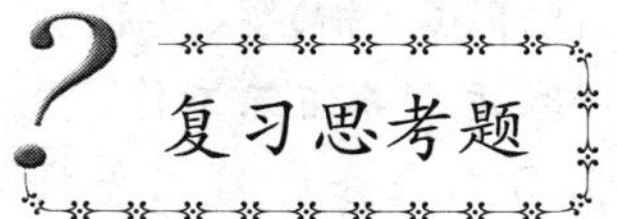

复习思考题

1. 简述高速铁路客运服务质量标准化管理过程。
2. 结合高速铁路客运服务特点，简述服务质量标准的“SMART”原则。
3. 试举例说明高速铁路客运服务标准的常用编写方法。
4. 如何理解客运服务标准的“人性化”和“规范化”?
5. 简述 ISO 9001 在高速铁路客运服务质量管理的适宜性。
6. 试列举现行高速铁路客运服务相关国家标准、行业标准、地方标准、企业标准。

6　高速铁路客运服务质量测评

服务质量测评是高速铁路客运服务质量“全过程”管理的关键一环，它既是高速铁路客运服务需求研究、服务设计、标准制定以及服务提供等环节实施好坏的评价，也是服务业绩改进的基础，用以反馈到后续服务质量控制中。掌握高速铁路客运服务质量测评的基本理论和测评方法对实施高速铁路客运服务质量控制具有重要意义。本章系统介绍高速铁路客运服务质量测评类型及特点、常用测评方法，结合实际案例展示高速铁路客运服务质量测评的应用。

6.1　高速铁路客运服务质量测评概述

服务质量测评是指用定性或定量的方法，了解顾客对服务的期望，并将其与已提供的服务水平进行比较，找出其中的差距，为进一步提高服务质量奠定基础。服务质量测评的最终目的是在追求顾客满意和顾客忠诚的同时能降低和抵御风险，压缩资源成本、减少差错和缺陷。

高速铁路运输企业面向的旅客群体数量庞大，且不同旅客群体有着差异化的服务需求，需要加强高速铁路客运服务质量评价，以便更好实施高速铁路服务质量控制，提供令旅客满意的服务，优化升级既有出行服务，提升旅客对高速铁路出行服务的获得感、幸福感、安全感。

6.1.1　高速铁路客运服务质量测评类型及特点

高速铁路客运服务质量测评可按测评主体、测评客体、测评目标进行分类。不同测评主体、客体、目标的组合形成了不同类型的服务质量测评体系，由此得出的测评结果也有差异。

1. 按测评主体的分类及对应特点

服务质量测评主体是指测评活动的发起者、组织者或实施者，高速铁路服务质量测评的主体可以是政府部门（或相关机构）、高速铁路运输企业、社会公众、旅客等。

（1）政府部门（或者相关机构）测评

高速铁路客运服务政府部门测评主要包括铁路行业监管部门、服务于国家或地区市场监督管理部门的相关机构（消费者协会）等。此类测评都是站在国家、行业、地区市场的角度，对高速铁路客运服务过程及结果质量进行评价与监督。

目前，国家铁路局作为高速铁路客运服务质量监管最主要的机构，依据国家赋予的主要职能，监管铁路客运服务质量。其通常组织内部人员成立督查组对高速铁路运输企业进行服务质量测评或委托第三方开展高速铁路客运服务质量测评。

（2）高速铁路运输企业测评

高速铁路运输企业测评是指企业站在服务提供者的角度为改进服务或实现服务质量控

制等开展的测评。高速铁路客运服务质量测评属于企业内部管理性测评,主要依据服务标准对提供的服务进行定期或不定期地检查来实现测评。这种检查可以在服务提供的全过程,但由于其测评的依据是企业制定的服务标准,而标准本身就可能存在偏差,所以它更适用于对服务标准执行环节的测评,提出的改进意见更多是针对服务提供阶段的。也就是说,以高速铁路运输企业为主体的客运服务质量测评适合服务提供过程的质量测评,可实现对服务标准执行的控制。

(3)社会公众测评

社会公众对高速铁路客运服务质量测评属于行业或企业外部测评,对高速铁路运输企业起舆论监督作用。此类测评以社会大众或媒体组织对高速铁路客运服务发表评价为主,对客运服务的市场口碑有着深刻影响。其通常是根据旅客投诉、媒体曝光,或者收到对企业的表扬信后对企业某一方面作出评价,这种评价使企业处于被动局面,但仍然是企业需要重视的方面,如果是负面评价处理不好的话可能造成严重后果,对企业形象造成致命打击。

(4)旅客测评

旅客对高速铁路客运服务质量测评也属于行业或企业外部管理性测评,是企业组织旅客对服务质量的测评,此类测评一般是通过获取旅客对整个服务过程和结果的感知与期望的服务进行比较来实现测评。企业通过组织旅客对服务质量进行测评,寻找服务存在的问题,提出改进意见,并反馈到企业服务质量管理其他环节,实现对服务质量全过程的管理和企业发展的目标。

2. 按测评客体的分类及对应特点

测评客体是指测评活动的具体对象,高速铁路客运服务质量测评客体主要指客运服务提供方的各类服务构成要素,具体可以从服务提供方、服务内容、服务生产环节等角度,按照测评主体的目标确定,如对铁路局集团公司整体、站车(分等级、区域等)、服务内容(核心、辅助服务)、服务生产环节(票务、安检等)的客运服务质量测评。

由于高速铁路客运服务具有涉及面广、内容复杂、作业环节多等特点,因此测评客体在测评对象选择范围上更具多样性。从宏观角度讲,测评对象的选取强调全面性,如全路范围的高速铁路客运服务质量测评、客运服务全过程的质量测评等;从微观角度讲,测评对象的选取侧重于具体化,如针对某区域的高速铁路运输服务质量专题测评、客运票务服务质量测评等。

虽然测评客体在测评对象选取上有一定的差异性,但测评内容都是构成高速铁路客运服务质量的内容要素,无论是对服务整体过程还是具体环节的测评,都会落实到对服务人员、硬件、软件三方面要素的评价。

(1)人员测评

人员测评是指对服务过程中人员要素开展的测评。由于人员是服务过程最活跃的因素,且具有高度的主观性和机动性,对人员服务质量测评侧重于以定性手段为主,如调查服务人员的服务态度、业务能力等反映人员的个人素质,服务与应变能力;服务人员的机动性表现在根据服务需求的波动,及时调配人员提升服务系统的服务容量。

(2)硬件测评

硬件指服务过程中的有形设备,对应于高速铁路运输系统中的车站、列车等旅客可直接接触的设备。硬件测评是指对高速铁路客运服务过程中有形设备开展的测评,侧重于对硬

件设施设备功能完整性、稳定性、便捷性、有形性等方面的测评，具体表现在对硬件设施设备的技术质量（客观指标）及功能质量（主观感知）的评价，如调查自助售（取）票机的服务容量、反应速度、界面的友好程度、空间布局的合理程度、硬件环境的达标性等。

（3）软件测评

软件指服务发生的程序性和系统性，包含为旅客提供的服务内容、服务流程和服务方法等，以及对服务质量管理所作的规定。软件测评是对服务过程中无形要素开展的测评，其内容主要侧重于对服务内容的丰富性、完整性、公平性，服务流程的接续性、可操作性，管理规范的合法性、合理性等方面的测评。软件测评表现在对参与服务过程人员实际感知体验的综合评价，如票务服务内容的完整性、服务人员工作强度的合法性、管理制度规范的合理性、服务场所环境卫生质量等。

3. 按测评目标的分类及对应特点

按测评目标，高速铁路客运服务质量测评主要可分为服务评级类和服务改进类测评。

（1）服务评级类测评

服务评级指由政府监管部门、行业、企业内部、社会公众等对企业所提供的服务与行业标准对比分析，进而对服务定级的过程。高速铁路客运服务质量评级类测评即以服务评级为目的，用于衡量高速铁路客运服务质量的高低水平。此类测评是对高速铁路客运服务的全面评价，具有综合性的特点，通常由高速铁路运输企业或监管部门组织开展测评，或委托第三方机构进行测评，测评结果代表一段时期的高速铁路客运服务质量水平。

（2）服务改进类测评

不同于服务评级类测评，服务改进类质量测评以找出服务过程中存在的问题，形成改进意见进而提升服务质量为目的，是针对具体服务环节的测评。一般由高速铁路运输企业组织开展，通过收集旅客对具体服务环节的体验感知反馈，找出服务的薄弱环节，形成改进意见，作为企业后续服务改进的依据。

6.1.2 高速铁路客运服务质量测评原则及流程

1. 高速铁路客运服务质量测评原则

对高速铁路客运服务质量进行测评必须遵循以下原则：

（1）全面性

高速铁路客运服务质量测评体系要能全面、系统地评价整个高速铁路客运服务部门的工作质量，要对影响服务质量的各个指标因子进行层层析取，对选取的各个指标因子进行综合评价。

（2）一致与简明科学性

高速铁路客运服务质量测评体系必须能够明确地反映目标与指标间一致的关系，选取的指标应能够代表所要评估的目标。同时测评体系的内容与方法的选取，应建立在科学研究的基础上，能够通过科学方法客观地反映高速铁路客运服务质量的实际情况。

（3）针对性

根据测评的目的，确定所需测评的高速铁路客运服务关键点，针对影响高速铁路客运服务质量的主要因素进一步选取指标因子，从而确定具有代表服务关键点的单项指标或综合指标,以确定合理的测评体系。

(4)独立性

选取的指标均应反映各自所代表的服务特性或服务点,与其他指标不应重复,不能被其他指标代替,由此构建的高速铁路客运服务质量测评体系才能够全方位覆盖客运服务。

(5)稳定可比性

高速铁路客运服务质量测评体系选用的指标要有稳定的数据来源,且指标口径(时间、单位、含义等)一致,才能保证测评结果的真实性、客观性和合理性。

(6)可操作性

测评体系的构建要考虑其可执行性,不宜太繁杂,在具体实施过程中简便操作、简单明了,容易被现场客运部门接受,同时从旅客的角度易于评定和监督。

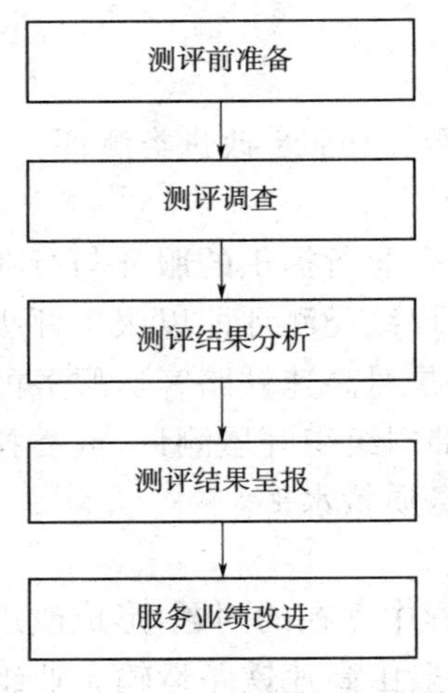

图 6.1 高速铁路客运服务质量测评流程

(7)定性和定量分析结合

以定量分析为基础,定性分析和定量分析结合的方式,根据实际情况结合专家的经验综合考虑定量和定性因素。

2. 高速铁路客运服务质量测评流程

高速铁路客运服务质量测评一般需要经过测评前准备、测评调查、测评结果分析、测评结果呈报、服务业绩改进等环节,具体流程如图 6.1 所示。

(1)高速铁路客运服务质量测评前准备

测评前准备工作就是制定测评工作方案,确定测评目标、类型、方法、调查手段、调查时机等内容。

①确定测评目标。明确通过测评要达到的效果,是找出服务薄弱环节以便改进,与竞争对手做比较,还是理清旅客对服务质量的感知与期望的差异。将具体的目标清晰地写下来,这些目标应该是可以测量的、有时限要求的。

②选定测评类型。依据测评目标选定评测类型,即明确测评主体和客体对象,厘清测评是面向社会大众还是企业内部,以及测评对象的范围。以社会大众为主体的高速铁路客运服务质量测评要确保是能够代表不同旅客的随机样本,除现有旅客外,还要将那些流失的旅客和潜在的旅客考虑进来。以企业内部为主体的高速铁路客运服务质量测评,通常一个部门的员工就可以看作一个测评群体,可以对所有员工进行完全性测评,也可以选出其中有代表性的部分员工进行抽样测评。

③选择测评方法。依据确定的测评类型,选择能够科学准确达到测评目标的测评方法。测评方法主要分为两类,一类是以定性分析为主的关键事件法,另一类是以定量为主的基于服务属性的测评方法。要确保获取最有效的测评结果,需考虑所测评服务环节的特点,以人员为主的服务环节,如窗口售票、列车服务等,采取以定性分析为主的关键事件测评方法更能反映人员的真实服务情况;以软硬件设备为主的服务环节,如 12306 网站、自动售(取)机服务等,采取以服务属性为评价指标的定量分析方法更为适宜。

④确定调查手段。基于选定的测评方法特点,选择最佳的调查手段并确定收集反馈信息的样本容量。选定测评调查手段首先要考虑哪种手段对于被调查者来说最为合适,最容

易接受;其次要考虑几种方式或手段的结合。例如,可预先组织部分被调查者进行一次座谈,及时反馈意见,根据意见设计问卷,并发调查问卷开展正式测评,此举有利于将测评调查结果量化,便于结果的统计和分析。

⑤确定调查时机。尽量避开被调查对象繁忙或者不愿意被人打扰的时候。例如,在车站进行问卷调查时,要避免在旅客进站时调查;在使用电话调查时,要尽量避开被调查者休息时间等。

(2)高速铁路客运服务质量测评调查

依据选定的测评手段开展高速铁路客运服务质量测评调查,主要有观察法、抽样问卷调查法、访谈法。

①观察法。

观察法是以管理者的角度对高速铁路客运服务质量进行调查的方式。在调查过程中,调查人员与被调查人员不进行正面接触,处于旁观者的位置。应用观察法对高速铁路客运服务质量调查时要经过确定观察对象、准备观察仪器、设计观察记录表格并进行观察记录等环节。

②抽样问卷调查法。

抽样问卷调查法要经过确定样本容量、选择抽样方式(随机抽样、分层随机抽样、非随机抽样等)、设计调查问卷(闭锁式、评估式、排序问题、开放式等)、确定调查方式(填写纸质或电子问卷、试卷电话调查、发送信函、电子邮件等)并进行调查。

③访谈法。

访谈法是调查人员与被调查者面对面交流的调查方式。访谈法主要有客户焦点小组、一对一深入谈话、客户在线论坛、基于Web的焦点小组等形式。

客户焦点小组访谈法,就是由十几位被调查者和一位主持人组成一组,在主持人的引导下,被调查者以开放式论坛的方式谈论他们的服务体验、观点、感受和意见。通过举办客户焦点小组可以有效地帮助企业全面了解旅客的价值观和对服务的预期,这种方法对于企业探明今后的服务内容和发展方向也是有益的。

一对一深入谈话访谈法的成效取决于采访人的沟通技巧和现场应变能力,采访人应在会谈开始时就给客户以信任感,表明他们的意见和看法将受到尊重并作为企业服务改革的依据。在选择采访人时,应确保他们具备以下能力:能够与被采访者建立融洽的关系,产生共鸣;保持中立;使用开放式和有针对性的问题;积极倾听;准确地记录谈话的内容。

客户在线论坛或基于Web的焦点小组访谈法是通过互联网开设论坛,旅客或员工可以随意发表对铁路客运服务的意见和看法。被调查者可以较自由地发表看法,调查时间由被调查者支配,但是发表的一些意见没有代表性,旅客或员工可能表达一些客运部门不愿意让其他人知道的观点。

(3)高速铁路客运服务质量测评结果分析

高速铁路客运服务质量测评结果分析包括测评调查结果处理和测评结果分析两步。

①测评调查结果处理。

高速铁路客运服务质量调查结束后,收回的部分调查可能会因故被视为无效,需要剔除不计入调查结果,以免造成调查结果的错误。

调查的结果可以分为两类:一类是以数字形式表现,或者可以通过统计将同一类的信息以数字形式表现;另一种是以文字形式表现,这些信息一般是被调查者对高速铁路客运服务的意见建议,难以用数字的形式表现,需要定性地分析。

②测评结果分析。

测评结果有定性和定量两种分析方法,定性分析方法主要是针对观察、访谈等手段取得的调查结果的分析,而定量分析方法(调查报告)主要是针对调查问卷等手段取得的调查结果的分析。在进行测评结果分析前,要先制定合理的评分标准,对于高速铁路客运服务来说这个标准就是高速铁路客运服务质量标准。

(4)测评结果呈报和服务业绩改进

测评结果需要呈报给相关部门。为达到更好效果,应注意呈报方法和形式,具体应注意以下几点:

①必要时使用图表。

②调查报告简单易懂。

③运用颜色使数据更生动有趣和加强记忆效果。

④必要时将数字转换成指标,能在一个发展变化的基础上跟踪调查结果。

⑤准备一份总结呈报结论的文稿。

⑥如果听众希望了解细节信息,准备与测评开展的调查相关的图表资料。

⑦条件允许的情况下召开测评结果呈报会和行动方案讨论会,通报测评结果及要采取的改进措施。

将高速铁路客运服务质量测评结果上报给相关部门后,相关部门就需要深入分析问题根源,采取措施进行服务业绩改进。

6.1.3 高速铁路客运服务质量测评基本理论

1. 服务质量测评发展历程

从20世纪80年代至今,服务质量测评的发展经历了三个阶段:第一阶段,开发理解服务质量基础模型(静止模型),目的在于说明什么是服务质量,质量感知是在什么情况下形成的;第二阶段,在静止模型的基础上开发服务质量的衡量模型;第三阶段,开发服务质量的能动模型和精练衡量方法。服务质量测评经历的三个阶段及其代表模型见表6.1。

表6.1 服务质量测评模型历史发展阶段

发展阶段	主要任务	代表模型	代表人物及发表时间
第一阶段(始于1980年)	开发理解服务质量的基础模型(静止模型)	可感知服务质量模型	格罗鲁斯(Gronroos)1982年,1984年和1992年
		交互质量	列迪宁(Lehtinen)1982年
		差距分析模型	帕拉休拉曼(Parasuraman),赞瑟姆和贝利(Zeithaml & Berry) 1990年
		4Q模型	谷木买森和格罗鲁斯(Gummesson&Gronroos)1987年,谷木买森(Gummesson)1992年

续上表

发展阶段	主要任务	代表模型	代表人物及发表时间
第二阶段（始于1986年）	开发衡量模型	SERVQUAL	帕拉休拉曼（Parasuraman）1986年，赞瑟姆和贝利（Zeithaml & Berry）1991年
		林德奎斯特索引	林德奎斯特（Lindqvist）1987年
		基于SERVQUAL的一系列研究和相关的衡量模型	莱唯司和克雷恩（Lewis & Klein）1987年，林德奎斯特（Lindqvist）1987年
第三阶段（始于1992年）	开发服务质量的能动模型和精练衡量方法	创始于一系列的研究和报告	鲍尔敦和卓尔（Bolton & Dew）1991年，理建德尔和思川第威克（Liljiander & Strandvik）1992年，安德森（Aandersson）1992年，格罗鲁斯（Gronroos）1992年，谷木买森（Gummesson）1992年

可感知服务质量模型等静止模型是服务质量测评的基础且重要的研究成果。这一阶段最重要的任务是使人们理解服务质量是什么，在顾客感知服务质量和服务提供者管理服务质量时，哪些变量和内容是重要的。以SERVQUAL模型为代表的服务质量衡量模型都是建立在静止的可感知服务质量模型基础上。其中SERVQUAL模型用系统的方法衡量服务质量，它在20世纪80年代末和90年代初更有效地深入研究服务质量。

随着服务质量测评模型的进一步深入研究发现，由于服务的过程性，当模型需要描述相互作用时，模型中必然要包含能动的特征，而在静止模型的基础上开发衡量模型具有一定的局限性。于是对服务质量模型的研究又回到了建立能动型的可感知服务质量模型。这类模型可以帮助人们更好地理解期望和经历的能动作用、服务质量的构成（或发展）过程。在这类模型，更加突出人们必须理解和认识服务的本质规律。例如，“服务质量测评”应该考虑到顾客与前后台服务的生产过程（或部分服务生产过程）之间发生相互作用，形成的旅客位移（运送过程中）中所有服务内容等。在此过程中，顾客在接受服务过程中的期望是不断变化的，进而感受的质量也是不断变化的。所以，可感知服务质量及在质量感知中的变化要素，都应当以连续作用于整个服务过程为前提来衡量。但是，目前还未开发出得到广泛认可的能动服务质量模型，现有的服务质量衡量模型还都是基于静止的服务质量模型基础之上的。随着AI等技术水平的提高和广泛的测评技术研究与应用，必然会将高速铁路客运服务质量测评推向更高水平。

2. 服务质量测评基础模型

服务质量测评建立在对服务质量认识的基础上。1982年，芬兰的格罗鲁斯（Gronroos）首次提出了顾客感知服务质量的概念，顾客对感知的服务质量评价包括多个维度，服务质量维度不同形成了不同的服务质量模型，主要包括可感知服务质量模型、差距分析模型、交互质量模型及4Q产品/服务质量模型。

（1）可感知服务质量模型

格鲁诺斯指出服务质量包括技术质量和功能质量两个维度，另外还包括对顾客服务质量起过滤器作用的企业形象质量。技术质量指服务过程的产出，即顾客从服务中得到的东西。由于技术质量对很多人来说有较为统一的标准，所以容易评价。功能质量指顾客是如何得到服务的，具体表现为在服务接触过程中，服务人员的工作方式、工作效率、工作态度等给顾客带来的利益和享受。由于功能质量完全取决于顾客的主观感受，与顾客自身的习惯、个性有关，所以不同的顾客对同一服务的评价可能是不同的，而且难以进行量化。技术质量和功能质量构成了顾客感知服务质量的基本内容。企业形象质量指企业在社会公众心目中的总体印象，它不仅影响顾客的服务期望，也影响顾客的服务感知。形象质量是顾客感知服务质量的"过滤器"，而顾客感知的服务质量反过来又决定着企业的形象质量。在服务质量差异评价结构的基础上，结合服务质量维度，格鲁诺斯提出了顾客可感知服务质量的理论模型(图 6.2)，这一模型成为后来众多学者研究的理论基础。

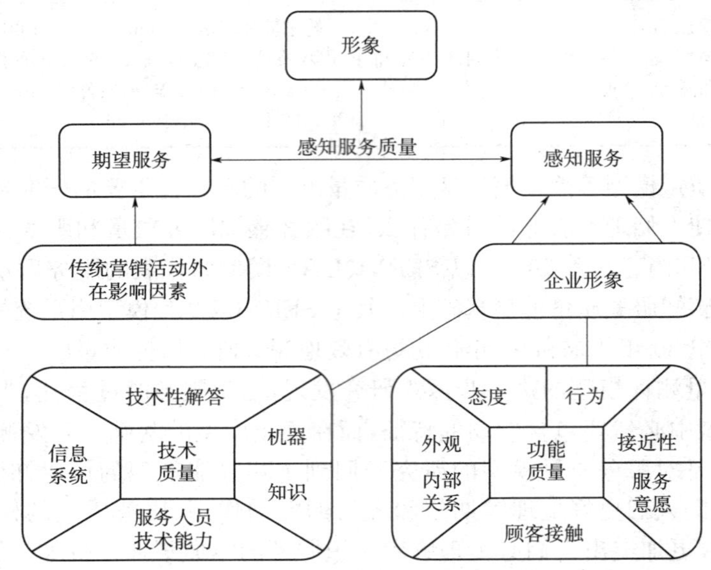

图 6.2　可感知服务质量模型

(2)差距分析模型

格鲁诺斯提出的服务质量差异评价模型(图 6.3)，认为服务质量是一个存在于消费者头脑中的主观范畴，它取决于消费者的服务期望(接受服务前对服务的期望)同其服务感知(接受服务时实际感知到的服务水平)二者的比较，即服务质量(SQ)＝服务感知(P)－服务期望(E)。如果服务感知远远大于服务期望，服务质量就是优异的；如果服务感知大于服务期望，则服务质量是良好的；如果两者相等，则服务质量是可接受的；如果服务感知小于服务期望，服务质量就是差的。这个模型得到了绝大多数学者的赞同，奠定了服务质量研究的基础。随后，学者们对该模型经过多次改进，1985 年，帕拉休拉曼，赞瑟姆和贝利建立了服务质量差距分析模型，如图 6.4 所示。

服务质量差距分析模型主要说明了服务质量是如何形成的、顾客"感知的服务"是服务提供者一系列内部决策和活动的产物、当分析改进服务质量时需要考虑哪些步骤、服务质量产生问题的可能根源等方面的问题。其中最重要的是该模型显示出服务质量形成过程的五项质量差距，这些质量差距是由质量管理过程中的偏差造成的。最终的差距，即期望服务与所经历服务之间的差距是服务过程中各阶段的差距共同作用的结果。以高速铁路客运服务质量为例，这五项差距分别是：

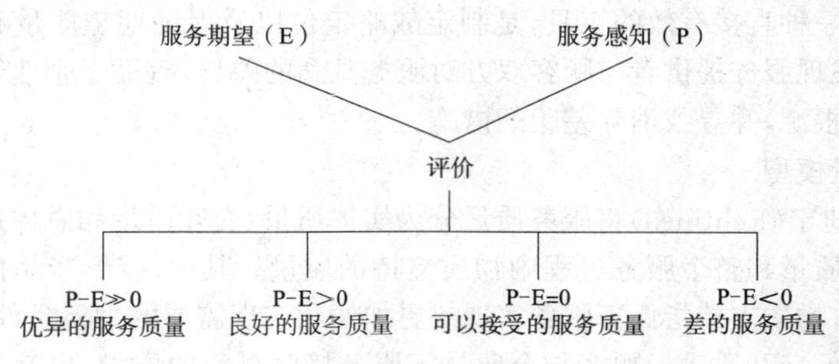

图 6.3　服务质量差异评价模型

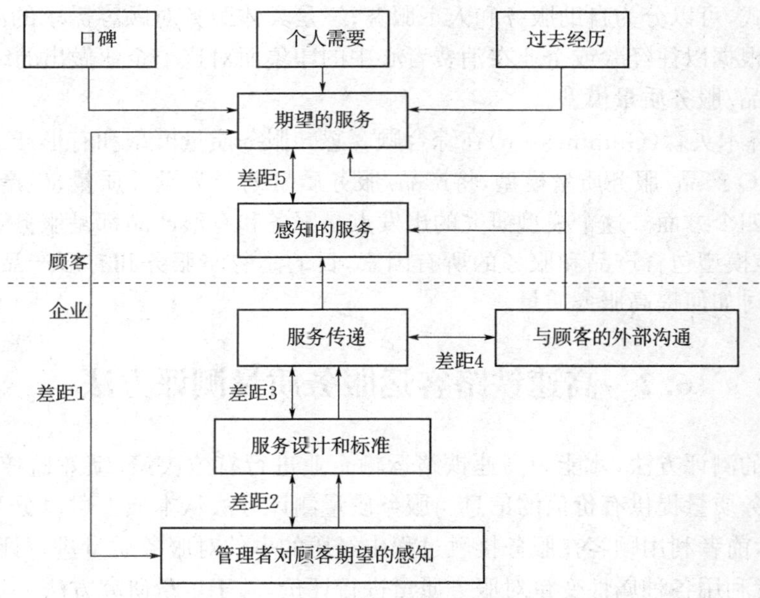

图 6.4　服务质量差距分析模型

①差距 1:管理者认识的差距,指旅客对高速铁路客运服务质量的期望与管理人员对旅客期望的理解存在差异。服务提供者未能准确收集信息、精确理解旅客期望,信息传递失真或缺乏需求分析等都可能产生这一差距。

②差距 2:质量标准的差距,指管理人员确定的高速铁路客运服务质量标准与管理人员对旅客期望的理解存在着差异。服务设计和管理存在缺陷就可能产生这个差距。

③差距 3:服务交易差距,指管理人员确定的高速铁路客运服务质量标准与服务人员实际提供的服务存在差异。这一差距主要体现在员工的行为与服务质量标准之间不符。高速铁路客运服务质量标准制定不合理或服务操作工作管理不善都可能产生这一差距。

④差距 4:营销沟通的差距,指服务人员实际提供的服务与高速铁路运输企业作出的服务承诺存在差异。缺乏对企业内部能力的准确度量和夸大宣传都可能产生这一差距。

⑤差距 5:感知服务质量差距,指当旅客消费结束后,将期望质量与实际感受质量进行比较而产生的差距,这一差距将最终决定旅客感知质量。旅客体验到的服务质量低于其期望的服务质量、服务失败或者服务提供者口碑较差都可能产生这一差距。

差距分析是一种直接有效的工具,是制定战略定位以及保证期望质量和实际质量一致的基础,它可以发现服务提供者与顾客双方对服务观念的差异,有助于企业管理者发现引发服务质量问题的根源,并寻找消除差距的措施。

(3)交互质量模型

1982年,列迪宁(Lehtinen)将服务质量分为实体质量、交互质量和总体质量。实体质量包括产品本身的质量和整个服务过程中物质支持的质量。其中,有形产品指在服务过程中消费的物质资料;物质支持指保证服务实现或更加便利实现需要的物质条件,具体指服务环境和服务手段等。交互质量指顾客与企业员工服务接触过程的质量,也就是"真实瞬间"质量,包括三个方面:一是服务人员的态度、语言、外表等与顾客接触的一切方面;二是企业与顾客的接触形式,可以分为自助服务和人工服务;三是具体服务对顾客需求的满足程度。总体质量指顾客根据以往经验或企业在消费者心中的印象而对这个企业做出的综合评价。

(4)4Q产品/服务质量模型

1987年,谷木买森(Gummesson)在综合顾客感知服务质量模型和有形产品质量概念的基础上,得出4Q产品/服务质量模型,将产品/服务质量划分为设计质量、生产质量、过程质量和产出质量四个方面。这个模型研究的出发点是服务和有形产品都是服务不可分割的组成部分,所以该模型包含产品和服务的所有因素,目的是忽略服务和有形产品的差异,在抽象的情况下探讨如何提高服务质量。

6.2 高速铁路客运服务质量测评方法

科学有效的测评方法,才能为高速铁路运输企业进行有效决策、绩效监控、合理资源配置以及提高服务质量提供有价值的信息。服务质量测评方法从本质上可以分为基于事件和基于属性两类,前者利用顾客在服务接触过程中经历的事件对服务质量进行评价,属于定性研究方法;后者利用各种属性变量对服务质量进行评价,属于定量研究方法。

6.2.1 关键事件技术测评法

1. 关键事件技术简介

关键事件技术(critical incident technique, CIT)是北欧学派经常使用的评价服务质量的方法之一,其理论基础是交互质量模型。CIT是通过记录服务过程中成功或失败的事件和行为,来发现质量问题或质量优势,从而对服务质量现状作出评价,并采取措施,提高顾客感知质量和满意的一种分析方法。关键事件技术的一项事件或关键事件的成立要符合以下四个标准:①要涉及员工顾客的互动;②从顾客的观点来看,是要很满意或很不满意的;③是一个独立的事件;④受访者要呈现充分详细的内容,以进行推论或行为预测。

CIT测评法本质上是一种对事件或关键事件数据进行内容分析的系统分类技术。CIT测评法同因子分析、聚类分析一样也是一种归纳分组方法,不同之处在于在数据分析阶段,CIT测评法对事件进行内容分析,而非定量分析。

很多学者认为CIT测评法是一种有效的测量顾客在服务接触中是否满意的工具,利用该方法可以揭示服务接触过程中导致顾客满意或不满意的特定事件和行为,进而为形成满

意度监测计划、设计服务程序和策略以及训练一线员工提供可靠的依据。

2. CIT 基本程序

CIT 的基本思路是：①询问顾客（旅客、员工）对客运服务质量的看法和态度，分析哪些服务环节（包括服务结果）与服务标准不一致，是良好还是不好，这些经常与服务标准产生偏差的服务环节或过程就是所谓的关键事件；将事件进行服务环节分解，与服务标准和流程对比是良好还是不好；②请“被测评者”具体说明，为什么将这些环节列入关键事件范畴；③研究人员要对顾客对关键事件的描述进行分析。对评价良好的服务环节找出原因并将其标准化；对评价差的服务环节找出原因并提出改进意见，以指导以后的服务过程。综上，CIT 的基本程序为：

（1）设计开放式表格，收集员工或顾客在近期内经历的具体服务事件，内容包括事件发生的原因、造成这种局面的特定环境等．并要求顾客做出满意或不满意的结论，并提出质量改进建议。

（2）对调查表进行分类。分类可以依照比特纳（Bitner，Booms & Tetreault，1991 年）等人创建的分类系统来进行。

（3）对分类后的调查表进行分析，从而得出结论和改进策略。

3. CIT 测评法的优缺点

同基于属性的测量方法相比，使用 CIT 测评法能够得到更丰富和更详尽的服务过程描述数据。另外，被访者可以描述基于属性测量方法不会涉及的非常规事件，而不必对他们认为不重要的属性进行评价。使用 CIT 测评法能更深刻地理解顾客需要、员工行为以及与员工行为相关的服务质量属性，如“友好”“有效”“专业”等。CIT 测评法不仅能确定哪些类型的服务接触更重要，而且还能确定提高服务质量需要的知识和手段，管理者可以用它来确定一套行为方案来培训员工。

也有学者对 CIT 测评法提出批评意见，如信息处理困难、阐释带有主观性，由于顾客感知随时间推移的改变导致事件具有暂时性特征，由于词语、类别以及编码规则含义模糊导致信度和效度问题等。Callan（1998 年）认为 CIT 测评法的主要缺点是需要依靠研究者对事件进行解释，容易导致因对被访者的误解而导致错误分类。Ekinci（2002 年）认为该种方法在测量服务感知质量或满意度方面已不再适用，而对理解服务提供过程有很高的价值。

4. CIT 测评方法的实施

“角色理论”和“归因理论”为 CIT 法的理论建设指明方向。“角色理论”表明，在客运服务过程中，旅客和服务人员对服务接触和质量（成与败）的评价是基于自身角度和职责上的，其感受评价结果应该具有相似性（比特纳的实验结果）。“归因理论”是由维纳提出，后由比特纳实验验证，即当消费者的期望质量与感知质量不一致时，应该进一步探索其原因及心理反应。

CIT 在服务质量测评方面的应用是从知名的“比特纳实验”开始。比特纳实验对服务质量评价的基本前提有两个：一是针对相对规范化的服务接触（具有明确的标准），二是顾客是成熟顾客，对自身角色有明确的认知。

“比特纳实验”研究采访了 58 家酒店、152 家餐馆和 4 家航空公司的工作人员，让他们每个人回忆导致顾客满意或不满意的服务情况,来描述一个事件,该事件要求涉及工作人员与顾客的互动过程,从顾客的角度判定是非常满意还是不满意,是一项独立的事件,需尽可能叙述详细事件本身。被询问者被问了如下问题:①事件的发生时间;②导致这一情景发生的特定环境;③被询问者或同事所说的和所做的;④从客户的角度讲,什么结果导致互动过程是令人满意或不满意的;⑤被询问者及其同事当时应该怎么说或怎么做。

同时,以问卷和访谈的形式于180家旅馆、356家餐厅、163家航空公司收集影响顾客满意的关键事件699个,其中满意的347个,不满意的352个。

通过对员工调查收集到的744件案例以及调查顾客收集到的699个关键事件进行分析,基于顾客的视角将服务接触事件分为4组16类引起满意和不满意事件如下:

(1)员工对服务传递系统失误的反应(对得不到服务、对不合理的慢速服务、对其他核心服务失败)。

(2)员工对顾客个别需求的反应(对"特殊需要"客户、对客户偏好、对客户自己的失误、对其他有潜在损害性事件)。

(3)员工自发的或未经要求的行为(对客户的关注、在特定文化准则下的工作人员行为、不利环境下的表现)。

(4)问题顾客行为(醉酒、口头和身体攻击、违反企业政策或法律、客户不合作)。

在员工实验中,774个事件中668可归于前三类,剩下的近11%则被归于第四类。在顾客实验中,699个事件均归为前三类,没有事件归为第四类。

比特纳实验量表设计及评价结果见表6.2。

表6.2 比特纳实验量表

分组		满意		不满意		合计	
		数目	%	数目	%	数目	%
组1	员工对服务传递失败的反映						
	员工数据	109	27.5	195	51.5	304	39.3
	顾客数据	81	23.3	151	42.9	232	33.2
组2	员工对顾客要求的反映						
	员工数据	196	49.4	62	16.4	258	33.3
	顾客数据	114	32.9	55	15.6	169	24.2
组3	自发、未经要求的员工行为						
	员工数据	89	22.4	37	9.8	126	16.3
	顾客数据	152	43.8	146	41.5	298	42.6
组4	"问题顾客"行为						
	员工数据	3	0.8	83	22.0	86	11.1
	顾客数据	0	0	0	0	0	0
汇总	员工数据	397	51.3	377	48.7	774	100.0
	顾客数据	347	49.6	352	50.4	699	100.0

由表 6.2 可知，对于不满意事件分类中，员工和顾客对第 1、2 组的观点所持比例较为相似，很好地验证了“角色理论”的结论；但在第 3 组观点中，员工的比例远小于顾客，且对于问题顾客行为的表述上，员工的比例远大于顾客，因此可根据“归因理论”提出的观点进一步挖掘信息。

6.2.2 SERVQUAL 测评法

1. SERVQUAL 模型简介

SERVQUAL 是 service quality 缩写。SERVQUAL 是一项衡量顾客对服务质量感知的标准。该模型最早是 1988 年由被誉为服务营销中“北美学派”的代表人物——帕拉休拉曼(A Parasuraman)、来特汉毛尔(Valarie A Zeithaml)和白瑞(Leonard L Berry)三人合写的一篇题目为《SERVQUAL：一种多变量的顾客感知服务质量量度方法》的文章提出来的，后来得到了学术界和实业界的广泛应用。

SERVQUAL 方法使用的基础模型是格鲁诺斯(Gronroos)提出的可感知服务质量模型和服务质量差异评价模型(图 6.2 和图 6.3)。SERVQUAL 评价方法完全建立在顾客感知基础上，即以顾客的主观认识来衡量服务质量，首先度量顾客对服务的期望，然后度量顾客对服务的感知，根据顾客对服务的感知与期望的差异比较，得出企业的服务质量，将其作为判断服务质量水平的依据。

2. SERVQUAL 量表

SERVQUAL 将服务质量分为有形性、可靠性、响应性、保证性、移情性五个层面。每个层面又被细分为若干问题，通过调查问卷的方式，让用户对每个问题的期望值、实际感受值及最低可接受值进行评分，并由其确立相关的 22 个具体因素来说明它。然后通过问卷调查、顾客打分和综合计算得出服务质量的分数。

SERVQUAL 量表包括期望量表和感知量表两部分，量表内容均设置为相同的项目，其中期望量表记录了顾客对特定服务行业优秀公司的期望，感知量表度量顾客对这一行业特定公司(即被评价公司)的感受。把这两部分中得到的结果进行比较就得到五个维度的每一个“差距分值”，SERVQUAL 分数=实际感受分数－期望分数。差距越小，服务质量评价越高。消费者的感受离期望的距离越大，服务质量的评价越低。表 6.3 为服务行业 SERVQUAL 量表一般设计的项目内容。

表 6.3 SERVQUAL 量表

要　素	组成项目
有形性	1. 有现代化的服务设施 2. 服务设施具有吸引力 3. 员工有整洁的服装和外表 4. 公司的设施与他们所提供的服务相匹配
可靠性	5. 公司向顾客承诺的事情都能及时地完成 6. 顾客遇到困难时，能表现出关心并提供帮助 7. 公司是可靠的 8. 能准时地提供所承诺的服务 9. 正确记录相关的服务

续上表

要　素	组成项目
响应性	10. 不能指望他们告诉顾客提供服务的准确时间※ 11. 期望他们提供及时的服务是不现实的※ 12. 员工并不总是愿意帮助顾客※ 13. 员工因为太忙以至于无法立即提供服务,满足顾客的需求※
保证性	14. 员工是值得信赖的 15. 在从事交易时顾客会感到放心 16. 员工是有礼貌的 17. 员工可从公司得到适当的支持,以提供更好的服务
移情性	18. 公司不会针对不同的顾客提供个别的服务※ 19. 员工不会给予顾客个别的关怀※ 20. 不能期望员工了解顾客的需求※ 21. 公司没有优先考虑顾客的利益※ 22. 公司提供的服务时间不能符合所有顾客的需求※

注:1. 问卷采用 7 分制,7 表示完全同意,1 表示完全不同意。中间分数表示不同的程度。问卷中的问题随机排列。
2. ※表示对这些问题的评分是反向的,在数据分析前应转为正向得分。

SERVQUAL 模型引起了研究者极大的兴趣,很多服务行业都曾经使用过该量表对服务质量进行测量并证明了量表的信度和效度。但在服务质量研究过程中也出现了很多批评意见,这在很大程度上促进了服务质量测量技术的发展。许多研究者认为在具体行业的应用当中,必须对该量表进行修改并重新验证其有效性,包括增加和删减某些项目或维度来全面或真实地反映所研究的行业领域,以使量表适应不同的行业环境、服务环境或文化背景。

3. SERVQUAL 测评计算过程

利用 SERVQUAL 方法计算相关指标,需要在完成顾客问卷调查的基础上,录入并整理相关数据,最后依照下列方法,计算该项服务质量的 SERVQUAL 分数。

(1)服务质量的 SERVQAL 测评总得分(顾客打分)

$$SQ_{总}=\sum_{j=1}^{5}\sum_{i=1}^{n}(P_{ij}-E_{ij})$$

式中　$SQ_{总}$——该项服务的服务质量总得分;

P_{ij},E_{ij}——顾客 i 对第 j 指标的感知和期望打分;

n——收回的有效样本量。

(2)模型改进后的 SERVQAL 测评总得分

模型改进主要考虑了不同指标(五个要素)的权重,那么 SERVQAL 测评总得分:

$$SQ_{总}=\sum_{j=1}^{5}\omega_j\sum_{i=1}^{n}(P_{ij}-E_{ij})$$

式中　ω_j——第 j 个指标的权重。

(3)服务质量 SERVQUAL 测评得分

以顾客的 SERVQUAL 平均得分为该项服务感知质量的最终得分:

$$SQ=\frac{1}{n}\sum SQ_{总}$$

4. SERVQUAL 方法的优点和局限性

(1)SERVQUAL 方法的优点

SERVQUAL 模型是目前进行服务质量测评应用最广泛的方法,其优点主要表现在以下几个方面:

①应用 SERVQUAL 模型是一个简要的多项目评价方法,它具有很好的可靠性和有效性,它通过期望、感知问卷形式提供了一个基本的骨架,使用 SERVQUAL 模型可以更好地理解顾客的期望和感知。

②定期地使用 SERVQUAL 模型可以有效地追踪服务质量的趋势。如果服务企业通过一年三次运用 SERVQUAL 模型和雇员调查,再加上系统地征求和分析顾客的建议和抱怨,企业必将会得到大量的有关服务质量的现状以及需要做些什么来更好地改进服务质量的信息。

③SERVQUAL 模型可以对服务质量进行全面衡量。SERVQUAL 模型可以按照五个服务质量方面的每一个因素来评价某一给定企业公司的服务质量,它是通过对组成每一个方面条款的不同分数进行平均来评价的。它还能以所有五个方面平均分的形式,提供一个全面的对服务质量的衡量。

④SERVQUAL 模型可以决定影响顾客的整体服务质量感知的五个方面的相对重要性。对每个单独方面的 SERVQUAL 分数的整体质量感知分数进行回归,就可以获得相对重要性的结果。从对若干案例的统计分析看,在以五个方面的相对重要性的形式预测全面质量时,一个显著的结果是,可靠性始终是最关键的方面,保证性是第二重要的方面,而其他三个方面的相对重要性根据不同的案例有所不同。

⑤SERVQUAL 模型可以帮助服务企业对旅客进行更细致的分析。以旅客单独的 SERVQUAL 分数为基础,划分为若干不同的可感知质量等级(如高等、中等、低等三个等级的可感知质量)。然后对这些等级的旅客进行分析,分析的基础有以下三个:人口统计学、心理学或者其他特征;影响服务感知质量五因素的相对重要性;所描述的感知背后的原因。例如,一家服务公司发现大量选择"中等的"感知质量的 SERVQUAL 的回复者都是该公司基于人口统计和心理学标准来划分主要目标市场的,即大量选择"中等的"感知质量的顾客是该公司的主要顾客。进一步研究发现,可靠性和可信性是这部分顾客感知的最重要的质量方面,而且还发现,基于这两个方面的所有条款的感知—期望的差距分数都比较大。利用这些数据,该公司的管理人员将会更好地理解,如何改进其顾客眼中的企业形象,才能给主要目标市场的顾客以积极的反映。

⑥SERVQUAL 模型可以对多个同行业的服务企业提供的服务质量水平进行比较。通过顾客对不同服务公司 SERVQUAL 模型调查问卷的感知分数,计算出每个公司的平均 SERVQUAL 分数,并进行比较,作为评价不同公司服务的依据之一。

(2)SERVQUAL 方法的局限性

SERVQUAL 方法的局限性表现在:

①SERVQUAL 评价模型的开发者对服务行业的划分方法是"按照服务接触水平将服务分为高接触度服务、中接触度服务和低接触度服务"。这样的划分方法本身有其局限性,因此基于这种划分方法的 SERVQUAL 评价模型必然有其局限性,它无法更好地说明在以

上划分行业之外或者介于行业之间的特性。

②SERVQUAL 评价模型是在五个维度中开展调查分析的，五个维度依次是有形性、可靠性、响应性、保证性、移情性。在面对不同行业时，五个维度的重要性有所不同，存在着权重的赋值以及问卷设计上前后次序两方面问题，都影响着 SERVQUAL 评价模型的运用和正确性。

③SERVQUAL 评价模型是一种事前研究，即在顾客最终体验服务产品带来利益前就对 SERVQUAL 的问卷作出了回答。服务产品的特点告诉我们，顾客从消费服务产品中得到的利益往往具有不可感知性，很难被察觉，或要经过一段时间后，消费服务的享用才能感觉出利益的存在。也就是说，顾客的期望和感知可能在时间上具有很强的间断性，但 SERVQUAL 评价方法在实际运用中却需要时间上的连续性，以保证研究的顺利开展。

6.2.3 价值曲线测评法

1. 价值曲线测评简介

价值曲线测评是通过评价选定企业相对于整个行业顾客感知服务质量关键性要素的业绩表现，来评价顾客总体感知服务质量的方法。对于高速铁路客运服务来讲，运用价值曲线测评就是选定高速铁路客运服务企业相对于整个客运服务行业旅客感知服务质量关键性要素的业绩表现来评价旅客总体感知服务质量。这种方法不仅要求顾客做出评价，还要求企业内部一线服务人员和管理人员做出评价，最终目标是找出能促使顾客感知服务质量产生质的飞跃的关键要素。

2. 价值曲线测评基本程序

高速铁路运输企业应用价值曲线来评价服务质量一般需要经历以下步骤：

(1)确定旅客感知服务质量的关键要素

旅客感知高速铁路客运服务质量的关键要素一般包括价格、安全性、正点率、车厢设备的舒适程度、列车员服务态度、餐饮等。

(2)设计调查问卷进行市场调研，让旅客给各要素打分

将每个关键要素列于调查问卷中，并划分成 0～10 分 11 个分数等级，让旅客根据自己的期望和要求给各要素打分，目的是找出大多数旅客普遍认为的重要因素、不重要因素及高速铁路运输企业提供的多余因素。此外，问卷要设计开放性问题，如您认为还应当提供哪些重要的服务项目？您认为应当去掉哪些冗余的服务项目？

(3)各项分数加总，画价值曲线

将各项目分数进行加总，画出价值曲线，如图 6.5 所示。

(4)评价价值曲线，提高旅客感知的服务质量

通过分析和评价价值曲线，找出三个分数最高的要素和三个分数最低的要素，说明在旅客感知的服务质量中，它们分别是最重要的三个要素和最不重要的三个要素，这样，高速铁路运输企业可以通过淘汰某些要素、创建某些要素以及将某些要素减少或者提升到行业更高水平的组合应用，实现价值曲线的突破，从而提供更加符合旅客期望和要求的服务。

(5)对价值曲线的监控

由于市场竞争的存在，企业通过价值曲线评价方法得到的价值曲线往往会被其他客运

企业效仿，价值曲线的关键要素不是固定不变的。为了使高速铁路运输企业在激烈的竞争中取得并保持优势，就要动态地应用价值曲线测评，也就是对价值曲线进行监控。

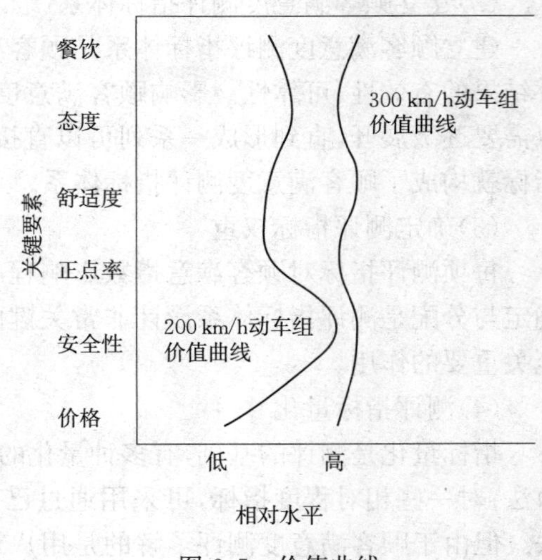

图 6.5 价值曲线

6.2.4 顾客满意度测评

1. 顾客满意度测评简介

顾客满意度测评以顾客为评价主体，通过顾客对服务质量的感知对服务质量进行评价，是一种站在顾客角度实施评价的测评方法，也是目前评价服务质量应用比较广泛的方法之一。自 1965 年 Dardozo 首次将顾客满意度引入营销学后，顾客满意度问题即受到极大重视，学者们从不同研究角度对其内涵进行了阐述。综合起来，对顾客满意度的认识可归纳为以下几类：

(1)特定交易型满意

顾客满意限定于对某种特殊购买行为的后评价，亦即特定交易型满意可以针对某种特定产品或服务交易提供特定诊断信息。顾客满意是在特定环境下，对于使用产品所获得的价值程度的一种即时的情绪性反映。

(2)累积型满意

累积型满意系顾客针对某产品或服务消费的全部经验而累积的整体评价，累积型满意可促进企业对顾客满意加强投资。

(3)认知评价满意

认知评价满意是顾客将实际从产品或服务中所获得的认知表现与事前对产品或服务表现的期望做比较的认知过程评价。此时，期望与经验有直接关系，若产品或服务实际表现超过期望则产生满意，反之则产生不满意。满意仍是购买与使用的结果，源自对于买者的购买报酬与预期结果的比较。

(4)感情性满意

Westbrook(1991 年)认为满意的情感性定义为顾客主观觉得很好而随之产生满意感，反之亦然。Oliver(1981 年)认为满意为顾客对事物的一种暂时的情绪性反应；Woodruff, Cadotte&Jenkins(1983 年)指出满意是一种来自消费经验的情绪性反映，不同于对品牌的情绪。

总体来说，高速铁路客运服务旅客满意度是指旅客通过对客运服务的全面感知结果与其期望或需求相比较后，形成的愉悦或者失望的感觉状态。

2. 顾客满意度测评程序

顾客满意度测评包括以下几个步骤：

(1)确定顾客满意度结构与测量模型

根据顾客在购买及消费服务过程中满意度形成的因果关系，确定顾客满意度测评结构模型。测评结构模型可以在对国内外顾客满意度模型进行分析的基础上设定。

(2)建立顾客满意度测评指标体系

建立顾客满意度测评指标体系是顾客满意度测评的核心部分,在很大程度上决定了测评结果的有效性、可靠性。影响顾客满意度的因素很多,其中很多因素又无法直接测量,所以需要逐级展开,直到形成一系列可以直接测评的指标,这些逐级展开的、可以直接测评的指标就构成了顾客满意度测评指标体系。

(3)确定测评指标权重

每项测评指标对顾客满意指数影响程度不同,所以需要给各项指标赋以权重。权重的确定与分配是测评指标体系设计非常关键的步骤,对能否客观真实地反映顾客满意度起着至关重要的作用。

(4)测评指标量化

指标量化是测评的基础,有多种量化的方法。对可以直接查得数据的指标,采用直接赋值法;对一些相对程度指标,可采用通过已有公式或建立新公式先计算后赋值的间接赋值法。但由于顾客满意度测评了解的是用户对产品、服务或企业的看法、偏好和态度,所以在顾客满意度评价中这两种方法的应用受到限制,这时一般采取专家定性对比分析,即根据某个指标的分布情况,规定若干个等级(如 A、B、C、D 四等)以及相应的得分值,然后根据样本中该指标的实际数值,确定落在哪一个等级,对照后得到指标的评分值。这种方法比较简单,容易理解和操作,而且可以将量纲不同、单位不一致、对总目标作用大小不一、不能直接相加的指标值过渡到可直接相加汇总的指标值。

(5)确定被测评对象

确定要调查的顾客群体,以便有针对性地设计问卷。

(6)问卷设计及调查

设计调查问卷,将已建立的顾客满意度测评指标体系的最后一级指标展开成为问卷上的问题。问卷设计是整个测评工作的关键环节,很大程度上决定了测评结果的准确性和有效性。问卷设计结束之后,就按照抽样方法,进行问卷调查。

(7)生成调查结果

收集调查问卷后统计每个问题的每项回答结果,最后汇总出最后一级指标的评分值,进而计算出顾客满意度。

3. 顾客满意度测评模型

顾客满意度测评模型一般是构建顾客满意度结构模型和顾客满意度测量模型,通常运用结构方程模型进行求解。

(1)顾客满意度结构模型

顾客满意度结构模型描述的是各个结构变量之间的相互影响关系,当两个结构变量之间是一条单向箭头,则代表箭头的变量受箭尾变量的影响;若是一条双箭头线,则代表两个变量相互影响。自 20 世纪 80 年代以来,许多国家相继推出了顾客满意度结构模型,且都可以分为顾客满意度形成的原因、顾客满意度、顾客满意度的结果等三个部分,各国的模型结构只是结合实际情况在变量选择和变量间的关系略有不同。图 6.6 为中国顾客满意度结构模型,图 6.7 为美国构建全国性、跨行业的美国顾客满意度结构模型。图 6.8 为欧洲委员会、欧洲质量组织和欧洲质量管理基金共同资助研究的顾客满意度结构模型。

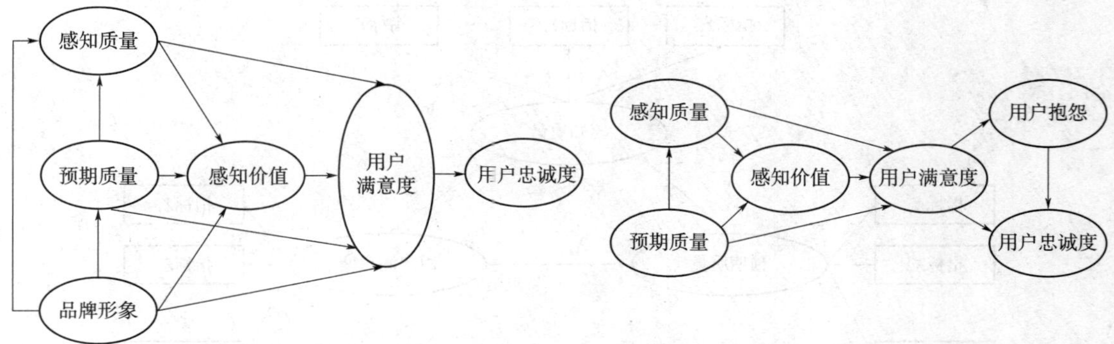

图 6.6 中国顾客满意度结构模型　　图 6.7 美国顾客满意度结构模型

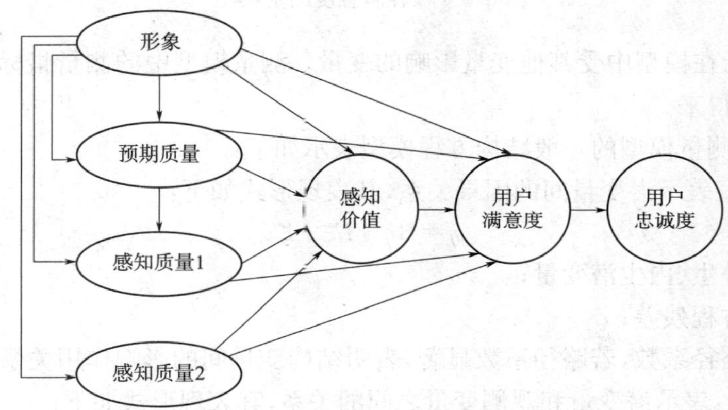

图 6.8 欧洲顾客满意度结构模型

(2)顾客满意度测量模型

顾客满意度结构模型中的变量一般都无法直接进行测量,需要建立顾客满意度测量模型。顾客满意度测量模型是描述结构变量与测量指标之间的对应关系,将无法直接观测的结构变量用多个可测量的指标进行表示,如选取感知质量、预期质量、用户满意度三个结构质量以及各自对应的测量指标,构建顾客满意度测量模型,如图 6.9 所示。

(3)结构方程模型构建及求解

高速铁路客运服务质量满意度测评属于铁路运输背景下的工学与社会学的交叉领域,这类问题的研究目的,并非单纯需要得到表示服务质量水平的结果,更重要的是分析服务质量与其影响因素间的因果关系,和众多影响因素间的关联关系,即需要对顾客满意度测评模型中各结构变量之间、结构变量与测量指标之间的相互关系进行界定,通常使用结构方程模型(structural equation modeling, SEM)来完成。结构方程模型是一种须在经验法则或理论引导下,通过量表收集到的观测变量数据来对潜变量进行标定,间接反映潜变量间的相互关系,进而验证模型中相互作用关系合理性的方法。

①结构方程模型构建。

结构模型中不能直接度量的变量称为潜变量,对应于结构模型中的结构变量。而潜变量分为外生潜变量和内生潜变量,外生潜变量指只影响其他变量而不受任何变量影响的变

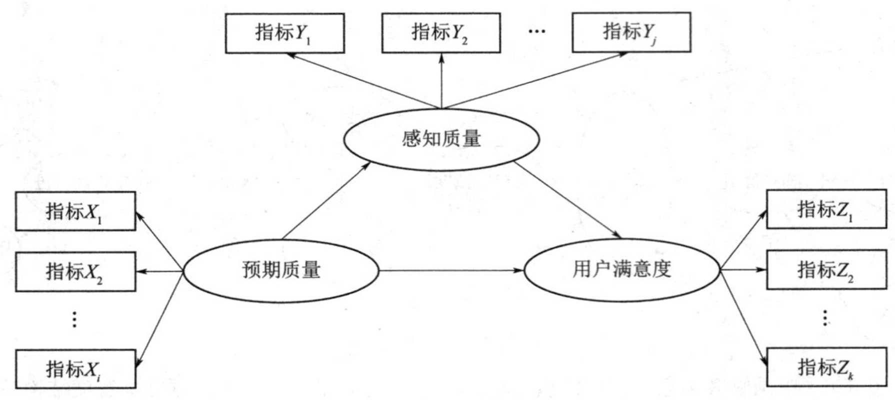

图 6.9　顾客满意度测量模型

量,内生潜变量指在模型中受其他变量影响的变量。测量模型中的测量指标称为观测变量,可直接通过测量得来。

结构模型与测量模型的一般结构方程模型表示如下:

a. 结构模型:表示潜变量间的因果关系,其表现形式如下:

$$\eta=B\eta+\Gamma\xi+\zeta$$

式中　ξ,η——外生、内生潜变量;

ζ——方程残差;

B,Γ——路径系数,若路径系数显著,表明结构变量间的影响作用关系是显著的。

b. 测量模型:表示潜变量和观测变量之间的关系,其表现形式如下:

$$X=\Lambda_x\zeta+\delta$$

$$Y=\Lambda_y\eta+\varepsilon$$

式中　X,Y——外生、内生潜变量对应的观测变量组合;

Λ_x,Λ_y——因素负荷量,外生、内生潜变量与观测变量之间的关系;

δ,ε——测量误差,外生、内生观测变量对潜变量未能解释的部分。

潜变量和观测变量间的具体结构方程表示需根据所建立的顾客满意度测评指标体系确定。

②结构方程模型求解方法。

结构方程建模的求解过程其实就是待估参数的估计过程。需要注意的是结构方程模型的估计过程完全不同于传统方法。它不是追求尽量缩小样本每一项记录的拟合值与观测值之间的差异,而是追求尽量缩小样本的方差协方差值与模型估计的方差协方差值之间的差异。本质上,结构方程模型中的残差不是每个案例的因变量预测值与观测值之间的差异,而是观测的方差协方差与预测的方差协方差之间的差异。

自 20 世纪 80 年代以来,以统计学和计量经济学领域为主的相关学者不断对结构方程模型的求解技术进行改进,目前常用的结构方程模型求解方法主要有两种:一种是基于协方差结构和参数估计的线性结构关系(linear structure relationship,LISREL)方法,另一种是基于主成分分析和多元回归迭代的偏最小二乘法(partial least squares,PLS)方法。

LISEL 方法包括极大似然估计法(maximum likelihood,ML)、非加权最小二乘法(unweight least squares,ULS)、加权最小二乘法(weight least squares,WLS)、广义最小二乘法(generalized least squares, GLS)等。这类方法的核心思想是以样本协方差代替总体协方差然后尽可能缩小样本协方差与含待估参数的模型协方差之间的差距。LISREL 方法假设观测变量的联合分布呈多元正态分布,且要求样本量较大。

PLS 方法源于主成分分析,在对不同潜变量的观测变量子集抽取主成分的基础上,将主成分置入回归系统中,通过不断地迭代来调整主成分的权数,从而达到求解参数的目的。这种方法没有关于数据分布的假设,对样本数量没有要求。

LISREL 和 PLS 两种方法既有相似之处也有不同,在实际使用中需要结合研究问题的具体特点选择适当的方法。因篇幅有限,这里对方法的具体步骤不做详述。目前支持 LISREL 方法的建模和求解软件有 LISEL 和 Amos 等,支持 PLS 的求解软件有 SmartPLS 和 PLS-Gragh 等。

6.2.5 体验式测评法

1. 体验式调查测评简介

体验式调查是一种通过消费者的直接体验,对调查对象提供的服务进行匿名评价的调查方式。体验式调查理论以神秘顾客调查理论为基础,是评价服务质量的一种应用较为广泛的测评方法。高速铁路客运服务体验式调查测评,一般由第三方调查单位组织实施,结合高速铁路运输服务环节、运输生产过程等实际情况,经过系统的选拔和培训,由高速铁路服务体验者以普通旅客的身份实际体验高速铁路客运服务,对高速铁路客运服务质量进行客观、真实评价,并找出服务中存在的不足及其产生的原因,为高速铁路客运服务质量监管、控制、提升等,提供技术性支持。

2. 体验式调查测评特点及应用

体验式调查在具体操作过程上参考了神秘顾客调查方法,在调查目的、过程组织、人员选拔与培训等多方面有相似之处,但体验式调查与神秘顾客调查仍存在一些差别,主要体现在:

(1)体验式调查的出发点是"监管和控制"高速铁路客运服务质量,属于市场监管部门的监管行为而非企业内部的"管理"行为,调查结果与对被调查对象的奖惩无直接联系,所获得的信息更为客观、真实。

(2)体验式调查所覆盖客运服务的范围更广泛。出于"服务监管"目的,体验式调查是对广大旅客所有与出行有关的所有服务内容的整体性调查,而不是仅仅局限于神秘顾客的正常消费行为,"覆盖面"更广,应该涉及不同服务的所有提供方式及渠道等,所获得的结果也更全面,更有参考价值。

(3)基于调查的整体性要求,体验式调查过程及评价指标由本领域专家进行设计,涵盖整个服务过程上的所有内容,体验者也相应由本领域专业人员组成,对行业服务标准等更为熟悉,可以从更理性角度对各服务内容进行评价,而非普通顾客的感性化的直接感受,"专业性"更强。

(4)基于调查的专业性特点,体验式调查对各服务内容的评价可以从舒适性、文明性等符合服务业一般规律的服务特性出发,多维度、多层次地挖掘有用的信息,对企业的具体经营行为的改进更有帮助,也可以对服务质量评价结果的形成原因等因素进行进一步深入分析。

3. 体验式调查测评内容及基本程序

体验式调查是站在市场界面非常灵活的、适宜于服务产品的质量调查方式，一般需要经历以下步骤：

(1)准备阶段。具体工作包括设计体验式调查量表、评价指标、测评模型和计算方法等，设计调查实施方案(调查时间、调查区域、样本要求等)，选拔和培训体验者，制定具体量表填写要求、任务、体验报告撰写要求等。体验式调查对"体验者"的专业素质有一定要求，即对所体验的服务应有基本的专业常识，对相关的服务规范和标准有所了解，在服务体验实施过程中能够客观、全面、公正地感知、记录、描述服务体验过程，并写出服务体验报告。

铁路客运服务质量感知特性划分为可得性、便捷性、舒适性、规范性和文明性五个要素，对高速铁路客运服务体验式调查量表、评价指标、测评模型和计算方法等有直接影响。

(2)实施阶段。以体验式调查为主线、以问卷调查为辅助，对其体验的服务可以适当运用录音、照片等影像资料及通过对现场旅客访谈的方式表述服务的真实过程与质量。高速铁路客运服务体验内容包含高速铁路客运服务全过程，包括：旅客乘车前的服务(票务服务)、乘车过程中的站车服务(基本服务、商业服务、人性化服务)和投诉处理服务(服务过程中和服务完成后)。

(3)数据整理阶段。在认真调查、研究、分析的基础上对数据进行整理、录入及分析得出调查结论，并提出改进措施。

4. 体验式调查测评指标与计算

体验者对铁路客运服务质量的感知与评价可以按照调查量表从其"可得性、便捷性、舒适性、规范性、文明性"五个维度描述。在进行具体数据处理和挖掘中，按照量表中各项问题特点(含主观性、客观性)给予相应的赋值规则，并对其进一步挖掘处理，得到能够综合反映体验者对客运服务质量感知与评价的指标值。综合起来，服务质量体验感知与评价涉及三项指标：

(1)服务质量感知体验值 R

这是服务体验感知与评价的基础数据，也是从体验量表转化为数据表的过程，由此可以从全国总体、分区域、分车站、分列车等角度统计计算所有样本的评价值(均值)。服务质量感知特性值 R 的计算公式如下：

$$R_{i,j}=\sum r_{i,j,k}/m \qquad k=1,2,3,\cdots,m$$

式中 $R_{i,j}$——第 i 服务环节(或内容)在第 j 服务质量感知特性的体验值；

$r_{i,j,k}$——第 k 体验者对第 i 服务环节(或内容)在第 j 服务质量感知特性的体验值，$k=1,2,3,\cdots,m$；

m——体验者样本数量。

(2)服务质量感知特性评价 Q

该项指标是从五项服务质量感知特性的角度评价各服务环节的综合性指标 Q，其计算公式如下：

$$Q_j=\sum R_{i,j}/n \qquad i=1,2,3,\cdots,n;j=1,2,\cdots,5$$

式中 Q_j——具体服务环节中对第 j 服务质量感知特性的评价值，$j=1,2,\cdots,5$；

n——具体服务环节中所包含的服务内容数量，$i=1,2,3,\cdots,n$。

(3)服务质量感知认可度 P

服务质量“感知认可度”是来自服务品牌营销管理理论的概念，也是客运服务质量体验调查与评价中最重要的指标。其基本含义是体验者对客运服务质量从五项感知特性角度的综合评价，这项指标的高低一方面反映旅客对铁路客运服务质量的实际体验与感知，另一方面表明旅客对铁路客运服务的“认可与忠诚”。系统分析该项指标，站在企业和旅客的“市场界面”，实际感知客运服务过程，客观评价服务质量具有实际意义。计算思路，以各服务环节、各项服务内容、各项服务体验质量指标，分整体、区域、车站、产品等为计算主体，服务感知认可度 P 的计算公式如下：

$$P_i=\sum K_j \cdot R_{i,j} \qquad i=1,2,3,\cdots,n$$

式中 P_i——第 i 服务环节或内容的服务质量感知认可度；

K_j——第 j 项感知特性的权重。

另外，对于服务质量体验感知评价域赋值及感知特性权重，可采用如下方法。在具体操作过程中可以按照问题及评价目标适当修正。

(1)服务质量体验感知评价域赋值

根据服务质量感知评价理论及五级评价的特点，对各项指标的评价定义为“很好、好、一般、差、很差”，其对应关系见表 6.4。

表 6.4 服务质量体验感知评价对应关系

感知体验值 R	[100,90]	(90,75]	(75,60]	(60,30]	(30,0]
感知体验评价	很好	好	一般	差	很差

(2)服务质量感知特性权重

服务质量感知特性赋值可采用专家打分法获得。需要说明的是，由于各项服务内容所涉及的服务质量感知特性有差异，如购票服务环节涉及可得性、便捷性、舒适性、规范性和文明性五项。取票和退票服务涉及便捷性、舒适性、规范性和文明性四项，车站安检服务只涉及便捷性、规范性和文明性三项。那么对不同服务内容的服务质量感知特性权重确定的基本原则为：$\sum K_n=1$，对于缺少的服务质量感知特性的权重之和按照比例分配给其他特性(剩余)权重。

6.3 高速铁路客运服务质量测评案例

本书应用 SERVQAL 测评和满意度测评方法，结合实践案例分析以旅客为主体的高速铁路客运服务质量测评的重要性。

6.3.1 客运服务质量属性 SERVQUAL 测评案例

为了解我国高速铁路客运票务服务的旅客感知体验现状，某高速铁路运输企业基于 SERVQUAL 测评方法，构建测评指标体系，以问卷调查的方式开展了面向旅客的高速铁路客运票务服务感知质量测评工作。测评过程如下：

1. 设计测评量表

测评选取可靠性、响应性、保证性、移情性、有形性五个质量要素来开展测评。各质量要素含义如下:

(1)可靠性,指企业执行所承诺服务的能力,重点要求站车避免出现服务差错,如降低售票差错、行李差错、运输服务差错(旅客上错列车)等措施。实际评价过程中,可靠性更多是旅客对铁路运输服务的综合评价,包括高速铁路运输企业提供运输服务前的基础工作。

(2)响应性,指帮助旅客及提供便捷服务的自发性,包括满足旅客要求的能力,迅速解决服务失败的能力等。响应性包括两个方面含义:一是高速铁路运输企业主动为旅客提供更好的服务,满足旅客的基本需求;二是高速铁路运输企业在旅客享受运输服务的过程中出现的临时性问题给予帮助。

(3)保证性,指员工的知识和谦恭态度以及使旅客信任的能力,包括工作人员的业务素质、服务态度和专业程度能否使旅客信任及设施设备基础功能的完整性能否保证旅客完成当次出行。对铁路来说重点是安全性,包括良好的安全记录、胜任的一线服务人员、与旅客有效的沟通等。

(4)移情性,是给予旅客关心和个性化的服务,包括理解旅客的特殊需要。具体体现在高速铁路运输企业及工作人员给予的特殊服务和人文关怀使旅客在出行过程中得到情感上的满足。

(5)有形性,包括有形的设施设备、人员和网络服务的直观表达等,如高速铁路客运站的服务设施、各类柜台、人员着装、线上售票界面等。

在明确每一质量要素具体含义后,结合票务服务环节的特点,针对每个质量要素选取具体的测评指标,见表 6.5。

表 6.5 高速铁路客运票务服务感知质量 SERVQUAL 指标量表

质量要素	指　标
可靠性	1. 铁路票价的稳定性 X_1 2. 票务信息的透明性 X_2
响应性	3. 线上购票操作的方便性 X_3 4. 自动售取票机操作的方便性 X_4 5. 选座功能及操作的方便性 X_5 6. 支付方式的丰富、方便性 X_6 7. 取票的方便程度 X_7 8. 退票的方便程度 X_8 9. 改签的方便程度 X_9 10. 补票的方便程度 X_{10}
保证性	11. 售票信息的全面、准确性 X_{11} 12. 线上购票个人信息的安全性 X_{12} 13. 工作人员的服务态度及技能 X_{13} 14. 自动售取票机功能的全面性 X_{14} 15. 柜台购票时的准确率 X_{15} 16. 电子客票出行的综合感受 X_{16}

续上表

质量要素	指　标
移情性	17. 网约车、酒店、休息厅接送等服务 X_{17} 18. 常旅客积分兑换服务 X_{18} 19. 重点旅客窗口服务 X_{19}
有形性	20. 售票信息的清晰程度 X_{20} 21. 线上购票界面的满意程度 X_{21} 22. 工作人员的着装规范及整洁程度 X_{22} 23. 自动售取票机界面的友好程度 X_{23} 24. 选座界面的直观简洁程度 X_{24} 25. 支付界面的直观简洁程度 X_{25} 26. 票务服务的整体环境 X_{26}

2. 开展线上问卷调查

线上问卷调查的内容包括高速铁路客运票务服务感知质量的 5 个要素与之相关的 26 个关键点，每个关键点按期望值和体验值分两次请旅客打分。旅客按照自身情况对每个问题打分，不同于规范的 SERVQUAL 量表，为了便于旅客更为直观评价，本次评价结果量表设计为“很好、好、一般、差、很差”，对应 SERVQUAL 量表“5、4、3、2、1”，评价逐次递减。问卷调查量表设计见表 6.6。

表 6.6　高速铁路客运票务服务感知质量调查量表

调查项目	评价等级				
1. 铁路票价的稳定性	很好	好	一般	差	很差
2. 票务信息的透明性	很好	好	一般	差	很差
3. 线上购票操作的方便性	很好	好	一般	差	很差
4. 自动售取票机操作的方便性	很好	好	一般	差	很差
5. 选座功能及操作的方便性	很好	好	一般	差	很差
6. 支付方式的丰富、方便性	很好	好	一般	差	很差
7. 取票的方便程度	很好	好	一般	差	很差
8. 退票的方便程度	很好	好	一般	差	很差
9. 改签的方便程度	很好	好	一般	差	很差
10. 补票的方便程度	很好	好	一般	差	很差
11. 售票信息的全面性、准确性	很好	好	一般	差	很差
12. 线上购票个人信息的安全性	很好	好	一般	差	很差
13. 工作人员的服务态度及技能	很好	好	一般	差	很差
14. 自动售取票机功能的全面性	很好	好	一般	差	很差
15. 柜台购票时的准确率	很好	好	一般	差	很差
16. 电子客票出行的综合感受	很好	好	一般	差	很差
17. 网约车、酒店、休息厅接送等服务	很好	好	一般	差	很差
18. 常旅客积分兑换服务	很好	好	一般	差	很差
19. 重点旅客窗口服务	很好	好	一般	差	很差

续上表

调查项目	评价等级				
20. 售票信息的清晰程度	很好	好	一般	差	很差
21. 线上购票界面的满意程度	很好	好	一般	差	很差
22. 工作人员的着装规范及整洁程度	很好	好	一般	差	很差
23. 自动售取票机界面的友好程度	很好	好	一般	差	很差
24. 选座界面的直观简洁程度	很好	好	一般	差	很差
25. 支付界面的直观简洁程度	很好	好	一般	差	很差
26. 票务服务的整体环境	很好	好	一般	差	很差

3. 计算 SERVQUAL 分数

首先,通过旅客调查及行业内专家意见,综合确定上述高速铁路客运票务服务质量五个要素的各自权重,即可靠性 $\omega_1=0.35$,响应性 $\omega_2=0.25$,保证性 $\omega_3=0.15$,移情性 $\omega_4=0.15$,有形性 $\omega_5=0.1$。根据公式 $SQ=\sum_{j=1}^{5}\omega_j\sum_{i=1}^{n}(P_i-E_i)$,计算旅客对该客运服务质量感知的总评分值,然后将它除以回答问卷的旅客数目,就得到单个旅客对高速铁路客运票务服务的 SERVQUAL 分数。本次调查一共回收有效问卷 500 份,计算结果见表 6.7。

表 6.7 某次高速铁路客运票务服务质量 SERVQUAL 计算结果

质量要素 ω_j	项目指标(X_i)	期望值 $\sum_{i=1}^{500}E_i$	体验值 $\sum_{i=1}^{500}P_i$	$\sum_{i=1}^{500}(P_i-E_i)$	$\omega_j\sum_{i=1}^{n}(P_i-E_i)$
可靠性(0.35)	1. 铁路票价的稳定性 X_1	2 065	2 160	95	73.5
	2. 票务信息的透明性 X_2	2 010	2 125	115	
	合计	—	—	210	—
响应性(0.25)	3. 线上购票操作的方便性 X_3	2 130	2 280	150	−10
	4. 自动售取票机操作的方便性 X_4	1 920	1 985	65	
	5. 选座功能及操作的方便性 X_5	2 065	1 885	−180	
	6. 支付方式的丰富、方便性 X_6	2 060	2 130	70	
	7. 取票的方便程度 X_7	1 905	2 105	200	
	8. 退票的方便程度 X_8	2 200	2 115	−85	
	9. 改签的方便程度 X_9	2 335	2 060	−275	
	10. 补票的方便程度 X_{10}	2 100	2 115	15	
	合计	—	—	−40	—
保证性(0.15)	11. 售票信息的全面、准确性 X_{11}	1 660	1 800	140	34.5
	12. 线上购票个人信息的安全性 X_{12}	2 100	2 160	60	
	13. 工作人员的服务态度及技能 X_{13}	1 625	1 685	60	
	14. 自动售取票机功能的全面性 X_{14}	2 100	2 150	50	
	15. 柜台购票时的准确率 X_{15}	2 315	2 355	40	
	16. 电子客票出行的综合感受 X_{16}	2 280	2 160	−120	
	合计	—	—	230	—

续上表

质量要素 ω_j	项目指标(X_i)	期望值 $\sum_{i=1}^{500}E_i$	体验值 $\sum_{i=1}^{500}P_i$	$\sum_{i=1}^{500}(P_i-E_i)$	$\omega_j\sum_{i=1}^{n}(P_i-E_i)$
移情性(0.15)	17. 网约车、酒店、休息厅接送等服务 X_{17}	2 160	2 105	−55	94.5
	18. 常旅客积分兑换服务 X_{18}	1 655	2 080	425	
	19. 重点旅客窗口服务 X_{19}	2 065	2 325	260	
	合计	—	—	630	—
有形性(0.1)	20. 售票信息的清晰程度 X_{20}	1 660	1 800	40	63.5
	21. 线上购票界面的满意程度 X_{21}	1 860	2 135	275	
	22. 工作人员的着装规范及整洁程度 X_{22}	1 930	1 960	30	
	23. 自动售取票机界面的友好程度 X_{23}	2 255	2 060	−195	
	24. 选座界面的直观简洁程度 X_{24}	2 065	1 960	−105	
	25. 支付界面的直观简洁程度 X_{25}	1 560	2 015	455	
	26. 票务服务的整体环境 X_{26}	2 065	2 100	35	
	合计	—	—	635	—

最终求得该次高速铁路客运服务质量测评的整体服务质量为 0.512。

4. 结果分析

从计算结果可以得出以下结论：

(1)除了响应性要素的感知质量为负数外，其余服务质量要素的感知质量都为正数。总体而言，本次测评的感知质量分数为正数，这说明该高速铁路运输企业提供的票务服务基本上达到了旅客的期望。

(2)在本次测评中，从绝对值看，旅客对可靠性和移情性的感知质量较高，实际感受远高于期望质量。从可靠性来讲，旅客对铁路票价稳定性、票务信息的透明度感知体验较高。从移情性来讲，旅客对于常旅客积分兑换服务、重点旅客窗口服务的感知体验较高。

(3)旅客对响应性的质量感知最低，其中对在线选座、退改签服务的实际感知要明显低于期望，这说明该高速铁路运输企业在这几项服务中有待进一步提升。

6.3.2 旅客满意度测评案例

某铁路局集团公司为提高管内(铁路局集团公司管辖范围内)旅客站车服务质量满意度，优化客运服务软硬件和人员水平的决策方案提供支持，委托第三方，以顾客满意度测评方法为基础，构建了铁路旅客列车服务满意度测评结构与测量模型，采取问卷调查的方式获取评测指标数据，对其管辖内的列车进行旅客满意度抽样调查，具体测评(仅以满意度测评部分为例)过程如下：

1. 构建旅客列车满意度结构模型

根据旅客在购买及消费铁路客运服务过程中满意度形成的因果关系，确定本次列车服务满意度测评结构模型的变量为旅客满意、服务质量、实物质量和抱怨处理，四个结构变量并非独立存在,相互之间存在着一定的因果关系和相关关系,其中抱怨处理、服务质量仅对旅客满意有着一定的影响,而实物质量既对旅客满意有直接影响,又对服务质量有一定影响,结构模型如图 6.10 所示。

图 6.10　旅客列车满意度结构

其中,各结构变量具体代表含义如下:

(1)旅客满意,即旅客满意度,是旅客在接受服务时,对列车提供的各项服务的综合性评价,与旅客的期望和感知有关。

(2)服务质量,即旅客在接受服务时对列车提供的、以工作人员的服务为主的服务质量的感受。

(3)实物质量,即旅客在接受服务时对列车提供的、以硬件设施设备为主的实物质量的感受。

(4)抱怨处理,即旅客在接受服务时(或之后)对列车提供的、针对旅客抱怨或投诉的处理和服务的感受。

2. 构建旅客列车满意度测量模型

在建立旅客满意度测评指标体系之前,首先要确定旅客满意度测量模型,以便更好把握结构变量与测量指标之间的对应关系。根据各个结构变量的具体含义,确定各结构变量的测量指标,构建旅客满意度测量模型,如图 6.11 所示。

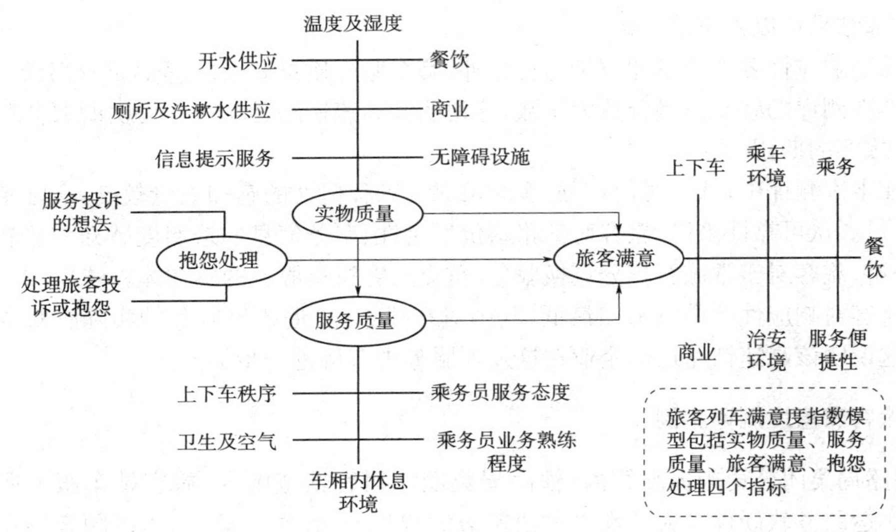

图 6.11　旅客列车满意度测量模型

3. 构建旅客满意度测评指标体系及结构方程

(1)构建测评指标体系。

根据所建立的旅客满意度测量模型,结合列车运输服务环节特点,梳理出列车服务各结构变量与各测量指标之间的对应关系见表 6.8。

表 6.8 列车服务结构变量与测量指标之间的对应关系

<table>
<tr><td colspan="2" rowspan="7">实物质量</td><td>温度及湿度x_1</td></tr>
<tr><td>开水供应x_2</td></tr>
<tr><td>厕所及洗漱水供应x_3</td></tr>
<tr><td>信息提示服务x_4</td></tr>
<tr><td>餐饮x_5</td></tr>
<tr><td>商业x_6</td></tr>
<tr><td>无障碍设施x_7</td></tr>
<tr><td rowspan="5">服务质量</td><td>上下车服务</td><td>上下车秩序y_{11}</td></tr>
<tr><td rowspan="2">乘车环境</td><td>卫生及空气y_{21}</td></tr>
<tr><td>车厢内休息环境y_{31}</td></tr>
<tr><td rowspan="2">乘车服务</td><td>乘务员服务态度y_{41}</td></tr>
<tr><td>乘务员业务熟练程度y_{51}</td></tr>
<tr><td colspan="2" rowspan="7">旅客满意</td><td>上下车y_{12}</td></tr>
<tr><td>乘车环境y_{22}</td></tr>
<tr><td>乘务y_{32}</td></tr>
<tr><td>餐饮y_{42}</td></tr>
<tr><td>商业y_{52}</td></tr>
<tr><td>治安环境y_{62}</td></tr>
<tr><td>服务便捷性y_{72}</td></tr>
<tr><td colspan="2" rowspan="2">抱怨处理</td><td>服务投诉的想法x_8</td></tr>
<tr><td>处理旅客投诉或抱怨x_9</td></tr>
</table>

(2)构建结构方程模型。

在旅客满意度测评中,通常使用结构方程模型来描述结构变量与测量指标之间的影响关系。基于列车服务结构变量与测量指标之间的对应关系,确定本次旅客满意度测评的结构方程模型为

$$\begin{bmatrix}\eta_1\\\eta_2\end{bmatrix}=\begin{bmatrix}0&0\\\beta_{21}&0\end{bmatrix}\begin{bmatrix}\eta_1\\\eta_2\end{bmatrix}+\begin{bmatrix}\gamma_{11}&0\\\gamma_{21}&\gamma_{22}\end{bmatrix}\begin{bmatrix}\varepsilon_1\\\varepsilon_2\end{bmatrix}+\begin{bmatrix}\zeta_1\\\zeta_2\end{bmatrix}$$

式中,η_1 代表服务质量,η_2 代表旅客满意,ε_1 代表实物质量,ε_2 代表抱怨处理,而 β_{21},γ_{11},γ_{21},γ_{22} 为模型中各因素之间的路径系数,ζ_1,ζ_2 为残差项。

列车服务调查项目与主要结构变量的关系为

$$\begin{bmatrix}x_1\\x_2\\\vdots\\x_7\\x_8\\x_9\end{bmatrix}=\begin{bmatrix}\lambda_1&0\\\lambda_2&0\\\vdots&\vdots\\\lambda_7&0\\0&\lambda_8\\0&\lambda_9\end{bmatrix}\begin{bmatrix}\varepsilon_1\\\varepsilon_2\end{bmatrix}+\begin{bmatrix}\delta_1\\\delta_2\\\vdots\\\delta_7\\\delta_8\\\delta_9\end{bmatrix}$$

式中,$x_1,\cdots,x_7$ 为实物质量 ε_1 的 7 个显变量,x_8,x_9 为抱怨处理 ε_2 的 2 个显变量,分

别对应于表 6.8 中实物质量与抱怨处理中的具体影响因素，而 $\lambda_1,\cdots,\lambda_7$ 为 ε_1 与对应显变量的相关系数，λ_8,λ_9 为 ε_2 与对应显变量的相关系数。

$$\begin{bmatrix} y_{11} \\ y_{21} \\ \vdots \\ y_{51} \\ y_{12} \\ y_{22} \\ \vdots \\ y_{72} \end{bmatrix} = \begin{bmatrix} \lambda_{11} & 0 \\ \lambda_{21} & 0 \\ \vdots & \vdots \\ \lambda_{51} & 0 \\ 0 & \lambda_{12} \\ 0 & \lambda_{22} \\ \vdots & \vdots \\ 0 & \lambda_{72} \end{bmatrix} \begin{bmatrix} \eta_1 \\ \eta_2 \end{bmatrix} + \begin{bmatrix} \varepsilon_{11} \\ \varepsilon_{21} \\ \vdots \\ \varepsilon_{51} \\ \varepsilon_{12} \\ \varepsilon_{22} \\ \vdots \\ \varepsilon_{72} \end{bmatrix}$$

式中，$y_{11},\cdots,y_{51}$ 为服务质量 η_1 的 5 个显变量，$y_{12},\cdots,y_{72}$ 为旅客满意 η_2 的 7 个显变量，λ_{ij} 为 η_j 与 y_{ij} 之间的相关系数。

4. 设计测评量表

测评量表是旅客满意度测评的重要内容，量表的设计要考虑各结构变量与各测量指标之间的对应关系。结合表 6.8 关系示意，将列车运输服务过程分为 21 个服务测评关键点，针对具体关键点分别设计相关的问题，最终设计的列车旅客满意度调查量表见表 6.9。

5. 旅客满意度调查数据处理

(1)数据处理基本规则。

旅客满意度问卷调查等级为 5 级量表，分别为很满意、满意、一般、不满意、很不满意。满意度最高得分为 100 分，其具体评价标准见表 6.10。

表 6.9 列车旅客满意度调查量表

一、您对该列车上下车服务各方面的评价：	
1. 上下车列车秩序评价	□很满意 □满意 □一般 □不满意 □很不满意
2. 上下车服务整体评价	□很满意 □满意 □一般 □不满意 □很不满意
二、您对该列车乘车环境各方面的评价：	
1. 列车上卫生、空气状况评价	□很满意 □满意 □一般 □不满意 □很不满意
2. 列车上温度、湿度状况评价	□很满意 □满意 □一般 □不满意 □很不满意
3. 车厢内安静程度和休息条件评价	□很满意 □满意 □一般 □不满意 □很不满意
4. 列车上餐饮、购物条件评价	□很满意 □满意 □一般 □不满意 □很不满意
5. 乘车环境整体评价	□很满意 □满意 □一般 □不满意 □很不满意
三、您对该列车乘车服务各方面的评价：	
1. 乘务员服务态度评价	□很满意 □满意 □一般 □不满意 □很不满意
2. 乘务员业务熟练程度评价	□很满意 □满意 □一般 □不满意 □很不满意
3. 列车上开水供应评价	□很满意 □满意 □一般 □不满意 □很不满意 □未体验过
4. 厕所和洗漱用水供应评价	□很满意 □满意 □一般 □不满意 □很不满意 □未体验过
5. 列车上各类服务提示评价	□很满意 □满意 □一般 □不满意 □很不满意
6. 乘车服务整体评价	□很满意 □满意 □一般 □不满意 □很不满意
四、您对该列车餐饮及商业各方面的评价：	
1. 餐饮服务评价	□很满意 □满意 □一般 □不满意 □很不满意 □未体验过

续上表

2. 商业服务(刊物、零售等)整体评价	□很满意 □满意 □一般 □不满意 □很不满意 □未体验过
五、您对该列车服务整体各方面的评价:	
1. 治安环境状况评价	□很满意 □满意 □一般 □不满意 □很不满意
2. 无障碍服务设施评价	□很满意 □满意 □一般 □不满意 □很不满意
3. 各项服务便捷性评价	□很满意 □满意 □一般 □不满意 □很不满意
4. 列车整体服务评价	□很满意 □满意 □一般 □不满意 □很不满意
六、您对该列车投诉处理方面的评价:	
1. 您对该车服务投诉的想法是否强烈?	□没感觉 □不强烈 □一般 □强烈□很强烈
2. 您对该车处理旅客投诉和抱怨的评价	□很满意 □满意 □一般 □不满意 □很不满意

表 6.10 旅客满意度调查评价标准

指标得分	$90<X\leqslant100$	$70<X\leqslant90$	$50<X\leqslant70$	$30<X\leqslant50$	$X\leqslant30$
评价等级	很满意	满意	一般	不满意	很不满意

对于具体结构变量的分析说明,采用路径系数及相关系数的概念。路径系数是满意度测评模型中描述各结构变量间的关联影响因子,路径系数为正,表明箭尾质量指标对箭头质量指标有正向影响,反之有负向影响。路径系数越大表明该两项指标间影响程度越大,具体对应关系见表 6.11。

表 6.11 路径系数对应关系表

路径系数	$X\geqslant1$	$0.6<X\leqslant1$	$0.2<X\leqslant0.6$	$0<X\leqslant0.2$
关联度	重大影响	较大影响	一定影响	影响较小

相关系数是满意度测评模型中各服务环节与旅客满意、各调查项目与相关结构变量间的相关性指标,相关系数越接近 1 说明二者的相关性越大,即该服务环节(调查项目)质量评价提升对整体满意度改进贡献越大,也是改进对满意度提升最敏感的内容,需重点关注。那么划分各调查项目对质量指标、各服务环节对旅客满意的相关程度标准见表 6.12。

表 6.12 相关系数对应关系表

相关系数	$0.75\leqslant X\leqslant1$	$0.5\leqslant X<0.75$	$0\leqslant X<0.5$
评价等级	影响较大	影响一般	影响较小

(2)数据处理过程。

基于本次旅客满意度调查的数据结果,通过运用提出的结构变量与测量指标的结构方程对相关指标进行计算,借助相关软件对各结构变量之间的路径系数,以及对具体测量指标与结构变量之间的相关系数进行标定,计算得出旅客满意度指数,并进一步计算按一定要求确定的分类指数,由此得出铁路列车运输服务旅客满意度测评结果。

6. 旅客满意度测评结论分析

(1)总体结果分析。

如表 6.13 所示,列车服务旅客满意度得分为 72.27 分,实物质量为 71.29 分,服务质量为 73.52 分,抱怨处理为 74.53 分,评价水平为满意;但各项结构变量的评价值均处于满意的下限区域,说明各方面都有待维持并继续加强。

表 6.13　测评服务关键点结果统计表

质量因素	质量因素分值	环节及调查项目	分值	相关系数
满意度	72.27	治安环境	77.24	0.729
		乘务	75.85	0.805
		上下车	74.27	0.706
		乘车环境	73.85	0.766
		服务便捷性	72.78	0.783
		商业	64.74	0.577
		餐饮	60.46	0.548
实物质量	71.29	开水供应	77.46	0.605
		温度及湿度	74.90	0.715
		无障碍设施	73.99	0.761
		信息提示服务	73.63	0.765
		厕所及洗漱水供应	71.57	0.694
		商业	64.74	0.596
		餐饮	60.46	0.570
服务质量	73.52	乘务员业务熟练程度	77.54	0.779
		乘务员服务态度	77.14	0.797
		上下车秩序	72.54	0.659
		卫生及空气	72.43	0.761
		车厢内休息环境	68.91	0.716
报怨处理	74.53	服务投诉的想法	73.53	0.128
		处理旅客投诉或抱怨	75.21	0.163

如图 6.12 所示,从各项结构变量的关联性(路径系数)来看,实物质量对旅客满意有重大影响(路径系数大于 1),实物质量对服务质量的影响程度接近 1,说明提升实物质量对提高旅客满意与服务质量作用巨大;由此实物质量对服务质量与旅客满意之间的路径系数造成干扰,出现负影响(路径系数为负),说明旅客将对实物质量抱怨的负面情绪转嫁给服务质量并造成满意度的进一步恶化,说明提高列车整体硬件水平对提高列车满意度有很好的积极作用。

(2)服务关键点结果分析。

如表 6.13 所示,从满意度调查项目来看,商业服务、餐饮服务、服务便捷性、乘车环境四个环节得分较低,需加以改进,且这四个环节中,服务便捷性的相关系数最大,应重点关注。

从实物质量调查项目来看,信息提示服务、厕所及洗漱水供应、商业服务和餐饮服务四个环节得分较低,需加以改进,其中信息提示服务环节相关系数最大,应重点关注。

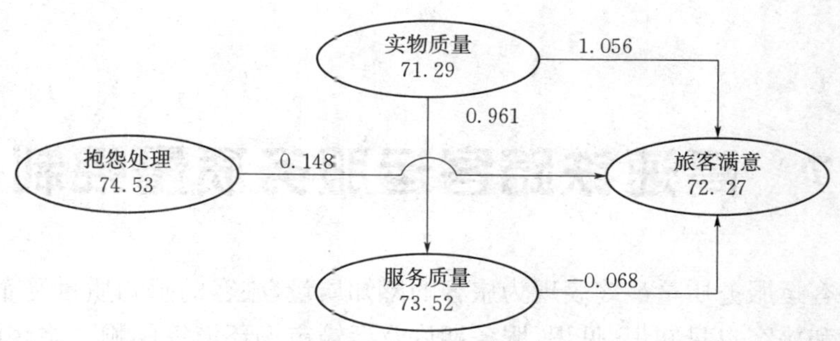

图 6.12 测评质量指标结果

从服务质量调查项目来看，卫生及空气、车厢内休息环境两个环节得分较低，需加以改进。乘务员业务熟练程度和服务态度得分最高，且与服务质量的相关系数最大，说明旅客十分看重服务人员的工作水平和态度。抱怨处理与服务质量的相关系数低，说明我国高速铁路客运服务水平与旅客的期望值接近。

7. 服务改进建议

(1)不论列车总体，还是分等级、客运段，服务环节和实物质量调查项目中，商业和餐饮服务得分较低，且与满意度相关性较小，需重点关注和改进，在提高其供应品类、合理定价、规范管理以外，还要提高其服务质量，培养旅客的忠诚度。

(2)各类列车服务的便捷性得分均较低，且与满意度的相关性最大，科学、精心的服务设计须通过完美的服务过程展现给旅客，在此方面需要重点关注，加强宣传的同时，在减少环节、提高服务效率上下功夫。

(3)车厢内休息环境、厕所及洗漱水供应是得分相对较低的项目，说明旅客十分看重旅行中基本的服务需求，需重点关注并加以改进。

(4)列车服务调查项目中，乘务员业务熟练程度和服务态度、列车温度、湿度和开水供应等基本服务和体现人性化服务和关怀的项目得分均较高，得到旅客广泛认可，可进一步关注消费引导和人文关怀服务。

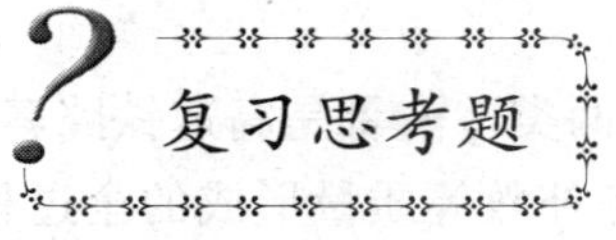

1. 简述高速铁路客运服务质量测评的类型及特点。

2. 高速铁路客运服务旅客感知质量测评方法有哪几种?

3. 如何理解高速铁路客运服务质量测评？其在服务质量管理中的作用如何?

4. 如何理解以旅客为主体的高速铁路客运服务质量测评的重要性?

5. 练习运用不同服务质量测评方法，构建测评模型、标定相关参数、采集并处理基础数据，对高速铁路客运服务进行综合性、分环节、分角度的质量测评。

7 高速铁路客运服务质量控制

高速铁路客运服务质量最终表现为旅客的感知质量，旅客的感知质量受企业服务推广、营销宣传影响和旅客自身知识、见识、服务期许及运输市场环境等影响。旅客的感知质量直接影响到旅客对高速铁路运输企业形象的认知，进而影响旅客满意度和忠诚度，并决定企业的市场竞争力。因此，控制高速铁路客运服务质量不仅对运输企业经营十分重要，而且对运输市场的规范和健康发展也有现实意义。本章对高速铁路客运服务质量控制的主体及特点、控制原理、程序及服务补救等理论进行重点介绍，深入介绍高速铁路客运服务质量企业内部控制和外部监管理论。

7.1 高速铁路客运服务质量控制概述

服务质量控制是服务质量管理的重要一环，了解质量控制概念、控制主体、控制原理等对具体实施高速铁路客运服务质量控制具有指导意义。

7.1.1 高速铁路客运服务质量控制概念

控制是为克服系统的不确定性，所采取的一系列调节性活动和过程。服务质量控制是对服务质量标准具体实施过程采取的管理活动，用以保证提供的服务能满足旅客的要求。为了消除客运服务质量体系的不稳定性，达到预期的质量目标，服务企业必须实施恰当的服务质量控制手段和措施。服务质量控制是企业的主动行为，以服务质量标准为控制依据。由于客运服务的过程性特点，其质量控制必须对服务全过程实施有效管理与控制。

7.1.2 高速铁路客运服务质量控制主体及特点

高速铁路客运服务质量实施控制的主体有企业内部和外部两类。前者是高速铁路客运服务供应商，其控制范围涉及服务的设计、提供、分析优化和服务补救等质量形成的全过程；后者是对服务质量形成条件、过程或效果的监控者，主要包括政府监管部门、社会大众、媒体等。

1. 企业内部主体

高速铁路客运服务质量企业内部主体包括参与客运服务提供具体内容的所有供应商。其中铁路运输企业负有对质量保证的直接法律责任，其他服务供应商负责相关服务环节或内容的质量控制责任。

(1)铁路运输企业

铁路运输企业是运输服务供应商的核心，所经营的服务为旅客“位移”的核心服务的全

过程，也是与旅客形成合同关系的铁路运输企业，包括各铁路局集团公司、合资铁路公司、地方铁路公司等。

随着我国铁路投融资改革，合资铁路公司得到大力发展，如京津城际铁路有限责任公司、京沪高速线路股份有限公司、郑西铁路客运专线有限公司等。铁道部于 2011 年出台的《关于新建合资铁路委托运输管理的指导意见》指出，2003 年以后建设的合资铁路实施委托铁路局集团公司运输管理（委托运输管理）。委托运输管理的主要内容包括运输组织管理、运输设施管理、运输移动设备管理、运输安全管理、运输收入管理、铁路用地管理等。近几年，逐渐引入民营资本，合资铁路公司显现多元化发展，如杭绍台城际铁路是我国首条民营资本控股的高铁 PPP 项目。

地方铁路公司是由地方人民政府管理的铁路公司，如广东地方铁路有限责任公司、山西地方铁路集团有限公司等。地方铁路公司经营管理基本为自营，但与国铁接轨运输。

（2）其他服务供应商

其他服务供应商主要涉及在旅客运输过程中为高速铁路旅客提供非运输产品的企业，包括餐饮、保洁、客票代售、设施设备供应等企业。这些供应商提供或参与了运输服务过程中的一些专业性服务。铁路运输企业要求供应商应满足相关质量标准，同时对于服务过程中所发生的质量问题制定相应的预案，并采取有效措施和手段。

2. 企业外部主体

外部主体通过相关法律法规或社会舆论等对服务提供商的经营行为、客户的消费行为等实施监管、评价、询证等，达到控制服务质量和规范服务消费市场的目的。

（1）相关政府部门

政府部门是对铁路旅客运输行业、市场经营活动行使监督管理职责的部门的统称，其基本职责是维护市场秩序、督促经营者和供应商合法经营和保护消费者。如《国务院机构改革和职能转变方案》指出，将原铁道部拟订铁路发展规划和政策的行政职责划入交通运输部。交通运输部统筹规划铁路、公路、水路、民航发展，加快推进综合交通运输体系建设，从综合交通层面实施对综合交通网络规划、衔接，联合运输互联互通等的规范及监管。国家铁路局作为铁路行业建设、运营的安全及质量监管的唯一综合性的专业性政府监管部门，负责拟定铁路技术标准，监督管理铁路安全生产、运输服务质量和铁路工程质量。

其他政府机关按照各自职责分工共同参与对铁路行业监管。例如，2016 年 1 月 1 日起，高速铁路运输企业可按照《中华人民共和国价格法》《中华人民共和国铁路法》《中央定价目录》等国家法律法规规定自主制定高速铁路旅客票价，政府价格主管部门依法对价格活动进行监督检查。再如，《中华人民共和国铁路法》明确指出："铁路公安机关和地方公安机关分工负责共同维护铁路治安秩序。"高速铁路客运车站和列车内的治安秩序，由铁路公安机关负责维护。高速铁路沿线的治安秩序，由地方公安机关和铁路公安机关共同负责维护，以地方公安机关为主。财政部代表国务院履行对国铁集团的出资人职责。高速铁路客运服务的基础高速铁路线路建设部分出资由财政部负责拨付，故对资金使用情况负监管责任。

（2）社会组织、公众、媒体

社会组织是公共关系的主体，它是人们为了有效地达到特定目标按照一定的宗旨、制度、系统建立起来的共同活动集体，如我国各级消费者协会主要通过调查的方式来监督高速铁路客运服务质量。社会公众主要包括旅客或其他个人,主要通过网络留言、来信、来电、来访以及在旅客意见簿上留言等发表对高速铁路客运服务质量的评价。社会媒体主要包括电视、广播、报纸、杂志、网络等,对铁路运输企业服务起舆论监督的作用,通常是根据发生的质量问题采访、旅客投诉、媒体曝光等方式来对企业服务进行评价,督促政府对企业实行一定的处罚或提示,提醒旅客合法保护自己权益的同时,也提醒企业寻找高速铁路客运服务存在的质量问题,以便提出改进措施,从而实现质量控制。

7.1.3 高速铁路客运服务质量控制的条件和程序

服务质量控制是减小旅客感知与期望差异的过程,其目标的实施要具备以下基本条件:①制定质量控制所需要的各种标准,包括服务标准、作业标准、设备配置标准等。这些标准是判断是否处于稳定状态的依据。②建立一套灵敏的信息反馈系统,实时把握高速铁路客运服务生产过程的各个程序实际执行结果及可能的发展趋势。③制定具有纠正服务质量及标准偏差的措施。没有纠正措施,质量控制就失去意义。

一般控制过程分为确立目标、衡量绩效、纠正偏差三部分,高速铁路运输企业应根据自身服务产品的特点,制定质量控制的基本工作程序。具体情况如下:①确定高速铁路客运服务质量控制计划与标准。②实施质量控制计划与标准,并在实施过程中进行连续的监视、评价和验证。③发现质量问题并找出原因。④采取纠正措施,排除造成质量问题的不良因素,恢复其正常状态。

必须指出,对服务质量起重要作用的关键过程或环节,应根据过程的特征采取适宜的控制方法。

7.2 高速铁路客运服务质量控制原理与方法

高速铁路客运服务质量受诸多因素影响,各因素相互作用过程极其复杂。高速铁路客运服务质量控制就是发现和利用复杂过程内在规律,按照控制原理和适用方法,把服务质量控制在旅客可接受范围内。

7.2.1 高速铁路客运服务质量控制原理

客运服务质量是旅客的一种主观反映和评价,与许多因素有关,既有旅客自身的旅行经验和个性化因素,又有来自社会和运输企业的其他因素,如服务标准、运输价格、市场竞争状况等,并且这些因素又会作用于运输过程中不同环节,这是一个极其复杂的过程。高速铁路客运服务质量控制就是发现和利用这个复杂过程的内在规律,对质量形成各阶段影响因素进行控制来缩小服务质量差距。

1. 旅客容忍区域

旅客容忍区域指旅客在消费高速铁路客运服务过程中所能接受和认可的期望质量范围。旅客对高速铁路客运服务质量的期望存在一个理想标准和一个可接受标准,从而可将旅客的服务期望划分为理想服务质量和适当服务质量两个层次。其中,理想服务质量代表旅客对高速铁路客运服务的最佳预期;适当服务质量代表旅客对高速铁路客运服务质量的

最低容许水平。这两个层次的服务期望之间构成一个区域——容忍区域,如图7.1所示。如果旅客实际感知的服务质量落在这一区域内,他们会接受这一服务,哪怕实际服务质量接近于适当服务质量,也只会有少许的怨言,并不会对高速铁路运输企业造成不良影响;与此同时,如果实际服务质量接近于理想服务质量预期,旅客也不会表现出更显著的满意。

容忍区域受多种因素影响,不同的旅客、不同的服务项目,容忍区域是不同的。即使是同一旅客,其所能接受的容忍区域也会随时间、环境而发生变化。从高速铁路客运服务的不同类型可以简单描述容忍区域的变化。一般而言,与技术质量相关的服务内容,如列车运行的平稳度及安全性等,旅客容忍区域相对较窄;与功能质量相关的服务内容,如客运站设施及餐饮服务等,旅客容忍区域相对较宽。而对任何旅客,一旦出现服务失误或者服务接触失败,旅客容忍区域就会缩小,甚至消失。

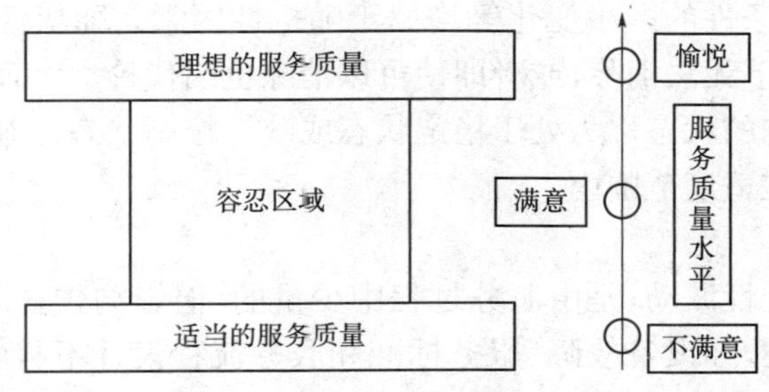

图7.1 服务质量容忍区域

容忍区域度量的对象是有思想、有感情的人,需要通过观察、调查、换位等方法,了解和掌握旅客对高速铁路客运服务作出的各种反应,综合分析得出旅客对客运服务的容忍区域。

(1)观察法,即在自然条件下,对表现心理现象的外部活动进行有系统、有计划地观察,从中发现心理现象产生和发展的规律性。观察法一般是在三种状况下采用,即对所研究的对象无法加以控制;在控制条件下,可能影响某种行为的出现;由于社会道德的要求,不能对某种现象进行控制。

高速铁路运输企业可以对与旅客当面接触的工作人员进行培训,让员工记录旅客对服务存在问题反映强烈的情况,从而得出旅客对客运服务的容忍区域。

(2)调查法,即对所研究对象通过收集有关资料,间接了解被观察者心理活动的方法。调查法有很多种,如谈话、问卷、测验、活动、产品分析等。在进行研究时通常根据对象和任务的不同,以某种方法为主,辅之以其他方法,以便更准确、客观地反映旅客行为和心理活动规律等。

(3)换位法,即按照人的心理活动相通的思想进行换位思考(如果我是旅客,我希望获得什么样的服务呢?自己所能接受的服务底线又是什么?),研究旅客心理,得到比较符合实际情况的结果。

2. 服务质量波动

任何一个生产过程产出的产品(有形和无形),其质量总会存在一定差异,这种客观差异称为质量的波动性。参与高速铁路客运服务生产过程的服务人员、运输设备及其辅助设备、服务流程和服务环境等都会影响到质量的稳定,尤其这些因素不可能固定不变,因此不可避免地会产生服务质量的波动。

高速铁路客运服务质量控制的任务,就是要把高速铁路客运服务质量特性值控制在规定波动范围内,使客运服务的整个过程处于受控状态,能稳定提供客运服务。一般地,质量波动范围是根据旅客期望规定有关质量指标的容忍区域范围。容忍区域范围要合理:范围定得太大,服务质量得不到保证;范围定得太小,会增加服务质量控制的难度及费用。

客运服务质量波动有多种表现形式。从引起质量波动的原因和性质来看,高速铁路客运服务质量波动分为正常波动和异常波动。

(1)正常波动

正常波动又称随机波动,是由高速铁路客运服务过程中大量的、微小的不可控的随机性因素或偶然性因素引起的。例如,高速铁路列车的轻微摇晃、客流量的变化对高速铁路客运服务产品的影响、环境条件的微小变化等均属于随机性因素。随机性因素对过程质量的影响比较小,在现有条件下无法消除,或者即使可以消除也因代价太大而不值得去做。服务过程只存在随机因素影响的状态称为处于稳定状态或统计控制状态。客运服务质量控制的任务是使正常波动维持在适度范围内。

(2)异常波动

异常波动又称系统性波动,是由服务过程中少量的、但影响较显著的可控因素引起的。这种波动不具有随机性,如设备故障、服务标准和服务流程设计不科学、服务生产过程不协调(各环节和各部门)和服务人员违规操作等。异常波动在未查明原因、无法采取纠正措施之前,始终存在系统性问题的危机,导致服务过程的失控,甚至是破坏性的。系统性波动虽然常由突发性因素引起,但在现有高速铁路生产技术条件下一般易于识别和消除。服务过程中存在系统性因素影响的状态称为非稳定状态或非统计控制状态。高速铁路客运服务质量控制的任务是及时发现异常波动,查明原因,采取有效措施消除系统性波动,使高速铁路客运服务过程重回受控状态。

正常波动和异常波动是相对的。对微小的、不可控的随机性因素缺少有效控制,常会累积或诱发出系统性因素,从而导致异常性波动,使服务过程失控。同时,现代技术和管理进步让原来难以识别和消除的正常波动,得以及时识别并消除。例如,与普速铁路比较,高速铁路引入了许多先进技术检测系统,为旅客的乘坐环境提供了更好的舒适和安全保障,并能及时发现列车存在的故障,使一些因素由不可控转化为可控。

3. 服务质量控制基本原理

如前所述,高速铁路客运服务质量控制根本上就是准确度量旅客容忍域,并控制高速铁路客运服务质量落在容忍域的过程,以设计的服务质量标准为参照的服务管理活动。因此,客运服务质量控制的原理是:制定客运服务标准,保证在服务过程中各项活动按照标准进行。为保证客运服务标准所要求的服务水平在旅客的容忍区域内,先要对旅客容忍区域加以度量,并与所提供的高速铁路客运服务产品实际质量相比较,这是客运服务提供者发现服务质量问题并且进行控制的有效手段。同时,这样的做法也使得铁路服务提供者能够及时采取补救措施,不断优化服务的质量标准,获得旅客更大信任和满意。

一般意义上讲,客运服务产品应该落在大多数旅客群体中或者所选目标市场成员的容忍区域之内才是成功的。首先,如果客运服务产品质量低于可接受服务质量水平,客运服务

提供者应该立即采取措施，保证旅客接受的总服务质量感知水平不至于降低。其次，如果客运服务产品质量高于旅客理想的服务质量水平，客运服务提供者则应该在保证旅客享受理想期望的同时，提高客运服务产品的价格，以获得相应的高额利润和长远竞争优势。

由此可见，高速铁路客运服务质量控制既是对客运服务标准形成过程的控制，又是对客运服务实施（或传递）过程的控制，还是对旅客感知和期望形成过程的控制，最终保证客运服务质量水平在旅客的容忍区域内。

7.2.2　高速铁路客运服务质量控制方法

高速铁路客运企业要达到将高速铁路客运服务质量控制在旅客的容忍区域之内，必须以服务标准为控制依据，选择服务质量控制方法来使高速铁路服务系统维持在旅客满意的平衡状态。

1. 基于差距模型的高速铁路客运服务质量控制方法

最早的差距模型（简称 PZB 模型）由 Parsuraman、Zeithaml、Bery 三位学者提出，主要观点认为，服务质量除了服务认知与服务结果外，还应包括服务的过程，要消除五种质量差距才能达到令人满意的程度。这五种差距为：管理者对顾客期望服务的理解与顾客真正期望服务的差距、管理者对顾客期望服务的理解与将理解引入服务设计的差距、服务设计与服务传送的差距、服务传送与顾客的外向交流的差距、可感知的服务与期望服务的差距。

PZB 模型运用于高速铁路客运服务后如图 7.2 所示。模型的上半部分与旅客有关，下半部分则与服务提供者有关。其中，旅客所期望的服务是旅客的个人需要、企业宣传、过去的服务体验和口碑传播的函数。旅客感知的服务质量可理解为旅客对服务期望（expectation）与实际服务绩效（perceived performance）之间的比较。实际服务绩效大于服务期望，则旅客感知服务质量是良好的；反之亦然。

差距 1：高速铁路客运企业的认识与旅客期望值之间的差距。高速铁路客运企业的管理人员有时并不能准确掌握旅客的真正需求，如有时管理人员认为旅客都喜欢快速运输方式，而事实上有些旅客考虑到的是票价问题，并不希望为加快速度而多支付相应的费用。

差距 2：高速铁路客运企业管理人员的认识与高速铁路客运服务质量标准之间的差距。尽管管理人员认识到了旅客的真正需求，但并不知道这一需求的标准是什么，如他们了解到旅客希望客运站工作人员及列车乘务员的服务态度热情、富有人情味，但究竟什么样的服务态度才算是热情、富有人情味，在标准化时有难度。

差距 3：高速铁路客运服务质量标准与提供服务之间的差距。在高速铁路客运服务中，与旅客直接接触的主要是客运站工作人员（如检票员等）和列车乘务员，若这些工作人员服务达不到规定的标准，则会造成提供的旅客服务质量与标准服务质量之间的差距。另外，服务质量的具体标准有时是互相冲突的，也会影响按标准提供服务，如时效性与安全性常常是两个冲突的质量标准。

差距 4：高速铁路客运服务与外部沟通之间的差距。旅客的期望常常受到宣传的影响，例如，高速铁路客运企业宣传时，强调高速铁路的便捷性，但实际运营时因市政交通配套不及时等因素致使换乘时间较长，旅客会因实际感受与期望值差距较大感到失望。

差距 5：感知到的高速铁路客运服务质量与期望的高速铁路客运服务质量之间的差距，

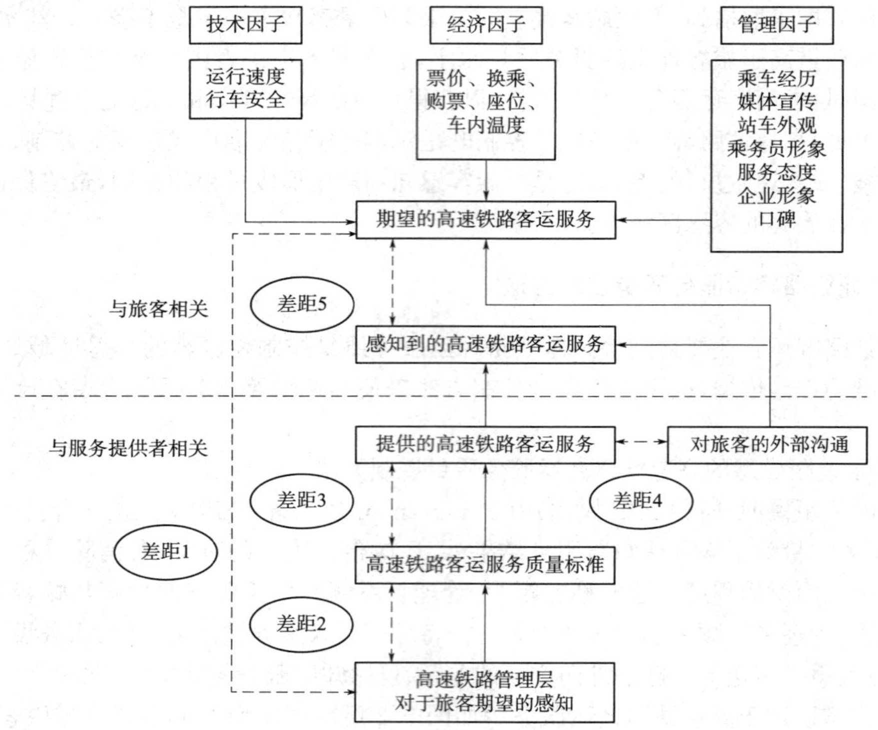

图 7.2　高速铁路服务质量差距模型

代表了实际高速铁路客运服务质量效果与旅客预期之间的差别。旅客对高速铁路客运服务质量的主观判断受许多因素影响,所有这些都可以改变对高速铁路客运服务质量的感受。例如,列车乘务员对旅客不明白的问题能及时耐心解答,旅客则会感到服务质量高。

上述差距中,差距 5 是旅客感知到的高速铁路客运服务质量的不足,而差距 1 至差距 4 则是与高速铁路客运企业内部服务相关的不足,差距 5 是差距 1 至差距 4 的最终表现形式。因此,服务质量可以从上述五种差距来控制。

2. 以数据分析为基础的高速铁路客运服务质量控制方法

基于数据分析的高速铁路客运服务质量控制方法可为高速铁路客运企业开展技术服务质量控制提供决策支持,为改进高速铁路客运服务质量控制方法、提升质量控制效能、转变技术服务质量控制理念和规范质量控制过程提供新的思路和技术理论支撑,为完善高速铁路客运服务质量控制标准和技术条件提供重要参考。

(1)总体思路

基于数据分析的高速铁路客运服务质量控制方法的总体思路如图 7.3 所示。

从图 7.3 可知,基于数据分析控制高速铁路客运服务质量的方法,总体思路大致可划分为数据获取、数据收集、数据分析、数据归纳四个阶段。其中数据获取阶段主要是参照服务标准梳理不满足要求的服务内容(人员、设备)、统计服务失败的数量、分类不达标服务及失败服务、定期统计各类服务失败的次数,然后将关于服务质量的数据录入服务质量信息数据库(即数据收集阶段),运用定性与定量相结合的方法对数据库的信息进行分析,以提升旅客

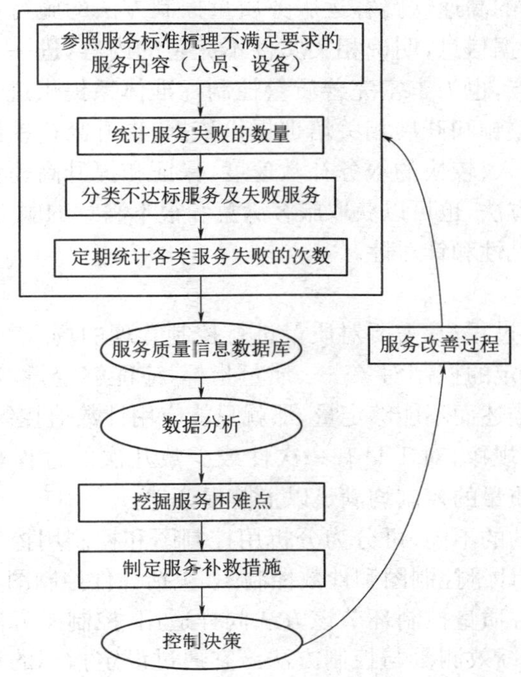

图 7.3　基于数据分析的高速铁路客运服务质量控制方法的总体思路

对服务质量整体评价为目标，寻求并挖掘服务困难点，再制定服务补救措施。高速铁路客运企业管理者经商议决策，提出控制高速铁路客运服务质量的战略，对高速铁路客运服务质量进行系统性提高，以闭循环的形式最终实现整个系统的动态平衡。

(2)高速铁路客运服务质量信息数据库

基于数据分析的高速铁路客运服务质量控制方法，是以服务质量数据信息为基础的质量控制方法。因此，建立合理的服务质量信息数据库是关键，数据库主要包括数据信息内容和数据库结构两部分。

①数据信息内容。

数据信息内容指与服务质量相关的信息，包括购(取)票的方式、购(取)票排队人数及时间；高速铁路车站的各时期客流数据、进站人数、安检通过能力、候车室聚集人数、旅客候车平均占用面积、检票能力、自动扶梯能力、各服务环节的排队人数及时间；列车定员、列车满载率、列车舒适性、补票人数；出站的速率、中转换乘人数、验(补)票等待时间；其他与服务质量结果相关的服务投诉数量、服务人员数量等。

②数据库结构。

数据库是数据分析与管理有效进行的基础。一般地，数据库的基本结构分物理数据层、概念数据层、逻辑数据层三个层次，反映了观察数据库的三种不同角度。开发数据库记载高速铁路服务相关的站车服务信息系统，对高速铁路车站流程可进行逻辑的设计，便于深入挖掘流程上各环节的联系，找到最迫切、最重要的服务补救节点。

综上,基于数据分析的高速铁路客运服务质量控制方法的施行可以更好地完善质量控制标准,通过统计质量数据信息,明确相关文件不完善的内容,进一步明确高速铁路客运服务质量控制的内容和重点,也为丰富完善质量控制标准体系提供进一步研究的基础。服务失败信息分析结果可为整顿和开展相关培训提供依据,提升高速铁路客运服务质量控制效率,做到以较少的人员投入、较快的服务补救速度,保证和提升高速铁路客运服务水平。采用数据分析的质量控制方法,也可以获取旅客满意和很不满意的服务内容,增强高速铁路客运站服务质量控制的预见性和针对性。

3. 控制图方法

原则上讲,对于任何过程,凡需要对质量进行控制管理的场合都可以应用控制图方法。但这里还要求:对于所确定的控制对象——质量指标,应能够定量,这样才能应用计量值控制图。如果只有定性的描述而不能够定量,那就只能应用计数值控制图,所控制的过程必须具有重复性,即具有统计规律,对于只有一次性或少数几次的过程难以应用控制图进行控制。高速铁路客运服务质量的控制均满足以上前提条件。

根据控制图使用目的的不同,可分为分析用控制图和控制用控制图。根据统计数据的类型不同,控制图可分为计量控制图和计数控制图(包括计件控制图和计点控制图)。

在高速铁路客运服务质量控制环节该方法同样适用,控制图方法实质是指一种跨时期的、遵循特定质量标准的绩效测量与控制方法。它通过设定指标的控制上限和控制下限来测定服务过程是否失控以及是否需要调整。

控制上限和下限的计算公式如下:

$$\mathrm{UCL}=\overline{P}+3\sqrt{\frac{\overline{P}(1-\overline{P})}{n}}$$

$$\mathrm{LCL}=\overline{P}-3\sqrt{\frac{\overline{P}(1-\overline{P})}{n}}$$

其中,UCL 为控制上限,LCL 为控制下限,$\overline{P}$ 为某质量指标(%),n 为样本数。

运用控制图的目的之一就是通过观察控制图上产品质量特性值的分布状况,分析和判断生产过程是否发生了异常,一旦发现异常就要及时采取必要的措施加以消除,使生产过程恢复稳定状态。高速铁路服务质量需要满足旅客一定的需求,当旅客对服务质量的评价低于区间范围的下限,就需要从服务人员、服务设备、环境等因素寻找诱因,及时提高高速铁路客运服务质量。

4. 帕累托图法

帕累托图是将出现的质量问题和质量改进项目按照重要程度依次排列而采用的一种图表。帕累托法则是 1879 年意大利经济学家维弗雷多·帕累托(Vilfredo Pareto)提出的,也被称为"二八定律",即 80%的问题是 20%的原因所造成的。

维弗雷多·帕累托在研究社会人口与财富的占有规律时发现:占整个社会人口比例很小的少数人,占有社会财富的大部分;而占整个社会总人口比例很大的多数人,却占有社会总财富的极小量,呈现不均匀分配的规律,他把这种现象所反映出的人口与财富的关系概括为"重要的少数与次要的多数"。

在帕累托图中,不同类别的数据根据其频率降序排列,并在同一张图中画出累积百分比

图。帕累托图可以体现帕累托原则：数据的绝大部分存在于很少类别中，极少剩下的数据分散在大部分类别中。这两组经常被称为“至关重要的极少数”和“微不足道的大多数”。其中服务质量的帕累托图如图 7.4 所示。

图 7.4 中的帕累托图用双直角坐标系表示，左边纵坐标表示频数，右边纵坐标表示频率，折线表示累计频率。横坐标表示影响质量的各项因素，按影响程度的大小(出现频数多少)排列。通过对排列图的观察分析可以抓住影响质量的主要因素。在此图中，第三个因素的累计频率超过了 80%，则可以判定前两个因素为主要因素。

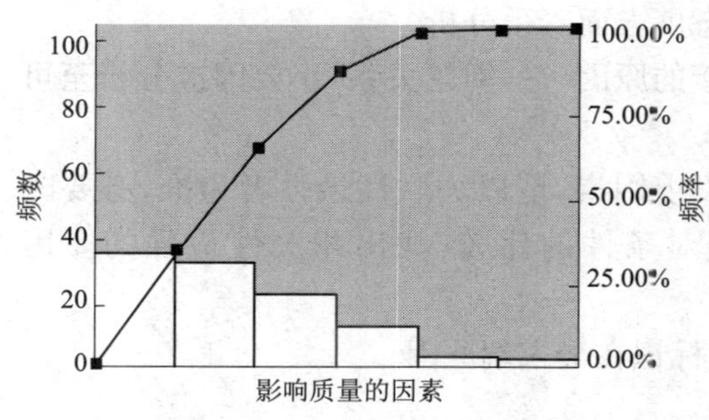

图 7.4　服务质量的帕累托图

帕累托图法运用到高速铁路客运服务质量中主要用来找出产生大多数问题的关键原因是什么，用来解决大多数问题。“大多数”是累计百分数由 1%至 80%的因素，称为主要因素；把累计百分数在 80%至 90%的因素称为次要因素；把累计百分数在 90%至 100%的因素称为最次要因素，然后根据各类因素的不同特点采用不同程度与方法的管理。

5. 鱼骨图法

鱼骨图是一个非定量的工具，可以帮助我们找出引起问题潜在的根本原因。1953 年日本管理大师石川磬先生发明了一种既方便又有效的原因分析法，叫“鱼骨图”或“石川图”。鱼骨图是一种发现问题“根本原因”的方法，它也被称为“因果图”。鱼骨图广泛应用于质量管理。

鱼骨图分析法倡导头脑风暴法，它是一种通过集思广益、发挥团体智慧，从不同角度找出问题所有原因或构成要素的会议方法。

(1)鱼骨图的类型

整理问题型：各要素与特性值不存在原因关系，而是结构构成因素。

原因型：鱼头在右，特性值通常以“为什么……”来写。

对策型：鱼头在左，特性值通常以“如何提高/改善……”来写。

(2)鱼骨图使用步骤

①画一条主干骨和鱼头。

②查找要解决的问题，把问题写在鱼骨的头上。

③召集人员共同讨论问题出现的可能原因，尽可能多地找出问题。

④画出大骨，填写主要的大原因，一般是“人员、设备、材料、方法、环境”这五个方面。

⑤画出中骨和小骨，填写次要的中小原因。绘图时保证大骨与主骨成 60°，中骨与主骨平行。鱼骨图如图 7.5 所示。

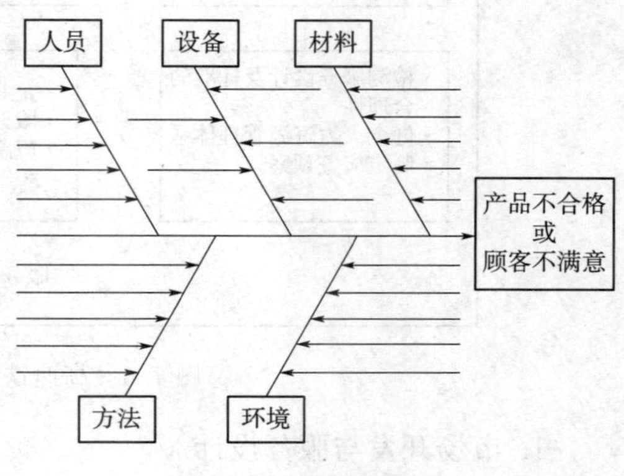

图 7.5　鱼骨图

(3)鱼骨图分析要点

①确定大要因(大骨)时，现场作业因素一般

从“人机料法环”着手,管理类问题一般从“人事时地物”分析,应视具体情况决定。

②大要因必须用中性词描述(不说明好坏),中、小要因必须使用价值判断(如……不良)。

③头脑风暴时,应尽可能多而全地找出所有可能原因,而不仅限于自己能完全掌控或正在执行的内容。对人的原因,宜从行动而非思想态度方面着手分析。

④中要因与特性值、小要因与中要因间有直接的原因——问题关系,小要因应分析至可以直接下对策。

⑤如果某种原因可同时归属于两种或两种以上因素,请以关联性最强者为准,必要时考虑三现主义(即现时到现场看现物),通过相对条件的比较,找出相关性最强的要因归类。

⑥选取重要原因时,一般不宜超过7项,且应标识在最末端原因。

7.3 高速铁路客运服务质量企业内部控制

高速铁路运输企业作为客运服务的设计者、提供者和管理者,对服务质量实施管控是其基本职责,也是质量保障的第一道防线。

7.3.1 高速铁路客运服务企业内部控制特点

服务质量形成于市场开发、服务设计、服务提供、服务业绩分析和改进四个环节,依据其形成的时序性,对高速铁路客运服务质量实施预防、服务过程、结果三阶段控制。高速铁路客运服务质量企业内部控制如图7.6所示。

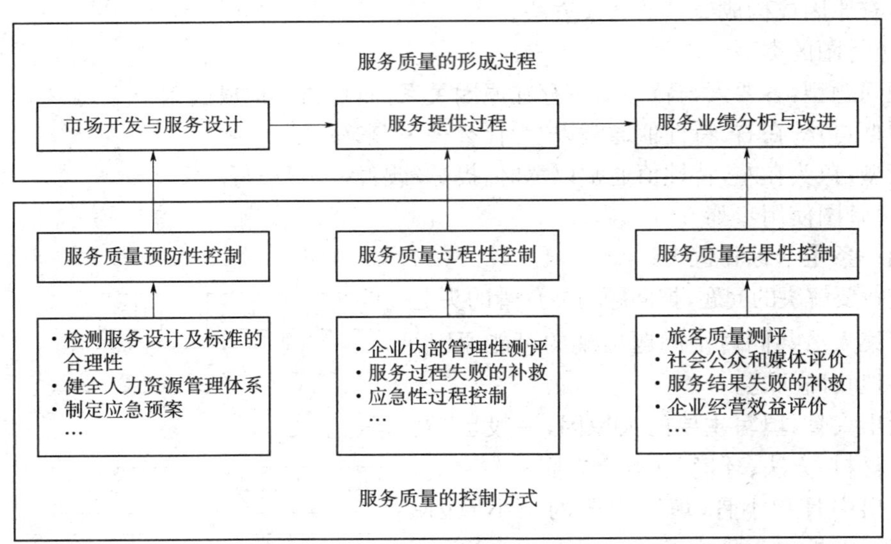

图7.6　高速铁路客运服务企业内部控制

1. 市场开发与服务设计

高速铁路客运服务市场开发过程是从服务企业与旅客的接触开始的。高速铁路运输企

业在准确把握旅客服务需求和企业服务战略的基础上，在给定企业服务容量条件下，结合企业自身特点和服务定位，明确目标市场，进行服务基调设计，提出完整的服务提要，即该项服务的关注重点和方向，提供给旅客能满足其某种或某几种需要的“功能”和“效用”。服务提要是服务设计的纲领，也是运输企业经营理念和服务策略的直接体现。

高速铁路客运服务设计是依据服务提要内容进行具体服务方案的设计。通过服务内容(包)设计、服务流程设计解决“向旅客提供什么”“怎样向旅客提供”的问题，从服务设计角度输出服务基调、服务包、服务流程，从高速铁路运输企业角度输出可供执行的服务质量标准，即相关规范，包括服务规范、服务提供规范和服务质量控制规范三类。其中，服务规范主要规定了客运服务应达到的水准和要求，主要面向旅客、一线服务人员；服务提供规范规定了在客运服务提供过程中应达到的水准和要求，依据服务规范制定，明确每项服务怎样做才能保证服务规范的实现，要实现服务过程程序化和服务方法规范化，主要针对前、后台服务人员；服务质量控制规范规定了怎样去控制服务的全过程，主要针对后台管理人员。

市场开发与服务设计阶段的服务质量控制强调对服务前期设计过程的控制，主要集中在对服务设计及标准的合理性、人力资源管理体系及制定应急预案等方面的控制。

2. 服务提供过程

高速铁路客运服务提供过程是与旅客直接接触的过程，涉及客运系统前端后端、人员硬件软件等，高速铁路运输企业根据服务设计阶段输出的服务方案和相关规范向旅客提供服务。服务提供过程中(结束后)，还应进行实时监控、对标检查或服务评价等，考察和评价高速铁路客运服务提供和标准实施的质量。

服务提供阶段的服务质量控制强调对服务过程的控制，主要可从企业内部管理性测评、服务过程失败的补救及应急性过程控制等方面来实现质量控制。

3. 服务业绩分析与改进

在对服务结果做出评价的基础上，对服务业绩进行分析和改进，并将分析和改进结果、建议要求反馈到市场开发、服务设计和服务提供等环节，形成服务质量信息的闭环，使服务质量的形成和实现过程成为一个不断循环上升的过程。

服务业绩分析与改进阶段的服务质量控制强调对服务结果的控制，主要可从旅客质量测评、社会公众和媒体评价、服务结果失败补救及运输企业经营效益评价等方面来实现质量控制。

7.3.2 高速铁路客运服务企业内部预防性控制

高速铁路客运服务预防性控制的关键是在服务生产和消费前，按照服务品牌定位，为了保证服务质量而做的工作。

1. 准确把握市场定位

市场开发是服务开展的前端工作，在此阶段，质量控制的重点是准确把握市场定位与旅客需求，尽可能地在源头上缩小旅客期望与感知的差距，并形成完整的服务提要，即将旅客的需求转化为高速铁路客运服务组织可以接受并有能力实现的服务内容与服务要求。

服务提要是高速铁路客运服务市场开发过程中的核心内容。高速铁路运输企业经过市场研究和分析,在考虑自身能力和责任后,形成提供某一项服务的决定,就应写出其服务提要,以此来体现该项服务。服务提要的内容至少应包括:市场研究和分析的结果,已经批准的组织义务,旅客需要的规定和铁路客运服务组织具有的满足需要的能力。服务提要既是市场开发过程的结果,同时又明确了对服务的正式要求,作为一组要求和细则构成服务设计的基础和依据。因此,服务提要的质量对服务及其全过程具有广泛而深刻的影响。

例如,高速铁路客运辅助服务是旅客旅行过程中运输企业向其提供的除位移服务之外的其他服务,包括基本服务和延伸服务。基本服务是完成位移核心服务所必须具备的,而延伸服务是超出标准提供的。辅助服务所包含的内容较多,并且根据旅客的需求不断拓展。作为高速铁路客运产品的组成部分,辅助服务的内容和质量很大程度上决定了旅客的出行体验,影响到旅客对于客运产品的整体评价。以高速铁路客运站的商业经营为例,其经营内容的选择需把握市场定位,与核心服务匹配,兼顾经济效益和社会效益,在经营模式(自营、外包)选择上既要兼顾服务品质,同时还要考虑投入产出比,体现科学性和经济性。

2. 合理设计服务及标准

高速铁路客运服务设计是服务质量体系的重要组成部分,通过合理设计服务及标准来预防质量问题是最重要的质量控制战略。设计高速铁路客运服务的过程就是把客运服务提要的内容转化为客运服务规范、服务提供规范及质量控制规范的过程,三个规范是服务提供过程的基础,在设计过程中相互依赖和相互影响。

(1)服务规范

高速铁路客运服务规范是阐明高速铁路客运服务要求的文件,应包括对所提供服务完整而精确的阐述等特性,包括:

①清晰描述高速铁路客运服务的特性,如旅客等待时间;乘车安全性、乘车环境舒适性、可靠性;服务人员的应变能力、礼貌程度,所提供服务的方便性、舒适性、准确性、经济性、及时性等。

②规定旅客服务特性的验收标准,以便进行有效的质量控制。客运服务特性的验收以满足旅客核心需求和辅助需求的程度为标准。设计服务规范之前要确定旅客需求。服务规范明确了提供服务的程度和范围,具体设计方法见4.3服务包设计内容。

(2)服务提供规范

高速铁路客运服务提供规范包括描述服务提供过程涉及的客运服务提供的程序和内容,是针对服务企业内部各方面和环节提出的具有可操作性和可衡量的工作内容、工作标准和工作要求,是实现服务规范的基础和保障。具体包括:

①阐述高速铁路客运服务提供特性。客运服务提供规范是面向企业内部的、具有可操作性的为完成各项服务内容制定操作方法、流程和要求,对服务提供特性要用定量或定性指标来表示。

②规定每一项服务提供特性的验收标准,这样利于进行有效的质量控制。

③详述设备、设施的类型和数量。由于服务可能与有形产品的制造和供应结合在一起,如餐饮食品、报纸杂志等,所以服务提供规范必须对服务提供过程所要求的各种设备和有形

服务的类型和数量作出规定。

④阐述服务人员的数量和技能标准。在提供客运服务的过程中,服务人员的行为直接影响服务质量。所以,服务组织的人力资源必须满足服务规范的要求。服务提供规范具体设计方法见4.4服务流程设计内容。

(3)质量控制规范

质量控制规范是服务过程质量控制的依据,其目的是有效地控制每一个服务过程,以确保服务始终满足服务规范和旅客需要。高速铁路客运服务质量控制规范的内容包括对服务设施设备、服务人员、环境等客运服务资源的控制。

高速铁路客运服务具有生产和消费同步性,在客运服务全过程中,需要将各个服务环节和程序连接起来。连接各个服务程序和环节的部分称为客运服务接合部。客运服务接合部往往是最容易出现服务质量问题的点,也是客运服务设计时质量控制规范应涉及的关键内容。根据影响高速铁路客运服务质量的因素,客运服务接合部可以分为基础设备接合部、环境接合部和人员接合部。

①基础设备接合部。基础设施接合部主要是指与客运服务有关的各业务部门之间的连接部分,其工作标准、内容都会影响到服务规范的内容和标准。高速铁路旅客列车在整个运用过程中要经过动车段(所)库内检修、始发终到、途中运行等多个环节和不同工种人员作业,为保证运行过程的安全、平稳和舒适等,需要建立包含设备运用和管理各个部门和方面的联动机制,有效地对高速铁路客运服务基础设备进行控制,并建立设备管理子系统,重点解决设备管理接合部存在的问题。

②环境接合部。环境接合部是指客运服务过程中各种服务环境之间的连接部分,是服务质量控制的关键点。旅客在整个出行过程中要不断地更换服务环境,同时不同环境的服务质量受到其他环境(或场所)服务标准的影响,在不同地点直接或间接地为旅客提供各项服务。在实际工作中,由于配合不协调,会影响旅客感知质量,需要给予充分重视,进而消除客运服务质量控制的空白点。

③人员接合部。旅客从购票、候车、上车、旅途中、下车出站的过程中,要经过若干个运输作业程序,要和多个单位、多个部门的人员接触,任何人员发生问题都会影响服务质量。特别是人员职责的交界点——人员接合部,更是造成服务失控的高发点。在服务设计过程中必须重点考虑人员接合部可能存在的问题,并制定相应服务类别和服务人员的相关职责,制定相应的管理程序、服务标准和考核办法,用以解决人员接合部存在的问题。

在高速铁路客运服务设计的每一阶段结束时,应按服务提要对设计结果做出正式的评审,以保证服务规范和服务提供规范满足旅客要求,质量控制规范足以提供有关服务提供质量的准确信息。除此之外,还要在客运服务实施前和实施后对规范进行确认,确保服务持续地满足旅客的需要和符合服务规范,并在服务准备和控制中识别改进的可能性。

3. 健全人力资源管理体系

服务人员是高速铁路客运服务过程中与旅客接触度最高、最活跃的因素,对服务人员服务质量的控制是预防性控制的重点。高速铁路运输企业应当注重对服务人员的管理,健全人力资源管理体系,提高人员的服务能力,具体包括高速铁路客运服务人员招聘、培训、激励、满意度测评等内容。

(1)人员招聘

招聘是服务人员质量控制的入门关卡,如果招聘的人员不具备从事相关工作的基本能力,则其在后续工作中很难提供合格的服务,高速铁路运输企业要严把资格准入关,制定相关岗位准入标准,并依据执行。

(2)人员培训

培训对贯彻实施优质服务标准的重要性不言而喻。服务卓越的企业坚持绝大多数员工——从一线服务人员到高层管理人员都必须受过相关培训,让企业自上至下掌握提供优质服务的技巧,了解优质服务的标准,从而保证标准的有效贯彻和执行。高速铁路运输企业要加强对高速铁路客运人员的资格性培训和适应性培训力度,实施全员学习并掌握高速铁路服务标准和服务技巧。

(3)人员激励

要想发挥员工积极性,按照标准提供服务,除对服务人员的监督检查外,很重要的一点就是员工激励。高速运输企业可以在授权一线员工和员工激励方面采取更加灵活积极的措施,促进员工变被动为主动,积极向旅客提供优质服务。

(4)人员满意度测评

适时进行员工满意度测评,努力提高员工满意度是实现企业持续改进旅客感知服务质量和满意度的必要条件。高速铁路运输企业应加强对提供高速铁路客运服务的员工的满意度测评,对影响员工满意度的主要方面(即工作本身、工作回报、工作条件、工作群体和企业本身)存在的问题进行分析改进,不断提高员工满意度,激发员工工作热情。同时各级管理人员应该实现“管理员工”向“服务员工”思想的转变,树立“一切为旅客、为内部员工服务”的理念,这样员工才能更积极地向旅客提供服务,形成良性循环。

4. 制定应急预案

完善的应急预案体系是高速铁路客运服务顺利进行的有力保障。应急预案属于服务设计中的服务保障性内容,指对可预见性的突发事件及可能导致运输服务工作无法顺利进行而制定的针对性应急管理、指挥、救援计划等预案。应急预防性控制要求制定出合理、全面、可行的应急预案,为应急性过程控制夯实基础。

7.3.3 高速铁路客运服务企业内部过程性控制

高速铁路客运服务过程性控制的关键是在服务进行的过程中,为保证其服务质量而开展的工作。服务生产和消费的同步性决定了客运服务过程控制的重要性,同时也是服务质量控制难点。

1. 常规性过程控制

常规性过程控制是指在服务过程中企业内部开展的管理性评价,主要依据相关规范,明确员工、班组、各级管理人员责任,采取现场检查、实时监控等手段,对客运服务的内容、程序、方法、过程进行随机或定期检查,发现问题予以记录,并督促责任部门分析原因,制定解决措施,直至问题获得解决,是对客运前台服务、后台技术支持性服务包含的硬件、软件、人员是否达标的监督检查。

(1)事先控制

在服务准备阶段,高速铁路运输企业应该根据相关规范制定服务提供过程中各方职责,对服务提供过程提出明确要求:

①提供给旅客的服务应遵守服务规范。

②对提供的服务是否符合服务规范进行监督。

③当提供的服务出现问题和偏差时,对服务提供过程进行分析和必要的调整。

明确每名参与者在服务提供过程中的具体任务、权利,按照标准来评价工作人员的工作质量和工作满意度,进而确定奖惩,以便做到"事事有人管,人人有专责,办事有标准,工作能检验"。

(2)过程控制

高速铁路客运服务提供过程的质量控制重点以现场控制为主。在服务提供过程中实时监测,及时发现不合格问题,防止不合格问题的扩大与蔓延。

①服务班组自我控制。即按照高速铁路客运服务标准,采取客运服务班组成员的自控、互控、他控的形式,召开班前会、总结会等,保证本班作业和服务质量。

②企业内部开展管理性质量测评。制订一套服务全过程的规范、程序和组织措施来控制服务需求质量和服务工作质量,保证直接服务和间接服务工作的正常进行。建立高速铁路客运服务质量监督监察机制,组建多层面的服务质量监督检查队伍,加强检查监督,及时发现和补救服务过程中的漏洞。

③加强技防、物防控制手段。加大设施设备服务方式的研发投入力度,提供更标准规范服务的同时,充分发挥信息技术、大数据等作用,建立服务实时监控平台,实现管理全天候、无死角。

(3)信息传递和反馈

服务质量信息是进行质量管理的依据,也是企业上级管理部门以及企业自身对服务质量评价的重要依据,还是企业管理者做出服务改进决策的依据。因此,客运部门内部应该加强服务质量信息管理,及时予以传递和反馈,保障客运服务质量的同时为企业做出决策提供依据。

2. 补救性过程控制

补救性过程控制是指按照相关标准对服务过程中产生的服务失败及时进行补救,来消除旅客对服务的不满意结果。高速铁路客运服务补救性过程控制要求在服务过程中发生服务失败后,及时进行服务补救,尽可能用最小的代价挽回旅客。过程性的服务补救已经成为旅客服务主环节中不可分割的组成部分,旅客的情绪问题可及时得到较好的解决。

在高速铁路客运服务过程中,服务失败是由旅客感知判断的,由于旅客期望的差异性,即使服务严格按照标准执行,旅客也可能认为服务失败,这就要求服务标准具有一定的弹性,服务人员在其授权范围内尽可能满足旅客需求。如果旅客需求不在服务人员授权范围内,则立即向上级请示,以最快速度解决,改变旅客印象。当然,若服务失败是由于未按照标准执行造成的,就应立即向旅客解释,提供标准化服务,以得到旅客谅解,并对相关责任人进行考核。

3. 应急性过程控制

应急性过程控制指对日常客运服务过程中出现的不可控突发情形及时启动事先制定的应急预案,来保障客运服务质量。

在日常运输过程中,由于突发事件扰乱运输服务秩序,给运输服务工作带来一定困难。对旅客而言,不管何种因素导致的运输服务无法正常进行都会归结到高速铁路运输企业方的过错,如果不及时处理,就会导致旅客抱怨投诉等现象的发生。对于此类在服务过程中突发因素的控制,需要在发生突发事件后及时启动应急预案,来保证服务工作的顺利完成。

客运服务质量过程控制每一类都包括客运服务状态记录与测量,不合格服务识别与纠正三个环节,其流程如图 7.7 所示。

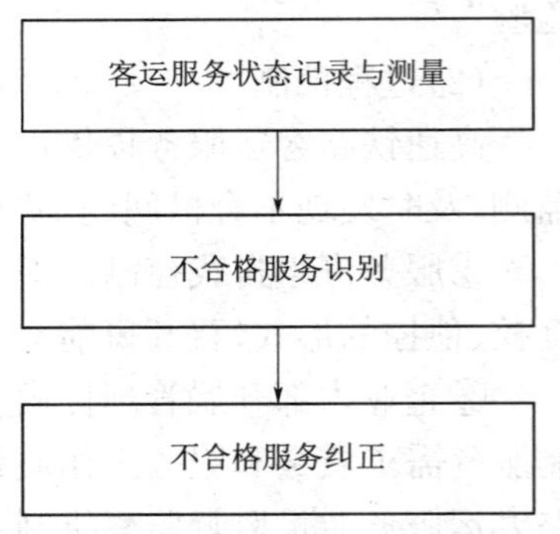

图 7.7　高速铁路客运服务质量过程控制

(1)客运服务状态记录与测量

在高速铁路客运服务提供过程中记录一个个服务状态,并对服务提供过程进行评价和测量。相关工作包括:①依据质量控制规范的要求,对关键过程特性进行定量或定性测量,并对测量的结果进行验证,确保服务过程满足旅客要求。②把高速铁路客运服务人员的自检作为过程测量的组成部分。管理者一方面要强调自上而下有组织的过程控制与监督,另一方面必须重视参与服务提供过程的所有人员所做的自我测量与控制。③客运服务完成后的最终评定,通过这种评定,高速铁路客运服务组织可以对服务提供质量进行总体分析,发现服务质量趋势,找出质量控制规律。

(2)不合格服务识别

要识别高速铁路客运服务过程中的不合格服务,将服务问题揭示出来,就必须建立一个有效的系统来监测旅客的抱怨,进行旅客研究、监测及记录服务过程的工作状况。①监测旅客抱怨。完整了解旅客抱怨,不仅包括直接投诉和抱怨的旅客,还包括经历了不合格服务但又不进行抱怨的旅客。②进行旅客研究。其目的是识别不合格服务,研究的方式可以是定性的,也可以是定量的。③监测服务过程。对服务可能存在缺陷和失败点进行重点监测,形成文件记录,并对过去的不合格服务进行系统追踪和分析。一旦找出潜在缺陷,就要对出现不合格的环节进行细致观察,并制定应对不合格服务的计划,以便问题发生时,能进行有效的处理。

(3)不合格服务纠正

在分析不合格服务原因的基础上,采取措施记录、分析和纠正不合格服务。纠正措施通常分两步:首先,立即采取积极的措施以满足旅客的需要,如向旅客致歉、适当赔偿等;其次,针对不合格服务原因分析的结果,确定采取必要的、长期的纠正措施,防止问题的再次发生。

7.3.4　高速铁路客运服务企业内部结果性控制

高速铁路客运服务结果性控制的关键在服务完成后,为保证服务质量和企业可持续发展而开展的工作。高速铁路客运服务质量“全过程”闭环管理理论决定了高速铁路客运服务

结果控制的重要性。

1. 改进性服务结果控制

改进性结果控制主要指在服务流程结束后，开展面向旅客的服务质量测评，收集政府机构、社会公众和媒体等对服务的评价反馈，统计、分析相关信息，提出服务质量结果的改进措施，反馈到下一轮的服务设计、标准制定、服务提供环节中，最终形成循环上升的服务质量管理闭环，实现企业的可持续发展。改进性结果控制主要体现在两方面，一是开展有效的旅客质量测评，二是注重社会公众和媒体评价。

(1)旅客质量测评

旅客参与高速铁路客运服务提供的全过程，了解其对服务结果满意程度有助于企业更好地提升服务质量。旅客质量测评是服务结果控制的主要手段，因此高速铁路运输企业应重视以旅客为主体的客运服务质量测评。测评开展流程及方法可详见本书第6章内容。

(2)社会公众和媒体评价

通常情况下，服务企业会制定标准，并按标准实施以保证服务质量，但也存在降低服务质量的情况，如春运期间的列车高超员率发生。此外，也存在旅客即使认为服务质量差但怕麻烦未投诉的情况，实际上这对保证服务质量很不利。因此，除了旅客质量测评外，关注社会公众和媒体评价也是企业控制服务质量结果很重要的方面。

社会公众主要包括旅客或其他个人，其通过来信、来电、来访、在旅客意见簿上留言评价或在自媒体平台发表言论等提出高速铁路客运服务存在的问题；社会媒体主要包括电视、广播、报纸、杂志等，这些社会媒体通过对发生的服务质量问题采访、纪实等报道评价。这些都是对服务结果的反馈，要求企业积极应对，对于不合格服务及时改进，并有效且直观地给出满意的处理结果，提升企业的形象。

在服务质量测评基础上，遵循“改进对旅客和高速铁路运输企业都有收益、改进高速铁路客运服务尽可能降低成本、兼顾短期和长期改进需要”的原则，提出服务改进方案。此外，通过服务质量测评结果分析，可能很多方面需要改进，但由于企业资源限制，不可能一次性将所有方面都加以改进，需要确定优先改进方案。一般情况下可采用差距分析法、四方矩阵图法和多轮投票法选定优先改进方案。

①差距分析法，主要是找出服务最薄弱的环节，将薄弱环节确定为优先改进方案。如某铁路局集团公司客运服务质量通过差距分析法得到表7.1的结果，可看出，车站其他辅助设施、列车准点率是最薄弱的环节，需要优先改进。

表7.1　旅客期望值和感知水平的差距

服务内容	期望值(1～10)	感知值(1～10)	差值	服务内容	期望值(1～10)	感知值(1～10)	差值
进站的速度	6	6	0	列车员对待旅客的态度	7	10	+3
车站其他辅助设施	6	5	−1	列车准点	9	7	−2
车内秩序	7	9	+2	餐饮服务	7	7	0
售票状况	6	6	0	候车环境	7	9	+2

②四方矩阵图法,是比较简单的确定旅客和企业优先改进方案的方法。选择两个标准分别代表 x 轴和 y 轴,如“对旅客的重要性”和“实施的容易程度”,然后根据这两个标准对每一个改进建议进行评分,确定改进方案。如某高速铁路车站客运服务质量的改进项点包括保持客运站的卫生及候车环境的舒适、客运站服务人员的态度要和蔼、尽快解决旅客要求的答复、广播服务、商品的价格、各种指示性的标志等。优先解决顺序可以根据四方矩阵图来确定,如图 7.8 所示。

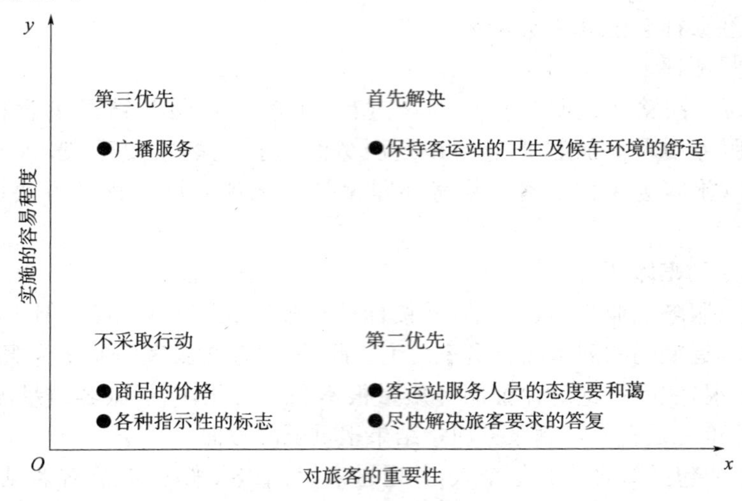

图 7.8　四方决策模型

③多轮投票,是一种达成一致意见的方法和技术,它可以使小组选择所有成员都能接受的意见。使用这种方法要求列出所有意见,然后给每位投票者 10 分,投在他们希望采纳的意见上。如果他们非常赞成某一意见,可以将 10 分都投在这个意见上,或者可将 10 分分配到不同的意见上,只要几个分数相加为 10 即可。在一个活动挂图上记下投票结果,然后对票数最高的几个意见展开讨论,直到小组每位成员同意去掉其他的意见而只保留一个意见。多轮投票不一定要采取匿名投票或多数投票,但其结果一定是所有人都不反对的意见,它可以用来缩减一长串的意见或建议,并能达成对一项行动计划的一致意见。

2. 补救性服务结果控制

补救性服务结果控制主要指在服务流程结束后,对服务失败产生旅客抱怨或投诉的结果进行补救性处理,通过采取有效的补救手段来挽回旅客,重新建立顾客满意和忠诚。在服务失败结果发生后,就需要采取有效的补救措施。与补救性过程控制不同,补救性结果控制是在主服务完成后设置的专门用于服务补救的单独服务环节,由于没有在过程中及时对服务失败进行处理,旅客抱怨不断传递,旅客即使在服务流程结束后最终得到了完全合理的赔偿,也不能完全弥补在服务过程中的负面体验。

3. 企业经营效益评价

经营效益评价是企业对其一定时期内经营业绩和资产状况展开分析的行为。经营效益综合评价可以帮助企业正确处理运营成本和效益的关系。对于高速铁路运输企业而言,全面准确的经营效益评价有利于企业审视所提供的运输服务,对其中不合时宜、低需求、高投入或低收益的服务,分析其形成的原因,提出进一步提高经济效益、服务优化迭代的建议或措施,以达

到控制服务成本、提高效益的目的，促进企业更好地发展。同时经营效益评价可作为考核企业管理水平、确定企业升级的依据，也可作为企业间进行整体经济效益对比的依据。

7.3.5　高速铁路客运服务企业内部控制实践

高速铁路运营主体包括国铁集团下属的各铁路局集团公司、合资铁路公司和地方企业，目前以各铁路局集团公司运营管理为主导。在国铁集团统一调度指挥下，各铁路局集团公司重点负责运输、服务市场研究及服务产品定位分析等，根据各地特点优势，设计符合国铁整体原则和地方特色的核心服务产品及提升旅客感知质量的辅助服务。科学有效控制是保证和提升高速铁路客运服务产品质量的前提，包括责任划分、监督检查机制建立，人、设备等关键影响因素的重点把控等。本书介绍国铁集团体系下的高速铁路客运服务控制实践。

1. 高速铁路客运服务质量内部监督检查机制

(1)责任层级划分

高速铁路客运服务质量内部控制重点在铁路局集团公司。其中，铁路局集团公司客运部是客运服务产品管理的主管部门，负责制定高速铁路客运服务产品管理的相关规章制度和办法，指导站段加强客运服务产品管理工作，组织开展对站段客运服务产品管理工作的检查和考核等；客运站段是客运服务产品管理工作的责任主体，负责组织本单位各部门、岗位落实客运服务产品质量管理相关措施和要求，加强对本单位客运服务产品质量工作的检查，开展客运服务产品质量问题的调查、处理、上报，提出改进客运服务产品质量工作的建议和意见；客运站段营销(乘务)科负责客运服务产品质量管理的日常工作，实时掌握客运市场及高速铁路核心、辅助产品的经营现状，为及时发现问题，调整运输和服务方案提供依据。

(2)基本制度

客运服务质量控制是涉及前后台服务和技术各部门的工作，牵一发而动全身，所以对服务质量的控制应该建立行之有效的制度，包括预警、分析、例会、问题通报排序、综合评价考核、回访、问题攻关、培训等制度。

(3)监督检查

国铁集团、各铁路局集团公司之间对客运服务质量进行相互监督式“纠错”检查，实现高速铁路客运服务质量的稳定性。客运服务监督检查工作实行国铁集团和铁路局集团公司二级监察制度，相关客运监察负责对管辖范围内的站车旅客运输服务工作开展监督检查；铁路局集团公司采取阶段性专题检查、日常检查等方式，实施对站段客运服务工作的监督检查；站段按照相关制度要求，加强对现场作业的日常检查，有效控制现场岗位作业规范达标。

另外，国铁集团和各铁路局集团公司对高速铁路客运服务质量进行第三方旅客满意度测评，并结合旅客运输服务的实际和变化，合理调整测评项目和测评单位，对各单位客运服务质量工作进行综合评价，促进服务质量不断提升。

2. 高速铁路客运服务人员培训管理

高速铁路客运服务人员是高速铁路客运服务的有形要素，是影响高速铁路客运服务质量的三大要素之一，包括前台服务人员、后台支持性工作和管理人员等。建立培训组织体系和培训管理制度，制定培训内容及流程等，加强高速铁路客运服务人员培训管理，是高速铁路客运服务企业内部管理控制的重点。

(1)培训组织体系

高速铁路客运企业按照“分级管理、分工负责”的原则，搭建了“国铁集团、铁路局集团公司、客运站段”三级培训管理体系，分层分级分岗位分阶段实施高速铁路岗位人员培训，培养高素质的高速铁路岗位人员队伍，为高速铁路安全运营和优质服务提供坚实的技能人才保障。

高速铁路客运站段按照站段、车间(队)、班组三级实施客运服务人员培训管理。其中，职工教育科是站段高速铁路客运人员培训工作的组织实施部门，其他业务科室配合授课、教材题库编制等；车间(队)负责职工专业新知识、业务新技能及相关学科知识的教育；班组各班组长根据车间(队)编制的教学计划合理安排本班组职工的培训，保证职工参加教育培训的学时达标，掌握新技能、新业务。

(2)培训管理制度

国铁集团、各铁路局集团公司、客运站段针对高速铁路岗位人员管理，制定相应的培训管理办法，强化高速铁路客运专业基础和人才队伍建设。如国铁集团、某铁路局集团公司专门针对高速铁路岗位人员培训建立的部分制度见表 7.2。

表 7.2 高速铁路岗位人员培训制度目录(部分)

序号	层　面	制度名称
1	国铁集团	高速铁路主要行车工种岗位准入管理办法
2		高速铁路岗位培训合格证书管理办法
3		关于强化高速铁路人才岗位准入和培训工作的意见
4	某铁路局集团公司	高速铁路运营人员培训管理办法
5		高速铁路客运人员准入和人才储备办法
6		“铁路(高速铁路)岗位培训合格证书”管理实施细则

此外，还有大量高速铁路和普速铁路通用的职工教育培训管理制度办法，共同支撑高速铁路技能人才队伍建设管理。

(3)培训内容及流程

资格性准入培训，指按照岗位准入管理规定，对符合高速铁路岗位基本素质要求人员取得上岗资格而组织开展的业务培训，包括安全知识、专业理论培训与实作技能培训。高速铁路人员完成岗前资格性培训所有科目后，组织“安全知识、理论知识和实作技能”三项考核，考核合格后方可持证上岗。

适应性培训，是指为巩固、提高在岗人员作业技能而组织开展的业务培训。要求按照岗位标准、培训规范、培训大纲、培训指导书等，从在岗人员作业项目及岗位能力分析入手，按照“缺什么，补什么”的原则，结合高速铁路新技术、新设备、新工艺、新规章的特点，以应知应会、故障处理和应急处置为主，应用模块化的教学方法组织培训，提高培训针对性和有效性。

此外，国铁集团、各铁路局集团公司为了增强培训效果，充分利用信息技术、互联网、仿真平台、实训基地、考核激励等内容、方式方法创新，开展多样化培训考核。例如，国铁集团先后建立了高速铁路技术培训中心、铁路继续教育高新技术基地、高速铁路事故救援培训中心、高速铁路职业技能训练段等，以满足不同专业、不同岗位的人员培训需求。

3. 高速铁路客运服务投诉处理

随着市场的发展，旅客维权意识和人性化服务的要求增强，高速铁路客运服务控制工作已不仅仅停留在开发几个特色服务上，而更重要的是突出做好完善现行内部制度和服务规范上，强调在制度和法律允许范畴下，处理高速铁路客运企业与旅客的关系。其中，旅客投诉处理工作愈来愈成为高速铁路客运企业服务控制的重要环节。

(1)高速铁路客运服务投诉渠道

高速铁路客运服务旅客投诉受理渠道主要包括电话、互联网、信件等，以及社会监督机构、上级单位和政府部门等转来的投诉。这里介绍的投诉渠道不局限于高速铁路运输企业内部。

①12306 客户服务中心。通过邮箱 kyfw@12306.cn 或拨打 12306 客服热线，根据电话语音提示进行投诉。

②铁路局集团公司路风监察办公室。各铁路局集团公司路风监察部门受理旅客对铁路路风问题方面的投诉，可以查找各铁路局集团公司电话进行投诉。

③国家铁路局局长信箱。通过国家铁路局网站(http://www.nra.gov.cn/)首页的局长信箱或咨询投诉栏进行投诉反馈。

④全国消费者协会投诉。主要有拨打 12315 热线、网上直接投诉、直接向消费者权益保护委员会投诉三种方式。

(2)投诉处理部门及主要职责

投诉处理涉及的部门主要包括国铁集团客运部、国铁集团客户服务中心(以下简称客服中心)、国铁集团所属各旅客运输相关单位、国铁集团有限公司相关部门及铁路公安局等，各部门的主要职责见表 7.3。

表 7.3 投诉处理部门及主要职责

部　　门	主要职责
国铁集团客运部	落实旅客投诉处理管理制度，制定铁路局集团公司旅客投诉处理管理办法； 指导铁路局集团公司客户服务中心做好旅客投诉受理工作； 检查、监督客运站段旅客投诉处理工作； 组织开展旅客投诉调查处理、责任认定和职工申诉调查、定性； 建立与相关部门沟通机制，协调旅客运输服务相关业务主管部门做好旅客投诉处理工作； 调查答复上级单位、社会监督机构、政府部门等转铁路局集团公司的投诉问题
客服中心	负责受理电话、互联网、信件投诉，以及社会监督机构、上级单位和政府部门转来的投诉； 组织客运站段及旅客运输服务相关单位做好调查处理并反馈结果； 汇总、分析铁路局集团公司管辖范围内的旅客投诉情况，提出改进意见和建议； 定期与基层单位开展客服业务及人员培训交流、征求意见，编制、汇总典型投诉案例，并组织开展客服人员业务培训； 受理职工对旅客投诉处理的申诉

续上表

部　　门	主要职责
国铁集团所属各旅客运输相关单位	落实国铁集团、各铁路局集团公司关于旅客投诉处理管理制度，结合本单位实际，制定旅客投诉处理处置流程及工作标准； 调查、处理上级单位、社会监督机构、政府部门等转来的涉及铁路运输的旅客投诉，确保投诉接受渠道畅通，按要求提报调查材料及结果； 调查、处理本单位直接受理的旅客投诉； 汇总、分析本单位旅客投诉情况，有针对性地制定整改措施，改进服务质量和管理水平； 参加上级单位组织有关培训和业务交流；对本单位相关岗位职工加强培训，提高业务水平； 协调、处理所属区域负有监管责任的外包、租赁等业务涉及的投诉问题； 对旅客投诉职工申诉进行调查
国铁集团其他相关部门及铁路公安局	铁路局集团公司运输、车辆、机务、工务、供电、价格、经开、房产、劳卫、安监、宣传、政法办(综治办)等部门负责旅客投诉的协调处理，指导、监督相关单位做好旅客投诉处理工作；信息部门按职责做好系统网络保障；铁路公安局按规定做好旅客站车等相关投诉问题的调查处理工作

(3)客服中心投诉处理流程

目前，12306 客服中心是旅客投诉渠道中最重要的，也是投诉受理数量最大的。参与投诉处理的人员及机构有三类。一是客户，也是发起投诉行为的旅客。二是客服中心的工作人员(客服代表和分析投诉事件的客服专家)。其中，客服代表指与客户直接对接的工作人员，主要负责问候客户、安抚客户情绪、记录投诉信息等，是客户发起投诉行为后的第一接触人；分析投诉事件的客服专家，主要负责审核"投诉工单"，判断投诉事件是否属实，若不属实则直接联系客户，回复结果，若属实则提出处理意见并转至相关单位，根据相关单位的反馈结果回访客户。三是投诉事件中应承担责任的相关单位，主要负责联系客户了解投诉情况，将投诉结果告知投诉客户，并以书面形式反馈客服中心。

客服中心投诉处理流程如图 7.9 所示。

4. 高速铁路客运服务设备设施维护

设施设备是高速铁路客运服务的有形要素，是影响高速铁路客运服务质量的三大要素之一。建立完善的设备管理体系，加强设备维护，确保设备运营正常是高速铁路客运服务企业内部管理控制的重点。

(1)高速铁路车站服务设备维护

①成立管理部门、明确管理职责。高速铁路车站成立设备专业管理的职能科室或车间，对站区内所有客运设备进行统筹管理。其主要管理职责为向上级提报车站年度及中长期设备购置、更改、大修、新建项目和投资计划建议方案，明确客运设备使用、维护及资产归属单位并执行直接管理或监管职责，建立客运设备设施资料、台账，并做好车站客运设备履历簿的编写工作，负责制定客运设备、设施使用管理制度；负责客运设备、设施使用状态的信息反馈等。

②建立设备管理台账。建立客运设备设施统计管理台账、客运设备履历簿，附有车站全面性图纸和有关设备图纸，并逐步实现客运设备设施统计管理台账和履历簿电子化、网络化管理，如上海虹桥站应用设备智能化管理系统对设备进行统计、监控、管理，如图 7.10 所示。

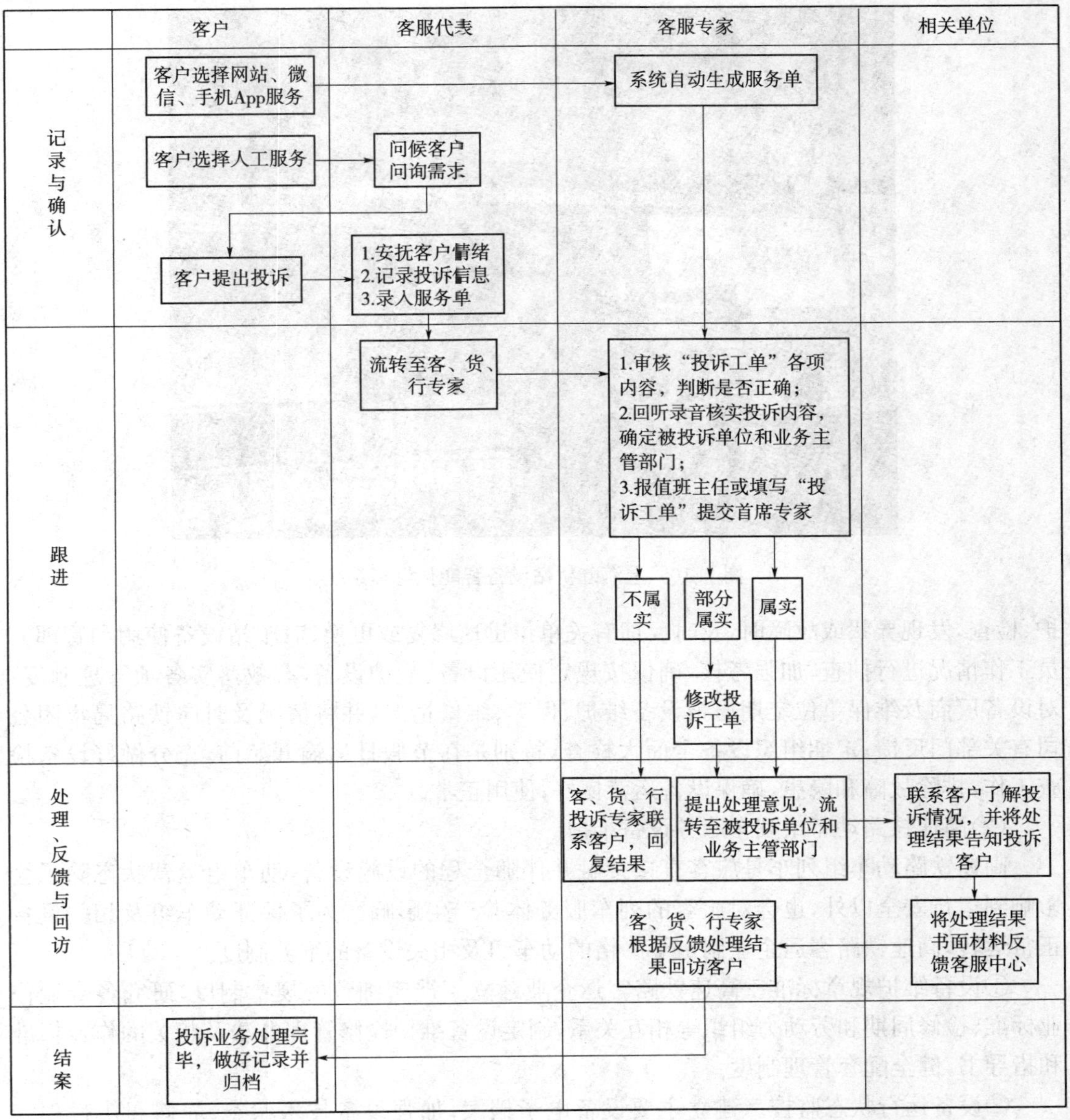

	客户	客服代表	客服专家	相关单位
记录与确认	客户选择网站、微信、手机App服务 客户选择人工服务 客户提出投诉	问候客户问询需求 1.安抚客户情绪 2.记录投诉信息 3.录入服务单	系统自动生成服务单	
跟进		流转至客、货、行专家	1.审核“投诉工单”各项内容，判断是否正确； 2.回听录音核实投诉内容，确定被投诉单位和业务主管部门； 3.报值班主任或填写“投诉工单”提交首席专家 不属实 部分属实 属实 修改投诉工单	
处理、反馈与回访			客、货、行投诉专家联系客户，回复结果 提出处理意见，流转至被投诉单位和业务主管部门 客、货、行专家根据反馈处理结果回访客户	联系客户了解投诉情况，并将处理结果告知投诉客户 将处理结果书面材料反馈客服中心
结案	投诉业务处理完毕，做好记录并归档			

图 7.9 投诉处理流程

③完善设备各项管理制度。对自管设备建立设备修、管、用办法；对监管设备与维保单位签订相关协议，明确使用单位、维保单位关于设备管理、维修、保养等方面管理职责和管理制度。设备的日常使用、管理、维护、保养、维修等责任落实到具体单位、部门、人员。建立设备使用和运营维护人员培训制度。建立与设备厂家、维保单位联络反应机制，规定设备发生故障后维修反应时间限制，避免因设备维修不及时影响车站正常旅客运输组织工作和车站服务质量。

④设备日常运营维护。车站设备管理部门组织人员对各项客运设备进行日常巡检、监

图 7.10　上海虹桥站设备智能化管理系统

护、检查,发现异状或故障时,及时反馈有关单位迅速修复或更换;对车站设备使用和管理人员工作情况进行抽查,加强考核,确保按规定使用设备、爱护设备,有效落实各项管理制度;对设备厂商及维保单位定期通报设备维护、保养、维修情况,并将情况及时向铁路局集团公司有关部门反馈;定期组织设备全面大检查,特别是在节假日运输开始前,充分做好设备检查工作,排除故障和隐患,确保设备运营良好,使用正常。

(2)高速铁路动车组列车服务设备维护

高速铁路动车组列车是旅客直接接触并伴随全程的设施设备,动车组运营状态除了会影响到运行安全以外,也会对旅客的列车服务体验产生影响。为了保证动车组及相关设备正常运转,高速铁路客运企业制定了严格的动车组及相关设备的维养制度。

①设备维护规章标准。高速铁路客运企业建立了严密细致的规章制度,研究各专业作业标准、检修周期和劳动力组织等相互关系,制定设备维护检修管理办法及相关的作业标准和指导书,健全配套管理制度。

②设备运行状态监控。建立主要设备电子档案,加强设备技术状态、养修履历过程管理,定期评估设备安全状态,科学制订设备维护周期、范围和维修技术条件,推进设备精准养护维修。动车组实行五级计划性预防修制度,采用以走行公里周期为主、时间周期为辅的检修模式。在运行中配随车机械师进行检查,负责监控动车组运行技术状态,管理和操作动车组车内设备,处理动车组运行途中发生的故障,保证动车组设备运用状态良好。

③内部设备安全监督检查机制。定期开展安全管理评估和专业检查,有针对性地加强恶劣天气、防洪防汛、春运、暑运、节假日等阶段性、季节性设备状态安全监督检查;开展高速铁路安全生产专项整治,重点加强设备检修、应急处置、人身安全、消防安全等安全关键项点的检查控制。

另外,高速铁路客运企业利用信息化技术,集约化管控客运站段生产资源,持续推进客

运站段综合指挥中心建设，有效提高作业效率和保障运营安全，为站段监督落实作业标准提供平台，确保客运服务质量，优化处置流程，解决管理分散问题，实现站段快捷指挥，全面提升客运站段统筹控制管理水平。

7.4 高速铁路客运服务质量企业外部监管

服务质量监管就是为了维护行业市场秩序，在符合国家法律法规的条件下，保护市场各方（企业与企业、企业与消费者）利益关系的平衡，监管部门督促企业建立有关产品和服务的性能指标及其质量标准体系，并在实践中持续实施所采取的一系列针对市场各方行为的限制性措施。高速铁路客运服务质量外部监管主要包括相关政府部门及社会组织、社会公众、媒体等，国家铁路局是对我国铁路运输业实施监管的主要部门。

7.4.1 高速铁路客运服务质量监管类型及模式

服务业具有为社会提供"服务性"产品的共性，在各类服务业进入市场化经营的过程中，鉴于服务性产品的生产特性及质量特点，借助国家和行业的相关法律法规、社会团体和舆论等，对"服务性"产品及其质量实施监管，达到保护消费者利益、促进服务经营可持续、维护市场公平公正的最终目标。

1. 高速铁路客运服务质量监管类型

高速铁路客运服务质量监管从不同角度出发可分为不同类型。

(1)不同时序的监管类型

高速铁路客运服务质量监管可分为初始监管、准入监管、持续监管、退出监管。

初始监管是对客运服务相关企业法律基础、监管模式选择、监管机制设立等内容进行监管。在监管实施之初，监管机构还应在法律法规、相关政策的指导下，协作制定出适宜的服务质量监管制度、规范和标准。

准入监管是监管主体（机构）建立客运产品和服务的申报审定制度。政府（或监管机构）通过发放许可证或认可的形式在一定时期内准许企业生产此类产品或服务，以防止不合格的服务进入市场，如制定铁路运输企业准入许可实施细则等。

持续监管主要是针对客运产品或服务的提供全过程实施状态的监管活动。这是客运服务质量监管中范围最广、难度最大、因素最为复杂的监管过程。在监管职能实施中，信息公开机制、消费者参与机制、检查与抽查机制、惩罚与补偿机制、争议解决机制以及不同监管部门的分工协作机制等都发挥了重要作用。

退出监管是对严重违规企业的退出资格进行审定，迫使其退出市场。审视企业提供服务与约定标准是否达标，对于严重违反行业规范规定的企业，应当及时迫使其退出行业市场。

(2)不同主体的监管类型

高速铁路客运服务质量监管可以分为政府监管和社会监督。

政府监管（行政性监管），是由政府机构或其他授权机构依据法律授权，通过制定规章、设定许可、监督检查、行政处罚和行政裁决等行政手段，对社会经济个体的行为实施直接控制。

社会监督指由国家机关以外的社会组织和公民对各种法律活动的合法性进行的不具有直接法律效力的监督。常见的社会监督有公民监督、舆论监督和新闻媒体监督。例如，中国消费者协会对铁路旅客运输服务质量也进行着常规性以及重点时期的服务质量调查。

政府监管和社会监督虽然在监管性质、范围、内容、处罚方式等存在差异，但两者都是为了确保国家有关行业市场的法律法规、规章和政策的贯彻执行，维护行业市场的公平原则，保护消费者的合法权益。

2. 高速铁路客运服务质量监管模式

依监管主体不同，各国(或行业)实施监管的模式有所不同，主要有政府主导型、自律主导型、政府与自律并重型三种监管模式。

(1)政府主导型监管模式

此种模式下，主要依靠政府部门对行业活动进行监管，这种模式不仅维护了行业监管的权威性和强制性，也更有力地维护行业市场秩序，避免出现过度竞争的混乱局面，但监管的直接成本较高。

(2)自律主导型监管模式

此种模式下，以行业自律为主，政府监管为辅，通过自律组织实现对行业的自我管理、自我约束，政府部门基本不参与行业监管，注重发挥市场参与者的自我管理作用。

(3)政府与自律并重型监管模式

此种模式下，由独立于政府和自律组织但受政府监督和管理的监管机构依照一定的授权对行业活动进行监管，或由政府监管机构和自律组织分权行使监管职能。

总之，监管类型和监管模式多种多样且各具特色，对其的选择取决于不同国家的政治、经济、社会和文化情况、行业的发展情况、行业特征、机构特点和监管目标等因素。

7.4.2　铁路客运服务质量监管特点及内容

从世界范围来看，铁路都是国家重要的基础设施，具有规模经济、范围经济等特性，需要国家监管机构依据国家制定的相关法律法规和规章，对全国铁路运输市场实行集中统一监管。

1. 服务质量监管特点

服务的过程性，决定了服务质量呈现出与实物产品质量不同，那么对服务质量的监管表现出如下特点：

①建立服务标准和规范是基础。对服务质量监管，政府应着重通过立法、行政干预手段制定相应的服务标准和规范，并以此规范企业的生产经营活动和消费者的消费行为。

②服务过程监管是重点。服务质量监管应侧重于对服务过程的监管，加强对一线的管理和监控，建立服务质量日常监督检查制度，保障服务规范的有效实施。

③消费者参与是本质要求。服务质量监管，应加强消费者的参与性，组织消费者满意度调查，从消费者的角度对服务质量进行评价，并定期向社会发布相关监管信息，接受社会监督，同时建立消费者投诉管理制度，切实保护消费者合法权益。

④促进企业改善服务是根本目的。服务质量监管应对企业的运营组织和服务质量管理工作进行实时监督，建立完善的服务质量评估方法和奖惩制度，促进企业持续改进服务质量。

2. 服务质量监管内容

铁路行业政府监管的主要内容分为经济性监管和社会性监管两大部分。经济性监管是指对铁路行业市场准入、铁路运输价格、铁路运输服务产品服务质量、铁路运输市场交易行为和竞争行为的监管，对争议行为的调节和裁定以及对违规行为的处罚等；社会性监管是指对铁路运输生产技术标准、安全标准、服务标准、环境保护标准等的监管，监管机构通过制定铁路运输生产技术标准、安全标准、环境保护标准等方式和手段，来减少安全事故的发生和对环境的污染，保证人民生命财产安全，提高人民生活质量。

围绕服务提供的全过程，服务质量监管内容可总结为四个方面：

①企业是否对顾客履行了约定的服务义务。企业提供服务的义务即为经营中应该承担的责任，受国家、行业相关法律、法规、规范性文件等的责任要求和企业自身针对该项服务向社会公布的服务承诺。它可以作为消费者维权的依据。

②企业所提供的服务是否符合标准要求。这是企业提供服务的定量性描述，其依据和作用与企业的服务义务相同。

③对于客户在接受服务过程中遇到的问题，企业是否给出了令人满意的答复。这是有关消费者“知晓权”的问题，首先企业有义务向社会明确告知所提供服务的内容及标准，其次，在服务提供过程中，对客户提出的所有问题和诉求，一线服务人员都应该关注并在条件允许的情况下，积极施予适当帮助。

④针对服务质量问题，企业是否采取了积极措施并达到改善的效果。运输服务的参与性、异质性等特点，决定了服务质量的动态性。出现运输服务质量问题，表明客户对运输企业提供的服务产生怀疑，无论对服务质量的认定和责任划定如何，运输企业都应该以积极的态度和行动面对服务质量的所有问题，并不断努力提高服务质量。

7.4.3 高速铁路客运服务质量监管机构及机制

监管体系是指按市场经济的要求和国家经济管理的目标所设置的市场监管机构体系、组织制度、监管制度的总称。服务质量监管体系是在相关的社会宏观法律背景和行业经营管理体制下构建的。一般包括以下工作。

1. 监管机构设立

监管机构是监管的主体，监管机构的设置根据选择的监管模式而定。在政府主导型监管模式下，行业协会的职能被弱化，而在自律主导型监管模式下，政府监管部门的职能则被削减。若选择独立监管模式，则政府和行业协会的职能都被该独立监管部门所替代；分权监管模式下，则由行业主管部门和专业监管部门二者分权行使监管职能；政府直接监管模式下，则由政府主管部门直接对行业进行监管。可见，监管机制与所选择的监管模式相对应。

在机构设置的过程中，要特别注意监管机构的层级关系以及职能划分。合理的组织结构体系及职能配置，多部门间的联动协作机制，将会形成“多部门协作、深层次拓展、全环节覆盖”的联合监管执法工作局面。为了建立起一个完整的监管体系还需要理清监管机构、企业及社会大众之间的运作关系。社会大众协助监管机构监督企业行为,而企业和社会又对监管机构的监管活动进行监督反馈,监管机构内部也需互相监督指导,由此健全和完善服务质量监管机制,形成一个上下配套、纵横交错的综合性监督网络,充分发挥“政府监管、行业自律、企业自治、社会监督”的综合效用,使服务质量监管系统高效运转。

2. 监管机制

服务质量监管职能的实施,需要一系列与监管目标相适应的监管制度和机制的建设。具体包括:

①信息公开机制。监管信息公开应清晰地描绘监管机构的职责范围及监管决策机制,明确制定监管规则和仲裁争议程序,公布其决定以及做出决定的理由。将监管机构的行为和被监管者的履行行为定期向公众报告,规定有效的上诉机制,将监管机构的行为和工作效率报告提交给外部检查人员进行详细审查。另外,对所监管企业的相关信息应该公开,包括按照月度、季度和年度频率公开公用事业企业的成本和运营等绩效信息、服务质量信息和客户满意度调查结果等。

②消费者参与机制。在监管过程中,可以吸纳消费者参与进来,有效监督企业和政府监管机构的行为。可通过咨询、会议、听证等渠道保证消费者参与法律、政策的制定以及监管过程。

③检查与抽查机制。检查与抽查机制是针对企业运营与服务情况以及上报、公布信息等展开的,可督促企业持续改进服务质量以及提高信息上报的真实性。

④惩罚与补偿机制。惩罚与补偿机制是基于企业服务质量绩效建立合理的奖惩机制。通过惩罚与补偿机制的建立和实施,会使得企业有提供较高服务质量的意愿,而不仅仅是满足达到监管部门设定的最低标准。

⑤争议解决机制。包括企业解决渠道、监管机构投诉和法院起诉等方面,成立争议解决机构,并设计合理的操作流程,保证其公平公正性,有助于解决企业与消费者之间的问题。

⑥不同监管部门的分工协作机制。行业服务质量监管十分复杂,需要不同监管部门通力合作才能完成。协调机制涉及的监管机构包括行业主管部门、监管部门、反垄断机构以及行业协会的相互协调和配合。

7.4.4 高速铁路客运服务质量监管体系及实践

服务质量监管体系是在相关的社会宏观法律背景和行业经营管理体制下构建的,它的形成与国家法律的规定和历史文化传统有着密切的关系。我国铁路行业通过不断改革,建立了比较完善的行业监管体系,并且根据行业发展需要,不断调整监管制度和监管机构,有效地保障铁路行业的可持续发展和铁路运输服务质量的不断提高。

1. 高速铁路客运服务质量监管机构及职能

国家铁路局负责对铁路运输服务进行专业监管,国家发展和改革委员会、财政部、国资委、国家环保局等构成我国铁路行业的其他行政监管机构,其对铁路运输服务监管主要起补充作用。我国铁路运输服务监管体系如图 7.11 所示。

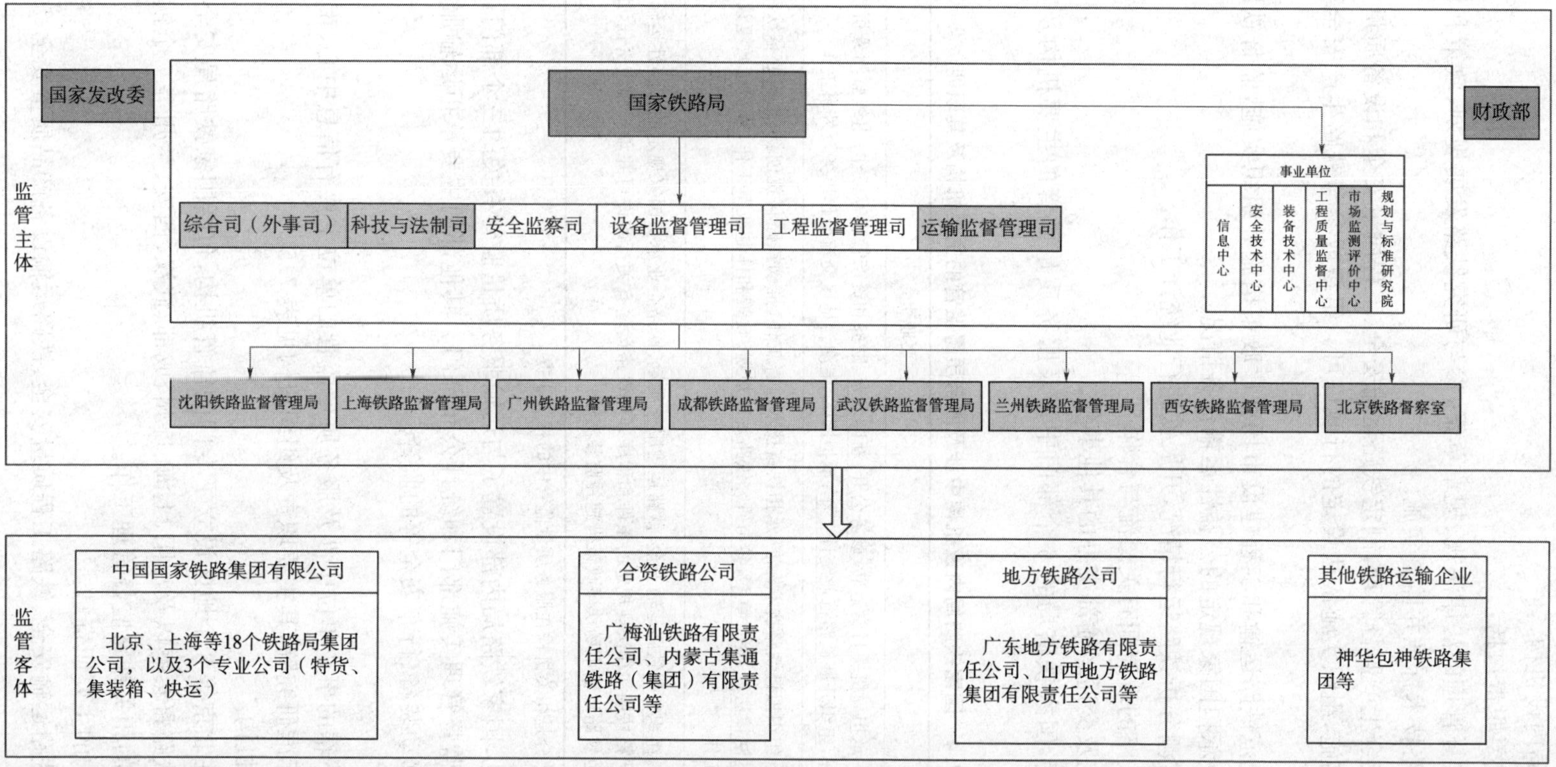

监管主体

国家发改委

国家铁路局

财政部

综合司（外事司）

科技与法制司

安全监察司

设备监督管理司

工程监督管理司

运输监督管理司

事业单位

信息中心

安全技术中心

装备技术中心

工程质量监督中心

市场监测评价中心

规划与标准研究院

沈阳铁路监督管理局

上海铁路监督管理局

广州铁路监督管理局

成都铁路监督管理局

武汉铁路监督管理局

兰州铁路监督管理局

西安铁路监督管理局

北京铁路督察室

监管客体

中国国家铁路集团有限公司

北京、上海等18个铁路局集团公司，以及3个专业公司（特货、集装箱、快运）

合资铁路公司

广梅汕铁路有限责任公司、内蒙古集通铁路（集团）有限责任公司等

地方铁路公司

广东地方铁路有限责任公司、山西地方铁路集团有限责任公司等

其他铁路运输企业

神华包神铁路集团等

图7.11　我国铁路运输服务监管体系结构

注：1.铁路的国家出资及监管主体为财政部。
2.铁路运输价格监管主体为国家发改委。

(1)国家铁路局内设机构

国家铁路局主要职责包括：

①起草铁路监督管理的法律法规、规章草案，参与研究铁路发展规划、政策和体制改革工作，组织拟订铁路技术标准并监督实施。

②负责铁路安全生产监督管理，制定铁路运输安全、工程质量安全和设备质量安全监督管理办法并组织实施，组织实施依法设定的行政许可。组织或参与铁路生产安全事故调查处理。

③负责拟订规范铁路运输和工程建设市场秩序政策措施并组织实施，监督铁路运输服务质量和铁路企业承担国家规定的公益性运输任务情况。

④负责组织监测分析铁路运行情况，开展铁路行业统计工作。

⑤负责开展铁路的政府间有关交流与合作。

⑥承办国务院及交通运输部交办的其他事项。

根据上述职责，国家铁路局的 6 个部门中涉及服务质量监管的主要机构及其职能见表 7.4。

表 7.4　国家铁路局内设机构中涉及服务质量监管的主要机构及其职能

部　　门	主要职责
综合司 (外事司)	承担局机关日常运转、政务公开、新闻发布、财务和资产管理等工作；组织监测分析铁路运行情况，组织开展铁路行业统计工作；承担国际、港澳台地区交流合作事务及外事工作
科技与法制司	组织拟订铁路技术标准，承担铁路技术监督工作，推动铁路科技创新；组织起草铁路监督管理的法律法规、规章草案，参与研究铁路发展规划、政策和体制改革工作，承担行政复议、行政应诉工作
运输监督管理司	组织监督铁路运输安全、铁路运输服务质量、铁路企业承担国家规定的公益性运输任务情况，严格按照法律法规规定的条件和程序办理铁路运输有关行政许可并承担相应责任，组织拟订规范铁路运输市场秩序政策措施并监督实施

注：表中加下划线部分是相关机构在服务质量监管中的相应职责。

由表 7.4 可见，国家铁路局内部设置了与运输服务质量监管有关的三个部门，即政策法规标准制度部门、监督管理实施部门和统计公布部门。其他部门主要承担运输服务后台质量，如工程建设、移动装备、行车安全等的监管。

(2)事业单位

国家铁路局下辖的事业单位中涉及服务质量监管的单位主要有信息中心、市场监测评价中心和规划与标准研究院，其主要职责及组织机构见表 7.5。

(3)地区监管机构

国家铁路局在北京等 8 个地区设立了专门的监管机构，包括国家铁路局安全监察司内设机关——北京铁路督察室以及沈阳、上海、广州、成都、武汉、西安、兰州等 7 个铁路监督管理局，负责管界内的相关铁路监督管理工作。

地区监管机构的主要职责是：

①监督管理铁路运输安全、铁路工程质量安全、铁路运输设备产品质量安全。

表 7.5 国家铁路局涉及服务质量监管职责的事业单位概况

部 门	主要职责	组织机构
信息中心	1. 承担国家铁路局信息化规划、建设和管理工作。 2. 承担国家铁路局政府网站和行政办公系统的建设、运营维护工作。 3. 承担计算机网络系统和信息安全防护等工作。 4. 承担视频会议系统、应急管理平台的技术支持和运行维护工作。 5. 承担新闻宣传、党建宣传服务工作。 6. 承担舆情信息监测和处理工作。 7. 指导各地区铁路监督管理局网络安全和信息化推进工作。 8. 承办国家铁路局交办的其他事项	内设机构：综合处（人事处、党群工作处）、技术处、应用开发处、网站管理处、新闻信息采编处、宣传处
市场监测评价中心	1. 承担规范铁路运输市场秩序政策研究工作，提出监督管理的相关建议。 2. 承担铁路运输市场监测评价体系研究工作。监测分析市场运行情况，编制铁路运输行业监测评价报告。 3. 承担铁路运输服务质量标准和监管研究工作。监测铁路客货运输服务质量，编制铁路运输服务质量监测评价报告。 4. 承担铁路公益性运输研究工作，提出铁路公益性运输政策建议。监测铁路公益性运输完成情况。 5. 承担铁路国际运输研究，提出有关法规和标准建议。 6. 承担铁路运输相关行政许可技术支持工作。 7. 承担铁路运输法规和技术咨询服务工作。 8. 承担铁路运输市场和运输服务质量方面投诉受理相关工作。 9. 承担铁路行业统计、报表制发和有关审核分析及铁路行业统计普查和专项检查工作。 10. 承办国家铁路局交办的其他事项	内设机构：综合处（人事处、党群工作处）、铁路运输市场研究所、铁路运输服务质量研究所、铁路运输市场投诉受理中心、国际联运研究所、统计处（国家铁路局统计中心）
规划与标准研究院	1. 承担全国及区域性铁路线网、枢纽、主要技术装备及铁路客货运量等专业规划研究及执行情况评估等有关工作。 2. 承担铁路装备产品、工程建设、工程造价等技术标准研究、制订及标准国际化等具体业务管理工作。 3. 承担铁路改革与发展、产业经济等基础性研究工作。 4. 承担铁路法律、法规、政策等基础性研究工作。 5. 承担铁路建设项目决策咨询、设计评审等有关工作。 6. 开展铁路行业技术开发、转让、咨询、服务及出版活动。 7. 承担铁路科技项目、成果和技术监督等相关业务管理工作。 8. 承担行政许可政务服务保障工作。 9. 承办国家铁路局交办的其他事项	内设机构：综合处（人事处、党群工作处）、科研处（期刊编辑部）、规划研究所、技术标准所、工程定额所、技术开发中心、政策法规研究所、工程设计评审中心

注：表中加下划线部分是各事业单位在服务质量监管中的相应职责及有关的内部机构。

②监督相关铁路法律法规、规章制度和标准规范执行情况，负责铁路行政执法监察工作，受理相关投诉举报，组织查处违法违规行为。

③依法组织或参与铁路交通事故和铁路建设工程质量安全事故调查处理，负责事故统计、报告、通报、分析等工作。

④研究分析铁路安全形势、存在问题,提出改进安全工作的措施要求并监督实施。

⑤监督规范铁路运输和工程建设市场秩序的政策措施实施情况,监督检查铁路行政许可产品和许可企业,监督铁路运输服务质量和铁路企业承担国家规定的公益性运输任务情况,监督铁路运输设备和工程建设招标投标工作。

⑥负责与地方政府及相关执法部门的工作联系,指导协调地方铁路相关部门工作,建立相关信息通报和监管协调机制。协调组织开展铁路沿线安全综合治理和相关铁路突发事件应急工作。

⑦完成国家铁路局及其他领导机关交办事项。

2. 我国铁路运输服务质量监管规范及制度

高速铁路客运服务质量监管的基础在于法律法规、标准规范等监管制度,包括法律法规、部门规章、规范性文件、标准等。监管制度作为监管实施的依据和手段,规范与制度相辅相成,规范是制度的基础,制度是规范实施的保障。

监管制度是监管实施的依据和手段。服务质量监管职能的实施,需要一系列与监管目标相适应的监管机制,具体包括信息公开机制、消费者参与机制、检查与抽查机制、惩罚与补偿机制、争议解决机制、不同监管部门的分工协作机制等。目前,我国铁路运输服务质量监管规范及制度如图 7.12 所示。

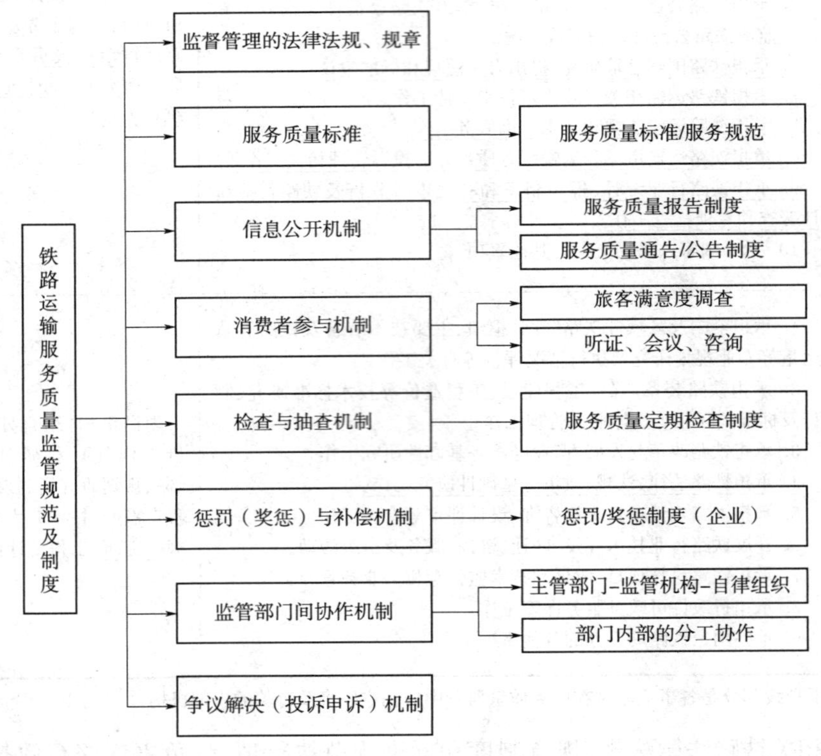

图 7.12 铁路运输服务质量监管规范及制度

3. 我国高速铁路旅客运输服务监管实践

自国家铁路局成立以来,从政府对铁路运输行业、企业监管的职责出发,国家铁路局分

阶段、分层次、分领域地推动监管体系的建设与发展，履行对铁路运输行业监管职责。从法规制度、客运服务质量检查与抽查、消费者参与监管、争议解决处置四个方面介绍我国高速铁路客运服务质量政府监管实践。

(1)高速铁路客运服务质量监管法规制度

法规制度是实施监管的基础和纲领。当前，我国铁路运输市场监管法规制度中专门针对高速铁路客运服务质量监管的甚少，大多针对包括高速铁路在内的整个铁路运输服务，见表 7.6。

监管法规制度对旅客运输服务的不同方面进行监管。如《铁路旅客运输规程》是运输市场监管的重要规章，涉及高速铁路客运服务的方方面面，《铁路运输企业准入许可办法》和《铁路运输企业准入许可实施细则》从铁路运输企业准入的角度对服务质量进行"初步把关"；再如，与实名制相关的《铁路旅客车票实名制管理办法》、规定旅客安全检查和携带物品等的《铁路旅客运输安全检查管理办法》，以及专门针对服务质量制定的《铁路运输服务质量监督管理办法》等。

表 7.6　我国高速铁路运输市场监管法规制度

类　型	具体内容
法律	《中华人民共和国民法典》《铁路法》《中华人民共和国消费者权益保护法》《中华人民共和国安全生产法》《中华人民共和国反不正当竞争法》《中华人民共和国价格法》等
行政法规	《铁路安全管理条例》《铁路交通事故应急救援和调查处理条例》《中华人民共和国消费者权益保护法实施条例》《中华人民共和国价格管理条例》等
部门规章	《铁路旅客车票实名制管理办法》《铁路旅客运输安全检查管理办法》《铁路运输服务质量监督管理办法》《铁路旅客运输规程》《高速铁路安全防护管理办法》《铁路运输企业准入许可办法》等
规范性文件	《交通运输部　国家铁路局关于加强城际铁路、市域(郊)铁路监督管理的意见》《铁路旅客车票实名制管理有效身份证件样式》《铁路旅客禁止、限制携带和托运物品目录》《铁路运输企业准入许可实施细则》等

(2)检查与抽查机制实践

为了精准落实对铁路旅客运输服务质量的监管，维护良好的市场秩序，国家铁路局通过客运服务质量专项监督检查、日常站车检查(如旅客列车和客运站车检查)和委托第三方机构开展服务质量调查等方式，深入基层对企业的客运服务过程进行沉浸式体验、对企业服务质量的满意度和认可度等收集一手资料和信息，实施对客运服务质量从企业的设施设备配置和服务管理规范，到客运服务的实施、过程、结果等方面进行全方位的检查监督。

①客运服务质量专项监督检查。

针对运输高峰期(如春运、暑运、黄金周等)、重大活动(如金砖国家领导人会晤、上海合作组织峰会、"一带一路"高峰论坛、达沃斯论坛、国家"两会"等)期间，或按照年度监督检查计划和监督检查方案进行安全、防洪等专项检查，对检查中出现的问题向责任单位下达整改通知书，待得到整改反馈后，进行整改销号。

②旅客列车和客运站车检查。

制定计划，国家铁路局机关、地区监管局相关人员每月定期添乘旅客列车对服务质量等进行检查。市场监测评价中心人员定期对客运站车进行检查，监测铁路客运服务质量。

③委托第三方机构开展服务质量调查。

国家铁路局委托高校等第三方开展各类服务质量调查，站在铁路运输企业监管的角度，通过邀请有铁路运输基本知识的体验者，对铁路客运服务从"购票、进站、安检、候车、乘降、乘车、出站"全流程角度进行体验式调查，亲身体验客运站车的服务质量，并从客运服务的"可得性、便捷性、舒适性、规范性、文明性"几个维度，对客运服务质量进行更加客观、全面、专业性的评价。通过系统性数据挖掘，得出面向社会发布、企业整改、行业监管等多层次、多角度的评价结果。

(3)消费者参与监管机制实践

消费者参与监管机制的实践主要通过客运服务质量问卷调查和客运服务质量专项调查等进行。

①客运服务质量问卷调查。

国家铁路局每年组织工作人员深入基层进行服务质量满意度调查。2020年，国家铁路局印制了粘贴式和摆放式两种形式的二维码，积极组织开展铁路客运服务质量网络问卷调查，进一步扩大铁路客运服务质量调查覆盖范围。例如，2022年，国家铁路局共收集铁路客运服务质量问卷256 619份。调查数据显示：92.8%的旅客对票务服务满意和比较满意；91.8%的旅客认为进出站方便和比较方便；92.1%的旅客对工作人员服务满意和比较满意；91.1%的旅客认为列车准点和基本准点；74.4%的旅客认为车站换乘其他交通方式方便和比较方便；旅客认为便捷换乘、车票候补服务及自主选座更受欢迎。

②客运服务质量专项调查。

客运服务质量专项调查包括新型卧铺动车组列车服务质量调查、客运站车旅客引导系统专项评估调研、铁路旅客售票调研、铁路行李包裹快件运输调研和网上订餐专项调查等。例如，新型卧铺动车组列车服务质量调查重点围绕新型卧铺动车组列车的"特点"，从旅客乘坐的"舒适性、方便性、私密性"等感知体验展开调查。

(4)争议解决(投诉申诉)机制

国家铁路局2016年制定了涉及旅客投诉处理的管理办法，对运输类投诉细化了工作流程(图7.13)，要求工作人员将收到的旅客投诉进行登记、分类总结，并将投诉转送给各单位，对反馈的处理结果进行登记。2022年，国家铁路局共处理运输类留言、信件3 583件，其中投诉类2 759件，主要反映票务、服务环节、客运安全、12306、列车正晚点、列车开行等问题。

第一步，投诉登记。国家铁路局工作人员需要将不同渠道接收到的信息进行分类统计，其中包括投诉类信息，对投诉的类别、主要内容、投诉人、联系方式、责任单位等进行统计。

第二步，投诉转送。国家铁路局运输监督管理司向其他司局、地区监管局，国家铁路局向铁路运输企业转送运输投诉类邮件，并提出核实、调查处理相关要求。

第三步，结果反馈。铁路运输企业、地区监管局按照要求将运输监督管理司转送的投诉内容调查处理，并以公文形式反馈结果。

第四步，投诉总结。国家铁路局每月编制运输类邮件处理情况分析，其中包含投诉类邮件处理情况。

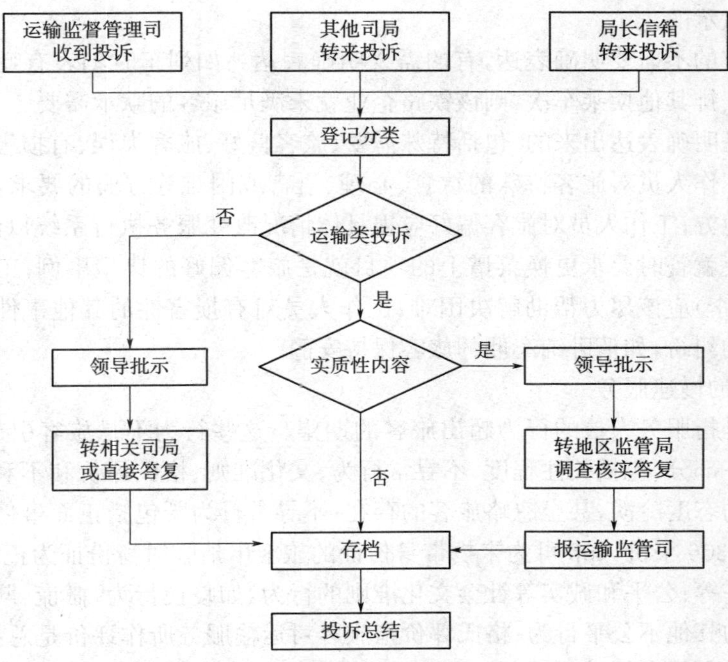

图 7.13　国家铁路局投诉渠道及处理流程

7.5　高速铁路客运服务补救

尽管高速铁路客运服务质量各类控制主体都会不断加强对服务全过程的控制，但由于服务人员、旅客的个性特征，以及不可预见因素影响，不可避免存在旅客感知服务质量低于可接受服务的情况，即发生服务失败，这就需要高速铁路运输企业及时采取措施进行服务补救，它是保证服务质量的最后屏障。

7.5.1　高速铁路客运服务失败

1. 服务失败

高速铁路客运服务的性质决定了服务失败的不可避免性，如列车晚点、服务设施设备维护不完美等。只要旅客认为企业提供的服务达不到预想的效果，就会感到“服务失败”。

通常服务失败可以分为得不到服务、不合理的慢速服务、其他核心服务失败等三类。得不到服务指得不到正常情况下应得到的服务，如车票已售出，但由于特殊原因列车停开，旅客滞留于客运站，上不了车，就会导致旅客得不到服务；不合理的慢速服务指旅客感觉到服务或工作人员的服务速度比期望的速度慢很多，如列车上的餐饮服务，若在旅客点餐后半小时送达，则旅客认为服务过于迟缓，会造成其对服务人员的不满；其他核心服务失败包括核心服务失败的所有其他方面，如列车上不开厕所、没有开水等情况，都会引发旅客的怨言，影响铁路形象。

(1)得不到服务

这类服务失败，是服务人员对单个旅客需求和特殊要求的反应。旅客需要既可能是明示的也可能是默示的。

默示要求有的不需要明确表达,有的需要明确表达。如列车时刻表有变而铁路企业未通知旅客以便安排其他换乘车次,则该铁路企业就未满足旅客的默示需要。

明示要求是明确表达出来的,包括特殊需要、旅客偏好、旅客失误、有损害性的其他事件等四种类型。工作人员对旅客特殊的饮食、心理、语言或困难等方面的要求,是需要服务人员予以注意的地方;工作人员对旅客偏好应视具体情况改变服务执行系统以满足旅客偏好,如旅客在列车上就餐时要求更换菜谱上的项目就是旅客偏好的典型事例;工作人员对旅客失误(如丢失行李)应该尽力帮助解决困难;工作人员对有损害性的其他事件应该尽其可能解决旅客之间的纠纷,如请卧铺车厢的旅客保持安静。

(2)不合理的慢速服务

这类服务是指服务人员的行为超出旅客的期望。这些行为不是旅客引起的,也不是服务交付系统的一部分,包括关注程度、不寻常行为、文化准则、格氏评价和不利环境。关注程度指服务人员的态度冷淡,甚至忽略旅客的存在;不寻常行为既包括正面事件也包括负面事件,例如铁路12306手机App可为未携带身份证的旅客申请临时身份证为正面事件;文化准则指可能违反平等、公平和诚实等社会文化准则的行为,如歧视行为,撒谎、欺骗等不诚实行为和旅客认为的其他不公平行为;格氏评价指旅客对运输服务所作评价是总括性的,即旅客不是对服务中独立的事件进行评价,而是使用总括性的词语,如令人愉快或特别糟糕等;不利环境指服务人员在紧张气氛下的行为,例如面对突发事件,服务人员未能够有效地控制局面,或者出现一些不当行为(如自己逃生),都会在旅客头脑中留下深刻印象。

2. 旅客投诉行为

旅客投诉行为并不仅仅是服务失败的结果。在服务失败后,旅客会有意识地选择是否投诉,而且即使没有产生服务失败,旅客也常常会投诉。企业要实施成功的服务补救,就必须要理解旅客的投诉行为。

(1)旅客投诉的价值

多数企业一想到投诉的旅客就发怵,而另一些企业则把投诉看成是企业发展的促进剂。其实,每家企业都应该鼓励旅客投诉。首先,旅客投诉是告诉企业在某些运营或管理方面存在问题并需要纠正。因此,投诉的旅客是在向企业免费送礼,也就是说,他们担当企业的顾问,诊断企业的问题,但却不收取任何费用。其次,投诉的旅客为企业重新使旅客满意提供了机会。投诉的旅客比不投诉的旅客更可能与企业进行业务往来。企业应将投诉看成满足感不足的旅客需求,避免旅客流失和负面宣传的机会。

企业应该担心的是心中有不满却不投诉的旅客,这类旅客会选择减少或不再购买高速铁路客运服务产品,造成损失。

(2)投诉类型

根据消费心理学研究,投诉可以分为辅助性的和非辅助性的。

辅助性投诉是为了改变事情的不合意状态。例如,向列车服务人员抱怨饭菜烧得不熟。在这种情况下,投诉人完全期望服务员会改变这种状况。研究显示,辅助性投诉只占每天投诉量的一小部分。

非辅助性投诉并不是期望因此会改变不合意的状况,而且其投诉量远远超过辅助性投诉。

例如,有关天气或个人身体状况的抱怨。非辅助性投诉存在几个原因:第一,投诉可以减压,宣泄投诉人压抑的精神,此种投诉给人一种"消消气"和"舒舒胸"的感觉;第二,投诉是投诉人得以恢复某种控制力的方式,投诉人通过影响其他人对投诉来源的评价来恢复其控制力,如为了报复冒犯自己的服务人员或企业进行的反面宣传,就可使投诉人通过间接报复而得到某种程度的控制力;第三,投诉可以寻求同情,看别人是否同意自己的意见,从而证明自己的投诉是合理合法的,即投诉人想知道其他人在同一情况下是否会有同样的感受;第四,投诉可以制造一种印象,如爱投诉的人通常被认为更聪明、更有辨别力,其标准和期望比不投诉的人更高。

(3)投诉的结果

总的来说,投诉行为会导致三种结果:表达、退出以及报复。

表达指旅客口头表达出对运输企业或服务的不满,分为高度、中度和低度表达。高度表达指向管理高层表达不满;中度表达指旅客直接向服务人员表达其不满;低度表达指旅客向与该运输企业或服务无关的其他人表运其不满。

退出指旅客不再消费该运输企业的服务,分为高度、中度和低度退出。高度退出指旅客决定永不再购买该运输企业的服务或产品;中度退出指旅客决定尽量避免购买该运输企业的服务或产品;低度退出指旅客不改变其购买行为,但适当减少购买频次。

报复指旅客采取行动有意损害运输企业及其将来的业务,分为高度、中度和低度报复。高度报复指损害运输企业物质利益或向他人针对该运输企业业务极力进行反面宣传;中度报复指旅客为运输企业制造较小的不便并且仅将其遭遇告诉几个人;低度报复指不信任但不对运输企业进行报复的情况。

以上三种投诉行为并不是互斥的,也可以同时发生。有三种高度结果行为的消费者可能会有爆炸性的举动。例如,在有三种高度结果行为的情况下,旅客向列车服务人员大喊大叫表达其不满,发誓再也不乘坐高速动车组,并伤害乘务员或其他旅客。相反具有高度表达、低度退出和低度报复的旅客将会是永久投诉者,而其购买行为也会一如往常。

3. 旅客抱怨时的期望

旅客面对服务失误可能采取消极的情绪对待,或保持沉默,或采取积极的行动,向服务提供者、周围的人抱怨。当旅客以一种积极的态度花费时间和精力进行抱怨时,一般都抱有很高的期望。服务补救专家史蒂夫·布朗(Steve Brown)和史蒂夫·泰克斯(Steve Tax)已经总结出三种顾客在投诉后所寻求公平的类型:结果公平、过程公平和相对对待公平。

(1)结果公平

旅客希望公平或者得到的赔偿与他们遭遇服务失误后的不满意是相匹配的。这种赔偿可以是物质的,也可以是精神赔偿。同时,旅客希望得到的公平是一种横向的公平,就是说,他们得到的赔偿应该与其他旅客经历同类型失误时得到的一样。

(2)过程公平

旅客除了期望得到公平的结果之外,他们期望进行投诉或者抱怨过程的政策、规定和时限公平。公平过程的特点包括:清晰、快速和无争吵。正如旅客所期望的公平中所举的例子那样,旅客期望解决问题的人员能明确责任、勇于承担责任并且能快速解决问题。不公平的过程(如只是给旅客电话号码却没有很好的电话接待服务,相互推卸责任并且处理问题拖沓)使旅客感到缓慢、拖延以及不方便。

(3)相对对待公平

旅客除了要求公平赔偿,投诉过程应清晰、快速和无争吵之外,还希望得到公平、诚实的对待。他们希望得到有礼貌、细心周到而诚实的对待。解决问题的人员态度亲切、考虑周到,可以使旅客减少很多负面的情绪并参与快速解决问题当中。如果旅客感到运输企业及其员工对处理问题漠不关心并且没有采取任何解决问题的措施,他们将会表现出更加强烈的负面情绪并且感到困惑,同时把失误完全归咎于服务提供者。

7.5.2 高速铁路客运服务补救的原则及步骤

1. 服务补救的概念

高速铁路客运服务补救是针对高速铁路客运服务失败采取的行动。它是在发现服务失败、分析失败原因基础上,对服务失败进行评估并采取恰当的管理措施予以解决的行为。服务补救是高速铁路运输企业服务质量控制的重要内容之一,是为了帮助运输企业有效地管理服务失败和旅客抱怨,也是为了重新赢得旅客好感所做的努力,有效的服务补救可以提高旅客满意度及旅客忠诚度。

服务补救以旅客为导向,关注外部效率,着眼于与旅客建立长期关系,而不是短期成本节约。因此,服务补救具有以下几个鲜明的特征:

①服务补救强调实时性。即服务补救最好是失败发生的当场就得以解决,否则补救费用急剧增加,效果不会尽如人意。

②服务补救强调主动性。即要求运输企业及时发现失败并主动处理问题,是最具前瞻性的服务措施,且这种模式更易挽回旅客,提高其满意度和忠诚度。

③服务补救要求全员介入。即要求现场发现、现场处理,所有一线员工都由运输企业授权负责处理旅客抱怨,避免浪费时间等待专门人员处理而使补救效果打折。

2. 服务补救的原则

高速铁路客运服务补救是建立在以旅客为导向的基础上的问题处理方式。运输企业必须建立一个有效的服务补救系统来发现并解决服务失误。同时,运输企业必须意识到:失败的服务补救甚至比不采取补救措施还要糟糕。因此,基于服务补救的特征,服务补救必须遵循以下基本原则:

①发现服务失误是运输企业的职责。如果运输企业没有做到这一点,旅客可能不会再选择该运输企业的服务或者进行公开的抱怨。

②积极鼓励投诉。专家称积极鼓励投诉是打破沉默的一种方式。一般情况下,每一个不满意的旅客将至少告诉 15 个人。连锁反应下去这家企业将会失去很多旅客。从这可以看出积极鼓励投诉的重要性。通过旅客调查、焦点群体访谈、积极监督服务执行过程等来鼓励旅客抱怨,从而保证旅客满意。

③方便的意见处理程序和方式。意见的处理程序和方式应该尽可能便于旅客表达意见。旅客应该对进行抱怨的渠道非常熟悉并可以很方便地向运输企业表达他们在服务过程中的不满。运输企业必须勇于承担责任,消除推诿或扯皮现象。

④保持畅通的信息沟通。运输企业应该让旅客了解到,运输企业正积极地采取措施对服务失误进行补救并时刻让旅客了解进展情况,特别是当不能立刻解决问题时,更应该坦诚

地告诉旅客。

⑤积极、主动、合理地解决服务失误。道歉是必要的,除了口头道歉之外,还必须对旅客的损失做出合理的赔偿。

⑥关注服务失误对旅客的精神造成的伤害。

⑦建立有效的服务补救系统。在这个系统中,包括对员工进行有关发现服务失误和安抚受挫旅客技巧方面的培训;此外,运输企业应授权一线员工解决服务失误,鼓励员工创造性地进行服务补救。

3. 服务补救步骤

高速铁路运输企业进行服务补救需要经过五个步骤,具体如下:

(1)道歉

运输企业必须承认服务失误。道歉是必要的,但在很多情况下仅仅道歉是远远不够的,还必须对旅客的损失做出恰当赔偿。

(2)紧急修复

采取快速行动,纠正错误。这将使旅客达成运输企业对旅客抱怨很重视的积极认知。

(3)移情

对旅客表示真诚的理解和同情。运输企业要站在旅客的角度,理解由于未满足旅客需求而对旅客造成的影响。旅客在遇到服务失误后,通常会产生焦虑和挫折感,运输企业应当予以特别关注。

(4)象征性赔偿

以一种有形化的方式来对旅客进行赔偿。该步骤是向旅客表明,运输企业愿意为其服务失误承担一定的损失。运输企业应确定旅客的接受底线,向旅客表明运输企业愿意为其服务失误提供价值合适的补偿。

(5)跟踪

运输企业通过跟踪测量旅客不满的缓解程度,了解上述几个步骤的有效程度。

在有些情况下,旅客只是对高速铁路客运服务的某些方面感到失望,高速铁路运输企业只需运用前两个步骤,即可做到有效的服务补救。但对于结果较为严重的服务失误,高速铁路运输企业就需要按照顺序采取以上五个步骤。

7.5.3 高速铁路客运服务补救的方式、策略及评价

1. 服务补救方式

高速铁路客运服务补救的方式可以分为管理性服务补救、防御性服务补救和进攻性服务补救三种。

(1)管理性服务补救

管理性服务补救是在服务失误发生、服务流程结束后,由专业部门处理旅客抱怨。服务补救被作为一个单独的服务片段,列在了主服务片段之后。这种方式的服务补救与传统抱怨处理基本相同,是服务失误的被动解决方式。即使旅客最终得到了完全合理的赔偿,但其感知质量的负面影响仍难以消除。

(2)防御性服务补救

防御性服务补救是在服务流程设计中,服务补救仍然是一个独立的情景,但是这个片段被纳入为整个服务的一个组成部分。出现服务失误后,不等整个服务流程结束,也不需要旅客到规定部门提出意见,问题就可以得到解决。这是一种主动的服务补救方式,但它要求旅客自己来解决问题,正式的补救措施只能影响到以后的服务,同样没有充分地考虑旅客的情绪和成本。

(3)进攻性服务补救

这是一种超前的服务失误解决方式,即出现服务失误后立即加以解决。按照这种补救方式,旅客的情绪问题可以得到较好解决。旅客会为服务提供者的补救行为感到惊喜,旅客感知服务质量可能比未遭遇服务失误还要高。

对于高速铁路客运服务来说,不同种类的服务失误需要采取不同的补救处理方式,如对于本企业的核心服务应该采取进攻性、至少防御性的服务补救策略,而对于跟本企业关系不大的服务或一些辅助服务可适当采取管理性服务补救策略。

2. 服务补救模型及策略

高速铁路客运服务补救的前提是要对旅客反馈的信息及时处理并制定对应的补救策略。

(1)服务补救信息处理模型

高速铁路客运服务一切投诉信息源自旅客,通过一线服务人员、相关投诉设备、机构向更高管理部门逐级传递下去,并由各级投诉处理人员提出解决方案,直至旅客满意为止,信息传递结束。

图 7.14 是旅客投诉信息处理模型。由图可以看出如果信息传递顺畅、准确,则可促进投诉处理系统提出正确的投诉处理方案,并及时解决问题。若信息传递不畅或失真,则会阻碍投诉处理过程,影响解决旅客问题的速度,降低旅客的满意度。高速铁路运输企业应该建立准确迅速的服务投诉和补救信息传递系统,提高服务补救效率和效果。

(2)服务补救策略

投诉处理、服务补救过程直接影响企业成本和旅客满意度,最终影响到旅客对服务质量的感知与评价,所以企业在设计服务产品时应该考虑并制定服务补救策略,具体需要考虑以下几个方面:

①衡量成本。留住现有旅客与争取新旅客的成本与收益差异较大,吸收新旅客要比留住老旅客的成本高。现有旅客疑问较少、对企业的服务流程和工作内容熟悉,更容易接受企业的服务方式,购买其服务。现有旅客是企业利润的重要源泉。

②未雨绸缪。任何一次服务都是由一系列关键事件组成的,这些事件反映了旅客与高速铁路运输企业在客运系统中的相互作用点。具有有效补救服务体系的企业首先会确定哪些相互作用点最容易产生服务失败。高速铁路客运服务中一线服务人员是最容易产生服务失败的环节,高速铁路运输企业应采取措施提高一线服务人员工作的积极性,并通过服务补救技巧培训,降低服务失败的概率。

③快速反应。一旦发生服务失败,企业就应快速做出反应,这样的补救工作才有可能取得成功。研究表明,如果投诉得到迅速处理,企业会留住 95%原来不满意的旅客,反之则仅能留住 64%的不满意旅客。企业对投诉反映速度越快,其给旅客传达的信息越好,旅客的忠诚度就越高。

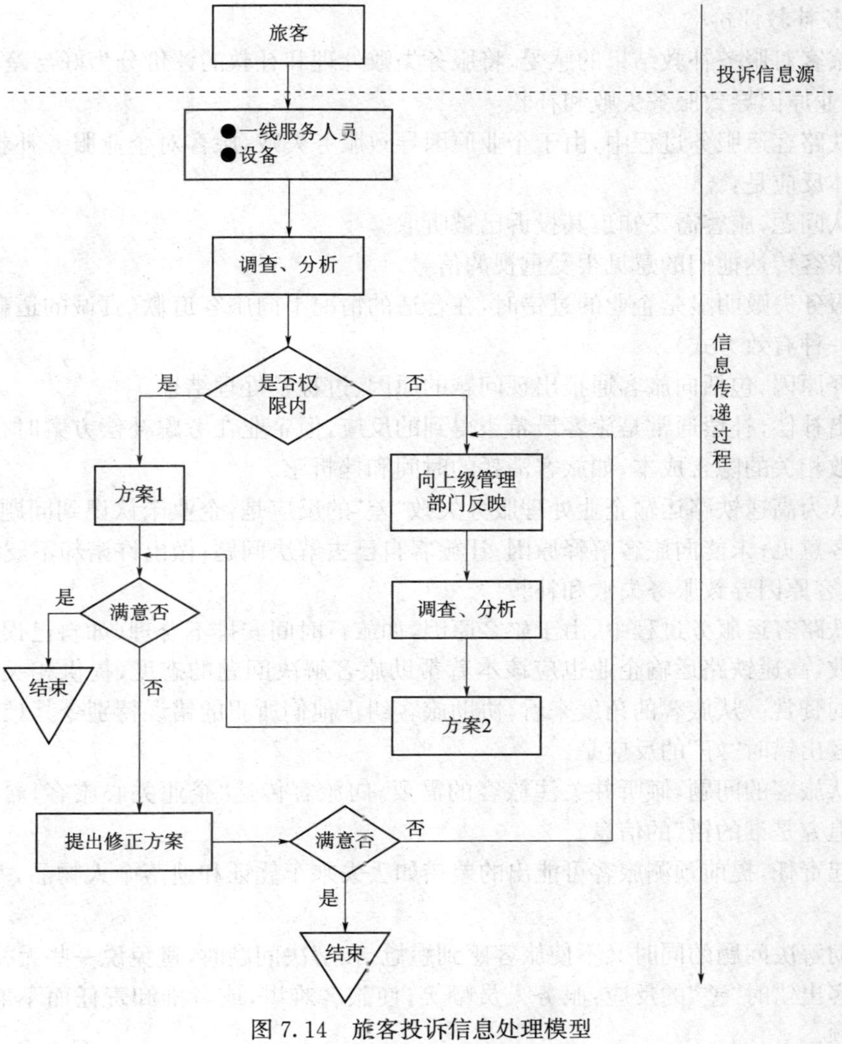

图 7.14 旅客投诉信息处理模型

④制定补救方案。并非所有的补救方案都对旅客有同样的吸引力，旅客一般基于其所感受的公平性来评价服务补救方案。旅客感受的公平性包括分配性公平、程序性公平和互动性公平三类。分配性公平重点在于企业补救行为的具体结果是否抵消了服务失败的成本，如补偿、修正或完全更换、重做以及道歉等；程序性公平用于剖析为取得最后结果所用的过程，如对同样的补救服务，“迅速”执行比“拖拖拉拉”更有可能得到旅客更高的有效性评价；互动性公平指服务补救过程实施的方式和补救结果的表现形式，如工作人员所表现出来的恭敬和礼貌、同情心、解决问题过程中的努力程度以及企业是否愿意解释出现服务失败的原因等。

⑤服务人员培训与授权。高速铁路客运服务补救过程最关键的是一线服务人员对服务失败的识别与分析及补救时机的掌握和补救技巧的发挥，这一方面依赖于对一线服务人员的专业化培训，同时还需要管理层给予一线服务人员一定的授权，保证在需要其快速作出反应的场合采取及时、恰当的补救措施。

3. 服务补救评价

根据旅客对服务补救结果的感受,将服务失败处理和补救的评价分为好与差两种情况。

(1)企业原因导致服务失败和补救

高速铁路客运服务过程中,由于企业原因导致服务失败,旅客对企业服务补救方案评价"好"的具体反应是:

①承认问题,旅客需要知道其投诉已被听取。

②向旅客传达他们的意见很受重视的信号。

③当服务失败明显是企业的过错时,在合适的情况下向旅客道歉(真诚的道歉常常是服务补救的一种有效方式)。

④解释原因,包括向旅客通报出现问题的原因、过程及处理结果。

⑤提出补偿,补偿通常是旅客最希望得到的反应,但企业在考虑补偿方案时很容易忘记与服务失败相关的隐含成本,如旅客消耗的时间和挫折感。

旅客认为高速铁路运输企业处理服务失败"差"的反应是:企业未认识到问题的严重性;未重视旅客意见;未能向旅客解释原因;让旅客自己去解决问题;做出许诺却不履行等。

(2)旅客原因导致服务失败和补救

高速铁路客运服务过程中,由于旅客原因,如旅行时间安排不合理(如自己误车)等造成的服务失败,高速铁路运输企业也应该本着帮助旅客解决问题的态度,提供相关补救服务,赢得旅客的赞赏。从旅客的角度来看,协助旅客纠正他们所犯的错误特别令其难忘。

在旅客出错时"好"的反应是:

①承认旅客的问题,倾听并关注旅客的需要,向旅客传达"企业关心旅客,希望旅客好,而不只是追究是谁的错"的信息。

②负起责任,提前预测旅客可能出的差错如丢失乘车凭证和遗落个人物品,并提供解决方案。

③协助解决问题的同时又不使旅客感到尴尬,在解决问题时,避免说一些无礼的话。

在旅客出错时"差"的反应:服务人员嘲笑,使旅客难堪,或者推卸责任而不愿意帮助旅客解决问题。

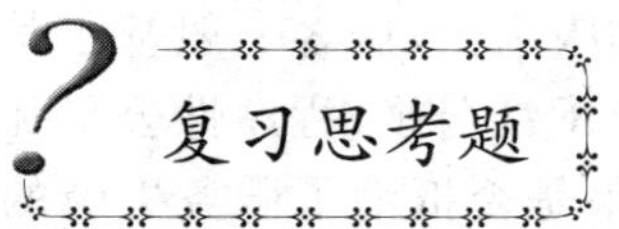

复习思考题

1. 简述旅客容忍区域的含义和影响因素。
2. 简述高速铁路客运服务质量控制原理。
3. 简述高速铁路客运服务质量控制主体及特点。
4. 简述高速铁路客运服务质量企业内部控制特点。
5. 如何理解高速铁路客运服务质量企业内部各阶段控制的意义和侧重点?
6. 简述我国高速铁路客运服务质量监管机构及职能。
7. 如何看待旅客投诉行为的价值和结果?
8. 简述服务补救的意义和策略。

8 高速铁路客运服务礼仪

高速铁路客运服务礼仪是指一线服务或管理人员（以下统称“客运服务人员”）在票务服务、进站服务、候车服务、站台乘降服务、列车服务、出站服务等运输服务过程中向旅客表示敬意的仪式和礼节，包含客运服务礼仪、礼貌、规范等内容。它是客运服务人员必须遵循的服务规范和岗位要求。客运服务人员的服务技巧以及服务中表现出的礼仪修养直接影响旅客的服务体验和对服务质量的评价。本章重点介绍高速铁路客运服务仪态仪表和语言礼仪等内容。

8.1 高速铁路客运服务礼仪的概念、特点及原则

礼仪是人们在社会生活中相互交往时形成的行为规范与准则，以一定的约定俗成的程序、方式表现律己、敬人的过程，涉及穿着、交往、沟通和情商等方面，是个人或社会整体文明程度的一种外在表现。例如，礼貌、礼节、仪表、仪式等都属于礼仪范畴。

1. 高速铁路客运服务礼仪的概念、特点

服务礼仪是礼仪在服务行业的具体运用，泛指服务人员在工作岗位上应该严格遵守的行为规范。在服务行业中推广服务礼仪，具有多方面的意义：其一，有助于提高服务人员的自身素质；其二，有助于更好地向服务对象表示尊重；其三，有助于进一步提高服务水平和服务质量；其四，有助于塑造并维护服务企业的整体形象；其五，有助于服务企业创造更好的经济效益和社会效益。

服务礼仪具有明显的规范性和可操作性。服务礼仪以服务人员的仪容规范、仪态规范、服饰规范、语言规范和岗位规范为基本内容，即要求服务人员在各项具体的服务过程中应该怎么做和不应该怎么做。离开了这些由一系列具体做法所构成的基本内容，服务礼仪便无规范性与可操作性可言。

由此可见，高速铁路客运服务礼仪是指高速铁路站、车等服务人员在与旅客交往过程中应该具有的相互尊重、亲善和友好的行为规范和艺术，是“以客为尊、以人为本”理念的具体体现，也是铁路优质服务的重要组成部分。高速铁路客运服务是接触度很高的工作，掌握服务礼仪，做到礼貌待客，是做好高速铁路客运服务工作的先决条件。学习和运用服务礼仪，不但是客运服务人员的工作需要，也是体现铁路运输企业管理水平、服务水平以及客运服务人员道德文化修养的重要内容。

2. 高速铁路客运服务礼仪的原则

（1）“旅客至上”原则。在高速铁路客运服务过程中，必须牢固树立“旅客至上”的理念，应当把旅客当成亲人和朋友来对待，热情地为他们服务，解决他们在旅途中的困难，让他们

感受到铁路出行的温暖。

(2)“用心服务”原则。客运服务人员每天要接待数以万计的旅客,而在春运、暑运、节假日等特殊时期,出行的旅客人数更多,客运服务人员工作量更大。面对如此繁杂劳累的工作,要想保持良好的服务礼仪,就必须从内心真正认识到用心服务的重要性,养成良好的职业习惯。客运服务人员应该时刻牢记自己的职责,始终保持最佳的服务状态,主动发现服务机会,用心服务好每位旅客,提供及时、恰当、满意的服务获得旅客的认可与肯定。

(3)“持之以恒”原则。高速铁路客运部门是服务窗口单位,做好服务工作是每位客运服务人员的职责。既然是服务行业,就应该规范自己的言谈举止,文明礼貌地为旅客服务。高速铁路客运服务礼仪是规范化服务的重要内容之一。客运服务人员都应该接受服务礼仪系统培训,同时要善于保持心理平衡,持之以恒。这样才能将职业要求逐步转化为职业习惯,在服务旅客时让旅客满意而来、满意而归。

8.2 高速铁路客运服务仪容、仪表、仪态

仪容指人的容貌,由发型、面容及人体所有未被服饰遮掩的肌肤(如手部、颈部)等所构成的。仪表是容貌、服饰、姿态等多方面的整体感觉,是人的静态形象。仪态则是人的动态形象。一个人的仪表、仪态往往与其生活情调、思想修养、道德品质和文明程度密切相关。客运服务人员服务于旅客,其仪容、仪表、仪态不仅反映个人的精神面貌,同时也代表着铁路企业的形象,因此,必须注意自身的仪容、仪表、仪态,给旅客留下良好的服务印象。

8.2.1 客运服务基本仪容、仪表、仪态礼仪

1. 仪容礼仪

一个人的仪容受到先天条件与修饰两大要素影响。所有在工作岗位上的客运服务人员必须按照本行业的规定,对自己的仪容进行必要的修饰与维护。

(1)美容礼仪

人的基本美容礼仪表现在对皮肤、发型、口腔、手和指甲的修饰和维护。

①皮肤。美容都是从皮肤开始的。皮肤的类型包括油性皮肤、干性皮肤、中性皮肤、混合性皮肤、过敏性皮肤、粉刺性皮肤六种。由于客运服务人员的工作时间不固定,充足的睡眠和合理的饮食就显得尤为重要,客运服务人员应根据自己的皮肤类型,选择适合的洁肤和护肤产品,保证皮肤的健康和清洁,留给乘客一个干净、整洁、自信的职业形象。

②发型。一种发型就是一种象征,一种无声的语言,它能有力地表现一个人的追求和兴趣。因此,选择适合自己的发型,对展示自己的风度十分重要。选择发型的原则是:a. 发型与体形相配;b. 发型与脸型相配;c. 发型与年龄相配;d. 发型与性格相配;e. 发型与职业相配。

③口腔。客运服务人员在工作中时常与旅客有较近距离的接触,所以应当保持牙齿清洁,保持口腔清洁卫生,无异味、无异物。做到早晚认真刷牙,刷牙前先用牙线清理牙缝,刷完牙再清洁一下舌头。上班前不要吃葱、蒜、韭菜等有异味的食物,也不要饮酒。

④手和指甲。手是客运服务人员日常工作中使用最频繁的肢体,与人及物品直接接触,

又无衣物包裹，所以必须保持洁净。对于手和指甲的护理应该注意以下几点：a. 手和指甲要经常保持清洁、卫生，并保护手部皮肤润滑；b. 勤剪指甲，修剪整齐，指甲长度不超过指尖 2 mm，指甲内不留异物；c. 不染指甲；d. 假若吸烟，要除掉手上的尼古丁痕迹；e. 不使用假指甲。

(2)化妆原则、礼仪

①化妆原则。

客运服务人员的化妆，是指使用专门的化妆用品所进行的仪容修饰、美化自我形象的行为。客运服务人员上岗服务前的化妆需要注意化妆原则、化妆方法和化妆禁忌，并遵守相关礼仪规范。客运服务人员的妆容实际上是一种上班妆，应遵守如下的化妆原则：

a. 淡妆，也叫自然妆，应做到自然大方，朴实无华，素净雅致。“淡妆上岗”是客运服务人员化妆的基本规范之一。

b. 简洁。客运服务人员的岗位化妆，应当是简妆。一般情况下，化妆时修饰的重点，主要是嘴唇，面颊和眼部。其他部位，基本不考虑。

c. 庄重。客运服务人员的化妆，应以庄重为主要特征。诸如金粉妆、日晒妆、宴会妆等，都不宜为客运服务人员在上班时所采用的。

d. 避短。化妆能美化自身形象，既要扬长，更要避短，即认真掩饰自己的所短，弥补自己的不足。所以客运服务人员必须清醒地认识到：化妆重在避短，而不在于扬长。

②化妆礼仪。

客运服务人员基本的化妆礼仪，主要包括以下四个方面：

a. 不要在公共场所化妆。众目睽睽之下化妆是非常失礼的，这样做既可能有碍于人，也不尊重自己。如果真的有必要化妆或进行修饰的话，要在化妆间或无人的地方进行。

b. 不要妆容离奇出众。要禁止客运服务人员的妆容离奇出众，即有意脱离自己和职业的角色定位，追求荒诞、怪异、神秘的妆容。

c. 不要以残妆示人。残妆示人是指客运服务人员的妆容出现明显的变形或瑕疵。在发现残妆时，客运服务人员应适时地进行局部性的修补。

d. 不要非议他人的化妆。由于民族、肤色和个人文化修养的差异，每个人的化妆会各具特点。对此，不要少见多怪、指指点点，也不要同外宾或不是很熟悉的人切磋化妆技术。

2. 仪表礼仪

仪表礼仪是指一个人的仪表要与其年龄、体形、职业和所在的场合吻合，表现出一种和谐。这种和谐能给人以美感，增进相互之间的好感。客运服务人员的仪表更主要是在工作场所和提供服务过程中应该表现出的仪表风范。

(1)服装礼仪

服装是衬托一个人自然美的最重要的修饰手段。整洁、美观、得体是着装的基本礼仪规范。具体包括：

①服装与自身形象相和谐。服饰礼仪的首要原则，即是与自身形象相和谐，包括两个方面：一是服装与自身体形相和谐。客运服务人员应根据自己体形的特点选择自己的服装，扬长避短，达到较好的穿着效果。二是服装与职业相和谐。客运服务人员的服装应该整洁、便于工作，不能有过多的装饰。

②服装与出入场所相和谐。不同的场合有不同的情景气氛,人们的衣着与其所处的环境构成相互映衬、相互赋予的融合感。客运服务人员在工作和生活中的服饰完全是两个概念,在工作中应该体现亲切、规范和方便于服务的形象,应该达到简洁、大方、正式而不豪华,规范而不死板的效果。服装应熨烫平整,有裤线,干净、整洁。

③服装色彩搭配和谐。色彩是服装最鲜明、生动的语言。根据礼仪的需要和自己的特点,选择适当的服装色彩,并进行合理搭配,是美化着装的一个重要手段。客运服务人员基本依规范着工作装(也叫职业装),依自己的特点,可在小配饰上稍做调整。

④服装款式搭配和谐。服装款式对人的气质、风格、活动便捷度都有影响。客运服务人员的衣着款式及面料质地等,既代表个人气质,更代表企业的形象、服务质量,影响着旅客的服务体验。因此应该按岗位统一着装,切不可乱穿搭。

(2)饰物礼仪

客运服务人员应正确佩戴职务标志。其他佩戴的外露饰物应款式简洁,数量适宜。不歪戴帽子,不佩戴与场合、环境、人物关系不协调的饰物。

3. 仪态礼仪

仪态,泛指人们在交往中所呈现出来的各种姿态及风度。俗话说:"坐有坐相,站有站相。"客运服务人员姿势端庄、态度和蔼,会使旅客产生愉悦和亲切的感受;若行为粗鲁、态度消极,不但失礼,而且会让旅客反感。优美、协调的仪态对展示客运服务人员的形象、气质、风度是非常重要的。

(1)静态仪态

站姿是人体静力造型的动作。优美而典雅的造型,是优雅举止的基础。正确、健美的站姿会给人以挺拔笔直、舒展俊美、庄重大方、精力充沛、信心十足、积极向上的印象。站立时不要过于随便,不要探脖、塌腰、耸肩、双腿弯曲或不停地颤抖,在庄重场合,双手不可放在衣兜里或插在腰间。这些站姿会给人留下不良印象。

①正确的站姿要领。

正确的站姿要领有以下几点:

a. 头正,双目平视,嘴唇微闭,下颌微收,面容平和自然。

b. 双肩放松,稍向下沉,人体有向上的感觉。

c. 躯干挺直,做到挺胸、收腹、立腰。

d. 双臂自然下垂,中指贴拢裤缝。

e. 双腿立直并拢,脚跟相靠,身体重心落于两腿正中。

在非正式场合下,如果累了可以适当调节一下姿态,如可以将一条腿向前跨半步或是向后撤半步,身体重心轮流放在两条腿上;或是轻轻倚靠在某物上,但不可以东倒西歪。如果这些姿态掌握得体,则既可防止疲劳,又不失风度美。

②优美站姿的训练方法。

优美站姿的训练方法包括:

a. 贴墙站立训练,即要求脚后跟、小腿、臀部、双肩和后脑都紧贴墙壁,使身体上下处于一个平面。

b. 背靠背站立训练,即两个身高相仿的人,背靠背站立。

c. 顶书站立训练，即头顶放置书本，上身和颈部要挺直，收下颏，使书本不致掉落。

站立时要始终坚持微笑，使规范优美的站立姿势与轻松的微笑自然结合起来，以充分体现规范站姿的美感。

③正确的坐姿要领。

坐姿是客运服务人员在工作中常有的仪态形式。正确的坐姿要领包括：

a. 入座时，要轻、要稳，坐满位置的 2/3 即可。

b. 双肩平正放松，两臂自然弯曲放在腿上，亦可放在椅子或是沙发扶手上，掌心向下。

c. 坐在椅子上，要立腰、挺胸，上体自然挺直。

d. 男性双膝可分开，脚尖朝前方，双手五指伸直或轻握拳放在腿上；女性入座时双膝小腿自然并拢，双手虎口交叉（右手在上），放在腿上，也可采用一腿交叉于另一腿之上，两小腿并拢与地面成 70°～80°的双腿交叉式坐姿。

e. 谈话时，可以侧坐转身，面向对方，切忌转头不转身。

f. 离座时，要自然稳当，右脚向后收半步，而后站起。

④优美坐姿的训练方法。

优美坐姿的训练方法包括：

a. 客运服务人员应着职业装（女性可穿高跟鞋）练习入座、起立及坐姿。

b. 练习在高低不同的椅子、沙发及不同的交谈气氛与环境下的各种坐姿。其重点是，强调上身挺直，双膝不能分开，可以用一张小纸片夹在双膝间，做到起坐时不掉下。

(2)动态仪态

动态仪态主要是客运服务人员在工作场景下的走姿。可细分为正常和非正常情况的仪态要求。

其一，走姿属动态美。协调稳健、轻松敏捷的步态给人以美感，会表现出一个人朝气蓬勃、积极向上的精神状态，即“行如风”。正确的走姿要领有以下几点：

①双目向前平视，微收下颌，面容平和自然。

②双肩平稳，双臂前后自然摆动，摆幅以 30°～35°为宜，双肩不要过于僵硬。

③上身挺直，头正挺胸，收腹，立腰，重心稍前倾。

④两只脚的内侧落地时应在一条直线上。

⑤步幅和步速适当。如步幅，男子 40 cm 左右，女子 30 cm 左右；步速，男子 108～110 步/min，女子 118～120 步/min。正确的走路要领是，避免“内八字”和“外八字”，避免弯腰驼背、歪肩晃膀；走路不要大甩手，扭腰摆臀，左顾右盼；不要双腿过于弯曲，走路不成直线；不要步子太大或太碎；不要上下颤动；不要脚蹭地面等。

另外，客运服务人员在工作岗位上的走姿应该注意：首先，顾及别人的存在。不仅要选择适当的行走路线，和其他人保持一定的方位，而且还要保持一定的速度。一旦发现自己阻挡了他人，特别是阻挡了旅客的道路，要主动让路，面向旅客侧身让行，不与旅客抢行。其次，养成靠右侧行走的习惯。最后，要有意识地让自己的步态“悄然无声”。

优美走姿的训练是在站姿的基础上进行，具体可以把一本书放在头顶上，放稳后再松手。接着把双手放在身体两侧，前脚慢慢地从基本站立姿势起步走。

其二，特殊情况下的走姿。客运服务人员在与不同类型人员交流，或不同场景下的走姿要求如下：

①客运服务人员陪同引导旅客的时候，如果是在走廊或平地引领，双方并排走路时，引导人员应在左侧。如果双方单行走路，引导人员要在旅客左前方2～3步的位置。当客人不熟悉行进方向时，陪同者应该走在前面外侧。另外，引导人员走的速度不能太快或太慢。每当经过拐角、楼梯或道路坎坷的地方，要提醒对方留意，使用手势，并提醒旅客“请左拐”“这边请”“请小心路滑”等。

②客运服务人员上下楼梯时，应该注意：走专门指定的楼梯(客或货梯)；减少楼梯上的停留；坚持“右上右下”原则；遵守“上下次序”，即出于礼貌，可以请旅客先走，陪同引导旅客上下楼梯时则要走在前面。

③客运服务人员应该注意：乘电梯时碰上不相识的客人，要以礼相待，请对方先进先出。如果是负责陪同引导对方，无人驾驶电梯，服务人员必须自己先进后出，以方便控制电梯；如果是有人驾驶的电梯，都应客人、上司优先，进入电梯后，要尽量站在里边，下电梯前，要做好准备，提前换到门口。

④在客运服务工作中，常常需要对老、幼、病、残、孕等旅客主动予以搀扶，以示体贴和周到。这是给予对方的一种特殊照顾。服务人员在对旅客进行搀扶帮助时，要注意选准对象、两相情愿、方法得当、留意速度这几点。

(3)蹲姿

客运服务人员在捡拾东西或做卫生清洁时，常常会用到蹲姿。蹲姿的三要点是：迅速、美观、大方。蹲姿有以下四种：

①高低式。高低式蹲姿，是指双膝一高一低的姿态。要求在下蹲的时候，左脚在前完全着地，小腿基本上垂直于地面。女性应靠紧两腿，男性可以适度地分开。这是服务人员常常采用的姿势。

②交叉式。交叉式蹲姿，通常用于女士，特别是身穿短裙的女士采用。优点在于造型优美典雅。基本特征是蹲下后双腿交叉在一起。

③半蹲式。半蹲式蹲姿，一般是在行走时临时采用。它的正式程度不及前两种蹲姿，但在需要应急时也采用。基本特征是身体半立半蹲。

④半跪式。半跪式蹲姿，又叫作单跪式蹲姿。它也是一种非正式蹲姿，多用在下蹲时间较长，或为了用力方便时采用。

(4)鞠躬

鞠躬，是客运服务中常常需要的一种礼节形式。

不同的鞠躬角度表达出不同的意味。在对旅客致问候以及示意礼让时，15°鞠躬对旅客迎送还礼，致回敬礼时，30°鞠躬；当向旅客表达歉意时，45°鞠躬。

(5)手势

手势已经成为人们沟通交流时不可缺少的形式，具有丰富的礼仪含义。在与旅客交往中，恰当地运用手势来表情达意，能够引起良好的沟通作用，也会使自己更显优雅。客运服务人员应熟练掌握及运用以下几种情况的规范手势动作。

①递接物品。递接物品时以双手为宜。不方便双手并用时，应采用右手递接物品。用左手递接物品通常被视为无礼的表现。将有文字的物品递交他人时，须使文字正面朝向对

方递上；将带尖、带刃或其他易于伤人的物品递于他人时，切勿以尖、刃直指对方。

②展示物品。展示物品时应根据观众和展示目的将物品举至适宜的高度。将物品举至高于双眼之处，适用于向众人展示物品；将物品举至上不过眼部、下不过胸部的区域，适用于让他人看清展示之物。

③指示方位。指示方位可以使用横摆手势、直臂式手势、曲臂式手势及斜臂式手势。

横摆手势，是指手臂向外侧横向摆动，指尖指向要指示的方向，适用于指示方向。直臂式手势，是指手臂向外侧横向摆动，指尖指向要指示的方向，手臂抬至肩高，适用于指示物品所在位置。曲臂式手势，是指手臂弯曲，由体侧向体前摆动，手臂高度在胸以下，适用于请人进门或先行。斜臂式手势，是指手臂由上向下斜伸摆动，适用于请人入座。

以上四种指示方位的手势，都仅用一只手臂，另一只手臂可垂在身体一侧或放于身后，女性也可将另一只手臂放于腹前。

④握手。握手时应伸出右手，不能伸出左手与人相握。

行握手礼时，要注意先后顺序，尊者在先，即地位高者先伸手，地位低者后伸手；要注意用力大小，握手时，握紧对方的手，力量应当适中；要注意时间长短，与人握手时，一般 3～5 s 即可；要注意相握方式，应先走近对方，右手伸出，掌心向里，握住对方的手掌，双手相握后，应目视对方双眼，将手上下晃动两三下。

(6)眼神

“眼神是心灵的窗户”，眼神能诠释、表达出各种情绪的细微差别。服务中，若能善于运用眼神，可以使客运服务人员变得更加友善和亲切，更容易得到旅客的信任。

位于“以双眼为上线，以唇心为下线的倒三角区”，在社交场合中凝视此区域给人以轻松、平易近人之感，能创造出一种良好的社交气氛。

俯视他人往往带有自高自大、傲慢不屑的意味。客运服务人员应该在日常工作中避免这种注视，以免引起误会。如果对方的位置低于自己的眼睛，例如旅客坐着、客运服务人员站着时，应当轻微俯身，尽量减小俯视的视角差，面带微笑，给人以亲切感。

平视是指眼睛与观察物平齐，视线水平地送出。在与人交谈时应当尽量做到平视对方，目光柔和。在客运服务工作中，平视是一种常规要求。平视表现出双方地位的平等，也是对对方的尊重。

仰视是指抬起头朝上看，容易表现出一种敬仰、高度重视的态度。在服务中，仰视目光的使用并不多。只有当客运服务人员所处位置较对方低，必要时需抬头仰视对方。

(7)微笑

真诚、甜美的微笑会带给旅客亲切、温馨的感受。微笑是客运服务人员的职责所在。客运服务人员应当养成微笑服务的意识。

微笑的时候，先要放松面部肌肉，然后使嘴角微微向上翘起，让嘴唇呈弧形。一个人在微笑的时候，目光要柔和发亮，双眼略微睁大；眉头自然舒展，眉心微微向上扬起。这就是人们常说的“眉开眼笑”。在正式场合，笑容要适度，不可无节制地放声大笑，也不可遮遮掩掩，让别人尴尬。

正确微笑的原则包括：①主动微笑；②自然大方微笑；③眼中含笑；④真诚微笑；⑤健康微笑。具体可以照着镜子训练。训练的基本方法有模拟微笑训练法、含筷法和口型对照法等。

模拟微笑训练法的训练步骤包括:①轻合双唇;②两手食指伸出,其余四指并拢,指尖对接,放在嘴前 15～20 cm 处;③让两食指尖以缓慢的速度分别向左右移动,拉开 5～10 cm 的距离,同时嘴唇随两食指的移动速度而同步加大唇角的展开度,形成魅力的微笑,并让微笑停留数秒钟。

含筷法是选用一根洁净、光滑的圆柱形筷子,横放在嘴中,用牙轻轻咬住(含住)以观察微笑状态。

口型对照法是对着镜子摆好姿势,像婴儿咿呀学语时那样,说“E——”“G——”“茄子——”,让嘴的两端朝后缩,微张双唇。轻轻浅笑,减弱发音的程度,这时可感觉到颧骨被拉向斜后方。相同的动作反复几次,直到感觉自然为止。

8.2.2 高速铁路客运服务人员礼仪规范

站车服务是高速铁路客运服务最主要的运输环节,站车服务人员在工作中的服务用语展示着高速铁路运输服务形象与质量。为规范铁路旅客运输服务质量,我国铁路自 2017 年 1 月 1 日起施行《铁路旅客运输服务质量规范》。其中对高速铁路车站、动车组等服务人员的仪容、仪表、仪态做了具体要求。在此基础上,各铁路局集团公司以国铁集团对高速铁路站车服务人员仪容、仪表规范要求为基础,按照本铁路局集团公司特点,对本铁路局集团公司管内高速铁路车站和担乘高速铁路动车组列车的客运服务人员的仪容、仪表规范和标准提出更有特色和精细的要求,进一步体现中国高速铁路客运服务的差异化和多元化特点。

1. 高速铁路车站服务人员仪容、仪表、仪态规范

高速铁路车站是指办理动车组列车客运业务的高速铁路(含客运专线)车站。高速铁路车站服务人员的仪容、仪表、仪态要求如下:

(1)仪容整洁,上岗着装统一,干净平整

①头发干净整洁,颜色自然,不理奇异发型、不剃光头。男性两侧鬓角不得超过耳垂底部,后部不长于衬衣领,不遮盖眉毛、耳朵,不烫发,不留胡须;女性发不过肩,刘海长不遮眉,短发不短于 7 cm。

②面部、双手保持清洁,指甲修剪整齐,长度不超过指尖 2 mm,身体外露部位无文身。女性淡妆上岗,保持妆容美观,不浓妆艳抹,不染彩色指甲。

③按岗位换装统一,衣扣拉链整齐。着裙装时,丝袜统一,无破损。系领带时,衬衣束在裙子或裤子内。外露的皮带为黑色。佩戴的外露饰物款式简洁,限手表一只、戒指一枚,女性还可佩戴发夹、发箍或头花及一副直径不超过 3 mm 的耳钉。不歪戴帽子,不挽袖子和卷裤脚,不敞胸露怀,不赤足穿鞋,不穿尖头鞋、拖鞋、露趾鞋,鞋的颜色为深色系,鞋跟高度不超过 3.5 cm,跟径不小于 3.5 cm。

④佩戴职务标志(售票员除外),胸章牌(长方形职务标志)戴于左胸口袋上方正中,下边沿距口袋 1 cm 处(无口袋的戴于相应位置),包含单位、姓名、职务、工号等内容。臂章佩戴在上衣左袖肩下四指处。售票员、验证人员、安检值机人员等坐姿作业人员可不戴制帽,其他人员执行职务时应戴制帽,帽徽在制帽折沿上方正中。

(2)表情自然,态度和蔼,用语文明,举止得体,庄重大方

①使用普通话,表达准确,口齿清晰。服务语言表达规范、准确,使用“请、您好、谢谢、对不起、再见”等服务用语。对旅客、货主称呼恰当,统称为“旅客们”“各位旅客”“旅客朋友”,单独称为“先生、女士、小朋友、同志”等。

②旅客问讯时,面向旅客站立(售票员、封闭式问讯处工作人员办理业务时除外),目视旅客,有问必答,回答准确,解释耐心。遇有失误时,向旅客表示歉意。对旅客的配合与支持,表示感谢。

③坐立、行走姿态端正,步伐适中,轻重适宜。在旅客多的地方先示意后通行;与旅客走对面时,主动让路,面向旅客侧身让行,不与旅客抢行。列队出(退)勤时,按规定线路行走,步伐一致。多人行走时,两人成排,三人成列。

④立岗姿势规范,精神饱满。站立时,挺胸收腹,两肩平衡,身体自然挺直,双臂自然下垂,手指并拢贴于裤线上,脚跟靠拢,脚尖略向外张呈“V”字形。女性可双手四指并拢,交叉相握,右手叠放在左手之上,自然垂于腹前;左脚靠在右脚内侧,夹角为45°呈“丁”字形。

⑤迎送列车时,足靠安全线,不侵入安全线外,面向列车方向目迎目送,以列车进入站台开始,开出站台为止。办理交接时行举手礼,右手五指并拢平展,向内上方举手至帽檐右侧边沿,小臂形成45°角。

⑥清理卫生时,清扫工具不触碰到旅客及携带物品。挪动旅客物品时,征得旅客同意。需要踩踏座席时,戴鞋套或使用垫布。占用洗脸间洗漱时,礼让旅客。

⑦不高声喧哗、嬉笑打闹、勾肩搭背,不在旅客面前吃食物、吸烟、剔牙齿和出现其他不文明、不礼貌的动作,不对旅客评头论足,接班前和工作中不食用异味食品。

2. 动车组列车服务人员仪容、仪表、仪态规范

动车组列车是指由若干带动力和不带动力的车辆以固定编组组成、两端设有司机室的一组列车。动车组列车服务人员的仪容、仪表、仪态要求如下:

(1)仪容整齐,着装统一,整理规范

①头发干净整洁、颜色自然,不理奇异发型、不剃光头。男性两侧鬓角不得超过耳垂底部,后部不长于衬衣领,不遮盖眉毛、耳朵,不烫发,不留胡须;女性发不过肩,刘海长不遮眉,短发不短于7 cm。

②面部、双手保持清洁,身体外露部位无文身。指甲修剪整齐,长度不超过指尖2 mm,不染彩色指甲。

③女性淡妆上岗,唇线与口红的颜色一致;眉毛修剪整齐,眉笔和眼线为黑色或深棕色;眼影的颜色与制服一致;使用清香、淡雅型香水。工作中保持妆容美观,端庄大方。补妆及时,在洗手间或乘务间进行。不浓妆艳抹。

④乘务组换装统一,衣扣拉链整齐。着裙装时,丝袜统一,无破损。系领带时,衬衣束在裙子或裤子内。外露的皮带为黑色。佩戴的外露饰物款式简洁,限手表一只、戒指一枚,女性还可佩戴发夹、发箍或头花及一副直径不超过3毫米的耳钉。不歪戴帽子,不挽袖子和卷裤脚,不敞胸露怀,不赤足穿鞋,不穿尖头鞋、拖鞋、露趾鞋,鞋的颜色为深色系,鞋跟高度不超过3.5 cm,跟径不小于3.5 cm。

⑤佩戴职务标志,胸章牌(长方形职务标志)戴于左胸口袋上方正中,下边沿距口袋

1 cm 处(无口袋的戴于相应位置),包含单位、姓名、职务、工号等内容。臂章佩戴在上衣左袖肩下四指处。按规定应佩戴制帽的工作人员,在执行职务时戴上制帽,帽徽在制帽折沿上方正中。除列车长外,其他客运乘务人员在车厢内作业时可不戴制帽。

⑥餐车加热,供应餐食时,服务人员戴口罩、手套;女性穿围裙。

(2)表情自然,态度和蔼,用语文明,举止得体,庄重大方

①使用普通话,表达准确,口齿清晰。服务语言表达规范、准确,使用"请、您好、谢谢、对不起、再见"等服务用语。对旅客、货主称呼恰当,统称为"旅客们""各位旅客""旅客朋友",单独称为"先生、女士、小朋友、同志"等。

②旅客问讯时,面向旅客站立(工作人员办理业务时除外),目视旅客,有问必答,回答准确,解释耐心。遇有失误时,向旅客表示歉意。对旅客的配合与支持,表示感谢。

③坐立、行走姿态端正,步伐适中,轻重适宜。在旅客多的地方,先示意后通行;与旅客走对面时,要主动侧身面向旅客让行,不与旅客抢行。列队出(退)勤(乘)时,按规定线路行走,步伐一致,箱(包)在同一侧。

④立岗姿势规范,精神饱满。站立时,挺胸收腹,两肩平衡,身体自然挺直,双臂自然下垂,手指并拢贴于裤线上,脚跟靠拢,脚尖略向外张呈"V"字形。女性可双手四指并拢,交叉相握,右手叠放在左手之上,自然垂于腹前;左脚靠在右脚内侧,夹角为 45°呈"丁"字形。

⑤列车进出站时,在车门口立岗,面向站台致注目礼,以列车进入站台开始,开出站台为止。办理交接时行举手礼,右手五指并拢平展,向内上方举手至帽檐右侧边沿,小臂形成 45°角。

⑥清理卫生时,清扫工具不触碰到旅客及携带物品。挪动旅客物品时,征得旅客同意。需要踩踏座席、铺位时,戴鞋套或使用垫布。占用洗脸间洗漱时,礼让旅客。清洁厕所时,作业人员戴保洁专用手套。

⑦夜间作业、行走、交谈、开关门要轻。进包房先敲门,离开时应倒退出包房。

⑧不高声喧哗、嬉笑打闹、勾肩搭背,定时定点分批用乘务餐,其他时段不在旅客面前吃食物、吸烟、剔牙齿和出现其他不文明、不礼貌的动作,不对旅客评头论足,接班前和工作中不食用异味食品。餐车对旅客供餐时,不在餐车逗留、闲谈、占用座席、陪客人就餐。

3. 某铁路局集团有限公司动车组客运服务人员职业形象标准

为了更好地适应高速铁路品牌塑造,彰显高速铁路客运服务人员活力、热情、文明、自信的良好专业形象,需要各铁路企业制定规范的职业形象标准。例如,某铁路局集团公司在动车组客运服务人员职业形象与服务礼仪规范方面实行精细化管理,制定了相应的标准,具体如下。

(1)着装标准

动车组男性客运乘务员着装标准按铁路局集团公司标准执行,动车组女性客运乘务员着装标准则根据制服特点明确了四季制服着装要求,明确了丝巾、胸牌(章)、音视频记录仪、臂章、对讲机等佩戴方式、位置等。

①基本要求。

乘务组换装统一,保持清洁干净,熨烫平整,无缺口、残破、毛边等现象,衣扣拉链整齐。丝巾统一系在左侧衬衫衣领处,保持洁净,呈花朵形状,正前方外露黄色部分。衬衫束在裙子内。丝袜颜色应统一为灰色,不得出现破洞和抽丝等现象。鞋子的颜色为黑色,保持光

洁,无破损,鞋跟高度不超过 3.5 cm,跟径不小于 3.5 cm。

②夏装着装要求。

穿着短袖衬衫、马甲、短裙、灰色丝袜、黑色浅口皮鞋。丝巾统一系在左侧衬衫衣领处,保持洁净,呈花朵形状,正前方外露黄色部分。衬衫束在裙子内。夏季连续三天日最高气温超过 35 ℃时,不穿马甲,衬衫内穿浅色内衣。

③春秋装着装要求。

穿着长袖衬衫、马甲、短裙、外套、风衣、黑色浅口皮鞋。外套、裙子的纽扣和拉链等应扣好、拉紧,外套衣袖不得卷起。穿着风衣时,须扣好纽扣,腰带靠左边纽扣处打成蝴蝶结,佩戴音视频记录仪、胸牌、臂章。

④冬装着装要求。

穿着外套、短裙、尼大衣、羽绒衣、黑色皮靴。外套、裙子的纽扣和拉链等应扣好、拉紧,外套衣袖不得卷起,短靴保持光亮无破损。穿尼大衣时须佩戴音视频记录仪、胸牌、臂章。

⑤可佩戴的外露饰物。

佩戴手表款式、颜色简单不夸张,表面直径女性不超过 2.7 cm,男性不超过 4.2 cm,表带宽度不得超过 1.5 cm,不得系挂怀表。可佩戴一枚设计简单的戒指,要求宽度不超过 3 mm,无突出镶嵌物。女性可戴一副直径不超过 3 mm 耳钉,不得佩戴耳环、耳坠等饰物。

(2)仪容标准

①发型要求。

女性留长发,头发梳理整齐,使用黑色细线发网定型,在脑后盘成发髻。发髻应大小适中,佩戴头花包裹。使用黑色无饰物一字发夹。男性发型清爽、干练,鬓角不超过耳垂底部,后部不长于衬衣领,不遮盖眉毛、耳朵,不烫发,不留胡须,面部保持清洁、卫生。头发应保持黑色或自然棕黑色,不得使用假发套。不理奇异发型。头发应梳理整齐,使用发胶、摩丝定型,没有碎发,不得有蓬乱的感觉。

②妆容要求。

面部保持清洁、卫生,女性淡妆上岗,保持妆容美观,不浓妆艳抹。女性乘务人员根据制服颜色,使用合适眼影、腮红、口红(唇彩);使用黑色眼线笔和黑色睫毛膏。双手保持清洁,指甲修剪整齐,长度不超过指尖 2 mm,不染彩色指甲。身体外露部位无文身。

③其他要求。

妆容不整时,应及时补妆,补妆应在洗手间或乘务室进行。可适量喷洒香水,清香淡雅型为宜,香水不可过香、过浓。可使用口气清新剂保持口气清新。

(3)言行标准

动车组客运乘务人员在服务旅客全过程中要做到"微笑待客,身姿优雅,举止端庄,暖心话术",运用服务标准动作和服务标准话术,实现服务品质的全方位传递。

8.3 高速铁路客运服务语言礼仪

语言是人们表达思想、交流感情、沟通信息的工具和手段。俗话说:"言为心声,语为人镜"。语言是人的心灵的体现,是揭示人们心灵的窗户。

客运服务人员在同旅客接触的整个过程中,始终离不开语言交流。客运服务人员的语言运用、表达能力,直接影响到服务的水平及铁路企业的声誉,可见语言礼仪在高速铁路客运服务中是非常重要的。国家市场监督管理总局和国家标准化管理委员会于2019年联合发布的《铁路旅客运输服务质量 第1部分:总则》(GB/T 25341.1—2019)中规定服务人员使用普通话,态度友好耐心,行为用语文明。

8.3.1 高速铁路客运服务语言的基本要求

在客运服务工作中,客运服务人员须自觉地讲究语言礼仪,遵守有关的服务语言规范,对旅客说话必须注意语言的规范性、礼节性、完整性、准确性、逻辑性、策略性;说话的声调要温和、文雅、亲切、谦逊,切不可说脏话、粗话,恶语伤人,更不可用粗野庸俗的话刺激、侮辱旅客。良好的语言表达能力,不是天生的,是可以在生活实践和工作实践中培养、锻炼出来的。服务语言的基本要求有以下几个方面:

1. 言语要文明礼貌

言语文明礼貌与否,是以尊重为基础的,在尊重的基础上才能做到语言和气、文雅、不俗气、有礼貌。

文明礼貌语言分称呼用语和接待用语。称呼用语是客运服务人员对旅客最常用的第一句话。恰当的称呼,加上亲切的语调和热忱的表情,会给旅客一个好的印象,并使对方感到心情舒畅。

称呼语言应根据旅客的年龄、性别、职业以及风俗习惯等给以尊称,以示对人有礼貌。在使用人称时,统称为“旅客们”“各位旅客”“旅客朋友”,单独称为“先生、女士、小朋友、同志”等,避免使用“这个人”“那个人”。更不可针对其弱点、缺陷乱称呼。

接待用语是客运服务人员工作用语,能直接体现工作人员的服务心态和服务技能。应规范、准确使用“请、您好、谢谢、对不起、再见”等服务用语。应当“请”字当头,“谢”字不离口,表现出对旅客的尊重。在工作繁忙时,对旅客的询问,要有耐心,说“请稍等一下”,避免有一言不发或说“你不能等一下”等不耐烦的表现。在行走过程中遇有旅客问话时,应停下脚步认真回答。

2. 语调要柔和

客运服务人员在使用服务语言时,不仅要口齿伶俐,吐字清晰,用语准确、恰当、自然大方,而且语调要柔和。语调柔和是通过语音高低、强弱和说话的快慢来表达的。例如,粗声粗气或平平淡淡的语调,会显得粗暴、生硬、无礼和乏味。命令式、审问方式的谈话,让人生气、生厌,也是不可取的。所以,客运服务人员要说好服务用语,一定要掌握好说话的语调。

3. 表达要恰当

在为旅客服务时,说话要做到表达恰当,否则会引起误会,甚至冲突。说话表达恰当包括要看说话的对象,要使用标准、规范的服务语言,讲话要有分寸。

4. 热情、周到要适度

好动机不一定有好的结果,热情、周到服务也要把握一个度。例如,客运服务人员在扶老携幼和整理行李时,都应事先征询旅客的意见,不能自作主张,以免引起旅客不满。

5. 旅客投诉要冷静

在客运服务工作中,旅客投诉是很难避免的。在接待旅客投诉时,客运服务人员最需要

的是冷静、耐心，认真倾听，不和旅客争辩、反驳，即便是旅客的不对，也要控制自己情绪，做到“礼让三分”。有礼貌地接待，弄清事实真相，做到恰当处理。对旅客的无理要求，要能沉住气，耐心解释，婉言谢绝。

8.3.2 高速铁路客运服务语言礼仪与技巧

1. 高速铁路客运服务语言礼仪

客运服务人员在与旅客接触和提供服务过程中，倾听、应答、解释、劝告和说服等是常用的语言和交谈形式，具体的礼仪规范如下：

(1)谈话与倾听的礼仪

谈话是人们交流感情、增进了解的主要手段。谈话是一门艺术，谈话者的态度和语气极为重要。客运服务人员与旅客谈话或倾听旅客讲话时，应注意以下几点：

①与旅客谈话要全神贯注，不要左顾右盼，心不在焉。

②谈话中采用提问、赞同、简短评论、复述对方话头、表示同意的方法，例如，“您的看法如何呢?”“再详细谈谈好吗?”“我很理解”“想象得出”等。总之，鼓励对方把自己的话说完。

③在未清楚对方全部的真实意图之前，不可贸然提一些反驳或刁难性的话语，不可中途打断对方，或给对方的话下武断性的评论。

④热情耐心，并显出对旅客谈话内容的兴趣，而不介意其他无关大局的地方，如浓重的乡音或读错某个字。

⑤谈话中尽量不使用外语和方言。

⑥谈话中不可能总处于“说”的位置上，只有善于聆听，才能真正做到有效的双向交流。

⑦谈话避免出现沉默，适时插入恰当的话题。

(2)劝说与说服语言礼仪

在工作中，客运服务人员会面对顺意旅客、逆意旅客和中间旅客。不同类型的旅客对客运服务的理解、要求、消费心理和评价标准都有较大差异。当遇到无法满足旅客要求的情况时，常常需要用到劝说和说服的语言。其语言的技巧包括：

①部分地承认或称赞对方的说辞，使拒绝易于接受。首先认同旅客的意见或肯定对方的人格，再予以拒绝。这是世界上最古老的心理技巧，用起来十分有效。因此，采用“是，是，不过……”的拒绝方式，能产生较好的效果。

②充分了解、体谅对方心态。说服旅客之前必须深入了解对方为什么会这样选择或不同意铁路的一些做法，站在对方角度体谅旅客的心态，向他们表达自己的同情和理解。

③把握说服的时机。充分倾听旅客诉说，用语言表达自己的关怀体贴，取得对方信任后，才能解释我方的立场、困难等情形，以求对方谅解。千万不能在对方情绪激动或不稳定时，或者在对方喜欢或敬重的人在场时，在对方的思维方式极端定势时强行说服对方。

④掌握说服技巧。在与旅客交流过程中，劝说或说服旅客改变主意时，必须注意说话技巧，避免发生误会和冲突。

(3)应答语言礼仪

客运服务人员在与旅客交谈的过程中，常常会遇到旅客的询问，如何回答体现了客运服务人员的礼貌修养和专业素质。应该注意：首先，答询用语要求热情有礼，认真负责，耐心细致。其次,应把握回答要领,讲究回答技巧。在解答旅客的问题后,要了解旅客是否明白和满意。对旅客的提问不能直接表示拒绝,更不能置之不理,而是应该用肯定的语气回答对方,并向旅客表示歉意,同时推荐其他解答方式,决不能使用“这事不归我管”“不知道”等生硬的语言。

2. 高速铁路客运服务语言技巧

在为旅客提供服务中,客运服务人员应该巧妙运用有声语言和形体语言与旅客进行充分、良好的沟通。

(1)有声语言的表达方式和技巧

①有声语言的表达方式。

有声语言是指客运服务人员的口头服务用语。在为旅客服务的过程中,客运服务人员的服务语言使用要恰当,过于生硬的语言会引起旅客的反感或者逆反情绪。所以在进行语言表达时,应当注意恰当的表达方式。

a. 征求式语气。征求式语气是客运服务人员在服务工作中最常用到的。如“我能帮您把行李安置到行李架上吗?”等。在向旅客提出要求时,客运服务人员用征求意见的口气去询问,语气温柔和蔼,会让旅客感觉自己得到应有的尊重,自然也就会配合其工作。征求式的语气常用于需要旅客配合工作的情况,询问时,客运服务人员要灵活机动,不要生搬硬套地只用一种交谈方式,以免造成与旅客的关系僵化,不利于事情的解决。

b. 商讨式语气。商讨式语气是客运服务人员在进行协调沟通时经常用到的一种交谈方式。如“如果您方便的话,能不能与后排的一位旅客换一下座位?”商量的语气让旅客得到充分的尊重,并乐于配合或协助完成一项工作。在使用商讨方式交谈时,一定要注意意思的表达,避免让旅客理解为“他重要,我就不重要”,应先肯定商讨的对象,然后再提出需要商讨的问题,并要让旅客受到尊重的同时觉得自己也做了件助人为乐的好事。

c. 委婉式语气。客运服务人员在服务过程中,常会遇见一些不能直面解答的问题,对于此类问题,可用委婉式语气与旅客交谈。如“请您谅解,安全锤是在紧急情况下才使用的,所以您不要随意玩耍”。对于无理取闹的旅客,客运服务人员需要有更多的耐心,用委婉的语气劝导他。

d. 恳求式语气。恳求式语气一般用于客运服务人员处于弱势时,通过恳求的语言“以情动人”,松懈对方的情绪,是一种斗智的心理战术。

②有声语言的表达技巧。

a. 提问技巧。

交谈需要技巧,客运服务人员在为旅客提供服务时,更应注意交谈的语句,要给旅客一种诚恳、亲切、自然的感觉,幽默而不低俗,机智而又不失礼。询问在客运服务人员的服务工作中是十分重要的,它起着解释疑惑、提示和打破僵局的功能。客运服务人员向旅客提出问题时要把握好尺度,掌握提问的技巧。包括如下几种:

(a)直接型询问。直接型询问方式是指客运服务人员可以直接向旅客提出疑问,请求旅客给予解答。这种提问方式比较直接,简单明了,节省时间,能方便快捷地得到答案。

(b)诱导型询问。在不想被旅客发现自己意图的情况下,客运服务人员可以采用诱导型询问。用牵引思路的方式一步一步询问,辗转迂回,将旅客的思路引导至自己预定的方向上来，从侧面得到自己想要的信息。

(c)选择型询问。选择型询问即客运服务人员向旅客提出问题时，将预计的答案一并提出，供其选择。大多时候，选择型询问是用于征求对方的意见。

(d)提示型询问。在不便直接向旅客提出建议或要求的情况下，客运服务人员可以采用提示型询问的方式去暗示旅客。提示型询问是一种比较委婉的交流方式，可以让旅客避免尴尬，比较轻松地达到了解某些问题的目的。

b. 回答技巧。

客运服务人员在回答问题时，应当诚恳、及时，让旅客感觉到他的问题受到了重视，人格得到了尊重。询问时需要技巧，回答时也需要艺术。并不是旅客询问什么，客运服务人员就必须回答什么，先思而后答，机智、灵巧、礼貌才是真正的妙答。

(a)直接式回答。直接式回答是最常用、最普通的一种回答方式。这种方式简单、直接，用于旅客合理的简单询问。

(b)设定前提式回答。在回答旅客提问时，客运服务人员不便将答案直接说出口或者不便回答，采用设定一个前提条件，或者假设一种环境的方法。例如，旅客问："小姐，您长得这么漂亮，怎不去当空姐啊，当乘务员不委屈你了吗?"客运服务人员答："如果我去当空姐了，谁在这给您服务啊?"

(c)巧借前提式回答。如果旅客提出让人尴尬或难以回答的问题，客运服务人员可以借用旅客的话语，借题发挥，用自己组织的语言将尴尬场面或困境补救过来。例如，旅客问："小姐，你们这车怎么跑得这么慢啊?"客运服务人员答："先生/女士，您好！您观察得好仔细！我们的列车是按规定速度行驶的，此时行驶得慢一些，是出于安全的考虑。还望您理解，谢谢您!"

(d)答非所问式回答。答非所问实际上是一种回避术。在服务过程中，客运服务人员常会遇到旅客询问一些不便回答的问题，这时可以采用答非所问的回避术，避开话题，脱离尴尬。例如，旅客问："小姐，你今年多大了?"客运服务人员答："我已经参加工作好几年了。"

(e)否定前提式回答。有时旅客提出的问题或阐述的观点，客运服务人员需要否定，但又不能正面否定，这时可以用否定前提的方式给予回答。例如，旅客问："小姐，你们这车中途都在哪里停啊?"客运服务人员答："对不起先生，咱们是直达列车，中途不停靠。"

(f)无效式回答。无效式回答也是一种回避术，即等于什么也没说。在问题不能回答或没有必要跟随旅客的话题时，可采用无效式回答来打消旅客的继续发问。例如，旅客问："小姐，你电话号码是多少啊?"客运服务人员答："不多，好几个。"

(g)将错就错式回答。有时旅客在交谈中，无意间说错话，造成尴尬场面，客运服务人员可以用将错就错式，对旅客的话题进行弥补，以促其自省，也给旅客找个台阶下。

(2)形体语言的表达技巧

形体语言是指客运服务人员的形体动作和表情所表达的语言效果，有时会给人超越有声语言的影响力。

①面部表情语言技巧。

微笑应该是客运服务人员的职业性表情，正如"此处无声胜有声"。客运服务人员的面部表情应该注意：a. 要面带微笑、和颜悦色，给旅客以亲切感；不能面孔冷漠、表情呆板，给旅客不受欢迎感。b. 当旅客向你的岗位走过来时，无论你在干什么，都应暂时停下来，主动和旅客打招呼。当旅客与你说话时，要聚精会神、注意倾听，给人以受尊重感；不要没精打采、漫不经心，给旅客以不受重视感。c. 要坦诚待客、不卑不亢，给人以真诚感；不要诚惶诚恐、唯唯诺诺，给人以虚伪感。d. 要沉着稳重，给人以镇定感；不要慌手慌脚，给人以毛躁感。e. 要神色坦然、轻松、自信，给人以宽慰感；不要双眉紧锁、满面愁云，给旅客以负重感。f. 不要带有厌烦、僵硬、愤怒的表情，也不要扭捏作态、做鬼脸、吐舌、眨眼，给旅客以不受尊重感。

②手势表达技巧。

一般来说，掌语有两种：手掌向上，表示坦荡、虚心、诚恳；手掌向下，则表示压制、傲慢和强制。所以，客运服务人员和旅客说话时，一切指示动作都必须是手臂伸直，手指自然并拢，手掌向上，以肘关节为轴，指向目标。切忌用手指指指点点。和旅客交谈时，手势不宜过多，幅度不宜过大。在给旅客递东西时，应用双手恭敬地奉上，绝不可以漫不经心地一扔。

③客运服务人员形体语言的实施要领。

a. 举止端庄、彬彬有礼。客运服务人员举止端庄大方是服务行为实施的前提条件。一个人没有良好的举止礼仪素养，其所表现出的行为就会是不符合标准的、欠缺的。在为旅客服务的过程中，客运服务人员的举手投足都应有礼有节，动作有条不紊，言谈举止彬彬有礼，给旅客一种端庄、稳重、温柔、和气、善良、内在美、有气质的感觉。

b. 以客为尊、亲切自然。坚持“以旅客为中心”的原则，用实际行动尽量满足旅客的正当需求。对于旅客提出的意见，要虚心接受；对旅客提出的问题，要耐心回答；旅客遇到困难时，要帮助解决。无论何时，客运服务人员的服务行为都应表现得温柔自然、和蔼亲切。

c. 作业规范、操作标准。客运服务人员应按照业务操作流程进行作业，实现服务标准化。在标准原则不变的情况下，应提倡灵活作业，因人、因时、因事进行变通服务。服务行为的标准化、作业流程的规范化，会给旅客一种安心、正规的感觉。

d. 勤于思考，关心旅客。客运服务人员的每一种行为举动都是有目的的，都是为了满足旅客的需求，为其提供优质的服务。想旅客之所想，只有了解旅客的需求后，才能对症下药，做到人性化服务。

8.3.3　高速铁路客运服务人员规范用语

站、车服务是高速铁路客运服务最主要的运输环节，站、车服务人员在工作中的服务用语展示着高速铁路运输服务形象与质量。我国高速铁路客运服务人员的服务用语是全路统一标准的。

1. 高速铁路客运服务人员语言规范

(1)基本要求

服务人员与旅客交谈时，应注意以下几点：

①面对对方，保持适当距离(45～100 cm)。目光要注视对方的眼睛，以示尊敬。站姿端正，可采取稍弯腰或下蹲等动作来调节身体的姿态和高度。

②讲话口齿清楚、语气温和、用词文雅、简洁适中、诚恳态度，给对方以体贴信赖感。

③听取对方的谈话，不可东张西望。如果不得已需要打断旅客说话时，应等对方讲完一

句话后，先说“对不起”，再进行说明。

④遇到经常乘坐列车的旅客，应主动打招呼问候，表示欢迎。无意碰撞或影响了旅客，应表示歉意，取得对方谅解。

⑤为旅客发送物品时，应主动介绍名称，严格遵循发放原则：先左后右、先里后外、先宾后主、先女后男。

⑥旅客提出的合理要求，应尽量满足，不能做到时，应耐心解释。应允旅客的事情，一定要落实，要言而有信。

⑦不打听旅客的隐私，如旅客的年龄（多为女宾）、薪金收入、衣饰价格等。

(2)有助于表现专业形象的说话方式

客运服务人员在使用服务用语时，可采用一些有助于表现专业形象的说话方式，例如，声音柔和而清晰，并具有亲和感；语言简单明了；语速快慢适当；音量高低适中；不说话时做其他事情；特殊情况下可使用方言。

2. 高速铁路车站服务人员规范用语

高速铁路车站服务人员针对不同旅客或服务需求，其规范用语的具体内容见表 8.1。

表 8.1　高速铁路车站服务人员规范用语

序　号	旅客服务需求	服务用语规范
1	旅客询问时	您好，请讲。
2	安检时	您好！请将您的包打开一下配合检查，谢谢！/对不起，您的物品按规定不能携带，您可选择……（说明处理方式）。
3	实名制验证时	各位旅客请使用购票时使用的证件过闸机。/请出示购票时使用的证件。
4	检票时	请您出示车票。
5	整理队伍时	请您按顺序排好队。
6	需要旅客配合通行时	对不起，劳驾。
7	遇到旅客寻求帮助时	请问您需要什么帮助？/请问我能为您做些什么？/请问您有什么需求？
8	失礼时	对不起，请谅解！
9	纠正旅客违反规章制度时	请您配合我们的工作，谢谢！
10	受到旅客表扬时	请您多提宝贵意见。
11	受到旅客批评时	对不起　给您造成困扰了。
12	售票时	您好，请问办理什么业务（请问您要购买哪一天去哪里的车票）？
13	售票窗口拥挤时	请大家按顺序排好队，不要拥挤。
14	旅客买票排错队时	对不起，请到××窗口排队购票。
15	误售车票时	对不起，请稍等，马上更正。
16	旅客之间发生矛盾时	请不要争吵，有问题合理解决。
17	旅客携带儿童超龄时	请您出示儿童的身份证件。对不起，这位儿童超龄了，需要购买儿童票/全价票。请按规定补票。

3. 动车组列车服务人员规范用语

动车组列车服务人员针对不同旅客或服务需求，其规范用语的具体内容见表 8.2。

表 8.2　动车组列车服务人员规范用语

序号		旅客服务需求	服务用语规范
车门立岗	1	在车门立岗迎接旅客上车时	您好,欢迎乘车。
	2	遇雨、雪天气时	您好,欢迎乘车,请注意脚下安全。
	3	旅客携带行李较大时	您好,请将行李放入大件行李区。
	4	在车门立岗送别旅客时	再见,欢迎您再次乘坐本次列车。
途中作业	5	制止旅客吸烟时	您好,请不要在车内任何区域吸烟,感谢您的合作!
	6	整理行李架时	您好,我帮您调整一下行李。
	7	制止衣帽钩挂包(小茶桌放重物)时	您好!衣帽钩(小茶桌)承重有限,请您将物品放在行李架上。
	8	制止儿童在车厢内跑动时	请您照顾好您的孩子,不要让孩子在车厢内跑动,以免发生意外。
	9	为旅客更换清洁袋时	您好,帮您更换一下清洁袋。
	10	收取杂物时	您好,这个您还需要吗?
	11	提示旅客正确使用电茶炉时	您好,如果您要泡面(茶),请等待绿灯亮起。
	12	为特等座、一等座旅客送食品时	您好,这是为您准备的食品,请拿好!

4. 高速铁路客运常用电话服务规范用语

客运服务人员在通过电话进行业务受理时,其规范用语的具体内容见表 8.3。

表 8.3　高速铁路客运常用电话服务规范用语

环节	序号	沟通情景	服务用语规范
问候语	1	客户来电接通时	您好,很高兴为您服务,请问有什么可以帮助您?
	2	询问客户姓名时	请问先生/女士您贵姓?
	3	外拨电话回复客户咨询时	您好,这里是×××××,现在对您之前来电查询的……业务进行回复,请问可以吗?
	4	外拨电话进行客户回访时	您好,这里是×××××,为了更好地为您服务,现在对您做几分钟的简短回访,请问可以吗?
	5	如客户不同意、不方便接受电话回访时	对不起,打扰您了!
	6	法定节日问候	节日快乐!很高兴为您服务,请问有什么可以帮助您?
业务受理	7	若没有听清客户咨询的问题时	对不起,我没有听清您的问题,麻烦您再重复一遍,好吗?
	8	遇到客户声音小听不清楚时	对不起!我这里听不清您的声音,请您大声一点,好吗?
	9	遇到对方无声音时	“您好,请问有什么可以帮助您?”等 5 s 后无声,重复问候语,再等 5 s 无声,提示客户“对不起,您的电话无声音,请您换部电话或位置,好吗?”等 5 s 后挂机。
	10	遇到客户讲方言听不懂时	对不起,我这里听不懂您的方言,请您讲普通话,好吗?谢谢!
	11	遇到客户拨错电话时	对不起,这里是×××××,请您查证后再拨。
	12	遇到推销电话或者骚扰电话时	如果您不是办理相关业务,很抱歉我不能为您提供帮助!
	13	遇到客户因电话接通等待时间长而不满时	对不起,让您久等了!
	14	客户很着急或发脾气时	您别着急,有什么事,我们帮您解决。

续上表

环节	序号	沟通情景	服务用语规范
业务受理	15	需转接其他受理人员时	您好，很抱歉，您的问题我需要帮您转接至××人员进行详细查询，请您稍等，不要挂机，好吗？
	16	客户要求转接其他客服人员接听时	抱歉（或对不起），女生或先生，××号现在正在受理其他用户的问题，您方便把您的情况跟我说一下吗？看我能不能帮到您？
	17	对客户询问表示肯定或否定时	可以。/对。/不可以。
	18	受理过程中，如需客户等待	对不起，我需要……（讲明原委），请您稍等一下，好吗？
	19	如客户等待时间超过 20 s 时	对不起，请再稍等一下。
	20	客户等待结束后回复客户时	对不起，让您久等了（或感谢您的耐心等待）。
	21	遇到无法当场回复的客户咨询或查询时	对不起，我们需要做进一步查询，稍后将尽快与您联系，好吗？
	22	需与客户确定回复联系电话时	请问，可以通过……（来电号码）与您联系吗？/请您留下联系电话，我们将尽快与您联系。
	23	如有较长的信息需客户记录时	麻烦您记录一下好吗？/谢谢，请问您现在可以开始记录吗？/请您记录×××。
	24	遇到客户提出建议时	谢谢您提出的宝贵建议，我们将及时反馈给相关部门，以提高我们的服务质量，再次感谢您对我们工作的理解和支持。
	25	遇到客户向座席人员致歉时	没关系，请不必介意。
	26	遇到客户向座席人员表示感谢时	请不必客气，这是我们应该做的（或这是我们的工作职责），感谢您对我们工作的支持，随时欢迎您再次来电。
	27	遇到客户抱怨时	对不起，由于我们服务不周给您添麻烦了，我能为您提供帮助吗？
	28	遇到客户为了自己的利益故意混淆概念时	抱歉，我说得不够清楚，请允许我再给您解释一遍×××。
	29	遇到客户提出投诉时	对不起，由于我们的工作不周给您添麻烦了，我们将尽快查实后给您回复，您看可以吗？
	30	遇到客户提出的要求无法做到时	很抱歉，恐怕我帮不到您（注意：语气委婉，说明理由）/很抱歉，这超出我们的服务范围，恐怕我帮不到您。
	31	遇到客户投诉热线难拨通，应答慢时（包括电话铃响三声后才接起）	对不起，刚才因为线路忙，让您久等了！请问有什么可以帮您？
	32	遇到客户投诉服务态度不好时	对不起，由于我们服务不周给您添麻烦了，请您原谅，您是否能将详细情况告诉我？
业务受理	33	向客户解释完毕时	请问我是否将您的问题解释清楚了？/抱歉，我说得不够清楚，请允许我再给您解释一遍×××。
	34	结束通话前	请问您现在还有其他需要帮助的吗？稍后请对我的服务给予评价。
	35	确定将结束通话时	感谢您的来电！

5. 高速铁路动车组列车广播规范用语

高速铁路动车组列车广播主要用于对车内旅客播报列车运行信息、到站站名和通告有关事宜，在紧急情况下也用于对车内旅客进行疏导。高速铁路动车组列车广播用语包括始发前通告、始发介绍、途中报站通告和终到通告,其规范用语的具体内容见表 8.4。

表 8.4 高速铁路动车组列车广播规范用语

序号	环　节	服务用语规范
1	始发前通告	欢迎乘坐××局集团公司动车组列车,这趟列车是由××开往××的××次列车,开车时间××点××分,列车现在还有 5 分钟就要开车了,请仔细核对所持车票的车次。公安部门郑重提醒您,动车组列车运行的全程禁止吸烟,因吸烟造成严重后果,将依法追究刑事责任。
2	始发介绍	女士们,先生们,感谢您选乘××局集团公司动车组列车旅行,我们全体工作人员将以真诚的微笑、优质的服务伴您一路同行。本趟列车是由××开往××的××次列车,全程××千米,运行×小时××分,途中停靠××,到达终点站××站的时间是××点××分。请您按照车票上的座位号对号入座。较大物品请放在车厢两端的大件行李区。座椅背后的小桌板承重有限,请不要放置重物。列车××号车厢为餐车,××号车厢、××号车厢设有残疾人卫生间。动车组列车全程禁止吸烟,请勿随意触动车厢内的紧急安全设施。上下车时请注意站台与列车之间的间隙。如果您因时间仓促没有买票,请找列车长办理补票手续。衷心祝愿您旅行愉快、一路平安!
3	途中报站通告	列车前方停车站是××站,到站时间××点×分,停车××分。为了确保您的安全,请勿随意触动车厢内紧急安全设施,请不要在车厢连接处逗留和倚靠车门。
4	终到通告	女士们、先生们,列车就快要到达终点××站了,请您配合将小桌板、座椅靠背恢复原位,列车到站后请按顺序下车,请注意列车与站台之间的间隙。感谢您乘坐××局集团公司动车组列车旅行,我们期待着与您再次相逢。

6. 高速铁路客运服务常用手语

在高速铁路客运服务中,客运服务人员经常会遇到听觉有障碍的旅客,为了能与听觉有障碍的旅客进行沟通交流,客运服务人员需要掌握基础手语。客运服务中基本称呼的手语表达见表 8.5。

表 8.5 客运服务中基本称呼的手语表达

序号	语　意	表达方式
1	我	手食指指向自己。
2	你	手食指指向对方。
3	他	手食指指向侧方第三者。
4	我们	手食指先指胸部,然后掌心向下,在胸前平行转一圈。
5	你们	手食指先指向对方,然后掌心向下,在胸前平行转一圈。
6	他们	手食指指向侧方第三者,然后掌心向下,在胸前平行转一圈。
7	自己	手伸食指,指尖向上,贴于胸前。
8	大家	手掌心向下,在胸前平行转一圈。
9	谁	手伸食指,指尖向上,在肩前摇动。
10	男	手直立,五指并拢在头侧自后向前挥动,以"短发"表示男子。
11	女(姑娘)	一手拇指、食指捏耳垂,象征耳环,泛指妇女(凡女性均用此手势)。
12	婴儿	双手掌心向内,一上一下,虚置胸前,做抱婴儿状。
13	小孩(少年、儿童)	一手平伸,掌心向下,在胸前向下微按(根据小孩、儿童、少年不同身高而决定手的高低)。

续上表

序号	语　意	表达方式
14	青年	一手掌心在颏下抚摸两下，以颏下胡须来表示青年。
15	老人	①一手在下巴做理胡须动作，以长胡须来表示老；②双手食指搭成“人”字形。
16	父亲(爸爸)	一手伸拇指贴在嘴唇上。
17	母亲(妈妈)	一手伸食指贴在嘴唇上。
18	哥哥	一手先伸中指贴于嘴唇上，再改伸掌直立，在头侧自前挥动，即“男”手语
19	姐姐	一手先伸中指贴于嘴唇上，然后改以拇指、食指捏耳垂
20	妹妹	一手先伸小拇指贴于嘴唇上，再做“女”手势
21	男孩(儿子)	①同“男”手势；②同“小孩”手势
22	女孩(女儿)	①同“女”手势；②同“小孩”手势。
23	女士	①同“女”手势；②一手食指书空“士”字。
24	男士	①同“男”手势；②一手食指书空“士”字。
25	同志	手伸食指、中指，手背向上，在胸前平行挥动两下。
26	同学	①同“同志”手势；②双手伸掌，掌心向内置于胸前，如读书状。
27	朋友	双手拇指互碰几下，表示友谊。
28	先生	手伸拇指，贴于胸前，表示尊敬。

铁路客运服务常用名词的手语表达及手势、方向的手语表达及手势、一些常用问候语的手语表达及手势、常用的站车服务的手语表达及手势、发生异常情况时问询语的手语表达及手势、日常交流用语的手语表达及手势可扫描二维码获取。

扫一扫

手势表达及手势

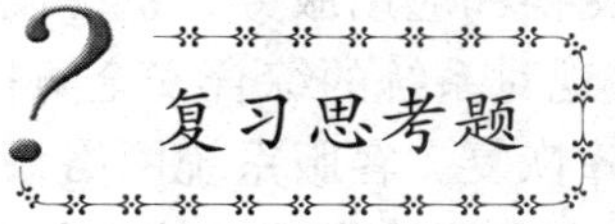

1. 高速铁路客运服务礼仪的原则有哪些？
2. 仪容礼仪、仪表礼仪、仪态礼仪各包括哪些方面？
3. 化妆的原则有哪些？
4. 化妆的禁忌有哪些？
5. 简述服饰礼仪的内涵。
6. 简述高速铁路车站与动车组列车服务人员的仪容、仪表、仪态要求。
7. 简述高速铁路客运服务语言的基本要求。
8. 简述各类询问技巧的特点。
9. 简述各类问答技巧的特点。
10. 简述客运服务人员形体语言的实施要领。

9 高速铁路客运服务相关系统

高速铁路客运服务是一个涵盖范围很广的概念,其内容包括实现旅客位移的核心服务和改善旅客出行体验的辅助服务,按提供方式分为线上和线下服务。在全方位实时实现高速铁路票务服务、站车智能服务、特色餐饮服务等多元高速铁路客运服务的过程中,需要借助先进的信息技术与网络资源,依托一系列客运服务信息系统和客运服务系统平台。

9.1 高速铁路客运服务系统

铁路客运服务系统(PDSS)(简称客服系统)是在全路中心、区域中心及车站按照统一的服务标准、统一的经营策略、统一的管理机制、统一的技术架构建立起的信息高度共享、资源高效利用、运行安全可靠的综合完整的服务系统。客服系统由票务系统、旅客服务系统、市场营销策划系统等构成。客服系统体系架构如图 9.1 所示。

票务系统采用集中式结构,担负全路高速铁路客票销售任务。旅客服务系统总体上采用两级架构,部署在区域中心和车站,国铁集团设置小型集成管理平台。市场营销策划系统由国铁集团和区域中心两级构成,数据处理中心设置在国铁集团。系统设置综合服务平台,为旅客提供互联网、手机、电话、短信、邮件等铁路客票销售和信息服务渠道。系统设置数据平台,实现客服系统各系统间以及客服系统与外部系统的信息交换和应用服务。系统设置安全保障平台,采用多种安全保障技术,以技术与管理相结合实现对系统的综合安全防护。系统设置异地灾备中心,实现关键业务系统及数据的备份和故障恢复。客服系统网络系统是承载客服系统各类业务正常运行的基础,是连接车站、区域中心和国铁集团的核心单元,主要由国铁集团、区域中心、车站的三级局域网通过广域网互联构成,并利用 Internet、公共电话交换网、无线通信网等,共同构成覆盖国铁集团及全路客运专线的客运服务通信网络平台。客服系统广域网覆盖国铁集团、区域中心和车站,由票务专网和客专数据通信网构成。

9.1.1 高速铁路票务系统

票务系统是高速铁路客服系统中的主要内容。我国高速铁路的票务系统是以席位管理和交易处理为核心,建立广泛的销售渠道,适应多种售检票方式、多种支付形式和灵活的营销策略,售票以人工与自助式售票相结合、检票以自助检票为主的实时交易系统。

1. 系统总体结构

高速铁路集中设置一个票务中心系统,通过票务专网与售票终端相连接,完成席位集中管理、交易实时处理、基础数据维护、销售策略实施、统计、收入管理等票务系统核心功能,通过强有力的安全保障措施,确保其安全稳定不间断运行。在车站及相关机构设置业务管理

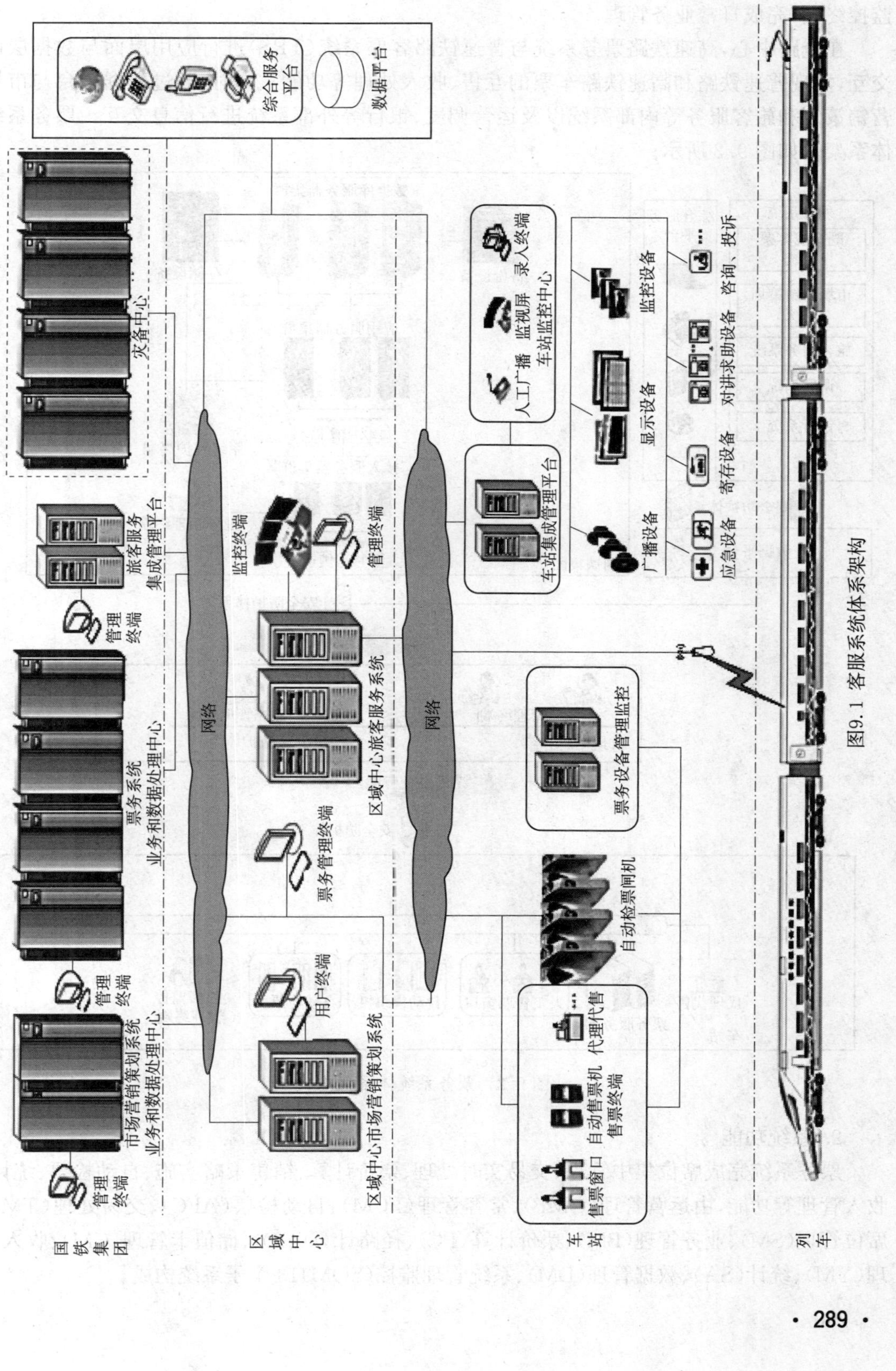

国铁集团

管理终端

市场营销策划系统
业务和数据处理中心

管理终端

票务系统
业务和数据处理中心

管理终端

旅客服务
集成管理平台

灾备中心

综合服务平台

数据平台

区域中心

网络

区域中心市场营销策划系统

用户终端

票务管理终端

区域中心旅客服务系统

监控终端

管理终端

车站

网络

售票窗口

自动售票机
售票终端

代理代售

自动检票闸机

票务设备管理监控

车站集成管理平台

人工广播

监视屏

录入终端

车站监控中心

广播设备

显示设备

监控设备

应急设备

寄存设备

对讲求助设备

咨询、投诉

列车

图9.1 客服系统体系架构

监控终端，完成日常业务管理。

在全路中心，高速铁路票务系统与普速铁路客票系统(TRS)进行应用层面与数据层面交互，实现普速铁路和高速铁路车票的互售、收入处理等功能。同时，通过数据平台与市场营销策划和旅客服务等内部系统以及运营调度、银行等外部系统进行信息交互。票务系统体系架构如图 9.2 所示。

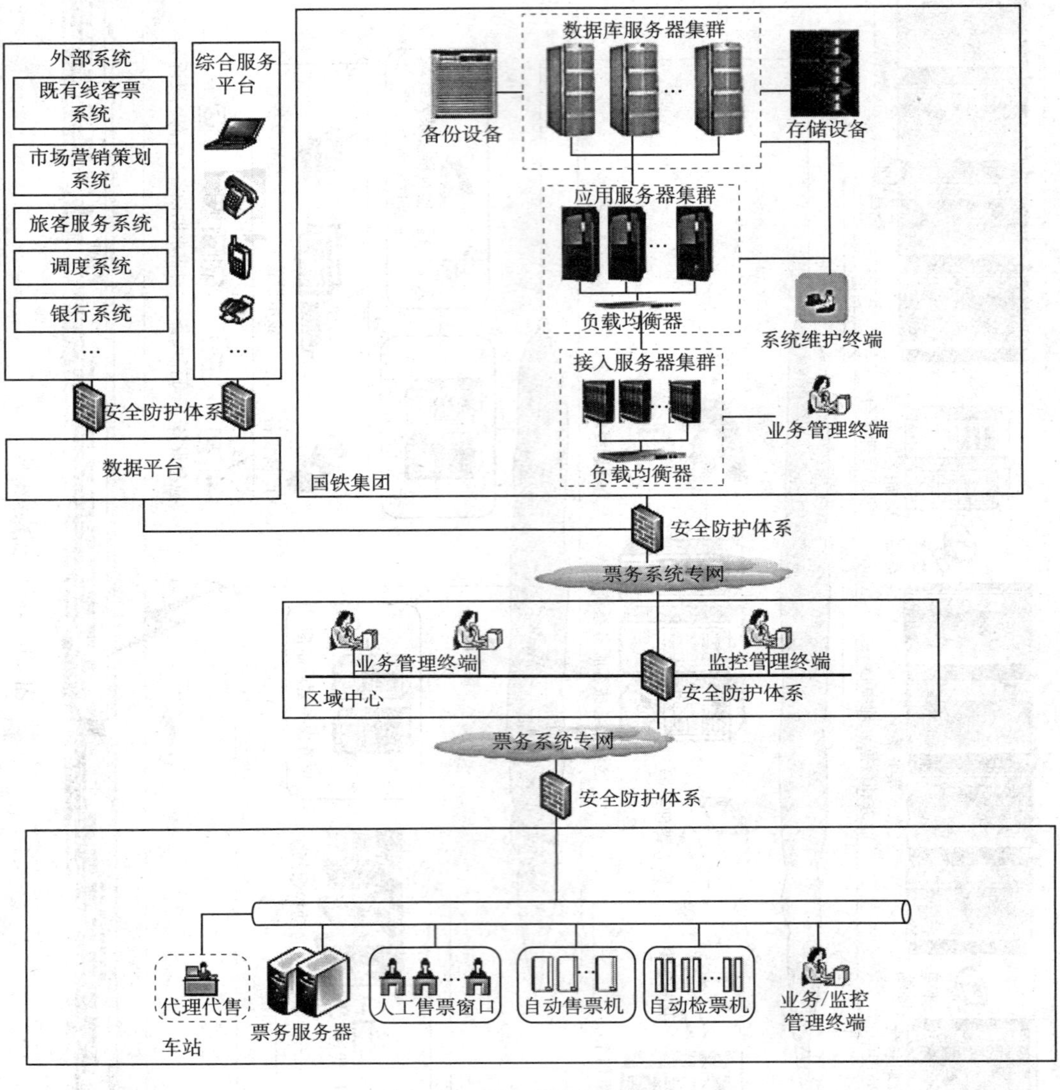

图 9.2　票务系统体系架构

2. 系统功能

票务系统完成席位集中管理、交易实时处理、票价计算、销售策略实施、自动检票、统计、收入管理等功能，由运营管理(OMB)、常客管理(FCM)、自动检票(AFC)、交易处理(TM)、席位管理(SM)、业务管理(BM)、票价计算(PC)、径路计算(OD)、储值卡管理(CM)、收入管理(YM)、统计(SA)、数据管理(DM)、系统管理监控(SOM)13 个子系统构成。

(1)运营管理子系统

运营管理子系统主要实现高速铁路运营管理策略、营销策略、运价政策等在票务系统的体现。主要功能包括:席位属性描述、席位用途分类管理;根据列车运行信息调整或调度命令,对席位调整和管理;对基本票价、区段票价、一口价、票价季节浮动、票种优惠等进行管理。

(2)常客管理子系统

常客管理子系统对常客户以实名制的方式进行管理,根据客户持卡类别、积分信息等不同进行分类,灵活设置不同类别常客户享受的优惠规则。主要功能包括:对常客信息收集和整理,常客分类管理;常客优惠规则配置;常客车票使用情况统计。

(3)自动检票子系统

自动检票子系统主要部署在客运车站,完成旅客在进站、出站口自动检票作业以及相应的管理和监控作业。

(4)交易处理子系统

交易处理子系统实现票务系统中有关售票、订票、退票、补票的交易处理功能,接收并处理来自窗口、自动售票机、互联网、呼叫中心等各类终端的交易请求,完成客票发售、预订及相关交易业务。

(5)席位管理子系统

席位管理子系统是高速铁路票务系统的核心服务系统,为各个系统提供席位的生成、搜索、占用、修改、删除等关键处理服务,利用先进、成熟的数据处理技术,以高效、可靠的处理策略对席位进行管理,保障席位查询占用的高效性、席位修改与存根记录的一致性、席位利用的可追溯性。

(6)业务管理子系统

业务管理子系统实现对票务系统操作人员和操作终端的身份管理、票据管理、代理代售管理以及系统提供的各类接口的管理功能。

(7)票价计算子系统

票价计算子系统实现高速铁路车票票价计算的功能,票价计算依据中国铁路关于高速铁路制订的票价业务规则,实现普通票、签证票、优惠票等票价计算功能,提供详细的票价计算结果。高速铁路票务系统与普速铁路票务系统的票价计算提供接口服务,为两个系统的互售票提供保障,也为其他业务信息系统提供票价服务。

(8)径路计算子系统

径路计算子系统根据旅客的旅行需求,在列车运行图信息、线路信息以及其他相关的交通线路信息的基础上,能够实现任意两站之间的乘车径路的计算;能够为旅客按旅行时间、票价、里程等目标要求提供多种乘车路线的比选方案,为旅客的出行提供旅行线路的选择服务。

(9)储值卡管理子系统

储值卡是铁路或铁路与银行联合发放的具有储值功能的消费卡,用于旅客购票时支付的一种方式。通过储值卡管理功能实现储值卡的发放、充值、消费、清算等业务的管理。

(10)收入管理子系统

收入管理子系统完成高速铁路客运进款统计及相关收入统计、审核管理功能,具备当班结账状态查询、窗口日结账、后台废票、退票日处理、退票统计、日售票收入统计汇总、窗口收入统计、售票员工作量统计、分销售渠道(代理代售、自助、站售等)收入统计、车站收入统计、分车次收入统计、收入报表生成与查询等功能。

(11)统计子系统

统计子系统为用户提供方便、灵活的报表统计功能,使各级工作人员对于票务系统的业务情况、营业状况有较为全面的了解。统计报表按照车站、区域中心、国铁集团三级权限分级管理,各级按照业务需求,进行不同的统计和查询,主要包括:售票情况统计、席位利用情况统计、客运统计、收入情况统计、设备布局及运行情况统计。

(12)数据管理子系统

数据管理子系统主要完成高速铁路票务系统路网数据、列车运行图数据、交易数据以及历史数据的维护、管理功能,为整个高速铁路票务系统的正常运转提供数据保障。

(13)系统管理监控子系统

系统管理监控子系统辅助系统管理人员管理、监控系统相关软硬件基础平台、专用硬件设备、业务系统的运行状态、资源使用情况等,保证系统能够安全、稳定、高效地运行。

9.1.2 高速铁路旅客服务系统

高速铁路旅客服务系统的设置旨在体现以人为本的理念,在旅客出行前、进站、候车、乘车、换乘、出站等各环节上提供全方位的信息服务,通过对引导、揭示、广播、监控、查询、求助、应急、投诉、寄存、残障旅客服务和延伸服务等服务资源进行有机整合,形成统一的旅客服务平台。

1. 系统的总体结构

旅客服务系统总体采用两级架构,分别部署在区域中心和车站,国铁集团设置旅客服务小型集成管理平台。

区域中心旅客服务系统以集成管理平台为核心,原则上实现对所辖区域大型车站旅客服务系统的监视,对中小型车站旅客服务系统的集中管控;在紧急情况下,可以代管大型车站旅客服务系统;完成区域内公共音视频数据的制作、发布和转发以及系统间信息共享和功能联动。

大型车站旅客服务系统以集成管理平台为核心,集成导向揭示、广播、监控、时钟、投诉、查询、求助、无线、呼叫中心、座席、寄存子系统,连接火灾报警和楼宇自控等外部系统,实现对本站旅客服务系统的集中监视和控制,完成系统间信息共享和功能联动,紧急情况下接受区域中心代管。根据线路情况,可对邻近中小车站进行代管。中、小型车站旅客服务系统根据线路情况可由区域中心集中管控或者由邻近大站代管,以科学合理的布局配置服务终端设备,为旅客提供导向、广播、时钟、投诉、查询、求助、呼叫、寄存、人工服务等多样服务。

国铁集团中心旅客服务小型集成管理平台对旅客服务系统提供信息上的支撑,进行宏观上的管理,实现对全路旅客服务的监督、管理和统计分析,并完成公共数据管理和音视频基础信息库的制作以及视频监控的功能。

旅客服务系统体系架构如图 9.3 所示。

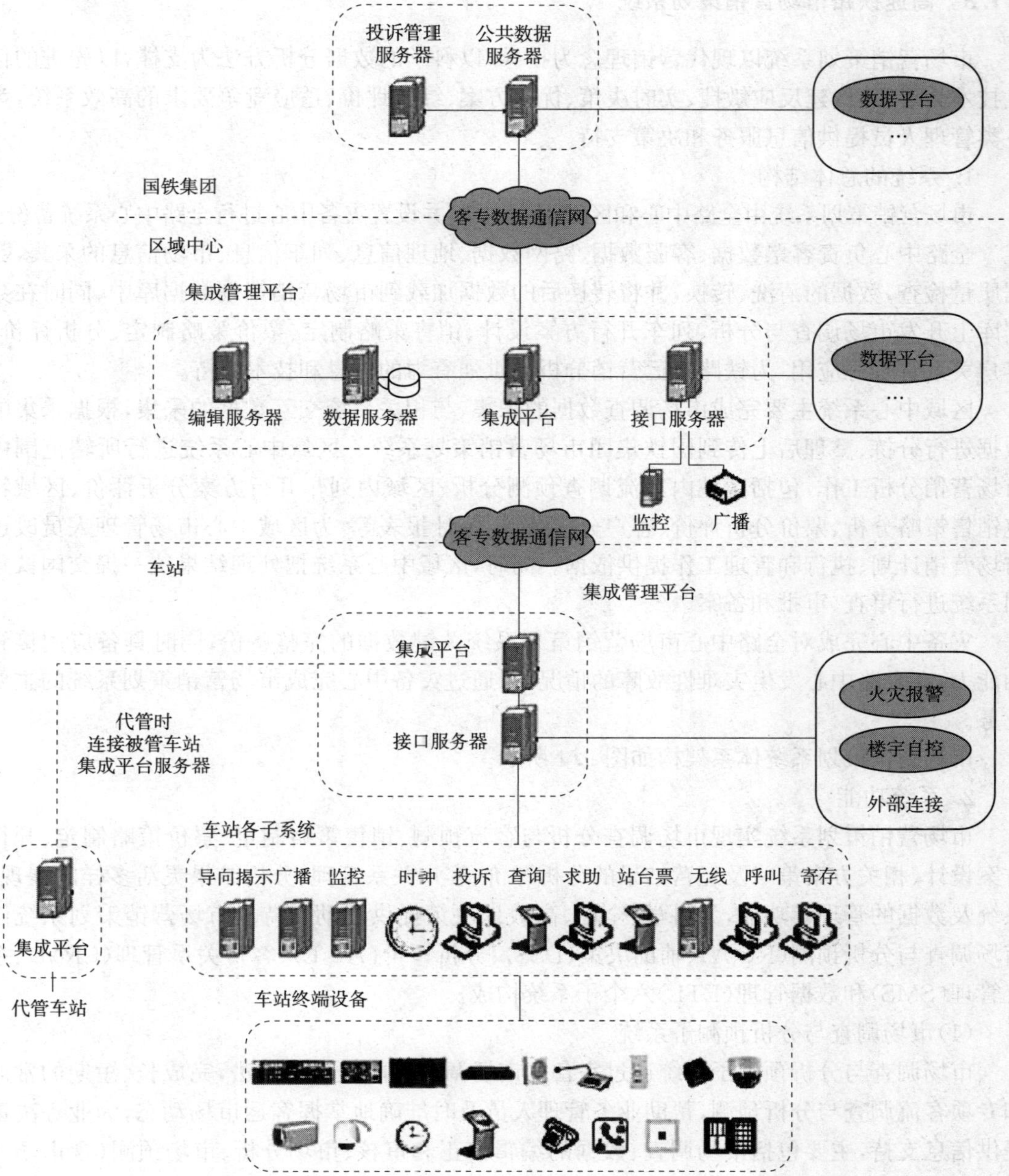

图 9.3 旅客服务系统体系架构

2. 系统功能

旅客服务系统以信息的自动采集为基础，以为旅客提供全方位信息服务为目标，实现客运车站信息自动广播、导向、揭示、监控、查询、求助、应急、投诉、寄存等功能，并提供互联网、呼叫中心、无线局域通信等多种途径的信息服务，运用多样化的服务手段为旅客提供优质的服务，实现旅客服务的信息化。

9.1.3 高速铁路市场营销策划系统

市场营销策划系统以现代营销理念为指导,以科学的数据分析方法为支撑,以先进的信息技术为手段,构建反应敏捷、实时决策、优化方案、综合评价、适应竞争要求的高效系统,为各类管理人员提供信息服务和决策支持。

1. 系统的总体结构

市场营销策划系统由全路中心和区域中心构成,并设置灾备中心进行全路中心系统备份。

全路中心负责客票数据、客服数据、路网数据、地理信息、列车信息、市场信息的采集,数据质量检查,数据的清洗、转换,并将转换后的数据加载到市场营销策划数据库中,同时在数据库上开发市场调查与分析、列车开行方案设计、销售策略制定、票价策略制定、分析评价、客户关系管理等应用,为铁路客运营销分析提供强有力的信息和技术支持。

区域中心系统主要完成市场调查数据的采集、与相关系统交互数据的采集,根据采集的数据进行分拣、整理后上传到国铁集团市场营销策划系统。区域中心系统进行所辖范围内市场营销分析工作,包括区域内客流调查预测分析、区域内列车开行方案分析评价、区域特色销售策略分析、票价分析评价、客户分析统计、统计报表等,为区域中心市场管理人员改进市场营销计划、执行和管理工作提供依据。同时,区域中心系统把处理结果统一提交国铁集团系统进行审查、审批和备案。

灾备中心完成对全路中心市场营销策划系统关键数据的完整备份,同时具备应用接管的能力,在全路中心发生灾难性故障的情况下,通过灾备中心完成市场营销策划系统的主要业务。

市场营销策划系统体系架构如图 9.4 所示。

2. 系统功能

市场营销策划系统实现市场调查分析与客流预测、销售策略制定、票价策略制定、开行方案设计、相关方案策略及经营结果的分析评价、客户关系管理、分析结果灵活多样的展现、系统及数据的管理等功能,为科学、全面、高效地决策提供辅助支持。市场营销策划系统由市场调查与分析预测(R&A)、辅助决策(DSS)、分析评价(A&E)、客户关系管理(CRM)、系统管理(SMS)和数据管理(ETL)六个子系统构成。

(1)市场调查与分析预测子系统

市场调查与分析预测子系统通过完备的市场调查手段与分析方法,完成长、短期的常规和专项客流调查与分析预测,帮助业务管理人员及时准确地掌握客运市场动态,为业务决策提供信息支持,主要包括市场调查、数据的编辑修正和审核、市场分析、市场预测(含市场预测的方法与模型)等功能。

(2)辅助决策子系统

辅助决策子系统功能包括旅客运输计划编制、开行方案设计与临时调整、销售策略制定、票价策略制定等。

(3)分析评价子系统

分析评价子系统依据铁路客运经营效果分析评价参照的指标体系,实现客运指标统计查询展现、旅客列车效益分析、列车开行方案评价、客运资源运用评价的功能,并在实践中检

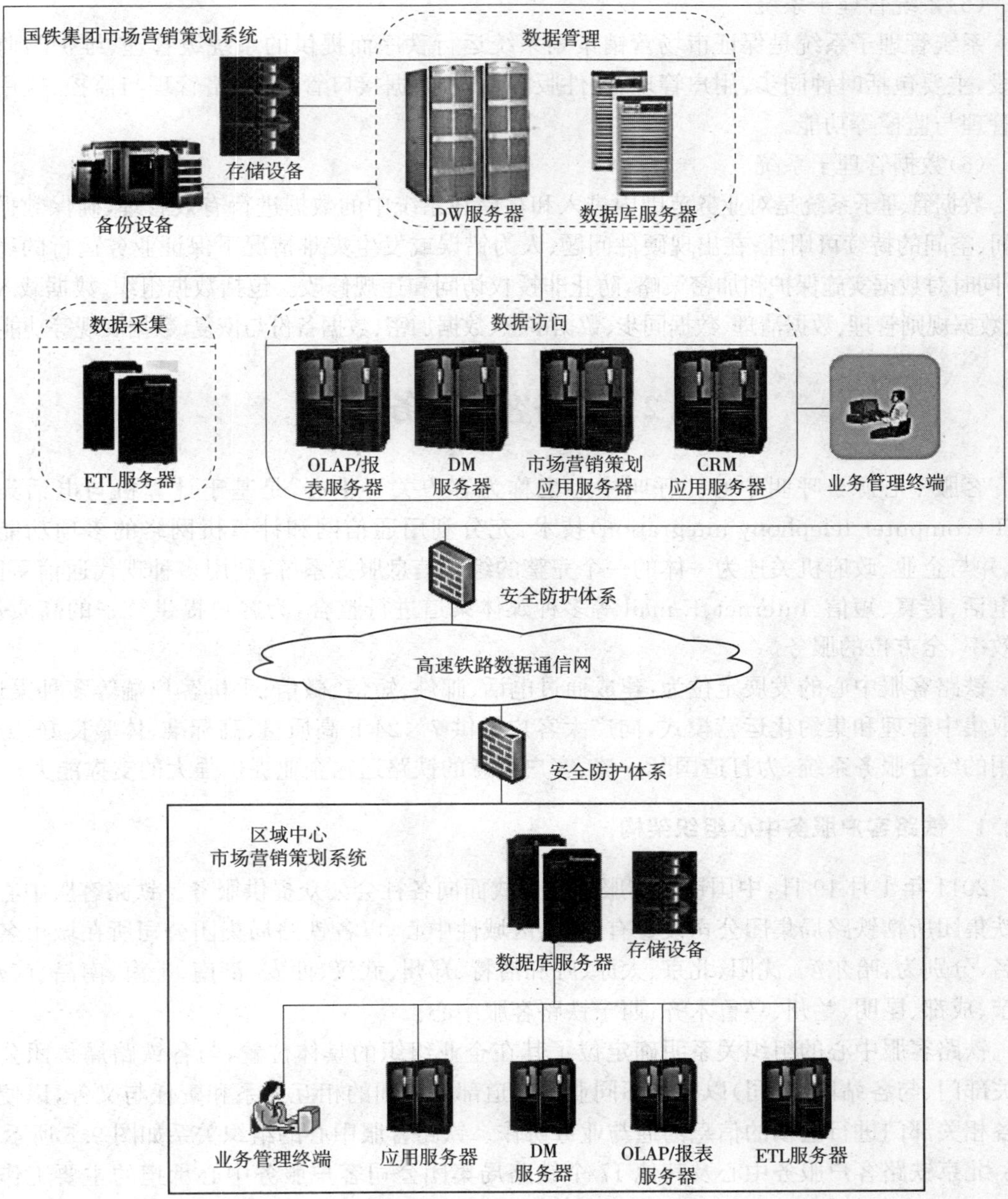

国铁集团市场营销策划系统
数据管理
存储设备
备份设备
DW服务器
数据库服务器
数据采集
数据访问
ETL服务器
OLAP/报表服务器
DM服务器
市场营销策划应用服务器
CRM应用服务器
业务管理终端
安全防护体系
高速铁路数据通信网
安全防护体系
区域中心市场营销策划系统
数据库服务器
存储设备
业务管理终端
应用服务器
DM服务器
OLAP/报表服务器
ETL服务器

图 9.4 市场营销策划系统体系架构

验客运指标体系的有效性、合理性，提出客运指标体系改进的建议方案。

(4)客户关系管理子系统

客户关系管理系统是客服系统与客户之间交互信息的平台，也是整个客服系统实现客户信息有效整合的必要手段。客户关系管理包括客户档案管理、客户等级管理、客户信息查询与维护客户服务管理、客户交易信息管理、客户培育管理、客户分析、客户资源计划制定等功能。

(5)系统管理子系统

系统管理子系统是保证市场营销策划系统运行秩序而提供的系统级管理、维护与监控手段,主要包括时钟同步、用户管理、软件版本管理、数据接口管理、网络管理与监控、应用系统管理与监控等功能。

(6)数据管理子系统

数据管理子系统是对业务范围内进入和存储在系统中的数据进行有效管理,确保数据随时间、空间的持续可用性;在出现硬件问题、人为错误或发生灾难情况下保证业务运行的稳定性;同时对数据实施保护和加密策略,防止非授权访问和违规修改。包括数据组织、数据载入管理、数据规则管理、数据清理、数据同步、数据审核、数据加密、数据备份与恢复、数据展现等功能。

9.2 铁路客户服务中心

客服中心源自呼叫中心。呼叫中心也称为客户关怀中心,是基于计算机与电话集成CTI (computer telephony integration)技术、充分利用通信网和计算机网络的多项功能集成,并与企业、政府机关连为一体的一个完整的综合信息服务系统,利用多种现代通信手段,将电话、传真、短信、Internet、E-mail 等多种媒体渠道进行整合,为客户提供统一的高质量、高效率、全方位的服务。

铁路客服中心的发展定位为:建成通过电话、邮件、短信、微信、手机客户端等多种渠道,采取集中管理和集约化运营模式,向广大客户提供 7×24 h 高质量、高标准、体验良好、方便使用的综合服务系统,为打造国际一流、客户满意的铁路运输企业提供强大的支撑能力。

9.2.1 铁路客户服务中心组织架构

2011 年 1 月 19 日,中国铁路客服中心正式面向各社会公众提供服务。铁路客服中心按国铁集团所辖铁路局集团公司设置有 18 个区域性中心,以各铁路局集团公司所在城市名称命名,分别为:哈尔滨、沈阳、北京、太原、呼和浩特、郑州、武汉、西安、济南、上海、南昌、广州、南宁、成都、昆明、兰州、乌鲁木齐、西宁铁路客服中心。

铁路客服中心的组织关系明确定位了其在企业组织的具体位置,与各铁路局集团公司相关部门、与各站段(公司)以及与不同业务渠道部门之间的相互关系和责任与义务,以便于与各相关部门进行通畅的信息沟通与业务协作。铁路客服中心的组织关系如图 9.5 所示。

北京铁路客户服务中心及其他 17 个铁路局集团公司客户服务中心承担的主要工作职责如下:

1. 其他 17 个铁路局集团公司客户服务中心

(1)依靠人工以及自助语音等多种形式来受理对应的客货运输信息,同时依靠微博、短信以及电台等各种方式来实现高效的信息发布。

(2)开通电话订票业务的铁路客户服务中心通过语音开展电话订票业务。

(3)组织开展关于客运、货运等方面的电商工作。

(4)受理关于客货运方面的对应投诉、咨询以及意见等;受理转办而来的对应投诉以及意见等;督促有关主体有效地解决实际存在的投诉现象。

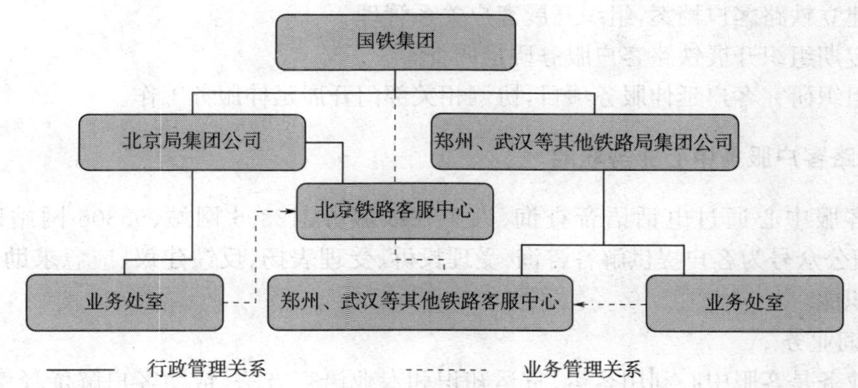

图 9.5 铁路客服中心的组织关系

(5)受理电子支付方面的故障,同时将其转发到国铁集团资金清算中心。

(6)定期汇总和分类统计客户投诉、咨询和建议内容,分析铁路服务存在问题,得出配套的优化措施,并发送给有关的服务中心以及业务部门。

(7)整理各方面和客户服务存在显著关联的文电、命令以及信息,进而探讨咨询以及投诉等方面的详细状况,明确目前服务的不足和可供改进之处,有效地补充和优化配套的知识库。

(8)建立绩效考核机制,不断提高运营管理和服务水平。

(9)开展客服人员相关业务知识和技能素质培训。

(10)针对本区域铁路客户实际情况,开展客户关系管理。

(11)组织实施客户延伸服务工作。

2. 北京铁路客户服务中心

北京铁路客服中心除了和其他 17 个铁路局集团公司客服中心一样,不仅需要承担北京局集团公司的各项任务,还要接受国铁集团的委托,负责各个集团公司的投诉以及咨询等方面的工作,针对其他集团公司的客服工作提供一定的指引以及协同,完成上级部门交办的具体事项。除承担上述 11 项职能外,承担的其他职责如下:

(1)负责对其他 17 个铁路客服中心的业务指导。

(2)负责中国铁路客服中心网站(www.12306.cn)相关信息的审核和发布工作。

(3)向各铁路局集团公司相关部门批转相关客户投诉、咨询及建议,并督办处理。

(4)汇总各铁路客服中心运营信息。

(5)组织研究铁路客服中心业务需求。

(6)组织研究并提报铁路客服中心信息系统需求分析及技术方案。

(7)定期汇总和分类统计各铁路客服中心受理的客户投诉、咨询和建议内容,分析铁路服务存在问题,提出改进意见和建议,报国铁集团相关部门。

(8)整理与客户服务有关的文电、命令和信息,分析汇总各铁路客服中心受理投诉、咨询、建议,归纳提炼新出现常见问题,及时补充、完善和更新知识库。

(9)组织铁路客服中心人员培训,制订培训计划,开展培训工作。

(10)制定铁路客服中心绩效考核标准。

(11)建立铁路客户档案,组织开展客户关系管理。

(12)定期组织开展铁路客户服务质量调查。

(13)组织研究客户延伸服务项目,协调相关部门开展延伸服务工作。

9.2.2 铁路客户服务中心业务职能

铁路客服中心通过电话语音查询、人工在线服务、12306 网站、95306 网站以及铁路 12306 微信公众号为客户提供解答咨询、受理投诉、受理表扬、反馈建议、应急求助等五个方面的服务职能。

1. 咨询业务

咨询业务是客服中心利用客运、货运知识和专业语言方法,帮助客户解疑释惑的业务。客服中心要准确解答客户提出的关于客货运业务等各类问题,并根据咨询问题类型,定期汇总、分析客户最关注的问题,及时通报给相关领导和部门,提出改进工作建议,为生产一线提供基础信息。

咨询业务受理流程如图 9.6 所示。

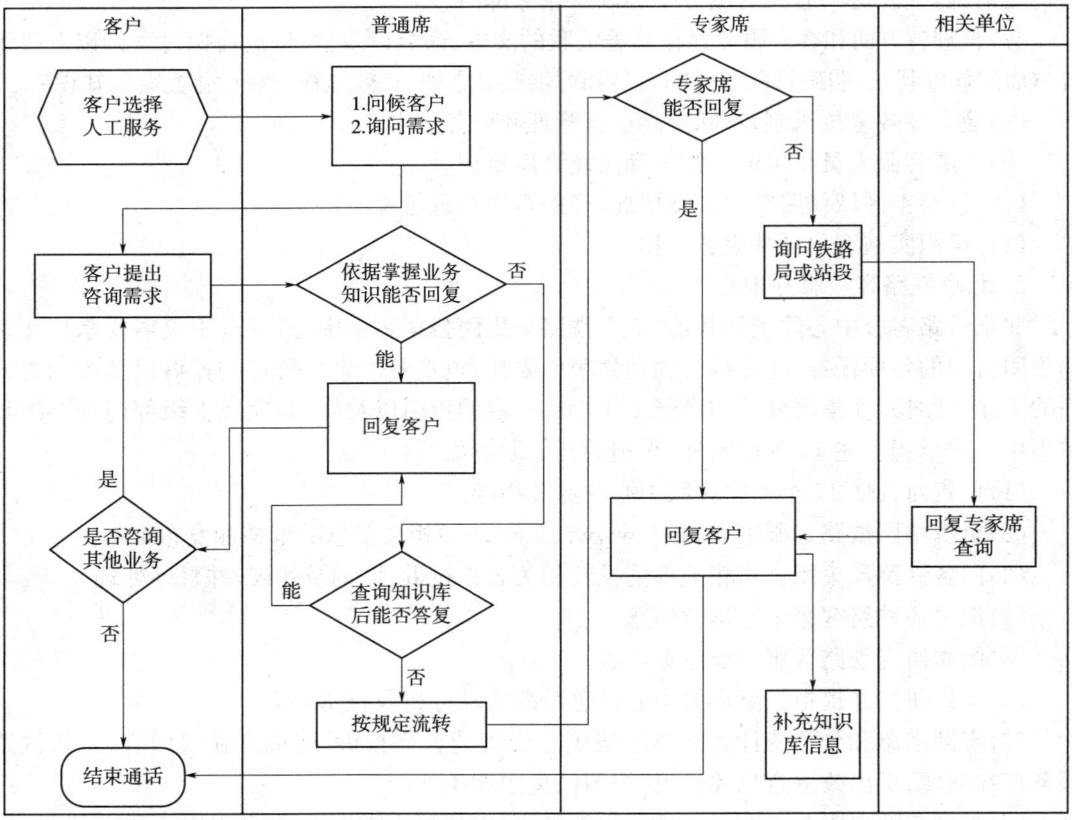

客户
普通席
专家席
相关单位
客户选择人工服务
1.问候客户
2.询问需求
专家席能否回复
否
是
询问铁路局或站段
客户提出咨询需求
依据掌握业务知识能否回复
否
能
回复客户
是
是否咨询其他业务
否
能
查询知识库后能否答复
否
按规定流转
回复客户
回复专家席查询
补充知识库信息
结束通话

图 9.6 咨询业务受理流程

2. 投诉业务

投诉业务是客服中心在客户认为铁路企业在经营过程中侵犯其合法权益或对提供的服

务表示不满，而向铁路企业表达诉求时，给予协调处理的业务。客服中心要及时受理与客货业务相关的各类客户投诉问题，对问题进行调查、追踪、处理、回访，并根据投诉问题类型，定期汇总、分析各工作环节的服务漏洞和薄弱项点，对暴露出的突出、重点问题，及时通报，警示全员，发挥承上启下的作用。

投诉业务受理流程如图 9.7 所示。

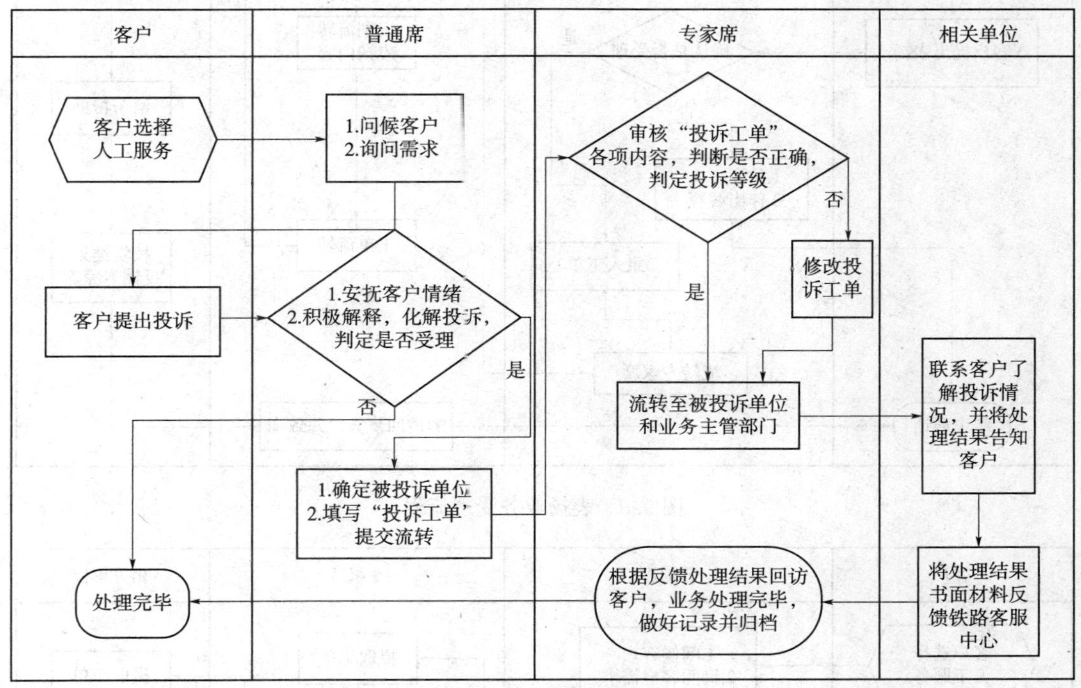

图 9.7 投诉业务受理流程

3. 表扬业务

表扬业务是客服中心受理客户对铁路提供的优质服务给予赞许和感谢的业务。客服中心要对客户的表扬信息进行登记、转发，成为客户表达心意的桥梁。

表扬业务受理流程如图 9.8 所示。

4. 建议业务

建议业务是客服中心受理客户提出有关改进铁路工作、促进铁路发展等见解和意见的业务。客服中心要对客户提出的各类意见和建议汇总分类，定期回访，通过与客户互动，表明铁路对社会公众的态度，热情接受社会各界监督。

建议业务受理流程如图 9.9 所示。

5. 求助业务

求助业务是客服中心发挥信息平台和网络资源优势，对遇到困难的客户提供相应帮助的业务。客服中心要发挥信息平台和网络资源优势，对遇到突发疾病、遗失物品等现实困难的客户提供应急救助，成为客户出行的依赖和伴侣。

求助业务受理流程如图 9.10 所示。

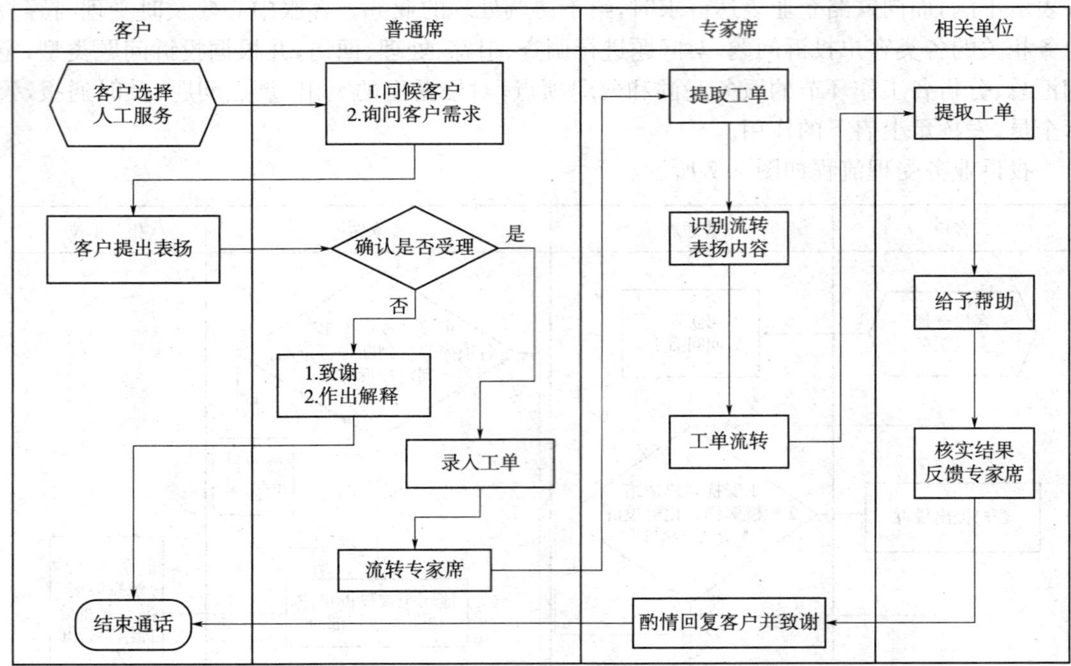

图 9.8　表扬业务受理流程

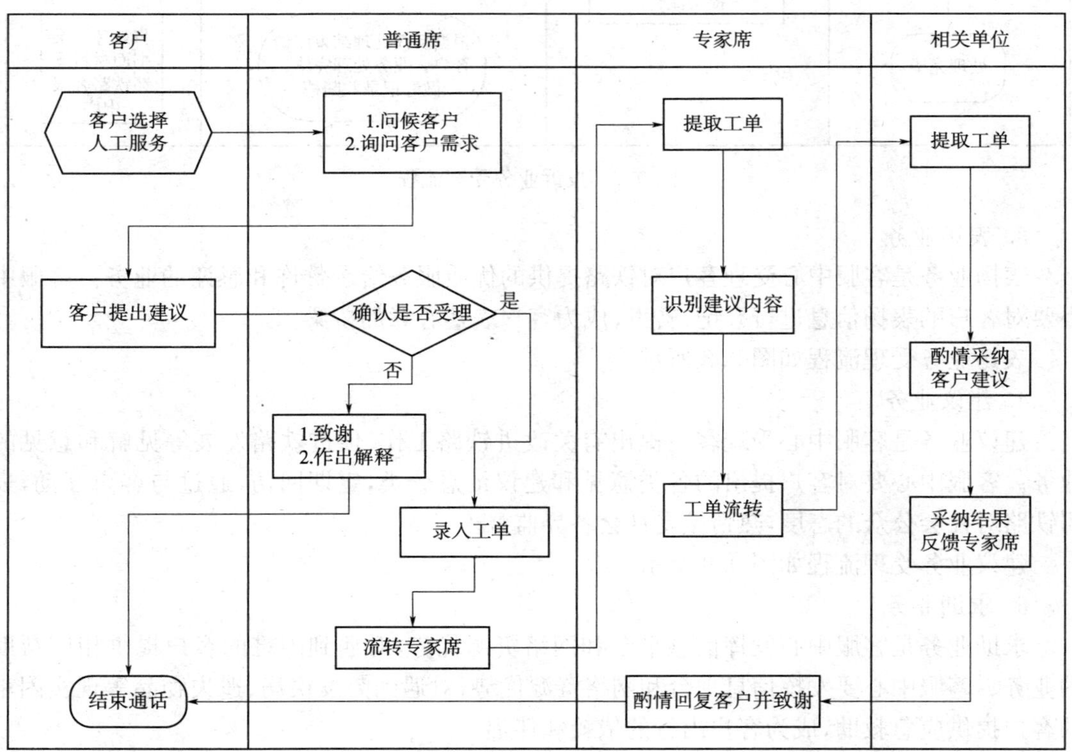

图 9.9　建议业务受理流程

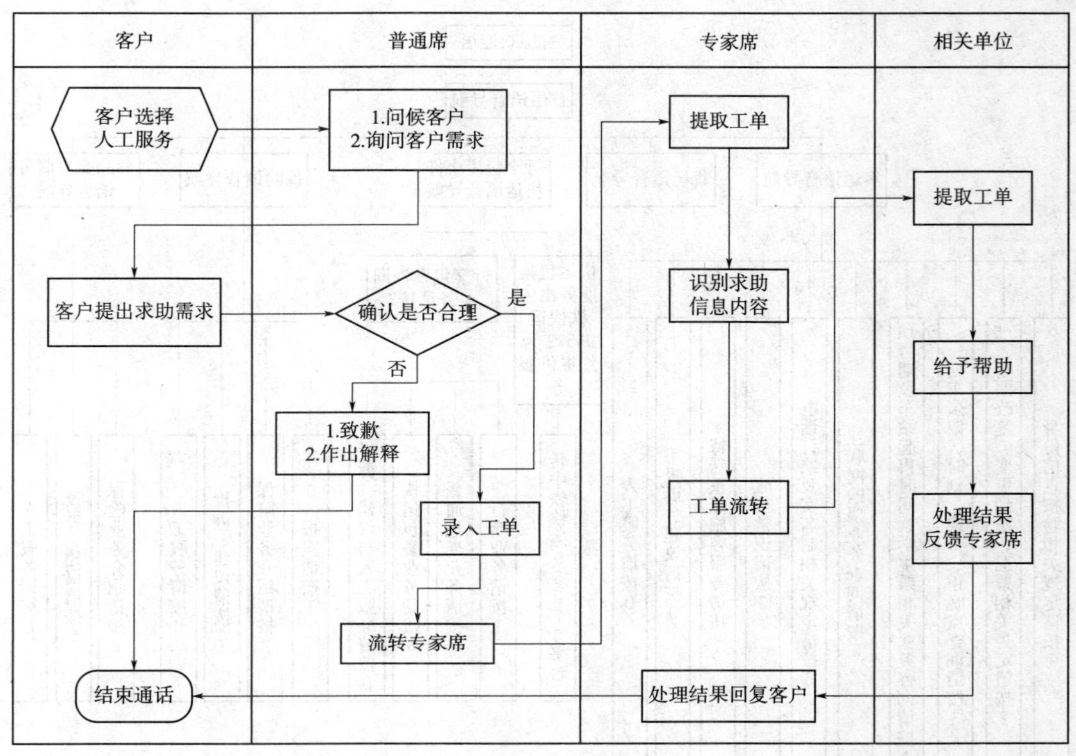

图 9.10 求助业务受理流程

9.2.3 铁路客户服务中心主要工作方式

客服中心经过多年的发展，客户服务手段已从单一的客服电话语音服务扩展到邮件、网站、微信公众号以及手机客户端等多种形式。其中，铁路 12306 客服电话作为主要方式，为广大客户提供自助语音服务和人工座席服务。

1. 自助语音服务

交互式语音应答（interactive voice response，IVR），又称自助语音应答，是一种功能强大的电话自助服务技术，主要完成菜单提示、自动应答、自动转接、资料查询和录放语音等功能。以客运为例，北京客服中心自助语音主要提供列车余票时刻和票价查询、客票预售期和学生票相关业务、互联网和电话订票业务查询以及旅行常识等 10 类咨询服务。

铁路客服中心按照客户需要设计了语音层级导航。语音流程如图 9.11 所示。

2. 人工座席服务

人工座席服务是北京客服中心最为重要的服务方式，是铁路服务人民群众的窗口，发挥着连接铁路与人民群众之间的桥梁、纽带作用。目前，北京客服中心人工座席提供了客运、保险业务的咨询、投诉、建议、表扬、求助及重点旅客服务。具体服务内容如下：

(1)客运业务

①咨询主要涉及互联网购票、车票退改签问题、旅行常识及电子支付退款查询、列车正晚点信息查询等。

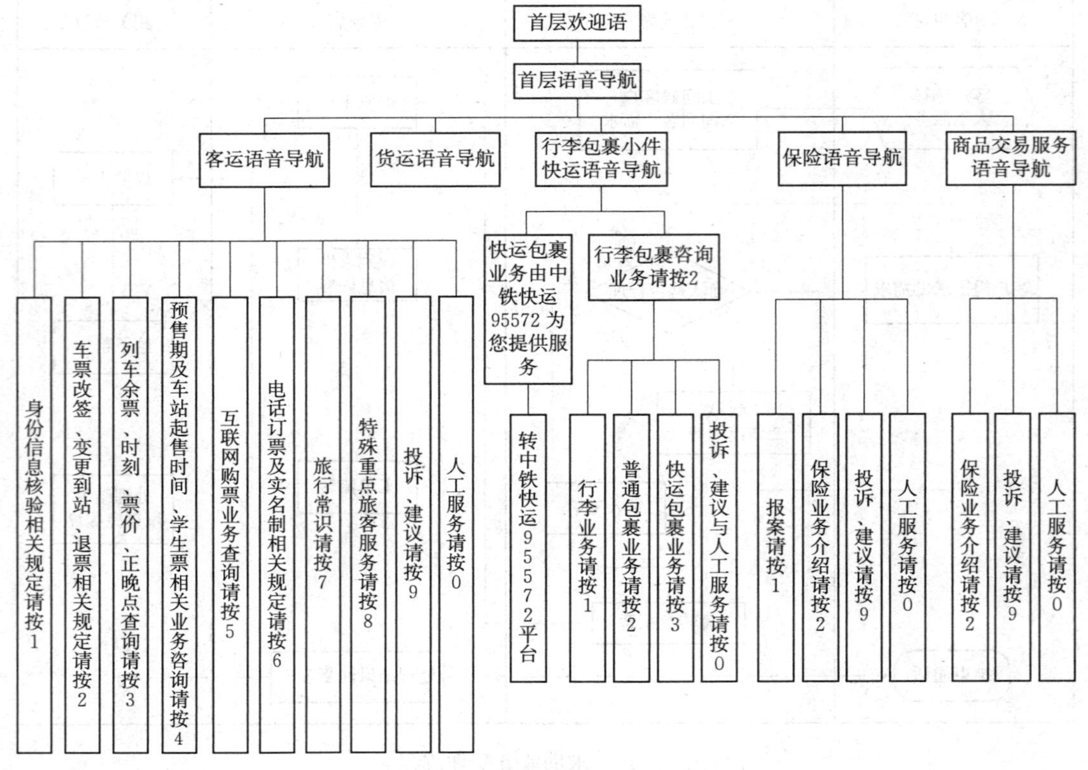

图 9.11　铁路客服中心 IVR 语音流程

②投诉主要涉及站车服务质量、系统原因导致退款不能按时到账及付款后未购到车票等电子支付问题。

③建议主要涉及列车运行图、互联网购票、站车便民利民措施等。

④表扬主要涉及站车优质服务、捡拾旅客遗失物品及帮扶重点旅客等。

⑤求助及重点旅客服务主要涉及旅客遗失物品查找、车站预约服务、联系救护车进站及携带导盲犬相关工作。

(2)保险业务

保险业务主要涉及乘意险和其他险种的咨询与报案受理。

(3)常旅客业务

常旅客业务主要为各铁路局集团公司客服中心提供常旅客业务后台支持,受理各铁路局集团公司上报常旅客反映和投诉,进行跨局问题的协调处置等。保证对高星级会员的快速响应服务,实现高星级会员全过程服务受理,高星级会员服务投诉直接处理反馈,高星级会员服务质量问题直接考核。

9.2.4　铁路 12306 系统平台

中国铁路 12306 网站是铁路服务客户的重要窗口,集成全路客运信息,为社会和铁路客户提供客运业务和公共信息查询服务。2010 年 1 月,中国铁路开通了 12306 网站,客户通过

登录网站，可以办理购票、改签、退票等相关客运业务，查询旅客列车时刻表、票价、列车正晚点、车票余票、售票代售点以及有关客运规章等。2013 年 12 月，中国铁路又推出了 12306 手机 App，是目前唯一的铁路官方售票 App。

铁路 12306 系统平台主要涵盖票务服务、信息查询、会员服务、站车延伸服务和商旅服务五大类服务功能。

1. 票务服务

铁路 12306 系统平台可以为旅客出行提供订票、退票、改签及候补购票等服务。

(1)订票服务

旅客足不出户即可购买车票，可购买铁路车票种类包括：成人票、儿童优惠票、学生优惠票、优待票(含持中华人民共和国残疾军人证、中华人民共和国伤残人民警察证、国家综合性消防救援队伍残疾人员证的人员)四种类型各车次、各席别的车票。对于没有直达列车的，可使用“接续换乘”服务功能，查询途中换乘一次的部分列车余票情况。

(2)退票与改签服务

旅客在铁路 12306 系统平台订票后，由于出行需求或服务供给条件的变化，可以办理退票或改签。因旅客自身原因不能按车票记载的时间、车次、车厢号、席别和席位号乘车，或者按照交通运输部《铁路旅客运输规程》规定被拒绝运输时，旅客要求办理退票或者改签的，应当按照铁路运输企业和旅客的约定办理。因铁路运输企业原因或者自然灾害等其他不能正常运输情形导致旅客不能按车票记载的时间、车次、车厢号、席别和席位号乘车时，铁路运输企业应当按照旅客的要求办理退票或者改由其他车次或者席位运送旅客，且不得收取退票费。重新安排的席位票价高于原票价时，超过部分不予补收；低于原票价时，应当退还票价差额。

(3)候补购票服务

基于旅客预定客票需求和服务能力供给的动态性特点，铁路 12306 系统平台为旅客提供了候补购票服务，即遇所需车次、席别无票时，可按日期、车次、席别提交购票需求，并预付票款，售票系统自动安排排队候补。当对应的车次、席别因退票、改签等业务产生可供发售的车票时，系统自动兑现车票，并将购票结果通知旅客。

2. 信息查询

信息查询包括正晚点查询、时刻表查询、代售点查询、起售时间查询、公布票价查询等。

3. 会员服务

铁路畅行会员是铁路部门自 2017 年 12 月 20 日起推出的一项常旅客会员服务。年满 12 周岁的自然人通过 12306 网站、铁路 12306 手机 App、车站会员服务窗口申请，完成身份认证后即可成为“铁路畅行”常旅客会员。“铁路畅行”常旅客会员最重要的一项福利便是积分可以兑换车票，使用所兑换车票的乘车人可以是会员本人，也可以是其设定的受让人。

4. 站车延伸服务

旅客出行过程中的站车延伸服务包括重点旅客预约、遗失物品查找、定制接送、共享汽车、车站引导等。重点旅客预约功能需要旅客填写个人信息、乘车日期、车次、服务需求等内容，预约服务仅受理依靠轮椅、担架等辅助器具旅行的老年、伤病、残疾等已购车票旅客服务需求。旅客遗失物品查找功能需要旅客填写个人信息、乘车日期、车次、遗失物品信息等内容。

另外,定制接送、共享汽车、车站引导等延伸服务,需要通过铁路12306App办理。

5. 商旅服务

商旅服务包括旅游服务、餐饮特产服务等。旅游服务包含研学旅游、旅游专列、精品线路及热门景点服务。旅客可以查询到各旅游服务的时间、地点、参考价格、行程安排以及沿途各站的相关景点介绍等。旅客也可以通过输入出发地和目的地查询自己想要的旅游服务。餐饮特产服务是动车组和部分普速列车网上预订餐饮特产到座服务,需要旅客选定乘车日期和车次,系统会提供列车自营商品及所选车次途中各站的餐饮特产服务供旅客选择,每项预订服务都有截止下单时间。

9.3 铁路旅客服务信息系统集成管理平台

旅客服务信息系统(passenger service information system,PSIS)是为铁路旅客提供购票、进站、候车、乘车、出站等服务信息,为客运服务人员提供列车到发、作业指示、安全监控等服务信息和作业手段的系统。集成管理平台(integrated management platform,IMP)是以信息的自动采集和设备的自动控制为基础,通过统一的设备控制规范和接口体系,集成综合显示、客运广播、监控、求助、寄存、时钟、查询等旅客服务功能,实现系统融合、集中操控、信息共享和应急联动,以及客运业务综合管控的技术平台。铁路旅客服务信息系统集成管理平台(JW-PSS-IMP)以向工作人员和旅客提供综合的生产服务和旅客服务为目标,自动接入调度、客票等外部信息,按照统一的接口标准把分离的广播、导向、视频、检票、查询、寄存和时钟等子系统深度集成,提供综合业务操作,实现信息共享和功能联动,提高旅客服务的信息化和自动化水平。简而言之,集成平台是以到发管理为核心,实时接收调度信息,自动接收客票信息,结合车站基础数据生成动态客运组织计划,自动或人工下发给广播、引导、监控、检票等子系统联动执行的集成系统。

9.3.1 铁路旅客服务信息系统集成管理平台结构

铁路旅客服务信息系统集成管理平台采用铁路局集团公司、车站两级架构,同时预留与国铁集团接口,实现全路旅客运输服务的监督、管理、统计分析及视频监控等功能。在铁路局集团公司设置系统数据库服务器、应用服务器、接口服务器等设备,统一指挥和管控各站旅客服务设备。在各车站设置应急处理平台,实现应急情况下车站的独立处理。大站可根据情况设置数据库服务器、应用服务器、接口服务器等相关设备。铁路旅客服务信息系统集成管理平台总体结构如图9.12所示。

在系统部署上,采用集中部署的方案,在铁路局集团公司通过设置高端冗余服务器保证系统的稳定、可靠运行,并具备未来的系统扩展能力。在车站通过设置应急管理平台以满足应急情况下的业务连续性。在系统配置上,根据各站的规模和业务需要,提供不同类型的系统配置方案。

在业务管理上,铁路旅客服务信息系统集成管理平台采用以铁路局集团公司为单位的管理模式,并具备多线集中管理的扩展能力。铁路旅客服务信息系统除铁路局集团公司集中管控模式外,也可支持大站带小站,大站独立管控等业务管理模式。

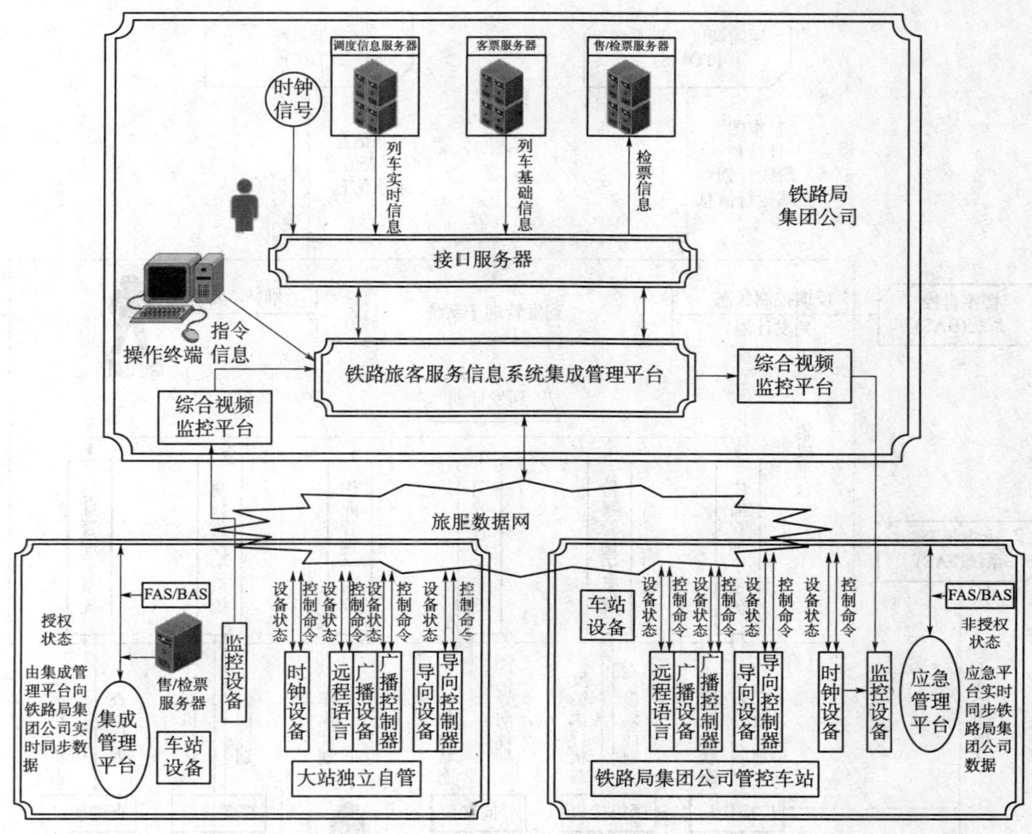

图 9.12 铁路旅客服务系统集成管理平台总体结构

在网络结构上，铁路旅客服务信息系统以铁路信息网络为基础，采用双冗余网络方案，当出现单点故障时，快速切换到正常链路，不对系统运行产生影响。

9.3.2 铁路旅客服务信息系统集成管理平台业务流程

铁路旅客服务信息系统集成管理平台结合运输调度管理系统（TDMS）和客票系统（TRS），根据到发配置模板生成动态到发计划，依据 TDMS 提供的阶段计划、实时到发信息，修订到发计划，并下发至广播、引导、视频监控、检票等子系统，结合各个内部接口，控制设备的联动执行，执行完毕后向集成管理平台反馈执行状态。铁路旅客服务信息系统集成管理平台业务流程如图 9.13 所示。

铁路旅客服务信息系统集成管理平台的业务数据由内部业务数据、外部接口数据构成。

（1）内部业务数据

①基础数据：站房、模块参数、人员、设备等信息。

②到发信息：列车到发等相关信息。

③广播信息：广播计划、业务广播、人工广播、专题广播、移动广播等信息。

④导向信息：导向计划、业务导向、人工导向、专业导向等信息。

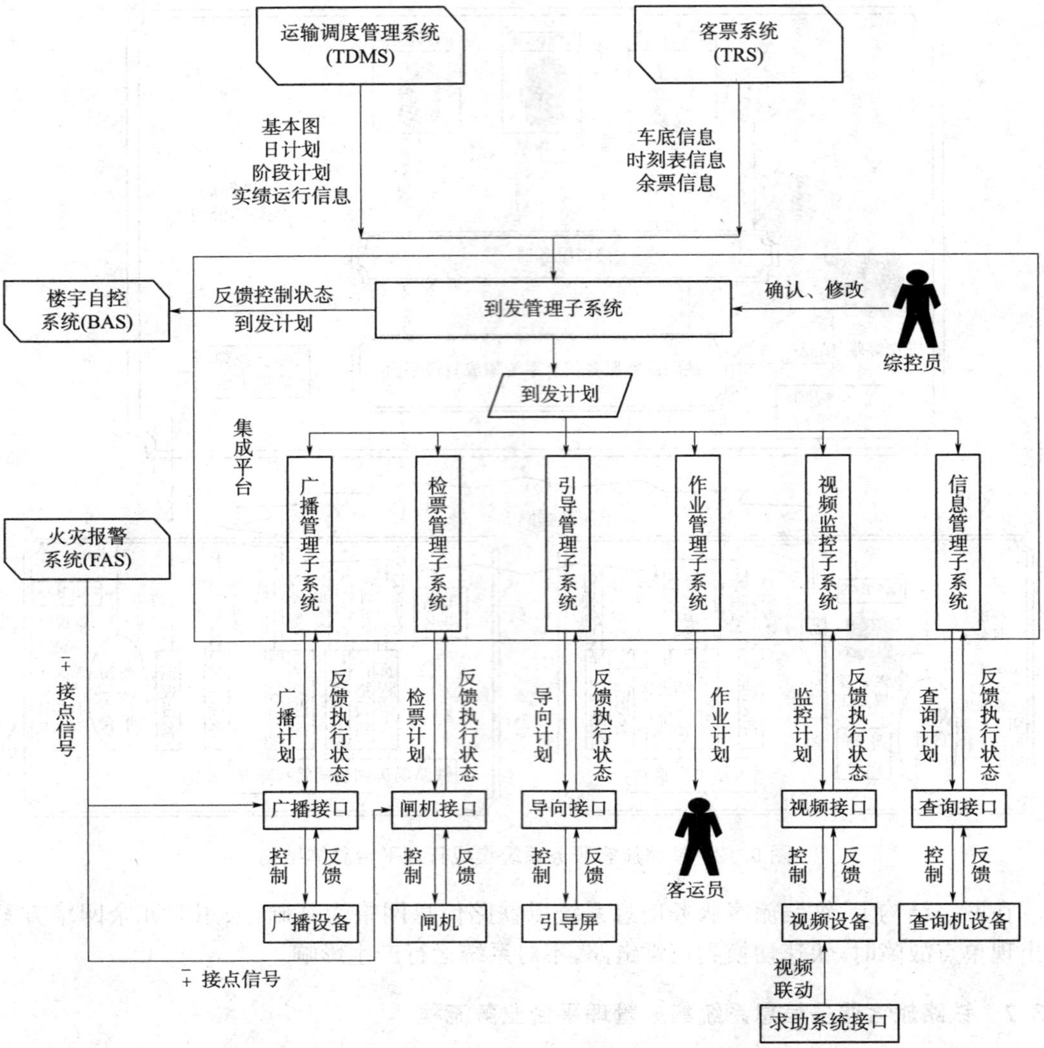

图 9.13　铁路旅客服务信息系统集成管理平台业务流程

⑤视频监控:业务监控、客运监控、视频回放、视频联动、实名制视频验证、视频分析等信息。

⑥检票信息:检票计划、检票机状态等信息。

⑦时钟:时间校对、时间显示、自动监测、自动授时等信息。

⑧设备信息:设备静态台账、设备在线状态、设备故障、设备质量评估等信息。

⑨计划信息:作业计划、执行等信息。

⑩其他信息:查询、求助、增值服务、小件寄存、综合指挥等信息。

(2)外部接口数据

①运输调度管理系统:包括基本图、日计划、阶段计划、实绩运行等信息。

②客票系统:包括时刻表、余票等信息。

③视频监控系统:包括公安视频监控等信息。

④FAS:包括火灾报警等信息。

⑤BAS:包括楼宇等信息。

9.3.3　铁路旅客服务信息系统集成管理平台功能及应用

1. 应用功能设计

铁路旅客服务信息系统集成管理平台支持三种应用模式,即铁路局集团公司集中管理模式、中心站代管模式、车站独立管理模式。

(1)铁路局集团公司集中管理模式

平台支持铁路局集团公司集中管理模式,即铁路局集团公司对管辖范围内的车站进行集中管控。平台集中管控各站的导向揭示、广播、监控、时钟、投诉、查询、求助、无线等各种旅客服务设施,进行客运组织工作,实现被管车站的自动化生产。

在这种模式下,铁路局集团公司统一自动采集调度信息、客票信息和自动检票信息,通过旅客服务终端控制器自动采集各站旅客服务终端设备状态,并集中管控各站旅客服务终端;在铁路局集团公司时钟源获取标准时间,确保整个旅客服务数据网时间同步;在铁路局集团公司的综合视频监控平台获取全线各站的视频数据,供用户及时掌握现场情况;通过旅客服务数据网实现铁路局集团公司和各站各岗位的业务指挥;采用数据同步机制,实现铁路局集团公司集成管理平台和各站应急处理平台的实时信息同步。

(2)中心站代管模式

平台支持中心站代管模式,即中心站对其管辖的多个中小车站进行代管。

操作员在中心站的综合控制室即可通过铁路旅客服务信息系统集成管理平台直接管控被代管中小车站的导向揭示、广播、监控、时钟、投诉、查询、求助、无线等各种旅客服务设施,进行客运组织工作,实现被代管中小站的自动化生产。

在这种模式下,中心站统一自动采集调度信息、客票信息和自动检票信息,通过旅客服务终端控制器自动采集各站旅客服务终端设备状态,并集中管控各站旅客服务终端;在中心站时钟源获取标准时间,确保整个旅客服务数据网时间同步;在中心站的综合视频监控平台获取被代管站的视频数据,供用户及时掌握现场情况;通过旅客服务数据网实现中心站和被代管中小站各岗位的业务指挥;采用数据同步机制,实现中心站集成管理平台和被代管站应急处理平台的实时信息同步。

(3)车站独立管理模式

平台支持车站独立管理模式,即车站独立管理。车站操作员通过铁路旅客服务信息系统集成管理平台直接管控本车站的导向揭示、广播、监控、时钟、投诉、查询、求助、无线等各种旅客服务设施,进行客运组织工作。

2. 功能组成

铁路旅客服务信息系统集成管理平台具有旅客服务、生产管理、平台支撑三大功能,将车站与旅客服务相关的设备深度集成,采用可配置的方式,通过统一接口规范完成与各类子系统的接口,实现信息共享和功能联动,提供综合业务操作,可适应铁路局集团公司集中管控的管理模式。铁路旅客服务系统集成管理平台功能结构如图 9.14 所示。

铁路旅客服务系统集成管理平台 (JW-PSS-IMP)					
	旅客服务	到发管理	广播集成控制	导向揭示	视频监控
		•到发计划管理 •TRS数据同步 •TDMS数据接收 •客运组织配置	•客运广播计划 •人工广播 •移动广播 •远程呼叫 •广播控制 •业务配置	•业务导向 •专题导向 •人工导向 •车屏对照 •导向规则 •版式编辑	•视频监视 •业务监控 •视频联动 •视频分析 •实名制视频验证
		时钟	综合服务	求助	查询
		•同步时间校对 •自动校时和追时 •时间显示	•信息查询 •旅游信息 •沿线天气	•监控联动 •值班分机 •求助分机 •语音记录	•列车时刻表查询 •车站信息 •车次信息 •余票信息
	生产管理	作业管理	设备管理	统计分析	综合指挥
		•计划生成 •作业监控 •计划执行	•设备台账 •设备状态监测 •故障管理 •设备维修 •质量评估	•客流分析 •生产分析 •旅客服务统计	•系统模式切换 •客运应急 •系统应急 •应急预案 •应急事件管理 •风险监控 •安全问题
	平台支撑	基础数据维护	接口管理	音视频管理	系统管理
		•通用字典 •专用字典 •设备基本信息 •功能模块参数 •组织结构 •人员信息	•运输调度管理系统(TDMS)接口 •客票系统(TRS) •综合视频监控 •时钟 •FAS/BAS	•音频录入 •素材审核 •播表维护 •素材下发	•用户权限管理 •运行参数管理 •日志管理 •旅服系统授权 •系统状态监控 •网络监控 •远程自动发布 •信息安全管理

图 9.14　铁路旅客服务系统集成管理平台功能结构

旅客服务实现了到发管理、广播集成控制、导向揭示、视频监控、时钟、综合服务、求助、查询等模块的综合集成,通过接入 TRS 和 TDMS 等接口数据,动态调整到发管理、综合指挥、客运组织计划,同步发布给集成语音平台、导向揭示、视频监控等系统联动执行。

生产管理集成作业管理、设备管理、统计分析、综合指挥等模块,结合现场生产管理实际,实现作业模式的灵活配置,并对客流、生产及旅客服务等内容进行统计分析。

平台支撑综合集成基础数据维护、接口管理、音视频管理、系统管理等模块,为系统安全稳定运行提供保障。

9.4　铁路旅客服务与生产管控平台

铁路旅客服务与生产管控平台(railway passenger service and operation platform,以下简称“管控平台”)是继“铁路旅客服务信息系统管理”之后,以打造智能客运站,实现铁路客

运车站智能出行服务、智能生产组织、智能安全保障、智能绿色节能为目标，由中国铁道科学研究院集团有限公司开发建设的平台。管控平台由旅客服务、客运管理、设备管理、应急指挥等应用组成，集成和共享调度、客票、客服、车辆、综合视频监控、车站建筑设备监控等客运相关数据，整合站车旅客服务与客运生产业务，实现站车客运作业的统一指挥和智能联控。

旅客服务应用(passenger service application)按照车站功能布局与列车实时运行情况，对综合显示、客运广播、视频监控、自动检票、时钟、信息查询、站台求助、自助寄存等旅客服务功能和设备进行集中管控，实现旅客服务业务融合、联合操控、集中管控、信息共享和应急联动，为旅客提供全方位信息服务。

客运管理应用(passenger transport management application)围绕客运计划编制、进站候车、列车接发、乘降组织、人员管理等客运生产业务，为客运工作人员提供智能排班、工单派发、任务提醒、人员定位、执行反馈等功能。

设备管理应用(equipment management application)通过自动获取客运设备运行状态，动态生成设备的用、管、修计划，实现设备的精细化和全生命周期管理。同时，根据感知的车站运营环境，提出车站大能耗设备精细化管理策略，为铁路管理人员提供辅助决策支持。

应急指挥应用(emergency command application)针对客运站车突发事件，构建主动感知、智能决策、一体化指挥、协同联动，覆盖突发事件的预案、组织、响应、处置、恢复和评估的一体化管理，实现应急组织架构与管理模式优化，应急预案、应急规章、事件记录的数字化，应急处置全程信息化，协同应急调度指挥的智能化，应急处置评估的科学与指标化。

9.4.1 管控平台结构

1. 总体架构

管控平台采用集中部署三级应用的总体架构。在国铁集团部署国铁集团级与铁路局集团公司级，在铁路局集团公司部署必要的前置服务器，在车站配置必要的接口和边缘计算服务器。管控平台为国铁集团用户提供全路车站运营信息查询、状态展示及辅助决策等功能，并从多维度形成分析报告，支撑车站的智能化应用；为铁路局集团公司用户提供全局所辖车站的运营信息查询、状态展示及辅助决策等功能；为车站级用户提供作业—人员—设备一体化协同的客运管理、调度指挥、生产作业、设备运维功能，对旅客服务设备提供后台数据和服务支撑。总体架构如图 9.15 所示。

在国铁集团配置服务器、存储、网络、终端等设备，支撑国铁集团级和铁路局集团公司级管控平台。通过统一的数据库实现旅客服务集成平台、客运管理与指挥、客站设备监控与节能管理、环境舒适度监测、重点旅客服务、客运站应急指挥、服务机器人、站内导航等业务相关应用的数据集成存储，同时通过数据服务平台/集成服务平台与客票系统、调度系统、动车管理系统、地方公共交通及应急资源管理等外部相关系统进行数据交互，实现跨部门、跨系统的数据共享。在国铁集团设置运维终端，统一对全路管控平台进行运维。

在铁路局集团公司配置前置服务器、网络、终端等设备，实现数据的前置处理服务和铁路局集团公司接口服务，将应用数据进行清洗加工后上传到管控平台进行集中存储，同时接入综合视频系统实时视频流数据用于集成化展示。为铁路局集团公司相关用户提供所辖车站运营信息查询、一体化运营方案自动编制及优化调整、人员—设备联动指挥、设备状态监

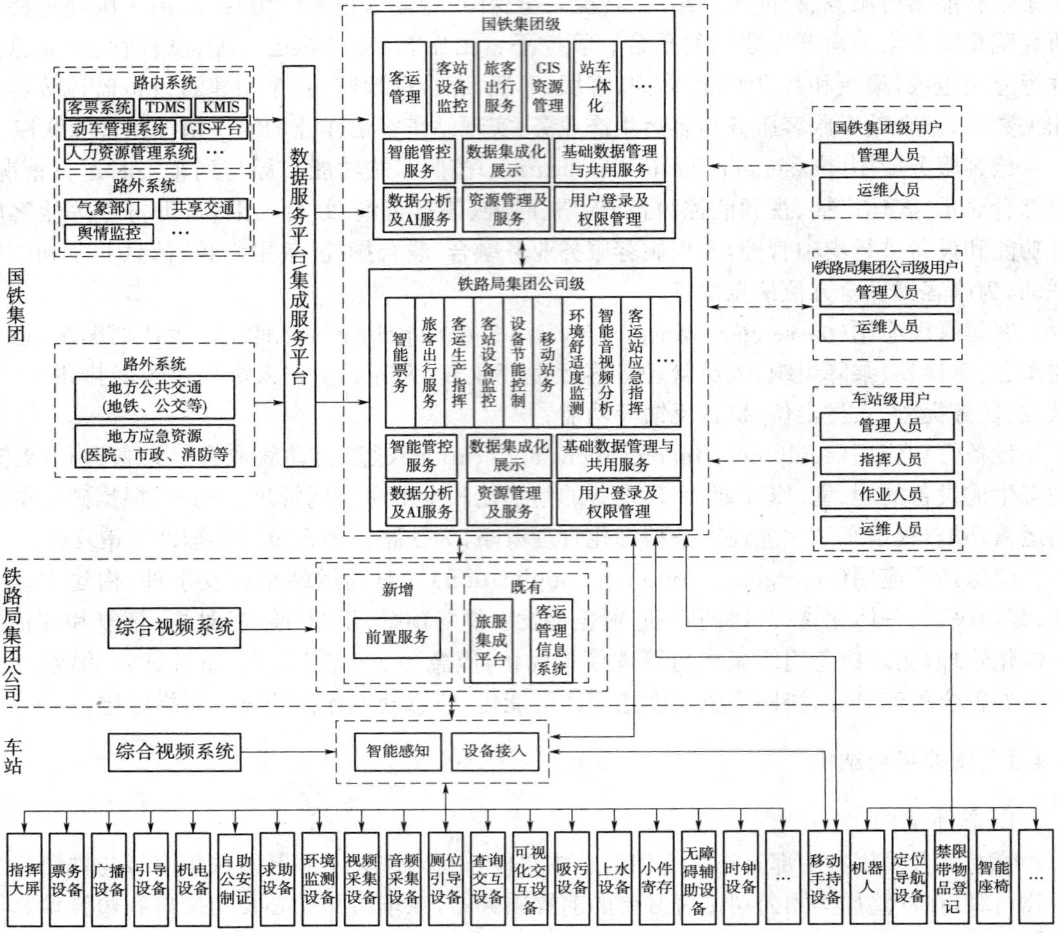

图 9.15　管控平台总体架构

控及全生命周期管理、运营状态展示及辅助决策等功能,并从多维度形成分析报告。

在车站配置管控平台接口和边缘计算服务器、操作终端、生产指挥中心大屏等相关设备,接入车站部署的外部应用及信息系统数据,并通过大屏进行集成展示。

2. 数据架构

按照总体架构的要求,管控平台采用集中部署模式,同时为更好地实现数据的统一管理、接口的统一规范、应用的集中部署,将数据全面集成存储在国铁集团数据中心,仅在逻辑上分为国铁集团级和铁路局集团公司级,为站车、站间、站地的一体化、协同化、集成化生产作业和旅客服务提供数据平台支撑。数据架构如图 9.16 所示。

在国铁集团分别设置国铁集团级和铁路局集团公司级的生产和分析数据库。国铁集团级生产数据库存储通过统一接口获取的路内外数据、基础配置数据、列车运行数据、局间共享数据;分析数据库存储各类支撑国铁集团相关部门进行决策的统计和分析数据。铁路局集团公司级生产数据库存储通过统一接口获取的地方数据、车站经过预处理的生产数据、基础配置数据和一体化计划相关数据;分析数据库存储各类支撑铁路局集团公司相

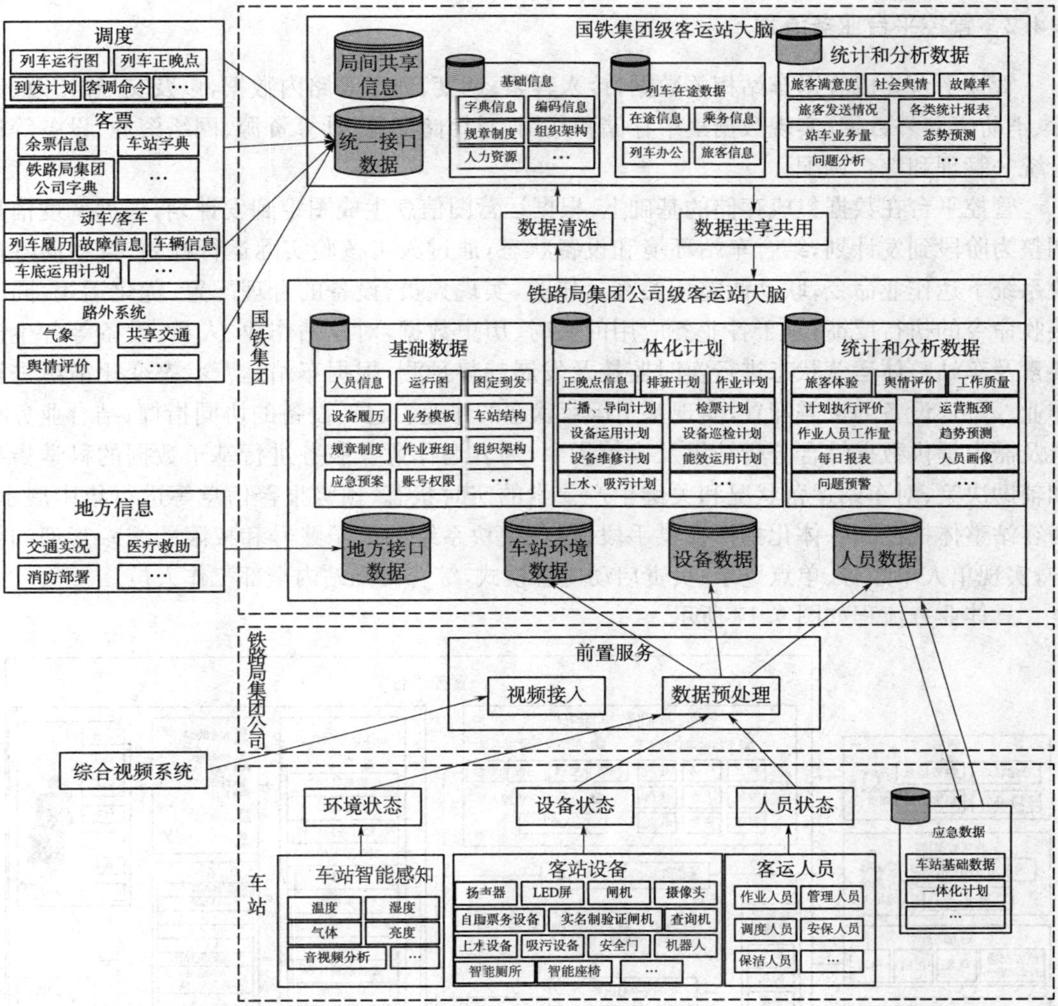

图 9.16　管控平台数据架构

关部门进行决策和指挥的统计和分析数据。铁路局集团公司级管控平台将清洗后的原始数据上传到国铁集团级管控平台，国铁集团级管控平台对铁路局集团公司级管控平台共享所需数据。

不在铁路局集团公司设置生产数据库，仅配置必要的数据管理工具，支撑车站环境感知接入、设备接入等数据的预处理功能，不对数据进行长期存储。

不在车站设置生产数据库，车站采集到的环境、设备和人员状态数据经过铁路局集团公司的预处理后直接通过网络传输至铁路局集团公司级的数据库。为提高车站的灾备和应急处理能力，在车站设置应急数据库，与铁路局集团公司级相关数据库进行实时同步，并在应急结束后进行数据上传，避免国铁集团后台瘫痪或网络中断导致的车站业务中断。

9.4.2 管控平台业务流程

管控平台集成客运车站相关数据,接入客票、调度、列车等路内数据,以及交通、市政、医疗、消防等路外数据,实现数据集中存储和共用,对存储资源、计算资源、网络资源、设备等进行统一管理和综合调配。

管控平台在数据集成存储的基础上,根据运营图信息生成图定到发计划,根据调度信息调整为阶段到发计划,结合车站环境和设备状态,通过人工核验实际运行计划,自动向各模块系统下达作业命令,联动调整相关客运作业,实现人员、设备的合理配置、优化运用,同时接收命令的执行反馈;基于各业务应用的实时、历史数据,对车站作业、人员、设备等各生产要素及车站整体运营状态进行实时监控及发展趋势预测,根据车站运营状态变化情况进行作业、人员、设备的按需配置,实现基于运营状态的作业、人员、设备的协同指挥;结合业务场景及需求提供数据综合分析结果及决策指令,为客运作业及服务进行基于数据的科学指导和辅助决策;对车站运营状况和关键生产要素的实时状态、预警报警信息等进行集中展示,为客站整体把控和一体化指挥提供手段;对各模块系统的电子账号和权限的统一管理和维护,实现单人单账号、单点登录;负责启动应急模式,综合调配站内全部工作人员。

具体业务流程如图 9.17 所示。

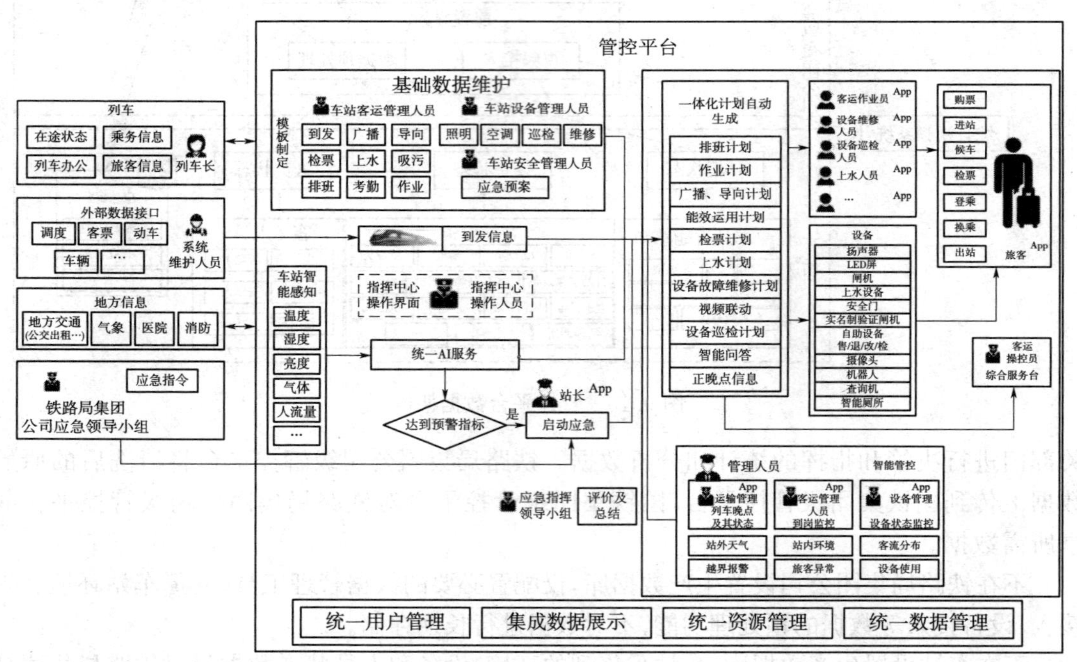

图 9.17 管控平台业务流程

正常模式下,指挥人员通过对到发计划的实时调整,形成整个车站客运业务的驱动源,依托客运各科室编制的业务模板,结合车站智能感知的环境信息,通过统一 AI 服务模块的辅助决策,生成车站的一体化生产计划,下发至各岗位工作人员及各类设备。车站管理人员通过智能管控模块对车站环境、列车、旅客、设备和人员作业情况进行实时掌控和指挥。

当接到上级指令，或者统一 AI 服务模块判断车站状态超出车站应急预案设定的预警指标后，由站长签发启动应急的命令，启动应急模式，结合各科室维护的应急任务模板，自动生成一体化应急作业计划，应急指挥领导小组在指挥中心通过智能管控模块对全站应急处置进行统一监控和指挥。

通过客运各相关系统数据的集成共享，掌握车站全生产要素信息，经统一 AI 处理，为旅客提供精准化、个性化、国际化的交互式信息服务。通过客运车站人员、设备的协同联动，为旅客提供全流程、无缝化、自助式的出行服务。通过对车站运营状态的全面感知，为旅客提供温馨、舒适、安全的车站环境。

9.4.3 管控平台功能及应用

管控平台是整个智能客站的基础核心平台，也是站内数据中心。平台以挖掘数据价值与数据综合应用为目标，依托数据的闭环管理和利用，科学合理地支撑整体智能客站建设的各个流程环节，包括数据采集和处理、数据资源的管理、数据分析、数据服务，以及数据展示与辅助决策应用。管控平台基于底层各类数据资源，建设可自主学习的旅客服务和生产协同模型，实时监控站内全生产要素的状态并及时预警自动生成辅助决策指令，实现客运车站的可视、可控和可学习，保障车站所有设备、设施、系统、人员、作业的高效运转。管控平台功能架构如图 9.18 所示。

1. 数据管理与共用服务

(1)基础数据管理

基础数据管理对站内业务应用数据及外部接入系统数据进行管理，涉及人员、列车、设备、客运计划等相关基础和动态数据，主要功能包括数据格式管理、数据源管理、数据汇集管理、数据存储管理功能。

(2)数据共用管理

数据共用管理将站内业务应用数据及外部接入系统数据集中存储，并对数据进行加工处理，形成用于数据共享的资源池，供内部应用调用及外部系统访问，主要包括数据清洗融合、数据分类、数据资源池管理、访问状态监测等功能。

2. 数据分析与 AI 服务

(1)人工智能库管理

人工智能库提供统一的知识库、算法库、规则库、模型库，对知识、算法、规则、模型进行统一管理，具备自主更新及优化功能，并为各应用提供开放的接口调用服务，外部应用可根据标准对知识库、规则库、算法库、模型库进行补充优化。

(2)数据分析

数据分析模块根据业务需求，基于分析主题设定分析场景，构建分析模型，实现面向业务场景的数据模型分析，主要包括分析主题管理、分析场景设定、分析模型搭建、分析模板管理等功能。

(3)智能化服务

智能化服务基于数据分析算法、人工智能算法等，提供语音识别、智能问答及交互、人脸对比辨识、人流量分析、站内工作人员画像、运营瓶颈分析等服务。

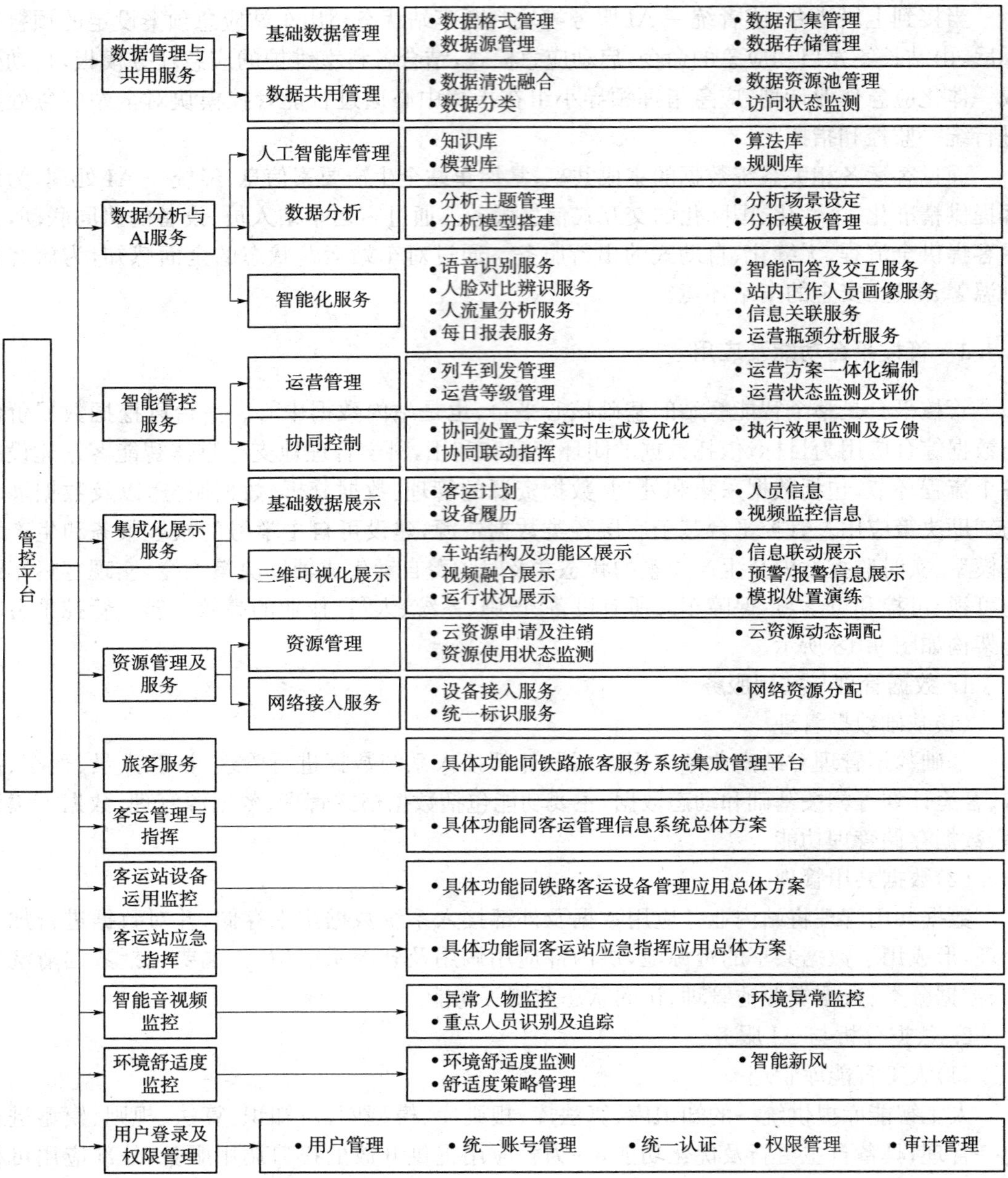

- 管控平台
  - 数据管理与共用服务
    - 基础数据管理：•数据格式管理 •数据源管理 •数据汇集管理 •数据存储管理
    - 数据共用管理：•数据清洗融合 •数据分类 •数据资源池管理 •访问状态监测
  - 数据分析与AI服务
    - 人工智能库管理：•知识库 •模型库 •算法库 •规则库
    - 数据分析：•分析主题管理 •分析模型搭建 •分析场景设定 •分析模板管理
    - 智能化服务：•语音识别服务 •人脸对比辨识服务 •人流量分析服务 •每日报表服务 •智能问答及交互服务 •站内工作人员画像服务 •信息关联服务 •运营瓶颈分析服务
  - 智能管控服务
    - 运营管理：•列车到发管理 •运营等级管理 •运营方案一体化编制 •运营状态监测及评价
    - 协同控制：•协同处置方案实时生成及优化 •协同联动指挥 •执行效果监测及反馈
  - 集成化展示服务
    - 基础数据展示：•客运计划 •设备履历 •人员信息 •视频监控信息
    - 三维可视化展示：•车站结构及功能区展示 •视频融合展示 •运行状况展示 •信息联动展示 •预警/报警信息展示 •模拟处置演练
  - 资源管理及服务
    - 资源管理：•云资源申请及注销 •资源使用状态监测 •云资源动态调配
    - 网络接入服务：•设备接入服务 •统一标识服务 •网络资源分配
  - 旅客服务：•具体功能同铁路旅客服务系统集成管理平台
  - 客运管理与指挥：•具体功能同客运管理信息系统总体方案
  - 客运站设备运用监控：•具体功能同铁路客运设备管理应用总体方案
  - 客运站应急指挥：•具体功能同客运站应急指挥应用总体方案
  - 智能音视频监控：•异常人物监控 •重点人员识别及追踪 •环境异常监控
  - 环境舒适度监控：•环境舒适度监测 •舒适度策略管理 •智能新风
  - 用户登录及权限管理：•用户管理 •统一账号管理 •统一认证 •权限管理 •审计管理

图 9.18　管控平台功能架构

3. 智能管控服务

(1)运营管理

运营管理功能模块对车站日常业务运营情况进行管理,包括列车到发管理、运营方案一体化编制、运营等级管理、运营状态监测及评价等功能。

(2)协同控制

协同控制面向设备、人员、环境、列车等生产要素,通过作业人员、各集成模块及设备的一体化调度指挥，实现客运业务的协同控制，主要包括协同处置方案实时生成及优化、执行效果监测及反馈、协同联动指挥等功能。

4. 集成化展示服务

(1)基础数据展示

基础数据展示融入视频、图像、音频、表格、列表、2D 地图/3D 模型等可视化元素，对客运计划、设备、人员等方面的基础履历数据进行直观展示，并可通过点击 2D 地图/3D 模型中的图标获取相应基础信息。

(2)三维可视化展示

三维可视化展示以地理信息系统＋混合现实技术(GIS＋MR)的方式，对车站基础结构、设备设施进行 1∶1 仿真建模，并在模型中对车站运营状况、预警/报警信息进行可视化展示，同时支持基于实景仿真模型的模拟处置演练及展示。

5. 资源管理及服务

依托国铁集团云平台的系统资源管理能力对管控平台及各相关业务系统的存储资源、计算资源、网络资源进行统筹管理，并对资源使用状态进行监控，实现资源的动态调配。同时充分融合物联网技术，实现对网络资源统一规划、统一管理、设备规范接入、分类展示。

6. 旅客服务

将旅客服务集成管理平台合并入管控平台，功能同铁路旅客服务系统集成管理平台。

7. 客运管理与指挥

将客运管理信息系统合并入管控平台，功能同客运管理信息系统总体方案。

8. 客运站设备运用监控

将铁路客运设备管理应用合并入管控平台，功能同铁路客运设备管理应用总体方案。

9. 客运站应急指挥

将客运站应急指挥应用合并入管控平台，功能同客运站应急指挥应用总体方案。

10. 智能音视频监控

智能音视频监控模块通过摄像头、拾音器对站内人员、环境进行全方位监控，通过智能音视频分析技术对监控画面、音频信息进行分析，发现人员异常及环境异常等情况时进行报警。

11. 环境舒适度监控

实时监测站内外环境要素信息，对空气质量、温湿度、噪声、照度、PM2.5 浓度、CO_2 浓度等环境要素进行实时监控和自动调整，实现候车环境自适应调节，为旅客提供舒适的出行环境。

根据舒适度情况进行舒适度等级划分，根据环境实时状态、客流密度等信息进行舒适度策略制定，并在超出舒适度阈值时及时调整策略进行舒适度优化。

12. 用户登录及权限管理

用户登录及权限管理功能包括用户管理、统一账号管理、统一认证、权限管理和审计管理，控制用户对系统功能的操作和管理，是对管控平台正常安全运行的基础支撑。

复习思考题

1. 高速铁路客运服务相关系统有哪些？各系统的作用分别是什么？
2. 简述高速铁路客运服务相关系统的功能、特点。
3. 请分析我国铁路客运服务信息化管理应抓哪些方面，目前还存在哪些问题。
4. 未来的高速铁路客运管理信息系统应该如何设想？

参考文献

[1] 贾俊芳．高速铁路客运服务[M]. 北京:中国铁道出版社,2009.

[2] 贾俊芳．铁路旅客运输[M]. 北京:中国铁道出版社,2016.

[3] 贾俊芳,张建平．高速铁路运输服务[M]. 北京:中国铁道出版社有限公司,2021.

[4] ZEITHARNL V A,JO BITNER M,GREMLER D D. 服务营销:第 7 版[M]. 张金成,白长虹,杜建刚,译. 北京:机械工业出版社,2021.

[5] BONDOLOI S,FITZSIMMONS J A,FITZSIMMONS M J. 服务管理:运作、战略与信息技术:第 9 版[M]. 张金成,范秀成,杨坤,译. 北京:机械工业出版社,2021.

[6] 张淑君．服务管理[M]. 北京:中国市场出版社,2021.

[7] 方卫宁,裘瀚照,郭北苑．动车组人因设计[M]. 北京:国防工业出版社,2022.

[8] 蔺鹏臻．高速铁路客站工程[M]. 成都:西南交通大学出版社,2021.

[9] 张春民．高速铁路站场设计[M]. 北京:中国铁道出版社有限公司,2021.

[10] 刘志明,王文静．高速铁路动车组[M]. 北京：中国铁道出版社有限公司,2021.

[11] 陈觉．服务产品设计[M]. 沈阳:辽宁科学技术出版社,2003.

[12] HELBING D, MOLNAR P. Social force model for pedestrian dynamics[J]. Physical review E, 1995,51(5): 4282.

[13] VON NEUMANN J, BURKS A W. Theory of self-reproducing automata[J]. IEEE Transactions on Neural Networks, 1966, 5(1): 3-14.

[14] 李得伟．城市轨道交通枢纽乘客集散模型及微观仿真理论[D]. 北京:北京交通大学,2007.

[15] 李得伟,韩宝明．行人交通[M]. 北京:人民交通出版社,2011.

[16] 国家市场监督管理总局,国家标准化管理委员会．铁路旅客运输服务质量　第 2 部分:服务过程: GB/T 25341. 2—2019[S]. 北京:中国标准出版社,2019.

[17] 国家市场监督管理总局,国家标准化管理委员会. 铁路旅客运输服务质量　第 1 部分:总则:GB/T 25341. 1—2019[S]. 北京:中国标准出版社,2019.

[18] 岳高峰,薛强,王志强．企业标准化指南[M]. 北京:中国人民大学出版社,2021.

[19] 颜鹰．服务与服务业标准化[M]. 杭州:浙江大学出版社,2021.

[20] 中国铁路总公司．铁路旅客运输服务质量规范[M]. 北京:中国铁道出版社,2017.

[21] 中国国家铁路集团有限公司客运部．铁路旅客运输组织[M]. 北京:中国铁道出版社有限公司,2022.

[22] 史天运,张春家．铁路智能客运车站系统总体设计及评价[J]. 铁路计算机应用,2018,27(7):9-16.

[23] 张春家,史天运,吕晓军．铁路智能客运车站总体框架研究[J]. 交通运输系统工程与信息,2018,18(2):40-44.

[24] 杨国元,史天运,方凯．铁路客运管理信息系统总体架构及关键技术研究[J]. 铁路计算机应用,2016,25(3):22-26.

[25] 朱建生．新一代客票系统总体技术方案的研究[J]. 铁路计算机应用,2012,21(6):1-6.

[26] 张志强,汪健雄,靳超．铁路智能客服关键技术研究[J]. 铁路计算机应用,2019,28(9):1-5.

[27] 梅巧玲,王思宇,马杰．铁路 12306 线上智能客服系统方案研究[J]. 铁路计算机应用,2020,29(3):28-31.

[28] 史天运,刘军,李平,等. 铁路大数据平台总体方案及关键技术研究[J]. 铁路计算机应用,2016,25(9):1-6.

[29] 应慧刚. 长三角高速铁路运营管理实践与探索[M]. 北京:中国铁道出版社,2019.

[30] 杨光,裴瑞江. 高速铁路客运乘务管理与组织实务[M]. 北京:中国铁道出版社,2020.

[31] 中国铁路总公司. 高速铁路售票组织及关键技术[M]. 北京:中国铁道出版社,2014.

[32] 裴瑞江,李强. 铁路客户服务业务[M]. 北京:中国铁道出版社,2016.

[33] 王献张. 高铁客站进站设备能力匹配研究[D]. 北京:北京交通大学,2018.

[34] 王莹玉. 基于旅客需求的客运站服务优化研究[D]. 北京:北京交通大学,2014.

[35] 王彦杰,张喜. 大型铁路客运站客流组织的动态仿真与评价分析[J]. 交通信息与安全,2013,31(4):129-133.